21世纪经济管理新形态教材·国际经济与贸易系列

国际贸易学
（双语版）

钱学锋　曹　亮 ◎ 主　编
吴英娜　席艳乐 ◎ 副主编

清华大学出版社
北京

内 容 简 介

作为首批国家级一流本科课程"国际贸易学(双语)"的配套教材,本书在内容上力求遵循"七性一度"的风格,即历史性、文献性、前沿性、高阶性、创新性、可读性、思政性和挑战度,是一本既体现国际贸易学共同知识体系,又具有鲜明中国特色且满足国家一流课程建设要求的哲学社会科学教材。

全书文字简洁、英汉对照、内容精练、案例丰富、图文并茂,各章均设计引导性的启发式思考和延伸阅读,并配有立体化教学资源,既可以作为大学本科和研究生的教材,也可以作为各类涉外经济工作者的参考用书。

本书封面贴有清华大学出版社防伪标签,无标签者不得销售。
版权所有,侵权必究。举报:010-62782989,beiqinquan@tup.tsinghua.edu.cn。

图书在版编目(CIP)数据

国际贸易学:双语版:汉文、英文/钱学锋,曹亮主编.—北京:清华大学出版社,2023.7
21世纪经济管理新形态教材.国际经济与贸易系列
ISBN 978-7-302-63947-3

Ⅰ.①国… Ⅱ.①钱… ②曹… Ⅲ.①国际贸易-高等学校-教材-汉、英 Ⅳ.①F74

中国国家版本馆 CIP 数据核字(2023)第 117065 号

责任编辑:张 伟
封面设计:汉风唐韵
责任校对:王荣静
责任印制:沈 露

出版发行:清华大学出版社
网　　址:http://www.tup.com.cn,http://www.wqbook.com
地　　址:北京清华大学学研大厦A座　邮　编:100084
社 总 机:010-83470000　邮　购:010-62786544
投稿与读者服务:010-62776969,c-service@tup.tsinghua.edu.cn
质量反馈:010-62772015,zhiliang@tup.tsinghua.edu.cn
课件下载:http://www.tup.com.cn,010-83470332
印 装 者:三河市天利华印刷装订有限公司
经　　销:全国新华书店
开　　本:185mm×260mm　印 张:23.5　字 数:537千字
版　　次:2023年7月第1版　印 次:2023年7月第1次印刷
定　　价:69.00元

产品编号:091758-01

前　言

编者团队开展"国际贸易学（双语）"课程的教学工作，可以追溯到 20 世纪末期，当时主要由谷克鉴教授担任主讲教师。2001 年底，谷老师调离后，这门课程的教学任务就主要由曹亮教授接手了。自 2007 年开始，钱学锋教授、吴英娜副教授和席艳乐副教授也陆陆续续加入进来，从而形成了相对稳定的教学团队。

20 多年来，我们主要采用清华大学出版社引进的由美国福特汉姆大学（Fordham University）多米尼克·萨尔瓦多（Dominick Salvatore）教授主编的教材——*International Economics*。这本教材主线鲜明、逻辑清晰、重点突出、文笔洗练，截至 2023 年先后修订发行了 13 版，可见其深受学术同行和学生们的喜爱。但是，在教学过程中，我们日益感到这本教材似乎是为美国（大学）量身定制的。毕竟，作者是美国人，美国也长期是国际经济的引擎。因而，从美国视角叙事来展开理论讨论和案例分析不足为奇。然而，随着改革开放以来取得的巨大成功，中国崛起成为世界第二大经济体和第一大贸易国，我们不能仍旧仅使用"别人"的理论和叙事来教授我们的学生。我们必须用我们自己的理论和实践来讲好中国故事、传播中国声音。正如 2022 年 4 月 25 日习近平总书记在中国人民大学考察时强调的那样，"加快构建中国特色哲学社会科学，归根结底是建构中国自主的知识体系。要以中国为观照、以时代为观照，立足中国实际，解决中国问题，不断推动中华优秀传统文化创造性转化、创新性发展，不断推进知识创新、理论创新、方法创新，使中国特色哲学社会科学真正屹立于世界学术之林。"

适逢 2019 年我们这门课程获批首批国家级一流本科课程，清华大学出版社张伟老师邀请我们写一本适合中国学生的双语教材，我们便欣然接受，遂开始了本教材的编写工作。在经过团队成员多轮的集体头脑风暴之后，我们最终明确了这本教材应该体现的风格——"七性一度"：历史性、文献性、前沿性、高阶性、创新性、可读性、思政性和挑战度。历史性，是对于每一个贸易理论和政策，我们都力求讲清楚它的起源和发展，从而体现知识的传承。文献性，是对于重要的贸易理论和政策，我们都尽可能地提供各个时期的重要文献，这主要体现在各章的延伸阅读部分。前沿性，是对于贸易理论和政策的新近发展，我们都尽量给出具体前进的方向。高阶性，是在部分章节的理论范围和技术层面，我们进行了适当的超越本科层次的提升和拔高。创新性，一方面是在几乎所有章节通过设置一些针对理论和实践的思考题，以培养学生们的批判性思维；另一方面，则是在部分章节试图体现和反映贸易理论上的中国自主知识体系。可读性，一是在各章我们都尽可能地用生动的语言进行写作，同时提供若干与时俱进的案例，以避免阅读的单调和乏味；二是考虑到双语教学的实际情况，在中英文的处理上，并没有简单地进行一一对应式的翻译，而是择取每部分的中心句或中心思想进行简约式的英文对照，以图达到全球化语境下的知识表达与减轻读者阅读负担之间的平衡。思政性,是在每一章的写作上,我们都嵌入针对中国贸易发展实践的成功故事和拓展思考,潜移默化地使学生们增强四个自信。挑战度,在前沿性、高阶性和创新性三个方面都有体现,同时,课后要求进一步思考的问题、延伸阅读部分提供的文献以及思考题的设置,也都体现了一定难度。因而,我们可以自豪地说,本教材是一本既体现了国际贸易学共同知识体系,又具有鲜明中国特色且满足国家一流课程建设要求的哲学社会科学教材。

全书共11章,除导论外,第2章到第6章为国际贸易理论部分,第7章到第10章为贸易政策及其影响部分,第11章对当前国际贸易的一些前沿问题和热点问题做了梳理与介绍。

第2章介绍古典贸易理论,包括亚当·斯密(Adam Smith)的绝对优势理论和大卫·李嘉图的比较优势理论及其后续发展。通过该章的学习,学生们应该能够区别绝对优势理论和比较优势理论,理解机会成本与相对商品价格之间的关系,以及技术差异对国际贸易的影响,最终能够运用比较优势理论分析中国在经济发展中的政策经验及现实问题。

第3章介绍新古典贸易理论,主要介绍H-O理论,以及H-O定理、要素价格均等化定理、斯托尔帕-萨缪尔森定理,并讨论H-O理论在实证检验方面遇到的挑战。在学习该章之后,学生们应该能够在掌握要素禀赋、要素丰裕度和要素密集度等重要概念的基础上,理解基于要素禀赋差异的比较优势来源及其国际贸易模式、国际贸易对各国要素价格和收入分配的影响,以及里昂惕夫之谜及其相应解释,并运用新古典贸易理论的工具分析中国贸易的一些现实问题。

第4章系统介绍新贸易理论。新贸易理论是对传统的古典贸易理论和新古典贸易理论的重要发展,为我们提供了新的贸易发生的来源,解释了新的贸易模式,同时揭示了新的贸易利益。通过该章的学习,学生们可以理解规模经济如何成为国际贸易发生的基础、解释外部规模经济对贸易模式和贸易利益的影响、理解内部规模经济和产品差异化导致的产业内贸易模式及其带来的新的贸易利益,并学会运用新贸易理论的工具分析中国贸易的一些现实问题。

第5章学习国际贸易理论发展的新阶段——企业层面贸易理论。企业层面贸易理论是基于垄断竞争、规模经济、产品差异性和企业异质性这四个假设,以解释企业生产率差异与出口和投资模式关系的理论。通过该章的学习,学生们可以理解企业异质性贸易理论是如何解释新贸易理论所不能解释的经验事实,比较并把握企业异质性贸易理论与新贸易理论贸易利益来源的异同,了解企业层面贸易理论的最新发展,并运用企业层面贸易理论解释中国企业出口生产率悖论等现实问题。

第6章聚焦经济增长与贸易的关系,讨论经济增长对贸易总量、贸易结构与贸易福利的影响。通过该章的学习,学生们能够了解经济增长的不同类型,理解偏向型要素增长如何导致偏向型经济增长及其不同增长类型所带来的不同的贸易效应及福利效应,学会运用经济增长与国际贸易框架分析实际问题,了解"荷兰病""贫困化增长"等问题,以及新近发展的人工智能对国际贸易的影响。此外,该章还特别讨论了发展中国家经济中的扭曲及其对国际贸易的影响机制。

第7章开始贸易政策的学习。该章介绍历史上最重要的一类贸易壁垒——关税,分析关税对征税国的产出、消费、贸易和福利的影响以及其对贸易伙伴国的影响。通过该章的学习,学生们能够了解关税的概念和种类,区分名义关税税率和有效关税税率,描述关税对消费者和生产者的影响,识别关税对小国和大国的成本与收益,并运用关税理论分析国际贸易实践中各类关税措施的经济影响。

第8章继续贸易政策的学习。该章主要介绍除关税之外的其他一切限制贸易的政策措施——非关税壁垒。通过该章的学习,学生们可以了解非关税壁垒的概念和种类,把握进口配额、自愿出口限制以及边境后贸易壁垒、数字贸易壁垒等非关税壁垒对消费者和生产者福利的影响,从而能够运用理论分析各国实施各类非关税壁垒措施的成本与收益。

第9章介绍经济全球化与区域经济一体化,考察经济全球化与区域经济一体化这两种相互促进又看似矛盾的贸易自由化的推进情况,讨论区域经济一体化的经济影响。通过该章的学习,学生们能够了解经济全球化的含义和影响,认识世界贸易组织在推动贸易自由化进程中发挥的作用,理解区域经济一体化的主要形式及其经济效应,最终把握经济全球化和区域经济一体化的发展趋势。

第10章讨论贸易政策对经济发展的影响。该章着重从宏观角度介绍三种主要的贸易政策——进口替代政策、出口导向政策和新结构经济学,剖析不同的贸易战略的含义、理论基础与具体表现形式,并结合世界各国特别是中国的贸易实践阐明不同的贸易政策的经济绩效。通过该章的学习,学生们能够理解贸易政策、进口替代政策、出口导向政策的内涵及其各类政策的理论基础、经济效应和优缺点,尝试运用新结构主义经济学分析中国当前的贸易政策。

第11章主要介绍国际贸易新发展,作为对全书内容的深化和提升。在该章,学生们可以理解全球价值链与跨国公司、国际分工及世界格局的关系,认识贸易与环境的双向影响,把握国际贸易对创新的影响,并了解最新的数字经济与数字贸易。

全书经过集体讨论确定编写大纲,具体写作分工如下:第1章由钱学锋教授负责,第2章由闫文收副教授负责,第3章由胡宗彪副教授负责,第4章由赵曜副教授负责,第5章由毛海涛副教授负责,第6章由许捷副教授负责,第7章由刘凯副教授负责,第8章由席艳乐副教授负责,第9章由吴英娜副教授负责,第10章由田毕飞教授负责,第11章由曹亮教授负责。在各章初稿完成后,钱学锋教授对各章进行了审读并提出修改意见。第二稿则由各章负责人相互审读并提出进一步的修改意见。最后呈现在读者面前的是第三稿定稿。在写作本书的过程中,高婉、王京文、杜去凡、肖侬寒参与了资料收集、图表处理和文字校对工作。

在写作本书的过程中,编者参考了部分国内外文献,在此一并感谢。

编 者
2023年4月

目 录

第 1 章 导论 ·· 1

Chapter 1　Introduction

　　1.1　国际贸易学研究什么(What Does International Trade Study) ············· 3
　　1.2　国际贸易为什么重要(Why Is International Trade Important) ············· 15
　　1.3　当代国际贸易是什么样的(What Is Contemporary International Trade) ······· 21
　　即测即练 ·· 38

第 2 章 古典贸易理论 ·· 39

Chapter 2　Classical Trade Theory

　　2.1　绝对优势理论(Absolute Advantage Theory) ························· 40
　　2.2　标准的李嘉图模型(Standard Ricardian Model) ····················· 46
　　2.3　拓展的李嘉图模型(Extended Ricardian Model) ···················· 56
　　2.4　比较优势的度量(The Measurements of Comparative Advantage) ······· 64
　　2.5　李嘉图模型验证及启示(Validation and Implications of Ricardian Model) ········ 66
　　重要术语 ·· 69
　　本章小结 ·· 69
　　延伸阅读 ·· 71
　　即测即练 ·· 71

第 3 章 新古典贸易理论 ·· 72

Chapter 3　Neoclassical Trade Theory

　　3.1　基本概念(Basic Concepts) ·· 74
　　3.2　要素禀赋理论(Factor Endowments Theory) ······················· 77
　　3.3　要素价格均等化定理(Factor-Price Equalization Theorem) ········· 84
　　3.4　斯托尔帕-萨缪尔森定理(Stolper-Samuelson Theorem) ············ 89
　　3.5　里昂惕夫之谜及其解释(Leontief Paradox and Its Explanation) ········· 94

重要术语 ………………………………………………………………………… 97
　　本章小结 ………………………………………………………………………… 98
　　延伸阅读 ………………………………………………………………………… 99
　　即测即练 ……………………………………………………………………… 100

第4章　新贸易理论 …………………………………………………………… 101

Chapter 4　The New Trade Theory

　　4.1　新的贸易模式：产业内贸易(The New Trade Pattern：Intra-Industry Trade)…… 102
　　4.2　新的贸易基础：规模经济(The New Basis of Trade：Economies of Scale) …… 105
　　4.3　外部规模经济与国际贸易(External Economies of Scale and International Trade) ……………………………………………………………………… 111
　　4.4　内部规模经济与国际贸易(Internal Economies of Scale and International Trade) ……………………………………………………………………… 117
　　重要术语 ……………………………………………………………………… 127
　　本章小结 ……………………………………………………………………… 128
　　延伸阅读 ……………………………………………………………………… 129
　　即测即练 ……………………………………………………………………… 129

第5章　企业层面贸易理论 …………………………………………………… 130

Chapter 5　Firm-Level Trade Theory

　　5.1　企业异质性与出口状态：经验事实(Firm Heterogeneity and Export Status：Empirical Facts) ………………………………………………………… 131
　　5.2　企业异质性与贸易的基础(Firm Heterogeneity and the Basis of Trade) …… 133
　　5.3　企业异质性与贸易利益(Firm Heterogeneity and the Gains from Trade)…… 146
　　5.4　中国企业"出口-生产率悖论"(The "Export-Productivity Paradox" of Chinese Firms) …………………………………………………………………… 148
　　5.5　企业异质性与出口增长的二元边际(Firm Heterogeneity and Dual Margin of Export Growth) …………………………………………………………… 150
　　5.6　企业层面贸易理论的新进展(New Developments in Firm-Level Trade Theory) ……………………………………………………………………… 151
　　重要术语 ……………………………………………………………………… 158
　　本章小结 ……………………………………………………………………… 158
　　延伸阅读 ……………………………………………………………………… 159
　　即测即练 ……………………………………………………………………… 160

第6章 经济增长与贸易 ·············· 161

Chapter 6　Economic Growth and Trade

6.1　经济增长的含义与分类(Concept and Classification of Economic Growth) ······ 162
6.2　要素增长对贸易的影响(The Impact of Factor Growth on Trade) ········ 166
6.3　技术进步对贸易的影响(The Impact of Technical Progress on Trade) ···· 173
6.4　贸易对发展中国家经济增长的影响(The Impact of Trade on Economic Growth in Developing Country) ·············· 180
重要术语 ·············· 188
本章小结 ·············· 188
延伸阅读 ·············· 189
即测即练 ·············· 190

第7章 贸易壁垒：关税 ·············· 191

Chapter 7　Trade Barrier：Tariff

7.1　关税的种类(Types of Tariff) ·············· 193
7.2　关税的局部均衡分析(Partial Equilibrium Analysis of Tariff) ·············· 194
7.3　关税的一般均衡分析(General Equilibrium Analysis of Tariff) ·············· 202
7.4　关税结构理论(Tariff Structure Theory) ·············· 209
7.5　最优关税(Optimum Tariff) ·············· 216
重要术语 ·············· 219
本章小结 ·············· 220
延伸阅读 ·············· 221
即测即练 ·············· 221

第8章 非关税壁垒 ·············· 222

Chapter 8　Non-Tariff Barriers

8.1　非关税壁垒的特点(Characteristics of Non-Tariff Barriers) ·············· 223
8.2　非关税壁垒的种类(Types of Non-Tariff Barriers) ·············· 226
8.3　非关税壁垒的影响(Impact of Non-Tariff Barriers) ·············· 242
重要术语 ·············· 252
本章小结 ·············· 252
延伸阅读 ·············· 253
即测即练 ·············· 254

第 9 章　经济全球化与区域经济一体化 ········· 255

Chapter 9　Economic Globalization and Regional Economic Integration

 9.1　经济全球化(Economic Globalization) ········· 256
 9.2　世界贸易组织(World Trade Organization) ········· 263
 9.3　区域经济一体化的基本组织形式(Types of Regional Economic Integration) ··· 269
 9.4　区域经济一体化的经济效应(Effects of Regional Economic Integration) ······ 272
 9.5　世界主要区域的经济一体化进程(The Process of Regional Economic Integration in Major Areas) ········· 278
 重要术语 ········· 286
 本章小结 ········· 286
 延伸阅读 ········· 288
 即测即练 ········· 288

第 10 章　贸易政策与经济发展 ········· 289

Chapter 10　Trade Policy and Economic Development

 10.1　贸易政策的含义与类型(Definition and Type of Trade Policy) ········· 290
 10.2　进口替代政策与经济发展(Import-Substitution Policy and Economic Development) ········· 294
 10.3　出口导向政策与经济发展(Export-Oriented Policy and Economic Development) ········· 306
 10.4　新结构经济学与经济发展(New Structural Economics and Economic Development) ········· 316
 重要术语 ········· 326
 本章小结 ········· 326
 延伸阅读 ········· 328
 即测即练 ········· 329

第 11 章　国际贸易新发展 ········· 330

Chapter 11　New Developments in International Trade

 11.1　全球价值链及全球生产网络(Global Value Chains and Global Production Networks) ········· 331
 11.2　贸易与环境(Trade and Environment) ········· 341
 11.3　贸易与创新(Trade and Innovation) ········· 348

11.4 数字经济与数字贸易(Digital Economy and Digital Trade) …………… 353
重要术语 ………………………………………………………………………… 361
本章小结 ………………………………………………………………………… 362
延伸阅读 ………………………………………………………………………… 363
即测即练 ………………………………………………………………………… 363

Chapter 1

第 1 章

导 论
Introduction

学习目标
- 认识到学习和把握国际贸易知识从没有像今天这样重要和紧迫。
- 了解国际贸易学的主要研究内容。
- 理解国际贸易对经济增长、产业升级、企业进步与生活质量的影响。
- 熟悉和把握当代国际贸易的实践与发展趋势。

Learning Target
- Recognize that learning and mastering international trade knowledge has never been more critical and urgent than it is today.
- Understand the main research content of international trade.
- Understand the impact of international trade on economic growth, industrial upgrading, enterprise progress, and quality of life.
- Be familiar with and grasp the practice and development trends of contemporary international trade.

国际贸易(international trade),亦称世界贸易(world trade)或全球贸易(global trade),是国家之间商品和服务的交换行为。据信,这种国家之间的交换行为发生在有记录的人类历史的绝大部分时间。大量的考古证据显示,早在史前时期,不同地区的人类就已经开始远距离贸易并逐步形成了跨地区的贸易网络。国际经济学家埃尔赫南·赫尔普曼(E. Helpman)在《理解全球贸易》一书中写道:

International trade, also known as world trade or global trade, is the exchange of goods and services between countries. Such exchanges between nations have occurred throughout most of recorded human history.

远距离贸易不仅在现代经济中起着根本作用,也是新石器革命以后经济发展的突出特征,因为这时采集狩猎者群体演进为专门种植粮食作物的定居社会,随着城市和早期文明的出现,贸易的重要性进一步提高。商队穿行于新月沃土,在美索不达米亚和黎凡特间进行贸易,随着时间的推移,贸易路线逐渐扩展至亚洲和欧洲的遥远地域。[①]

---

① 赫尔普曼.理解全球贸易[M].田丰,译.北京:中国人民大学出版社,2012:2.

Not only does long-distance trade play a fundamental role in modern economies, but it is also a prominent feature of economic development after the Neolithic Revolution, as groups of hunter-gatherers evolved into settled societies specialized in growing food crops, and with the emergence of cities and early civilizations, the importance of trade has further increased.

这说明,人类很早就已认识到,不同的地区进行专业化分工,然后彼此交换、互通有无,可以获得更多生存所需,最终改善生活条件。经济学开山鼻祖亚当·斯密甚至认为"以物易物和实物交易"乃是极根本的人性之一。这一朴素的原理,正是世界市场逐渐形成和国际贸易不断发展的最基本动力。不过,1 500年之前的世界,很难说得上有什么国际贸易。真正的国际贸易是自地理大发现之后才开始的。自那以后的国际贸易,主要是因为西欧国家的海外殖民扩张而发生在宗主国与殖民地之间,体现为原材料与贵金属等初级产品的输入和流出,甚至开创了为新世界工业提供劳动力而惨无人道的奴隶贸易。必须承认的是,这一时期的国际贸易促进了各种商品、物种、生产技术在全球范围内的传播甚至生活偏好的养成,构建了现代世界的雏形。正如经济史学家安格斯·麦迪逊(Angus Maddison)指出的那样,在过去的1 000年当中,人口与收入的增加由三个相互关联的活动所支持,国际贸易(与资本流动)是其中之一。① 随着殖民主义的解体,国际贸易因为第一次世界大战和第二次世界大战与20世纪30年代损人利己的政策而在1913—1950年陷入缓慢增长甚至崩溃之后,终于在1950—1973年迎来了高速增长的黄金时代。其中一个重要的原因是以关税及贸易总协定(General Agreement of Tariff and Trade, GATT)为驱动的自由贸易体系的建立。而自20世纪80年代以来,随着IT(信息技术)和交通运输技术的发展,国际贸易更是日益成为全球化(globalization)时代最重要的构成部分之一,它以远远超过产出的增长速度,在许多国家的GDP(国内生产总值)中占据越来越多的份额。尽管仍然时不时会遭遇诸如2001年9·11恐怖袭击、2008年金融危机(financial crisis)、2016年特朗普当选美国总统和英国"脱欧"(Brexit)为代表的逆全球化潮流、2020年新冠感染疫情(COVID-19)以及2022年俄乌冲突等这类不确定性事件的冲击,国际贸易总能在经历暂时的挫折之后迅速恢复增长,表现出强大的韧性。其根本原因在于,全球化已然成为人类过去500多年来不可逆转的历史趋势和客观规律。因此,我们可以看到今天的世界,成千上万的超级货轮频繁往返于四大洋的航线,不计其数的标准集装箱堆满了港口和码头,中欧班列通过铁路运输串起了"一带一路"沿线的主要国家。贸易纽带如此紧密地联结,使得国家之间的相互依赖从没有像今天这样彼此不可分离。同样地,学习和把握国际贸易知识,也从没有像今天这样重要和紧迫,因为我们生活在一个贸易塑造的全球化世界之中。

Human beings have realized that different areas carry out specialization and division of labor and then exchange with each other to obtain more needs for survival and ultimately improve living conditions. Globalization has become an irreversible historical

---

① 另外两个活动:一个是对人烟稀少、土地肥沃和有新生物资源地区的占领和殖民;另一个是技术和制度上的创新。

trend and objective law of humanity over the past 500 years. Trade ties are so closely linked that countries have never been more interdependent. Similarly, learning and mastering international trade knowledge has never been more important and urgent than today for we are living in a globalized world shaped by trade.

1.1 国际贸易学研究什么(What Does International Trade Study)

国际贸易学是经济学最为古老的分支学科之一。它运用经济学的一般分析方法和框架,通过国际贸易理论解释各种国际贸易实践,并分析政府实施各类贸易政策的原因与结果。

International trade is one of the oldest branches of economics. It uses the general analytical methods and frameworks of economics, explains various international trade practices through international trade theory, and analyzes the reasons and results of the government's implementation of various trade policies.

1.1.1 国际贸易理论(International Trade Theory)

迄今为止,国际贸易理论已经经历三个公认的成熟阶段,分别是古典贸易理论(Classical Trade Theory)、新古典贸易理论(Neoclassical Trade Theory)和新贸易理论(New Trade Theory)。① 企业层面贸易理论(Firm-level Trade Theory)或者企业异质性贸易理论(Heterogeneous Firm Trade Theory),被认为是与前面三个理论有所不同的一个可能的新的贸易理论阶段,作为国际贸易理论的一个发展前沿,我们将在第5章进行专门介绍和讨论。但是,不管是什么国际贸易理论,它们都致力于回答和解决三个基本问题:贸易的基础、贸易的模式和贸易的利益。

So far, international trade theory has undergone three recognized stages of maturity: Classical Trade Theory, Neoclassical Trade Theory, and New Trade Theory.

1. 贸易的基础(The Basis of Trade)

贸易的基础主要回答国家间发生贸易的原因是什么。古典贸易理论主要包括1776年亚当·斯密在《国民财富的性质和原因的研究》(以下简称《国富论》)中提出的绝对优势理论和1817年大卫·李嘉图(David Ricardo)在《政治经济学及赋税原理》中发展出的比较优势理论。它们假定国家间发生贸易的原因来源于技术的绝对差异或相对差异,具体又表现为生产率或生产成本的差异。虽然李嘉图只是假定了国家间因为劳动生产率的差异而出现了比较优势,但是,经济学家保罗·萨缪尔森(P. Samuelson)却认为比较优势理

---

① 部分经济学家曾经将国际贸易理论分为实证贸易理论(Positive Trade Theory)和规范贸易理论(Normative Trade Theory)。实证贸易理论关注的是外生冲击或政策变化对产出结构、相对价格、贸易流量或实际收入的国内分配等的影响,可以理解为主要讨论的是贸易基础和贸易模式问题。规范贸易理论则聚焦于外生冲击或政策变化对总量实际收入水平的影响,以及可选政策工具的优劣排序问题,可以理解为主要进行福利判断和贸易利益分析。当然,这些经济学家自己也承认,这种划分方法本身就是非常武断的。详见:JONES R W, KENEN P B. Handbook of international economics: vol. I, Chapter 1 and Chapter 2[M]. Amsterdam: Elsevier Science Publishers, 1984.

论是经济学史上数学最严谨、逻辑最无可挑剔的理论。也正因为如此,李嘉图的比较优势理论奠定了现代国际贸易理论的基础。

The basis of trade mainly addresses the reason for trade between countries. Classical Trade Theory assumes that the reason for trade between countries comes from the absolute or relative difference in technology, which is specifically expressed as the difference in productivity or production cost.

新古典贸易理论的代表性理论,是 20 世纪 30 年代由两位瑞典经济学家赫克歇尔(ELI Heckscher)和其学生俄林(Bertil Ohlin)提出的 H-O 模型(Heckscher-Ohlin Model),或称要素禀赋理论(Factor Endowments Theory),它假定国家间发生贸易的原因是要素禀赋(factor endowments)的差异。古典贸易理论和新古典贸易理论对于贸易原因的解释,都可总结为国家间外生比较优势的差异,只不过古典贸易理论的比较优势来源于假定的外生技术差异,而新古典贸易理论的比较优势来源于外生的要素禀赋差异。在这个意义上,我们可以说,任何新古典贸易理论首先是古典的。中国成功地成为世界第一大货物贸易国,很大程度上被认为是充分发挥了劳动力比较优势。在比较优势理论的后续发展中,内生比较优势和动态比较优势等新的比较优势被提出来,因此我们可以看到,制度、人力资本、数据、人工智能(AI)都可能是比较优势的源泉,从而成为国际贸易发生的原因。

Neoclassical Trade Theory assumes that trade between countries is due to differences in factor endowments. Both Classical Trade Theory and Neoclassical Trade Theory can be summarized as the differences in the exogenous comparative advantages between countries. However, the comparative advantage of Classical Trade Theory comes from the assumed exogenous technology differences, while the comparative advantage of Neoclassical Trade theory comes from exogenous factor endowents differences.

新贸易理论主要是 20 世纪 70 年代由以克鲁格曼(Paul Krugman)为代表的经济学家发展起来的,它致力于解释两个对称的国家或者两个完全相同的国家为什么会发生产业内贸易,强调了产品差异化和规模经济(economies of scale)的作用,实际上已经开始探索贸易发生的内生源泉。当然,两个完全相同的国家为什么会演化出两种完全不同的专业化模式(想象一下,同样是新能源汽车产业,美国发展出特斯拉,而中国发展出比亚迪,由于这是两种不同品牌且存在差异的汽车,然后中美之间就会发生新能源汽车的产业内贸易),克鲁格曼的解释是:历史的偶然(historical accidents)。这一解释看起来经不起推敲,但实际上却是历史的必然。中国东南沿海的广东省和浙江省有许多产业特色鲜明的专业镇,尽管这些镇在地理上并无显著差异,却发展出截然不同的产业集群,正是几百或上千年前某个细小的偶然事件触发而不断演化而来的。毋庸置疑地,新贸易理论在解释贸易发生的原因上,对传统的古典贸易理论和新古典贸易理论形成了很好的补充。

The New Trade Theory is dedicated to explain why intra-industry trade occurs between two symmetrical or identical countries, emphasizing the role of product differentiation and economies of scale, and has begun to explore the endogenous source of trade.

企业层面贸易理论的历史不过 20 年左右,其代表性理论模型是在 21 世纪初期由美国哈佛大学的麦里茨(M. Melitz)等经济学家提出来的。20 世纪 90 年代,由于大量微观企业层面的数据可获得性得到极大的改善,经济学家们观察到企业在贸易行为上存在巨大的差异性,如有些企业进行国际贸易,但大多数企业并不进行国际贸易;甚至同一产业内部企业间表现出的差异性要超过不同产业的企业间的差异性。因此,企业层面贸易理论假定存在较高的出口固定成本(export entry fixed cost),因而存在企业按照生产率排序进行自我选择的效应(self-selection effect):高生产率的企业出口,中间生产率的企业内销,低生产率的企业被淘汰而退出市场。因而,外生随机抽取的生产率是导致企业发生贸易的原因。最近的一些拓展研究,开始通过企业在产品范围、创新、生产组织等方面的决策,来关注企业生产率的内生决定,从而逐渐打开影响企业生产率的黑箱。

The Firm-level Trade Theory assumes that there is a high export entry fixed cost, so there is a self-selection effect among firms sorted by productivity: firms with high productivity export, those with intermediate productivity sell domestically, and those with low productivity are eliminated and withdraw from the market. Therefore, the productivity of exogenous random sampling is the reason firms trade.

2. 贸易的模式(The Pattern of Trade)

贸易的模式主要回答国家间如何进行贸易。如上文所述,国家间外生比较优势差异(技术差异或要素禀赋差异)越大,两个国家间越可能发生贸易,这就是古典贸易理论和新古典贸易理论解释的产业间贸易(inter-industry trade)。例如,在过去相当长的一段时间内,中国主要向美国出口纺织、服装、鞋类这些劳动密集型(labor intensive)的产品,而从美国进口波音飞机、福特汽车这样的资本密集型产品和技术密集型产品,这就是典型的产业间贸易。

The pattern of trade mainly addresses how to trade between countries.

在两个相似甚至完全相同的国家间,不存在外生比较优势差异,因而不会发生产业间贸易。但是,由于历史的偶然和规模经济,两个相似国家形成了不同的专业化分工,同时消费者存在多样性偏好(love of variety),两个国家仍然发生制造业内部的贸易,这就是新贸易理论解释的产业内贸易(intra-industry trade)。例如,在我们中国城市和乡间的公路上,我们经常会遇到许多欧洲品牌的汽车,像大众、宝马和沃尔沃等。同样地,随着中国成为世界上第一大汽车生产国和第一大汽车出口国,在欧洲的街道上,我们也会经常碰到许多中国品牌的汽车,像比亚迪、蔚来、奇瑞、名爵等。这是因为中国和欧洲国家发生了相互进出口汽车的产业内贸易。值得注意的是,自 20 世纪 70 年代以来,世界贸易的大约 70% 表现为产业内贸易。这也从另一个角度说明了新贸易理论是对古典贸易理论和新古典贸易理论的有益补充,而不是替代。

Owing to historical accidents and economies of scale, two similar countries have formed different specialization divisions of labor. At the same time, consumers have a love of variety, and the above two countries still have intra-industry trade, which is explained by the New Trade Theory.

企业层面贸易理论,可以说是在新贸易理论的基础上融入企业异质性,因而也主要用来解释产业内贸易,只不过由于企业存在生产率的异质性,并非像新贸易理论那样所有企业都出口,只有部分高生产率的企业才从事出口。还有一些企业层面贸易理论,如企业异质性的一体化均衡模型(An Integrated Equilibrium Model with Heterogenous Firm),结合了比较优势,因而既能解释产业内贸易,也能解释产业间贸易。由于跨国公司(multinational enterprise)在当代国际贸易中发挥着巨大作用并占据了很大的份额,跨国公司母公司与其海外子公司以及海外子公司和子公司之间的贸易也日益引起经济学家们的广泛关注。相比那些发生在不同公司间的贸易(inter-firm trade or arm-length trade),这类贸易可以称为公司内贸易(intra-firm trade)或关联方贸易(related party trade)。以哈佛大学的安特拉斯(P Antràs)为代表的经济学家发展起来的另一支企业层面贸易理论——企业内生边界贸易理论(Firm Endogenous Boundaries Theory)——为这类贸易的发展提供了理论解释。我们将在第 11 章深入介绍跨国公司的贸易问题,感兴趣的同学还可以阅读 *Handbook of International Economics*(Volume 4,2014)中的 Chapter 2:Multinational Firms and the Structure of International Trade.

The Firm-level Trade Theory incorporates firm heterogeneity based on the new trade theory, so it is mainly used to explain intra-industry trade. However, due to the productivity heterogeneity among firms, it is not the same as the New Trade Theory, not all firms export but only some high-productivity firms are engaged in it.

近几十年来,全球经济日益深化的相互依赖性一个新的重要特征在于,原本垂直一体化(vertical integration)的产品生产过程已经被分解为不同的工序和区段,在空间上分散在不同的国家进行生产,形成了不同国家专业化生产和进出口不同的工序与区段的新国际分工体系。经济学家们把这种"生产过程分离开来散布到不同空间区位"的分工形态称为"国际分散化生产"(international fragmented production)——我们现在更多地称之为全球价值链(global value chain),并认为由此引致的全球贸易流量和性质的深刻变化,构成了 20 世纪后半期兴起的全球化浪潮不同于 19 世纪兴起的全球化的典型特征。很明显,这种全球化下国家之间的贸易不是发生在不同的产品之间(inter-product trade),而更多地发生在同一产品内部的不同工序和区段(intra-product trade)。像我们在后文列举的波音飞机、苹果手机的例子,就是典型的产品内贸易(intra-product trade)。对于产品间贸易和产品内贸易,区别它们发生的原因不再那么明显,实际上,无论是传统的贸易理论,还是新近发展的贸易理论,都可以对它们进行理论解释。

Under globalization, trade between countries does not occur in inter-product trade but more in intra-product trade.

3. 贸易的利益(The Gains from Trade)

贸易的利益主要回答国家从贸易中得到什么样的收益。它是国际贸易理论研究最古老和最核心的问题。公元前 2 世纪,汉朝皇帝针对盐、铁之类的重要物资如何贩卖对国家最为有利而在朝堂上召开辩论,显示了早期国家对贸易利益的重视。但是人类对贸易利益的认识远非同步和相同的。历史学家彭慕兰(Kenneth Pomeranz)和托皮克(Steven Topik)在他们的畅销书《贸易打造的世界》中记载,巴西的图皮南巴人(Tupinamba)认为,法国人远渡大洋、卖力工作,只为替后代子孙积累财富,实在是"一等一的大疯子",而他们自己一有够用的物资,就转而将时间投注在"村子里喝酒,发动战争,大肆恶作剧"之上。这表明,此时的图皮南巴人根本就不屑追求贸易,更谈不上对贸易利益重要性的认识了。

The gains from trade mainly addresses what kind of benefits the country receives from trade. This is the oldest and most central issue in the study of international trade theory.

类似地,历史上的重商主义(mercantilism)对贸易利益的认识也比较偏颇,其认为国际贸易是一种零和游戏(zero-sum game),强调"一国之所得必然是另一国之所失",贸易使一部分国家获利的同时,会使另一部分国家利益受损。斯密批判了重商主义思想,认为参与国际分工和贸易将使所有国家都受益,国际贸易是一种正和游戏(positive-sum game)。随后的主流国际贸易理论,无不反复论证了这一结论。遗憾的是,虽然重商主义是流行于中世纪欧洲比较古老的一种贸易思想,但是它的幽灵仍然徘徊在21世纪某些西方国家领导人的脑海和贸易实践中而挥之不去,实际上就是所谓的新重商主义。

Mercantilism also had a biased understanding of the benefits of trade. They believed that international trade was a zero-sum game, emphasizing that one country's gain must be another's loss. While trade benefits some countries, it also damages some other countries. Smith criticized the idea of mercantilism and believed that participating in the international division of labor and trade would benefit all nations and that international trade was a positive-sum game.

古典贸易理论和新古典贸易理论强调的贸易利益,主要分为专业化所得(gains from specialization)和交换所得(gains from exchange)。专业化所得主要是国家按照比较优势进行专业化分工,资源在产业间进行重新配置,从比较劣势产业转向比较优势产业,将提高生产效率并最大化该国的产出。改革开放以来,随着对外贸易的发展,中国大量农村剩余劳动力从农业部门转移到城市制造业部门,不仅提高了劳动生产效率,而且形成了中国获取贸易利益的一个重要来源。交换所得是通过出口比较优势产品,进口比较劣势产品,消费者将会获得超过封闭经济条件下的消费量。这是因为国际贸易的价格要低于国内市场的价格,即通过进口要比在国内市场换得更多的消费品。

The gains from trade emphasized by Classical Trade Theory and Neoclassical Trade theory are mainly divided into gains from specialization and from exchange. Those from specialization are mainly due to the country's specialization according to the comparative advantages and the reallocation of resources between industries, from comparative disadvantage industries to comparative advantage industries, which will improve production efficiency and maximize its output. The gains from exchange are through the export of advantage products and the import of disadvantage products. Compared the condition of a closed economy, consumers will obtain more than they consume.

新贸易理论强调的贸易利益,主要来自规模经济和消费种类多样性。由于存在规模经济,制造业行业内的每一个代表性企业,将专业化生产一种水平差异化产品,这无疑是最有效率的,因为它将节约长期生产成本,进而降低消费者购买价格。而消费者存在多样性偏好,差异化产品的相互进出口,将为消费者提供比封闭经济条件下更多的消费品种类。此外,在诺贝尔经济学奖获得者克鲁格曼的开创性工作中,促进竞争效应(pro-competitive effect)——进口竞争导致企业降低边际成本加成(price-cost markup)——也是新贸易理论的一个重要贸易利益来源。

The gains from trade emphasized by the New Trade Theory mainly come from economies of scale and diversity of consumption varieties. The pro-competitive effect—import competition causes firms to reduce price-cost markup—is also an important source of gains from trade in the New Trade Theory.

企业层面贸易理论认为,由于存在较高的出口固定成本,当由封闭转向开放时,低生产率的企业因为无法支付较高的出口固定成本而不断退出,高生产率的企业将因为支付出口固定成本之后仍有剩余而不断进入。这种自我选择的优胜劣汰过程伴随着行业内的资源再配置(resource reallocation),从而导致参与贸易的行业的平均生产率不断提升。这是以前的贸易理论所没有揭示的一个新的贸易利益来源。归结起来,随着贸易理论学习的深入,我们将知道,垄断竞争框架下的贸易利益大致有三个来源:种类利益(gains from variety)、选择利益(gains from self-selection effect)和促进竞争利益(gains from pro-competitive effect)。

The Firm-level Trade Theory posits that due to the existence of high export fixed costs, when the economy transits from closed to open, low-productivity firms will exit, because they cannot afford the export fixed costs, and high-productivity firms will enter the export market due to a surplus after paying export fixed costs. This self-selection process of survival of the fittest within the industry is accompanied by resource reallocation, which leads to continuous improvement of the average productivity of the industries involved in trade. In summary, with the in-depth study of trade theory, we will learn that there are roughly three sources of gains from trade under monopolistic competition: gains from variety, gains from self-selection effect and gains from pro-competitive effect.

以上我们所总结的各类贸易理论所揭示的贸易利益来源,主要是从结构角度来观察的。实际上,从结构角度来观察贸易利益,可能还有其他的来源。这主要取决于我们是如何来构建贸易理论和模型的。例如,一项针对中国的研究认为,除了政策扭曲(policy distortion)导致的贸易利益损失之外,中国的贸易利益主要由劳动生产率效应、种类效应、贸易条件效应和产品差异化效应四部分构成。[①] 但是,如果从总量贸易利益(aggregate trade gains)的角度来看,来自贸易的利益到底有多大,不同贸易理论所揭示的贸易利益是否有本质区别,仍然是悬而未决和充满争议的学术问题。我们在第5章的案例5-1对此进行了专门的讨论,感兴趣的同学可以提前阅读了解,并尝试进行分析

---

① 钱学锋,毛海涛,徐小聪.中国贸易利益评估的新框架——基于双重偏向型政策引致的资源误置视角[J].中国社会科学,2016(12):83-108,206.

研究。

From a structural perspective, there may be other sources of gains. To some extent, it depends on how the trade theories and models are constructed. However, from the perspective of aggregate trade gains, how significant the gains from trade are and whether different trade theories reveal essential differences in gains from trade remain unresolved and controversial academic issues.

此外,还需要补充说明的是,到目前为止,我们所讨论的贸易利益都是静态的,即贸易的静态利益(static gains from trade),也就是一个国家贸易后相比较贸易前所带来的消费者效用增加或者福利提升。在用几何图形刻画的贸易模型中,它通常是用一个距离原点更高更远的效用无差异曲线来表示。但是,这只是贸易的直接影响,贸易的间接影响——贸易的动态利益(dynamic gains from trade),即贸易对经济增长的影响亦是不容忽视的。正如国际经济学家哈伯勒(Gottfried Haberler)指出的那样:如果我们只是从静态贸易利益的角度来考察国际贸易对经济增长尤其是欠发达国家经济增长产生贡献,那么我们的确大大低估了贸易的重要性。贸易的动态利益体现在通过贸易的知识扩散、技术进步、资本积累、竞争加剧等对经济增长产生影响。我们在下文还会就国际贸易与经济增长的关系进行深入讨论,在此不做赘述。

任何贸易理论的发展,都离不开代表性经济学家的贡献。在结束本部分内容之前,向同学们推荐一个有意思的网站,它就是由美国密歇根大学迪尔道夫(Alan V. Deardorff)教授创建的国际贸易学家家族图谱(Family Tree of Trade Economists),在那里你会了解到贸易理论的师徒传承与创新发展。

Dynamic gains from trade, that is, its impact on economic growth can not be ignored. Such gains are reflected in the impact of knowledge diffusion, technological progress, capital accumulation, and intensified competition on economic growth through trade.

1.1.2 国际贸易政策(International Trade Policy)

国际贸易政策构成了国际贸易学研究的另一个重要组成部分。虽然国际贸易理论已经充分证明自由贸易是最好的,但是在贸易实践中,很多国家还是采取了各类贸易政策来鼓励或限制贸易的进行。国际贸易学则告诉我们国家实施各类贸易政策的工具、原因和结果。

International trade policy constitutes another important part of international trade studies. International trade reveals the tools, reasons, and results of various trade policies implemented by the country.

1. 国家实施贸易政策的工具(Instruments of Trade Policy)

如果一个国家决定实施贸易政策来干预进出口贸易,那么,在政策菜单上,它有很多不同的政策工具可供选择。这其中,关税(tariff)是最常见和常用的一种基本政策工具。历史上,在大萧条时期(1929—1933年),美国总统赫伯特·胡佛(H. Hoover)曾于1930年6月签署了臭名昭著的"斯姆特-霍利关税法"(Smoot-Hawley Tariff Act),该法案将进口到美国的数千种商品的平均关税一次性提高50%以上。2018年7月,中美贸易战正式爆发,双方各自对从对方进口的500亿美元商品征收了25%的关税。然而,关税却是世界贸易组织(World Trade Organization,WTO)允许的、其成员在多边贸易框架下可以采取的为数不多的贸易管理措施。除关税之外,国家实施的贸易政策工具还有很多,包括配额、补贴、许可证、保障措施、歧视性的政府采购、环境标准、技术性贸易壁垒以及其他规制措施等,这些被统称为非关税壁垒(non-tariff barriers,NTBs)。根据全球贸易预警(Global Trade Alert)的统计,自2008年金融危机以来,截至2022年11月25日,全球各国一共实施了39 009起伤害性的贸易干预措施,这其中除了3 483起进口关税措施之外,其他的35 526起贸易干预措施由反倾销、金融资助、国有贷款、政府采购本地化等非关税壁垒构成。

If a country decides to implement a trade policy to intervene in import and export trade, it has many policy tools to choose from. Among them, tariff is the most common basic policy tool. In addition, the country implements many trade policy tools, including quotas, subsidies, licenses, safeguard measures, discriminatory government procurement, environmental standards, technical barriers to trade, and other regulatory measures, collectively referred to as non-tariff barriers.

这里有必要提及近现代贸易政策的变迁。在第二次世界大战之前,世界各国的贸易政策基本上是各自为政,零碎、割裂且缺乏协调。直到1947年关税及贸易总协定的缔结,才形成了以多边贸易体制为核心的国际贸易政策体系,各国家和地区围绕关税的削减来促进全球范围内的贸易自由化。然而,由于关税削减后各国家和地区运用关税来干预进出口的空间越来越小,各种非关税壁垒措施如雨后春笋般涌现出来,以至于GATT的东京回合不得不将谈判的主题从以往的关税调整到非关税壁垒上来。无论是关税还是非关税壁垒,GATT所管辖的贸易政策领域仅限于货物贸易,然而贸易实践中,服务贸易、与贸易有关的投资措施(investment measures)和知识产权问题不断出现,这就使得WTO在1995年正式取代GATT,从而使得这些新的贸易政策领域被WTO所覆盖。不过新的问题随即产生。一方面,20世纪90年代以来国家间签订的各类区域贸易协定(regional trade agreements)爆发式增长,这些协定不仅在贸易政策的深度上超过了WTO,甚至完全超越了WTO的贸易政策框架,因此有经济学家分别将这两类贸易政策称为WTO-Plus和WTO-X(表1-1)。另一方面,同样自20世纪90年代以来,随着全球价值链这种新型国际分工方式的深化,贸易政策被要求从边境上转向边境后,或者说是从第一代贸易政策转向第二代贸易政策,它更加强调政策的协调和规制融合。某种程度上,边境后贸易政策或第二代贸易政策与WTO-X比较接近或有较多重合。可以发现,随着国际贸易和分工实践的发展,贸易政策的工具亦在不断推陈出新。

Before World War Ⅱ, trade policies of countries world wide were largely fragmented and uncoordinated until the establishment of the General Agreement on Tariff and Trade (GATT) in 1947. GATT is an international trade policy centered on the multilateral trading system. Countries and regions promoted global trade liberalization around the reduction of tariffs. However, since countries and regions use tariffs to intervene in imports and exports are becoming increasingly smaller after tariff cuts, various non-tariff barriers have sprung up. In trade practice, service trade, trade-related investment measures, and intellectual property rights issues continue to emerge, which led the WTO to formally replace GATT in 1995 so that the WTO could cover these new trade policy areas.

表 1-1 贸易政策 WTO-Plus 与 WTO-X

WTO-Plus	WTO-X	
工业自由贸易协定	反腐败	健康
农业自由贸易协定	竞争政策	人权
海关	环境法	非法移民
出口税	知识产权	非法药物
卫生和植物检疫措施	投资	产业合作
技术性贸易壁垒	劳动市场监管	信息社会
国有企业	资本流动	采矿
反倾销	消费者保护	洗钱
反补贴	数据保护	核安全
国家援助	农业	政治对话
公共采购	近似立法	公共监管
《与贸易有关的投资措施协议》	视听	区域合作
	民防	研究和技术
《服务贸易总协定》	创新政策	中小企业
	文化合作	社会问题
《与贸易有关的知识产权协定》	经济政策对话	统计数据
	教育和培训	税收
	能源	恐怖主义
	金融援助	签证和庇护

资料来源:HORN H,MAVROIDIS P C,SAPIR A. Beyond the WTO? An anatomy of EU and US preferential trade agreements[J]. World economy,2010,33(11):1565-1588.

如果从更为宏观的角度来对贸易政策进行归类,我们还可以将贸易政策分为出口导向型贸易政策(export-oriented trade policy)和进口替代型贸易政策(import-substitution trade policy)。出口导向型贸易政策主要是通过实施鼓励出口的贸易政策来促进国内的工业化,代表性的地区主要是东亚;进口替代型贸易政策则主要是通过实施限制进口的贸易政策来促进国内的工业化,代表性的地区主要是拉丁美洲。我们将在第 10 章详细地讨论这两类贸易政策。我们还可以从贸易政策偏向性的角度,将贸易政策分为自由主义贸易政策和保护主义贸易政策。自由主义贸易政策强调贸易的自由化,国家基本不对贸易进行任何干预;保护主义贸易政策则主张国家对贸易进行较大的干预,以实现保护国内产业和就业的特定目的。此外,还有一类介于自由主义贸易政策和保护主义贸易政策之间的对外贸易政策——管理贸易政策(managed trade policy),它是 20 世纪 80 年代以来,在国际经济联系日益加强而新贸易保护主义重新抬头的双重背景下逐步形成的。其目的在于通过对外贸易的管理和协调,既保护本国市场,又不伤害国际贸易秩序。管理贸易政策的典型代表是美国,它主要采取单边、双边、多边协调管理齐头并进的方式,以数量限制(quantitative restrictions)为主要手段对贸易进行干预,本质上属于保护主义贸易政策。

To classify trade policies from a more macro perspective, trade policies can also be divided into export-oriented and import-substitution policies. From the standpoint of trade policy bias, trade policies are also divided into free trade and protectionism policies. In addition, there is a kind of foreign trade policy between free trade and protectionism—managed trade policy.

2. 国家实施贸易政策的原因(Causes of Trade Policy)

不同于经济学家,国家总是认为实施一定的贸易政策是有必要的。它们的理由包括保护国内经济和产业免遭危机与外部竞争的冲击、保护国内就业、缓解国际收支失衡、改善贸易条件、纠正不公平贸易、维护国家安全、政治竞争的需要甚至对等报复等。

Unlike economists, countries always believe that it is necessary to implement specific trade policies. Their reasons include: protecting the domestic economy and industry from crises and external competition, protecting domestic employment, alleviating imbalance of payments, improving terms of trade, correcting unfair trade, maintaining national security, the need for political competition, and even reciprocity revenge.

例如,上述美国的"斯姆特-霍利关税法",就是在1929年华尔街股市大崩盘,美国国内的农产品、钢铁、纺织品等行业都出现危机的背景下,试图通过提高关税的方式来避免美国经济雪上加霜。而在美国实施"斯姆特-霍利关税法"之后,加拿大、法国、英国和德国等超过40个国家,也立即提高部分美国进口商品的关税,则是出于对美国加征关税进行报复的需要。2016年特朗普当选美国总统之后,实施了一系列单边主义、极端保护主义和霸权利己主义的贸易政策,则是出于保护国内就业、缓解贸易逆差、纠正不公平贸易甚至国家安全等多个原因的考虑。① 2021年拜登正式担任美国总统以来,不仅继承了特朗普贸易政策的遗产,还进一步出于价值观和意识形态的考量,不断拉拢盟友,筑起小院高墙,试图全面对中国进行规锁(confinement),并寻求与中国进行全面脱钩(decoupling)。归结起来,美国经济史学家道格拉斯·欧文(Douglas A. Irwin)在《贸易的冲突:美国贸易政策200年》中指出,美国的贸易政策始终指向三个基本目标(3R):通过对进口产品征收关税增加政府的收入(revenue),通过限制进口保护国内厂商免受外国竞争(restriction),以及通过互惠协定减少贸易壁垒和扩大出口(reciprocity)。

In summary, in *Clashing Over Commerce: A History of US Trade Policy*, Douglas A. Irwin highlighted that U.S. trade policy always points to three basic goals (3R): tariffs increase government revenue, protect domestic manufacturers from foreign

---

① 特朗普贸易政策的特征可以形象地归纳为T.R.U.M.P:T即temporary,临时性的;R即reversible,可撤销的;U.M即uncertain MFN,不确定的最惠国待遇;P即preferential policies,强调对等的优惠待遇。感兴趣的同学可以进一步阅读:钱学锋,龚联梅.特朗普贸易政策:特征、前景评估及启示[J].人文杂志,2018(8):42-51.

competition by restricting imports, and reduce trade barriers and expand exports through reciprocal agreements.

中国在改革开放之前和之初，曾经实施了一段时期的进口替代型贸易政策，主要通过设置较高的关税壁垒来保护国内尚未完全具备竞争力的工业部门。但自 20 世纪 90 年代以来，随着对外开放国策的进一步确立，中国基本实施的是出口导向型贸易政策，其目标是通过鼓励出口来促进国内的工业化。2001 年加入 WTO 之后，中国不断降低关税水平并削减各种非关税壁垒，一方面是为了履行贸易自由化的义务，另一方面则是为了更好地融入世界分工和贸易体系之中。尽管当前世界正经历百年未有之大变局，中国仍然坚定地推进高水平对外开放，构建以国内大循环为主、国内国际双循环相互促进的新发展格局，稳步扩大规则、规制、管理、标准等制度型开放，加快建设海南自由贸易港，实施自由贸易试验区提升战略，扩大面向全球的高标准自由贸易区网络，深度参与全球产业分工和合作，维护多元稳定的国际经济格局和经贸关系。请同学们进一步深入学习党的二十大报告，分析理解未来一段时期中国的贸易政策导向及其目标。

Although the world is currently undergoing profound changes unseen in a century, China is still firmly promoting high-level opening up to the outside world, building a new development pattern with domestic cycles as the mainstay and domestic and international dual cycles reinforcing each other, and steadily expanding institutional openning-up with rules, regulations, management, and standards. We will speed up the construction of the Hainan Free Trade Port, implement the strategy of upgrading the pilot free trade zone, expand the network of high-standard free trade zones facing the world, deeply participate in the global industrial division of labor and cooperation, and maintain a diversified and stable international economic paradigm and economic and trade relations.

贸易的政治经济学(political economics of trade)则专门从政治竞争的角度，解释了国家实施贸易政策的一个重要原因，是各类不同利益集团(interest groups)博弈的结果，因而贸易政策最终体现的是特定利益集团的利益最大化，而不是整个国家社会福利的最大化。这在西方代议制民主国家确实是比较普遍的现象。在这些国家，政府制定贸易政策，不仅是对一般选民利益的反映，更是对特殊利益集团运动压力的反映。利益集团为了影响政策结果而参与政治过程。因而，贸易政策实际上是由不同利益集团激烈冲突而内生决定的。可以想见，这样的贸易政策最终是扭曲而偏离公共利益的。正如詹姆斯·麦迪逊(James Madison)在《联邦党人文集》第十章指出的："是否应该，以及应该在何种程度上利用对外国制造商的限制，鼓励本国制造商？土地所有者阶层和制造商阶层对这些问题有大相径庭的结论，而且可能都不是出于对正义和公共利益的考虑。"相应地，"指望开明政治家能够协调这些利益冲突，使它们都服从于公共利益，这种观点恐怕是徒劳无益的。"因而，像美国这样的代议制民主国家，在它的整个历史中，即便到了今天，贸易政策也一直是痛苦的政治冲突的源头。对于贸易的政治经济学感兴趣的同学，推荐大家进一步阅读《利益集团与贸易政策》(格罗斯曼与赫尔普曼著)与《中国对外贸易政策的政治经济分析》(盛斌著)。

The political economics of trade explains one of the important reasons why countries implement trade policies from the perspective of political competition, which is the result of games between various interest groups. Therefore, trade policies ultimately reflect the maximization of the interests of specific interest groups, while it is not the maximization of the social welfare of the whole country.

3. 国家实施贸易政策的结果（Outcomes/Effects of Trade Policy）

尽管经济学家向来不怎么认为贸易政策重要，但是既然国家总是热衷于实施贸易政策，那么对这些政策的结果——成本和收益——进行评估就是不可避免的。

Although economists have traditionally dismissed trade policy as important, since countries have always been keen to implement trade policies, assessing the outcomes—costs and benefits—is inevitable.

首先，国家在面临特定的贸易问题时，它应该知道选择什么样的贸易政策工具是合适的。例如，当国家希望对某种进口产品进行限制时，它可以选择关税或者配额。国际贸易学告诉我们，关税和配额的经济效应是相同的。不同的是，关税是 WTO 允许的政策工具，前提是在该国承诺的贸易自由化义务范围之内；配额则是 WTO 所严格禁止的政策工具，一旦实施，就有被其他国家起诉的风险，而且配额的分配可能带来寻租行为（rent-seeking）并引发腐败。这就要求国家认识和理解不同贸易政策工具的成本与收益，然后作出选择。

First, when a country faces a specific trade problem, it should know which trade policy tool is appropriate.

其次，一旦国家决定实施某种政策工具，它也应该知道这种政策工具是否能够取得预期效果。例如，美国的"斯姆特-霍利关税法"试图通过提高关税的方式来挽救深陷大萧条的美国经济，但结果却适得其反：高关税导致美国进出口额全面衰退，进而美国国内的失业率大幅度上升。1930 年，美国的失业率为 7.8%，到 1933 年却达到了惊人的 25.1%。而 2018 年特朗普针对中国 500 亿美元商品征收的 25% 的关税，实际上在全球价值链分工背景下，遭受损失的主要是其他国家的跨国公司，而非中国本土企业。美国彼得森国际经济研究所的一项研究表明，在计算机和电子设备行业，遭到关税打击的非中国跨国公司达到了 87%，而中国本土企业仅为 13%；在整个制造业领域，遭到关税打击的非中国跨国公司也达到了 68%，而中国本土企业仅为 32%。这说明，在全球价值链分工高度发达的时代，关税的政策效果非常不理想。同样地，特朗普试图通过加征关税来削减贸易逆差的目标也注定不能实现，事实上，美国的贸易逆差已经由 2018 年的 6 210 亿美元扩大到 2021 年的 8 591 亿美元，创造了历史新高。这是因为国际贸易的研究表明，贸易政策对贸易平衡仅有边际上的影响，双边贸易平衡本质上是由双边的经济结构以及储蓄投资结构决定的。因此，即便美国对中国发起贸易战，如果其内部的经济结构及储蓄投资结构不进行调整，也是无法削减美国贸易逆差的。图 1-1 很好地说明了这一点。作为思考与课后练习，请同学们找到证据并论证：为什么贸易政策对贸易平衡的影响仅是边际上的？

Second, once a country implements a certain policy tool, it should know whether it can achieve the desired effect.

必须指出的是，从严格的学术意义来看，对贸易政策进行测度并识别其因果效应，面

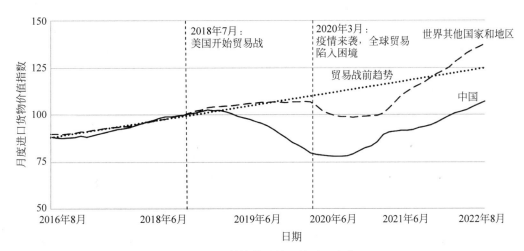

图 1-1　贸易战前后美国的进口变化

资料来源：BOWN C P. Four years into the trade war, are the US and China decoupling? [EB/OL]. (2022-10-20). https://www.piie.com/blogs/realtime-economics/four-years-trade-war-are-us-and-china-decoupling.

注：纵轴为美国从中国和世界其他国家和地区进口货物价值，2016—2022 年（2018 年 6 月为基期）。美国月度进口指数，未经季节性调整的 12 个月跟踪总和。贸易战前趋势基于 2016 年 8 月至 2018 年 6 月美国从全球进口的数据。

临方法论层面的挑战。尽管如此，经济学家们还是总结出贸易政策的四个方面的影响：一是贸易政策的总体影响，如贸易政策会影响贸易流量、贸易价格、贸易结构以及贸易利益等。二是贸易政策对企业和产业绩效的影响，如生产率、成本、加成率等。三是贸易政策对劳动力市场的影响，如工资、就业以及收入不平等（income inequality）等。四是贸易政策对长期增长、贫困、引致的扭曲、资源错配以及不确定性的影响等。如对该问题感兴趣，同学们可以进一步阅读：Pinelopi K Goldberg 和 Nina Pavcnik 发表在 *Handbook of Commercial Policy*（Volume 1, Part A, 2016, Pages 161-206）中的文章 *The Effects of Trade Policy*，或者关于企业层面贸易政策的前沿分析：钱学锋和王备发表在《世界经济》2018 年第 8 期中的《异质性企业与贸易政策：一个文献综述》。

From a strictly academic viewpoint, measuring trade policy and identifying its causality effects face methodological challenges. Still, economists have identified four areas of trade policy impact. One is the overall impact of trade policy. The second is the impact on firm and industry performance. The third is the impact on the labor market. The fourth is the impact of trade policy on long-term growth, poverty, distortions, resource misallocation, and uncertainty.

1.2　国际贸易为什么重要
（Why Is International Trade Important）

国际贸易理论已经从理论上充分论述了来自国际贸易的利益，这毫无疑问地体现了国际贸易的重要性。但是，在全球化的今天，无论怎么强调国际贸易的重要性都不为过。本节将从更广阔的视角来帮助我们理解国际贸易的重要性。

International trade theory has thoroughly discussed the benefits from international trade theoretically, which undoubtedly reflects the importance of international trade. However, in today's globalized world, the importance of international trade can not be overemphasized.

1.2.1　国际贸易作为宏观经济部门（International Trade as a Marco Sector）

国际贸易之所以非常重要，首先是因为任何一个开放经济（open economy）都离不开国际贸易。宏观经济学的恒等式——$GDP=C+I+G+(X-M)$——清楚地表明，一个开放经济的国内生产总值（GDP）由消费（C）、投资（I）、政府支出（G）和国际贸易（$X-M$）四部门构成，如果缺少国际贸易部门，该经济将会退回到自给自足的封闭经济（closed economy）。而在全球化日益加深的现代经济体系中，一个封闭经济不可能取得成功，甚至连生存都非常困难。中国在1979年成功地由封闭经济转向开放经济，才可能在短短的几十年时间里崛起成为世界第二大经济体和世界第一大货物贸易国，创造了中国奇迹。也正因为如此，中国开放的大门只会越打越开。这与国际贸易部门作用的充分发挥，显然是密不可分的。因此，人们习惯地将消费、投资和国际贸易称为经济增长的"三驾马车"。

International trade is significant because any open economy is inseparable from international trade. In the modern economic system with deepening globalization, it is impossible for a closed economy to succeed and even very difficult for it to survive.

1.2.2　国际贸易与经济增长（International Trade and Growth）

20世纪30年代，美国经济学家罗伯特逊（D. H. Robertson）曾提出对外贸易是"经济增长的发动机"（engine for growth）的命题。后来的很多经济学家通过检验国际贸易对人均收入、全要素生产率（TFP）等增长指标的影响，基本支持了罗伯特逊的命题。图1-2展示了一项早期实证研究的结果，它确实表明国际贸易和人均GDP之间存在显著的正相关关系。此外，林毅夫和李永军的一项研究也利用中国数据对此进行验证，发现出口的增长除了能够直接推动经济增长之外，还对消费、投资、政府支出、进口造成影响，从而间接刺激经济增长。[①]

In the 1930s, American economist D. H. Robertson proposed that foreign trade is an engine for growth. Many economists subsequently provided support for Robertson's proposition by testing the impact of international trade on growth indicators such as per capita income and total factor productivity.

一般而言，国际贸易主要通过资本积累效应和技术进步效应这两个渠道来影响经济增长进程。例如，一个国家通过出口贸易，可以增加外汇收入，通过进口机器设备等资本品则可以直接提升资本积累；一个国家在出口产品时，可以通过出口学习（learning by exporting）提升产品的技术水平，通过进口先进的产品可以实现干中学（learning by doing），在模仿、吸收和创新的基础上，完成技术蛙跳（leap-frogging）。在新古典增长模型

---

① 林毅夫,李永军.出口与中国的经济增长：需求导向的分析[J].经济学（季刊），2003（4）：779-794.

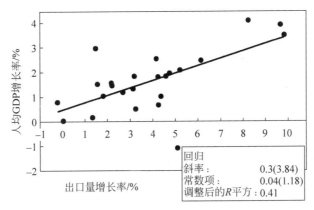

图 1-2 国际贸易和经济增长之间的关系

资料来源：VENTURA J. A global view of economic growth[M]//AGHION P, DURLAUF S N. Handbook of economic growth: Volume 1, Part B. Amsterdam: Elsevier, 2005: 1419-1497. 该图刻画了西欧、西方旁支国家、东欧、苏联、拉丁美洲、亚洲和非洲七个地区 1870—1913 年、1913—1950 年、1950—1973 年和 1973—1998 年四个历史时期国际贸易和人均 GDP 的关系。

中，除了劳动人口之外，资本是经济增长不可或缺的要素；在新增长理论中，技术进步则是经济增长可以持续的内生动力来源。因此，国际贸易如果能够提升资本积累和技术水平，确实能够促进经济增长。近些年来，经济学家们还注意到，除了资本积累和技术进步之外，国际贸易通过改善一国资源配置和制度质量也可以影响经济增长。

Generally speaking, international trade mainly affects the growth process through two channels: capital accumulation effect and technological progress effects. International trade can also affect economic growth by improving a country's resource allocation and institution quality.

感兴趣的同学可以阅读美国麻省理工学院经济学教授达龙·阿西莫格鲁（D. Acemoglu）的相关研究，思考和理解国际贸易如何通过制度这一渠道影响经济增长。

1.2.3 国际贸易与产业升级（International Trade and Industry Upgrading）

在传统比较优势理论框架下，发展中国家或者说后发国家具有比较优势的产品多是劳动密集型的加工产品或初级产品，这样的贸易结构决定了发展中国家只能处在全球价值链的低端。静态地看，发展中国家对一种比较优势过度依赖，虽然在初期会因为要素成本优势有所发展，但随着这种优势力量逐渐减弱并消耗殆尽，发展中国家会因为动力不足而无法改变其已然形成的贸易格局。这意味着，发展中国家具有比较优势的产品特别是劳动密集型产品，不能自动、自发地向资本密集型（capital intensive）和技术密集型转变，从而可能落入"比较优势陷阱"（trap of comparative advantage），而无法实现产业升级。但是，动态地看，一国的比较优势并非一成不变的。一个经济的生产结构与技术结构，是由其要素禀赋结构内生决定的，而要素积累在国际贸易演化过程中起了非常重要的作用。随着经济和贸易的发展，资本积累、人均资本拥有量提高，要素禀赋结构得以提升，主导产业结构将从劳动密集型转变到资本密集型和技术密集型，乃至信息密集型上面来。相应地，在开放经济中，如果一国更快地积累某种要素，其生产结构和出口结构也将转向密集使用该种要素的产品。这就是国际贸易的准罗伯津斯基效应（Quasi-Rybczyński Effect）。经验表明，人力资本和物质资本的快速积累，不只是简单地提高了技能密集型产品和资本密集型产品的产出，而且，伴随着贸易能力的提高，这些国家的生产结构系统转向技能密集型产业和资本密集型产业，同时避免了递减的边际报酬并保持了较高的增长速度。近些年来，中国的产业结构也发生了显著变化。根据联合国贸易和发展会议（United Nations Conference on Trade and Development，UNCTAD）的数据，在中国出口的产品中，高技能和技术密集型制造品在中国出口总价值中的占比出现了明显的提升。1995年，高技能和技术密集型制造品仅为中国出口总价值的20%，而在2021年，这一数据增加接近1倍，达到37%。

The production and technology structure of an economy are determined endogenously by its factor endowment structure, and factor accumulation plays a vital role in the evolution of international trade. With the development of economy and trade, capital accumulation and per capita capital ownership increase, and factor endowment structure can be improved. The leading industrial structure will change from labor-intensive to capital-intensive, technology-intensive, and even information-intensive. Correspondingly, if a country accumulates a certain factor faster in an open economy, its production and export structures will shift to products that intensively use this factor, which is the Quasi-Rybczyński Effect in international trade.

1.2.4　国际贸易与企业进步（International Trade and Firm Progress）

企业是参与国际贸易的微观主体，国际贸易从多个维度影响企业的行为与绩效。首先，从出口角度来看，自我选择效应（self-selection effect）和资源再配置效应是国际贸易提升企业生产率的两个重要渠道。企业将产品打入国际市场，面临信息、广告、营销渠道等较高的出口固定成本，因而企业之间会发生低生产率企业退出、高生产率企业进入这种优胜劣汰的自我选择效应，同时，国际市场份额和收益也会由退出的企业转移给进入的企业，即发生资源再配置效应，从而导致参与贸易的企业整体生产率提升。此外，企业在出口市场上面临激烈的市场竞争，也促使企业收缩其产品线的范围而专注于核心产品，并在出口市场上进行学习，这也会提升企业的生产率水平。20世纪90年代早中期以来的大量企业层面的证据表明，无论是在发达国家还是在发展中国家，出口企业相对于非出口企业确实存在着显著的生产率溢价。如表1-2所示，从相关研究可以看出，一般而言，具有出口行为的企业生产率高于不出口的企业。倒是在中国企业身上发现了"出口-生产率悖论"（Export-productivity Paradox）现象，这值得我们深入仔细分析隐藏在其背后的原因。其次，从进口角度来看，种类效应、质量效应和竞争效应等，也将帮助企业提升生产率水平。企业进口的中间产品，往往是国内不能提供的，这些新的进口中间品种类与国内中间品形成了很好的互补效应。而且，进口中间品的质量往往高于国内中间品，起到了一种对企业中间投入品的质量提升作用。这样，进口中间品和国内中间品共同作为企业生产所需的中间投入品，像劳动、资本和技术那样，促进企业生产率提升。2018年，美国制裁中国中兴通讯公司，禁止美国企业向其出口电信零件和软件，从而导致中兴通讯公司无法正常经营甚至关门歇业,就充分说明了进口中间品对企业生存的重要性,更毋庸说提升企业生产率等绩效了。也正是如此,中国越发重视制造业领域核心零部件的"卡脖子"问题。此外,对于进口竞争部门(import-competition sector)的企业而言,当面临来自进口产品的竞争时,要想继续在市场上生存,也必须努力通过创新来提升生产率,从而确保其市场竞争力。

Firms are micro entities participating in international trade, which affects the behavior and performance of firms from multiple dimensions. First, from the perspective of export, the self-selection effect and resource reallocation effect are two important channels for international trade to improve firm productivity. Second, from the perspective of import, the variety, quality, and competition effects also help firms improve their productivity.

表 1-2 出口行为与企业 TFP 差异

进入出口市场的时间	企业类型				
	永不出口者	退出者	其他	新进入者	持续出口者
$t=-2$	0	0.055*	0.024*	0.029*	0.093*
$t=-1$	−0.003	0.039*	0.031*	0.033*	0.099*
$t=0$	0.001	0.027*	0.020*	0.040*	0.090*
$t=+1$	0.001	0.014	0.024*	0.060*	0.085*
$t=+2$	−0.002	−0.004	0.024*	0.061*	0.082*

资料来源:BERNARD A B, JENSEN J B. Exporting and productivity in the USA [J]. Oxford review of economic policy, 2004, 20(3):343-357.

注:永不出口者是指在所有年份都不出口的企业,退出者是指在 t 期退出出口市场但不转换出口状态的企业,其他是指改变出口状态不止一次的企业,新进入者是指在 t 期进入出口市场但不转换出口状态的企业,持续出口者是指所有期都出口的企业。*表示该系数在 5% 水平下与永不出口者显著不同。

案例 1-1 中国的加工贸易与企业生产率

加工贸易(processing trade)是指国内企业通过优惠条件获得国外的原材料或中间投入,然后在国内进行一些加工和组装,再以最终品形式出口的贸易方式。加工贸易作为产业内贸易和企业内贸易(intra-firm trade)发展的结果,广泛地成为发展中国家参与国际分工和交换的重要途径。

长期以来,加工贸易一直是中国出口的主要贸易模式,占据中国出口的比重曾经高达 50%以上,直到 2008 年金融危机之后,才逐步下降到 2022 年的约 30%。实证研究表明,加工贸易主要通过三种渠道促进企业全要素生产率的提升:第一,竞争效应。加工贸易的关税优惠,会吸引更多企业尤其是外资企业,从而导致市场竞争加剧,每一家企业都会竭力降低生产成本、提高生产效率,以维持市场份额。第二,技术溢出渠道。大量外资在中国投资的加工贸易企业,不仅带来了先进的管理模式和生产技术,还积极加强就业人员的业务培训和素质提升。这一效应通过国内企业的模仿学习效应、劳动力流动效应和垂直关联效应更会促进整体产业的升级。第三,进口产品质量的提升。进口中间投入品的关税优惠,使企业以更低的成本获得更多样化和高质量的中间投入品。因此,加工贸易有助于企业提升其产成品质量。

然而，也有研究发现，加工贸易企业并没有良好的绩效表现，甚至会抑制生产率的提升。首先，加工贸易企业在生产率、盈利能力、工资、研发和技术密集度等诸多方面表现不佳，如表1-3所示。加工贸易企业的人均利润比一般贸易企业低53%，人均工资比一般贸易企业低14%，人均研发投入（R&D）比一般贸易企业低26%，这说明加工贸易是一项技术含量低、固定成本低、利润低的活动。加工贸易企业的生产率比非出口企业的生产率低10%～22%，更是中国出口企业生产率低于非出口企业的重要原因。

表1-3 各贸易类型企业主要特征对比

	人均利润	人均工资	资本劳动比	人均R&D
一般贸易企业	0.056*	0.097*	0.094*	0.229*
	(0.014)	(0.004)	(0.009)	(0.034)
加工贸易企业	−0.469*	−0.047*	0.057*	−0.032*
	(0.032)	(0.009)	(0.020)	(0.011)
混合企业	0.11*	0.149*	0.217*	0.251*
	(0.019)	(0.006)	(0.013)	(0.052)
观测值数	496 451	622 156	623 014	456 672
R^2	0.146	0.267	0.183	0.225

资料来源：戴觅，余淼杰，MAITRA M.中国出口企业生产率之谜：加工贸易的作用[J].经济学（季刊），2014,13(1)：675-698.

还有研究指出，中国以加工贸易这一方式参与全球价值链，会带来两方面的问题：一是缺乏自主品牌与核心技术，加工贸易过于依赖外部需求，容易遭受外部冲击，引发进出口额的大幅波动。二是创新能力不足以及价值获取能力低下，在全球产业链中陷入低端锁定和比较优势陷阱的风险大。传统的加工贸易最突出的特点就是"两头在外"和"大进大出"，这种生产模式使国内企业为了迎合出口订单和跨国公司的要求，埋头只赚加工费，没有技术、品牌、市场、销售渠道等，产业附加值较低，缺乏研发创新能力，阻碍了企业的长久发展。

综上所述，加工贸易对于发挥中国的劳动力比较优势，提升总体制造业生产率水平，以较低的成本在较短的时间内缩小与发达国家的技术差距等方面，曾发挥举足轻重的作用。但是，随着中国内部低要素成本优势逐渐丧失，贸易发展的外部需求空间日益压缩，加工贸易因自身技术含量低、附加值低的特点，抗风险能力较弱，亟须转型和升级。

资料来源：

戴觅，余淼杰，MAITRA M.中国出口企业生产率之谜：加工贸易的作用[J].经济学（季刊），2014,13(1)：675-698.

余淼杰.加工贸易、企业生产率和关税减免：来自中国产品面的证据[J].经济学（季刊），2011(3)：1251-1280.

杨高举，黄先海.内部动力与后发国分工地位升级：来自中国高技术产业的证据[J].中国社会科学，2013(2)：25-45.

1.2.5 国际贸易与生活质量（International Trade and Quality of Life）

国际贸易也会直接影响人们的生活质量。经济学家们已经发现，国际贸易和一国的人均收入有着积极的联系，而人均收入用来表征生活质量则是没有疑义的。当然，国际贸易可能导致收入不平等，那是另一个问题，我们将在后面进行讨论。国际贸易还会增加人们可获得的消费品数量，这是贸易相对于封闭状态的一个基本福利提升。国际贸易还将提供给消费者更多物美价廉的消费品种类，这是贸易理论强调的价格效应和种类效应。美国加利福尼亚大学戴维斯分校的国际经济学家芬斯特拉（R. Feenstra）的研究表明，1992—2005年，美国来自国际贸易的利益大约相当于美国 GDP 的 1%，而产品种类增加和促进竞争效应（较低的消费价格）一共贡献了其中的 75% 左右。中国作为世界上最大的货物贸易国，为世界各国提供了物美价廉的消费品，保障了世界人民的美好生活。如果没有中国制造，世界人民的生活是难以想象的，其情形正如美国作家萨拉·邦焦尔尼（S. Bongiorni）在《离开中国制造的一年：一个美国家庭的生活历险》中描述的那样不可思议。同样地，国际贸易尤其是进口，也是中国人民美好生活的需要，它带给消费者的远远不只是日本的马桶盖。同学们可以进一步思考，国际贸易还可能在哪些方面影响了人们的生活质量。

International trade also directly affects people's quality of life. Economists have found that international trade positively affects a country's per capita income. It also increases the quantity of consumer goods available to people, which is a real welfare improvement from trade relative to a closed state. International trade also provides consumers with more high-quality and low-cost consumer goods, which is the price and variety effect emphasized in trade theory.

1.3　当代国际贸易是什么样的
（What Is Contemporary International Trade）

事实上，学习和了解一些国际贸易发展史是非常有意义的。这正如意大利学者贝奈戴托·克罗齐（B. Croce）指出的那样："一切真历史都是当代史。"在本节，我们不打算带领大家去回顾丰富的国际贸易发展史，但是感兴趣的同学仍然可以自己阅读包括费尔南·布罗代尔（F. Braudel）、道格拉斯·诺斯（D. C. North）、彭慕兰、安格斯·麦迪逊等著名学者的论著，从而领略有记录以来人类开展国际贸易的历史图景及蕴含其中的历史规律。我们将直奔主题，主要概述第二次世界大战以来的当代国际贸易发展状况、特征、问题与影响。

Studying and understanding the history of international trade development is very meaningful. The Italian scholar B. Croce pointed out that all history is contemporary history.

1.3.1　国际贸易增长非常迅速（Fast Growth of International Trade）

第二次世界大战结束之后，国际贸易开始出现史无前例的增长。从国际贸易相对于 GDP 的增长速度来看（图 1-3），几乎在每一个时期，国际贸易增长速度都要远远超过 GDP 的增长速度，1950—2000 年国际贸易增速大约是 GDP 增速的 1.5 倍，而在 21 世纪的第一个 10 年，国际贸易增速则是 GDP 增速的 2 倍左右。相应地，国际贸易占 GDP 的比重(图1-4),也由1960年的不足20%,稳步上升,并在2000年后长期保持在50%以上。

After World War Ⅱ, there was unprecedented growth in international trade. The growth rate of trade has always far exceeded that of GDP. Correspondingly, the proportion of international trade in GDP has risen steadily.

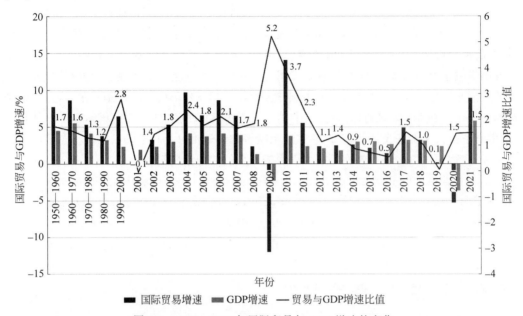

图1-3　1950—2021年国际贸易与GDP增速的变化

资料来源:WTO. International trade statistics 2014[R]. 2014;WTO. World trade statistical review 2021[R]. 2021.

注:横坐标时间段表示期间年均数值。

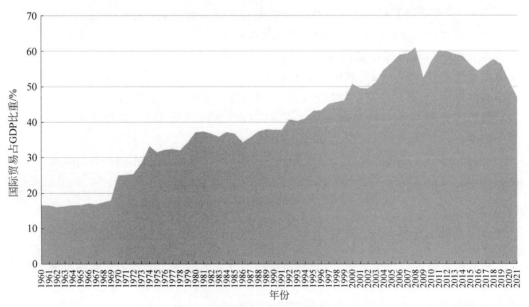

图1-4　1960—2021年国际贸易占GDP的比重

资料来源:世界银行WDI数据库。

对于第二次世界大战后国际贸易快速增长的原因,经济学家们也展开了积极的讨论。经济学家保罗·克鲁格曼评论道:

大多数关于世界贸易增长的新闻讨论,似乎都认为日益紧密的一体化是一种技术上势在必行的结果。它们相信,运输和通信技术的进步构成了一股瓦解国家边界的不可抗拒的力量。然而,国际经济学家比较倾向于认为,贸易增长主要——尽管不是全部——是源于政治上的原因。他们将第二次世界大战之后贸易的急速扩张,很大程度上归功于自1913年以来就羁绊世界市场的各类贸易保护主义措施的消除。①

克鲁格曼的评论,实际上指出了第二次世界大战后贸易增长的两个主要原因:一是技术的进步,特别是运输和通信技术的进步,瓦解了国家边界,极大地削弱了阻隔国际贸易的天然贸易成本——地理距离的影响,"距离的暴政"(tyranny of distance)开始转向"距离的死亡"(death of distance)。当然,地理距离的影响不可能完全消失。二是政治上的原因,主要是1947年缔结的关税及贸易总协定,以致力于推进全球贸易自由化为宗旨,大幅削减了国家之间阻碍贸易开展的人为贸易成本——关税与非关税壁垒的影响。总而言之,技术的进步和政治上的原因,共同降低了国家间的贸易成本(图1-5 和图1-6),从而大大促进了第二次世界大战后贸易的迅速发展。

There were two main reasons for the growth in trade after World War Ⅱ. One is technological progress, and the other is political, mainly the GATT established in 1948.

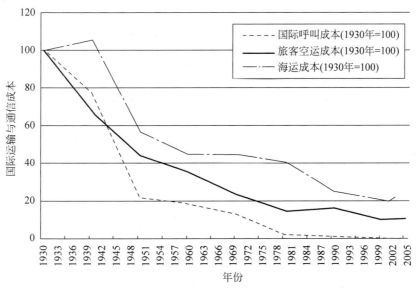

图1-5　1930—2005年国际运输和通信成本的相对变化趋势

资料来源:WTO. International trade statistics 2015[R]. 2015.

需要指出的是,仅从贸易成本的角度,难以解释国际贸易增速远远超过GDP 增速的事实。经济学家们研究发现,贸易成本与垂直专业化(vertical specialization)等其他因素

---

① KRUGMAN P. Growing world trade: causes and consequences[J]. Brookings papers on economic activity, 1995, 26(1): 327-377.

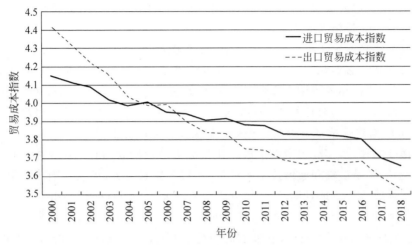

图 1-6　2000—2018 年国际贸易成本变化趋势

资料来源：WTO Trade Cost Index 数据库。

的共同作用，才能更好地解释国际贸易的快速发展。同学们可以自己去思考其中的原因。

It is worth noting that it is difficult to explain that the growth rate of international trade far exceeds that of GDP only from the perspective of trade costs. Economists have found that the joint effect of trade costs and other factors, such as vertical specialization, can better explain the rapid development of international trade.

当然，第二次世界大战后的贸易增长并非是直线上升的。在第二次世界大战后黄金时期(1950—1970 年)结束后，1970—1990 年世界贸易增速出现了明显下降；2001 年因为"9·11"恐怖袭击事件，全球贸易萎缩了 0.5 个百分点；在 2008 年发生全球性的金融危机之后，2009 年出现了贸易大崩塌(trade collapse)，世界贸易出现了自 1929—1933 年大萧条以来的最大危机；在经历短暂反弹之后，2012 年以来，世界贸易再次减速(trade slowdown)，进入相对低速增长阶段。而 2020 年初暴发的新冠感染疫情则使世界贸易再次出现负增长(图 1-7)。

Trade did not grow linearly after World War Ⅱ. After the end of the post-World War Ⅱ golden period (1950-1970), the growth rate of global trade declined significantly from 1970 to 1990. In 2001, due to the 9·11 terrorist attack, global trade shrank by 0.5 percentage points. In 2008, after the global financial crisis, there was the trade collapse in 2009, the largest crisis in world trade since the Great Depression in 1929-1933. After a brief rebound since 2012, world trade has again slowed, entering a relatively low-speed growth stage. However, the outbreak of the COVID-19 in early 2020 caused world trade to again experience negative growth.

同样地，同学们可以思考：1970—1990 年世界贸易增速明显下降的原因是什么？"9·11"恐怖袭击事件为什么会导致全球贸易萎缩？2008 年的金融危机为什么会导致贸易大崩塌？新冠感染疫情为什么没有金融危机对贸易造成的冲击大？

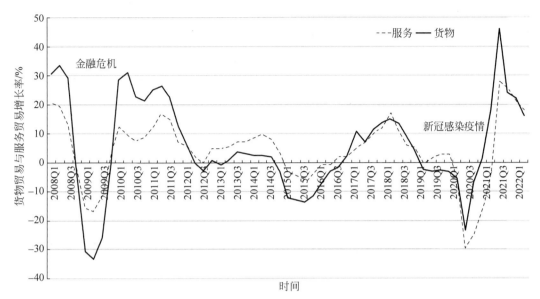

图 1-7　2008—2022 年全球货物贸易与服务贸易增速

资料来源：WTO. World trade statistical review 2021 [R]. 2021；WTO Stats 数据库。

1.3.2　国际贸易结构发生了深刻的变化（Deep Structure Change of International Trade）

在第二次世界大战后国际贸易迅速增长的同时，其也蕴含着深刻的结构变化。首先是商品结构的变化。

一是从货物贸易（merchandise trade）自身的结构来看。货物贸易主要包括三大类产品，它们分别是工业制成品（manufactured goods）、能源和矿产品（fuels and mining products）以及农产品（agricultural products）。这其中，能源和矿产品以及农产品被统称为初级产品（primary goods）。在第二次世界大战结束之初，工业制成品和初级产品在货物贸易当中各自占据半壁江山，但自 20 世纪 80 年代中期以来，工业制成品持续稳定在 70% 以上，而初级产品则不到 30%。农产品贸易的快速萎缩，则是整个初级产品贸易占比下降的缩影。20 世纪 50—60 年代，农产品在整个货物贸易中占据了近 40% 的比重，而进入 21 世纪，其所占比重已经不到 10% 了。

While international trade grew rapidly after the World War Ⅱ, it contained profound structural changes. The first is the change in commodity structure. On the one hand, this comes from the perspective of the structure of merchandise trade itself. At the beginning of World War Ⅱ, manufactured goods and primary products each accounted for half of the trade in goods. However, since the mid-1980s, manufactured goods have remained stable at more than 70%, while primary products have accounted for less than 30%.

二是从货物贸易与服务贸易（services trade）的占比变化来看。第二次世界大战结束之初，服务贸易仅占货物贸易的 1/10 左右；到 2005 年，服务贸易已经占到了货物贸易的

1/4；而随着服务贸易的快速增长，特别是跨境电子商务、数字贸易等服务贸易新形态的涌现，2020年，服务贸易占货物贸易比重接近1/3。经济学家们预测，到2030年，服务贸易的规模将与货物贸易的规模相当，占据整个世界贸易的1/2。配第-克拉克定理（Petty-Clark Theorem）指出，随着经济的发展、人均国民收入水平的提高，第一产业国民收入和劳动力的相对比重逐渐下降，第二产业国民收入和劳动力的相对比重上升；随着经济进一步发展，第三产业国民收入和劳动力的相对比重也开始上升。因此，服务贸易占比的快速上升，是世界经济发展的必然结果。

On the other hand, it comes from the perspective of changes in the proportion of trade in goods and trade in services. At the beginning of World War II, the latter only accounted for about 1/10 of the former. By 2005, trade in services accounted for 1/4 of goods. With the rapid growth of trade in services, especially some new forms such as cross-border e-commerce, digital trade have emerged. As of 2020, trade in services accounts for nearly 1/3 of trade in goods. The rapid increase in the proportion of service trade is the inevitable result of the development of the world economy.

服务贸易的快速增长，有利于整个世界贸易的稳定。相对于货物贸易，服务贸易在面临全球宏观经济动荡时，表现出更大的韧性（resilience）。2000—2019年，服务贸易仅在2009年因为全球金融危机出现过一次负增长，并且在2010年即恢复到危机前的水平，而货物贸易的大幅波动则要频繁得多。不过，新冠感染疫情对全球服务贸易造成了巨大的冲击（图1-7）。但是，服务贸易也可能加剧发达国家与不发达国家之间的不平等，因为这两类国家的服务贸易增长速度存在较大差异。以计算和通信服务出口为例，2016年，欧洲国家占到了整个世界出口的62.6%，而非洲国家则仅占0.4%，这事实上体现了欧洲国家和非洲国家之间出现了较大的数据鸿沟（digital divide），在计算和通信服务变得日益重要的今天，则意味着两类国家的发展差距有可能被进一步拉大。

The rapid growth of service trade is conducive to the stability of the entire world trade. Compared with goods, trade in services shows greater resilience in the face of global macroeconomic turmoil. However, trade in services may also have exacerbated inequality between developed and underdeveloped countries.

国际贸易结构的深刻变化，还体现在国际贸易地理结构的变化。直到20世纪80年代末期，发展中国家和发展中国家之间的南南贸易（South-South Trade）仍然是微不足道的，在整个世界贸易中发挥着极其有限的作用。但自20世纪90年代以来，南南贸易开始稳步增长（图1-8），由1990年的0.3万亿美元增长到2020年的4.6万亿美元，增长了14倍多，在世界贸易中的比重也由9.3%上升到26.6%。与之形成鲜明对比的是，北北贸易（North-North Trade）和南北贸易（South-North Trade）在20世纪90年代经历快速增长后，2008—2020年的增长则相对缓慢。南南贸易的迅速增长，很大程度上是由中国在2001年加入WTO所推动的。根据联合国《2013年人类发展报告》的估计，仅在1992—2011年，中国与撒哈拉以南非洲国家间的贸易额，就由10亿美元增长到1 400亿美元。国际贸易地理结构的这种变化，被认为对发展中国家是有积极意义的。早期的结构主义文献[如普雷维什-辛格命题（Prebisch-Singer Hypothesis）]认为，南北贸易将导致发展中国家贸易条件恶化、技术转移缓慢、低端产品锁定,最终使发展中国家维持在欠发达的落后状态。相比较而言,南南贸易能够给发展中国家带来更多的利益,主要表现在促进发展中国家出口的产品多元化和市场多元化,降低经济波动性,更大的贸易创造效应,更多的干中学效应,以及更好地融入全球价值链等。国际贸易地理结构的变化,可以应用经典的引力模型(Gravity Model)进行解释。

The profound changes in the structure of international trade are also reflected in the changes in its geographical structure of trade. Until the late 1980s, the South-South Trade among developing countries was still insignificant, exerting extremely limited influence on world trade. However, since the 1990s, South-South Trade has grown steadily. Changes in the geographical structure of trade can be explained using the classic Gravity Model.

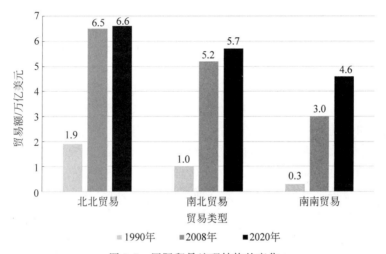

图 1-8　国际贸易地理结构的变化

资料来源:UNCTAD. UNCTAD Handbook of Statistics 2021[Z]. 2021.

案例 1-2　国际贸易中的引力模型

国际贸易中的引力模型是一种常用来拟合双边或多边贸易流量的实证研究方法。引力模型的思想和概念源自物理学中牛顿提出的万有引力定律:两物体之间的相互引力与两个物体的质量大小成正比,与两物体之间的距离远近成反比。引力模型因此而得名。

经济学家丁伯根(J. Tinbergen)于 1962 年首次将引力模型引入国际贸易用来解释贸易流量。其最基本的形式可以表示为

$$X_{ij} = \text{const} \times \frac{Y_i Y_j}{D_{ij}} \tag{1-1}$$

如式(1-1)所示,两国间双边贸易流量(X_{ij})与经济总量($Y_i Y_j$)成正比,与距离(D_{ij})成反比。为了便于回归,式(1-1)通常被转化为对数线性形式,后续研究者还依据研究的重点,纳入其他可能影响双边贸易的因素,来分析这些因素对贸易规模的影响方向和影响大小,如式(1-2)所示:

$$\ln X_{ij} = \ln C + \alpha_1 \ln Y_i + \alpha_2 \ln Y_j + \alpha_3 \ln D_{ij} + \sum \alpha_k Z_k + \varepsilon_{ij} \qquad (1\text{-}2)$$

式中：Z_k 为其他可能影响双边贸易流量的因素，包括人均收入、关税水平、汇率、是否接壤、共同语言、关税协定或自由贸易区、殖民地、制度质量等变量。纳入多种影响贸易规模的因素后，引力方程能够解释双边贸易流 80%～90% 的变化，因而成为分析贸易流量和流向的重要工具。

近年来，经济学家们在理论基础、实证检验方法等方面对引力模型进行了不断的完善和补充，使引力模型在国际贸易研究中的应用越来越广泛。

资料来源：ANDERSON J E,WINCOOP E V. Trade costs[J]. Journal of economic literature,2004,42(3):691-751.

1.3.3 国际贸易模式出现了新的动态（New Dynamics of International Trade Pattern）

第二次世界大战后国际贸易模式所展现出来的动态变化，主要体现在三个方面：一是从产业间贸易转向产业内贸易；二是从企业间贸易（inter-firm trade）转向企业内贸易；三是从产品间贸易转向产品内贸易。

从产业间贸易转向产业内贸易。其始于 19 世纪末期的第一波全球化，主要由国家间进出口不同产业产品的产业间贸易所主导。然而，第二次世界大战之后的第二波全球化，国家间特别是相似国家间主要进出口的往往是来自相同产业的产业内贸易。例如，美国和欧洲大约 60% 的贸易都是产业内贸易。经济学家们相信，比较优势决定产业间贸易，而越来越重要的规模经济（economies of scale）则决定了产业内贸易的快速发展。

从企业间贸易转向企业内贸易。企业间贸易是不同所有权企业之间进行的贸易，即独立企业间的贸易（arm's-length trade）；企业内贸易则是具有相同所有权企业内部进行的贸易，也被称为相关方贸易（related party trade）。企业主要根据交易成本来决定是进行企业间贸易还是进行企业内贸易，当市场交易成本高于企业内部交易成本时，企业将内部化交易行为，进行企业内贸易。第二次世界大战后企业内贸易的发展，主要是由跨国公司来推动的。跨国公司通过垂直一体化和水平一体化（horizontal integration）的方式来构建其全球生产网络并在全球范围内配置资源，在这个过程中，跨国公司通过母公司和海外子公司以及海外子公司和子公司之间进行的企业内贸易，能够给跨国公司带来降低市场交易成本、通过转移定价（transfer pricing）来规避东道国税收等好处。① 在世界各国中，美国的企业内贸易水平很高。美国商务部的统计数据显示，1990 年，32.8% 的美国出口和 43.7% 的美国进口属于企业内贸易；2021 年，美国出口中的企业内贸易仍然维持在 33% 左右，但美国进口中的企业内贸易却上升到 46% 左右。

The dynamic changes of international trade pattern in the post-World War II are

---

① 2021 年 10 月 8 日，G20/OECD（二十国集团/经济合作与发展组织）包容性框架召开第十三次全体成员大会，136 个辖区就国际税收制度重大改革达成共识，并会后发布了《关于应对经济数字化税收挑战双支柱方案的声明》（以下简称《声明》）。自《声明》发布以来，G20/OECD 包容性框架推进的 BEPS 2.0 项目（即"应对经济数字化带来的税收挑战"）已经取得了显著进展。2021 年 12 月 20 日，OECD 发布了全球反税基侵蚀（GloBE）立法模板[包括收入纳入规则（IIR）和低税支付规则（UTPR）]；2023 年 3 月，OECD 发布了《GloBE 立法指南》。

mainly reflected in three aspects: the shift from inter-industry to intra-industry trade, from inter-firm to intra-firm trade, and from inter-product to intra-product trade.

From inter-industry to intra-industry trade. The first wave of globalization began at the end of the 19th century was mainly dominated by inter-industry trade in which countries imported and exported products from different industries. However, during the second wave of globalization after World War II, the main import and export between countries, especially between similar countries, was often the intra-industry trade from the same industry. Economists believe that comparative advantage determines inter-industry trade, whereas increasingly important economies of scale determine the rapid development of intra-industry trade.

From inter-firm to intra-firm trade. Inter-firm trade is the trade between firms with different ownership; that is arm's-length trade. Intra-firm trade is that within firms with the same ownership, also known as related party trade.

同学们是否认识到，企业内贸易对于双边贸易平衡会产生什么样的影响？例如，美国每年从中国进口的产品中，大约30%属于企业内贸易，这是否会加剧中美双边贸易失衡呢？

从产品间贸易转向产品内贸易。如前文所述，最近几十年来，全球经济日益深化的相互依赖性一个新的重要特征在于，形成了不同国家专业化生产不同的工序和区段的"国际分散化生产"(international fragmented production)。① 2020年发布的世界银行发展报告 *Trading for Development in the Age of Global Value Chain* 则正式宣称，人类社会已正式进入霍布斯鲍姆式(Hobsbawm-like manner)的"全球价值链时代"，像波音飞机(图1-9)、苹果手机都是在全球价值链这种新国际分工方式下生产出来的。

From inter-product trade turn to intra-product trade. Human society has officially entered the Hobsbawm-like manner of the global value chain era. Boeing aircraft (Figure 1-9) and Apple mobile phones are all produced under the new international division of labor in the global value chain.

这种新国际分工体系引致的全球贸易流量和性质的深刻变化，构成了20世纪后半期兴起的全球化浪潮不同于19世纪兴起的全球化的典型特征。具体而言，在贸易上，国家之间贸易的对象不再是传统意义上完整产品之间的贸易(产品间贸易)，而是形成了以工序、区段、环节为对象的贸易方式，即产品内贸易。在贸易统计上，产品内贸易又主要体现为零部件贸易(parts and components trade)、中间品贸易(intermediates trade)、附加值贸易(value-added trade)等。例如，1980年，零部件贸易在制成品贸易中所占份额为22.1%，到2000年一度上升到29%，金融危机后有所下降，2011年为26.2%，至2020年零部件贸易在制成品贸易中占比为18.9%②；中间品贸易，无论是进口还是出口，自20

---

① 迄今为止，对于这一新国际分工方式，经济学家们并未达成一个统一的概念性分析框架，使用了包括"价值链切片"(slicing up the value chain)、"多阶段生产"(multi-stage production)、"外包"(outsourcing)、"生产分享"(production sharing)、"全球经济生产非一体化"(disintegration of production in the global economy)、"垂直专业化"(vertical specialization)和全球价值链等多种不同的表述。

② 该数据由 UN Comtrade Database 中的数据整理计算得。

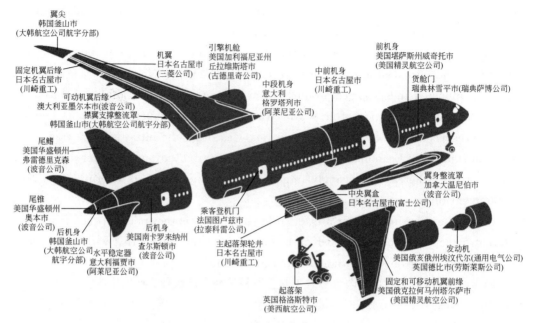

图 1-9　由全球合作伙伴组装的波音 787 飞机

资料来源：澳大利亚外交贸易部网站。

世纪 90 年代以来，在整个世界贸易（能源和矿产品除外）中所占比重始终稳定在 50% 以上；附加值贸易的统计比较复杂，如果以贸易是否在全球价值链内进行来计算，其比重已经由 1995 年的 36% 上升到 2018 年的 44%。[①]

The profound changes in the flow and nature of global trade caused by this new international division of labor constitute a typical feature of the wave of globalization that emerged in the second half of the 20th century, which is different from that which emerged in the 19th century. Specifically, in terms of trade, the object of trade between countries is no longer inter-product trade between complete products in the traditional sense but has formed a new trade pattern that targets processes, sections, and links, that is, intra-product trade.

感兴趣的同学，可以进一步阅读由世界银行、经济合作与发展组织、世界贸易组织等联合发布的《全球价值链发展报告 2021》(*Global Value Chains Development Report 2021*)，深入了解全球价值链和附加值贸易的发展趋势及其产生的深远的经济社会影响。

1.3.4　国际贸易失衡出现新的特征（New Characteristics of International Trade Unbalance）

国际贸易发展史从来就是一部不平衡的发展史。这种不平衡，一方面体现在发达经济体始终处于主导地位，而发展中经济体则始终处于从属地位；另一方面则体现在国家

---

① 该数据由 OECD TiVA 数据库中的数据整理计算得。

间的贸易收支不平衡。第二次世界大战以来,国际贸易发展的不平衡性出现了新的特征。

The history of international trade development has always been one of unbalanced development. On the one hand, this imbalance is reflected in the fact that developed economies are always in a dominant position, while the developing economies are always in a subordinate position. On the other hand, it is reflected in the imbalance of trade payments between countries. Since World War Ⅱ, the unbalanced development of international trade has exhibited new characteristics.

一是发达经济体主导世界贸易的格局没有根本改变,但发展中经济体的地位经历了动态调整,并蕴含着积极的结构变化。从发达经济体和发展中经济体所占全球贸易份额的变化来看,一方面,第二次世界大战以来,发达经济体在全球贸易中的份额始终高居70%左右,直到20世纪80年代中后期才开始下降,至2020年仍然高于50%。如果我们稍微观察一下全球贸易前10的进出口国家就会发现,除了中国之外,其他所有国家几乎都是发达国家,这是发达国家仍然主导世界贸易的生动写照。另一方面,发展中经济体在全球贸易中的份额则总体呈现出U形变化趋势。第二次世界大战后至20世纪70年代,发展中经济体所占全球贸易的份额由31.8%下降至18.9%,20世纪80年代以来开始逐渐恢复,至2020年已接近世界贸易份额的50%(图1-10),包括金砖国家(BRICS)、远景国家(VISTA)等越来越多的发展中经济体,在世界贸易中扮演着越来越重要的角色。值得说明的是,发展中经济体贸易份额变化的背后,是其出口产品结构的变化。在第二次世界大战后相当长一段时间里,发展中经济体出口的主要是初级产品,其占比高达40%(石油除外),而工业制成品的出口则不到10%。但是,随着越来越多的发展中经济体积极推行工业化战略并逐步深入参与全球经济一体化进程,发展中经济体出口结构快速升级,工业制成品已经占到总出口的70%以上。

First, the pattern of world trade dominated by developed economies has not fundamentally changed, but the status of developing economies has undergone dynamic adjustments, which contain positive structural changes.

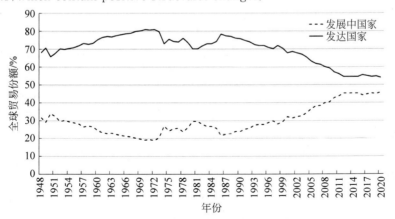

图1-10 1948—2020年全球贸易份额的变化

资料来源:UNCTADstat。

二是不同国家间的收支状况或贸易差额的变化,主要体现在以美国为代表的发达国家面临日益扩大的贸易逆差和以中国为代表的发展中国家持续出现的贸易顺差并存,形成了全球贸易失衡(global trade imbalance)的新格局。根据中国国家外汇管理局与美国经济分析局(BEA)的统计数据,1982—2020年,中国国际收支账户经常项目下的货物与服务贸易顺差由48亿美元增加至3 697亿美元。相比之下,美国的货物贸易与服务贸易逆差则由242亿美元扩大至6 767亿美元。其中,2020年美国对华逆差高达2 850亿美元,约占其总逆差的42%。值得注意的是,这种国家间的贸易收支失衡往往是引发国际贸易争端与摩擦的重要原因。例如,2018年美国总统特朗普对中国发起贸易战的一个重要原因,就是两国之间存在巨大的贸易收支失衡。然而,究其内在原因,贸易收支失衡是由多方面因素所导致的,而且其与国家的贸易利益并不存在简单的对应关系。

Second, the changes in the balance of payments or trade balance between different countries are, mainly reflected in the fact that the developed countries represented by the United States are facing an ever-expanding trade deficit, and the developing countries represented by China are facing continuous trade surplus, forming global trade imbalance.

同学们可以通过自己阅读文献去思考:中美贸易收支失衡的主要原因有哪些?美国的巨额贸易逆差是否意味着美国遭受了贸易损失,而中国的巨额贸易顺差是否意味着中国获得了巨大贸易利益?如何正确客观认识一国的贸易收支失衡及其影响?

1.3.5　贸易全球化遭遇越来越严峻的挑战(More Serious Challenge Faced of Globalization)

人类到目前为止经历了两波全球化,始于20世纪50年代的第二波经济全球化,在20世纪90年代进入高潮之后,到2008年以国际贸易规模的"断崖式"下降为标志出现减缓甚至停滞(表1-4)。历史表明,保护主义和自由主义、全球化和"逆全球化"总是如影相随、此消彼长。自2008年金融危机爆发以来,发达国家经济复苏缓慢,进而引发了民粹主义对全球化的强烈反对和民族主义的复苏。一个重要原因在于,全球化往往伴随着福利分配不平等的加剧。正如英国《金融时报》首席经济评论员马丁·沃尔夫(M. Wolf)指出的那样:"全球化的重大错误在于,没有确保更平等地分享益处,尤其是在高收入经济体内部。同样令人遗憾的是,全球化未能保护那些遭受不利影响的人群、努力减轻他们所遭受的冲击。"国际经济领域的学者丹尼·罗迪克(D. Rodrik)曾提出基于"全球化的不可能三角"(Trilemma of Global Economy)理论的假说,即民主政治、国家主权和经济全球化的不可能三角。他认为,经济全球化后,贸易条件波动的外生性和本国出口品类的集中度不因本国意志而改变,这便使本国收入及消费所面临的不确定性和风险增加。英国"脱欧"和美国特朗普政府的多次"退群"行为都在一定程度上反映了"全球化的不可能三角",均是对收入分配不平等的抗议。近来一些发达国家以意识形态和共同价值观对全球价值链进行政治切割,发起了在岸外包(on-shoring)、近岸外包(near-shoring)甚至友岸外包(friend-shoring),部分跨国公司还开展了China+One计划,也使全球价值链出现本土化、区域化、意识形态化趋势,贸易全球化面临新的挑战。正是在这种背景下,中国在2020年首次提出"构建以国内大循环为主体、国内国际双循环相互促进的新发展格局",并写入"十四五"规划,党的二十大报告进一步强调"加快构建新发展格局,着力推动高质量发展"。同学们可以学习党的二十大报告关于新发展格局的论述,思考中国构建双循环新发展格局的本质内涵及其重要意义。

Humanity has experienced two waves of globalization. The second wave of economic globalization began in 1950s. After reaching its climax in 1990s, it slowed or even stagnated in 2008, marked by a cliff-like decline in the volume of international trade. Recently, some developed countries have politically divided the global value chain based on ideology and common values, and initiated on-shoring, near-shoring, and even friend-shoring. Some multinational companies have also launched the China+One Plan, leading to localization, regionalization, and ideological trends in the global value chain, and trade globalization is facing new challenges. In this context, in 2020, China proposed for the first time to construct a new development pattern with the domestic cycles as the mainstay and the domestic and international dual cycles mutually reinforcing each other, which was written into the 14th Five-Year Plan. The report to the 20th National Congress of the Communist Party of China emphasized accelerating the construction of a new development pattern and focusing on promoting high-quality development.

表 1-4 全球化指标

指标		1850—1913 年	1950—2017 年	1950—1973 年	1974—2007 年	2008—2020 年
人口增长率/%		0.8	1.7	1.9	1.6	1.2
GDP 增长率/%		2.1	5.5	5.1	7.9	1.8
人均资本增长率/%		1.3	2.5	3.1	1.2	2.6
国际贸易增长率/%		3.8	5.1	8.2	5.0	1.9
净流入移民规模/百万人	美国、加拿大、澳大利亚、新西兰(累计)	17.9	50.1	12.7	37.4	…
	美国、加拿大、澳大利亚、新西兰(每年)	0.42	0.90	0.55	1.17	…
	工业化国家(累计,不包括日本)	…	…	…	64.3	…

资料来源:1. MADDISON A. The world economy: a millennial perspective[M]. Paris: OECD, 2001.
2. WTO. World trade statistical review 2018[R]. 2018.
3. UNCTAD. Handbook of statistics 2018[Z]. 2018.
4. World BankOpen Data.

同时,感兴趣的同学还可以阅读法国经济学家托马斯·皮凯蒂(T. Piketty)的畅销书《21 世纪资本论》(*Capital in the Twenty-First Century*),了解 18 世纪工业革命至今的财富分配不平等状况,并思考其与逆全球化的关系。

贸易全球化的挑战还体现在区域经济一体化(regional economic integration)导致国

际关系的"碎片化"以及对国际贸易规则的重构。自20世纪80年代以来,在全球化不断发展的同时,区域化也在如火如荼地进行。虽然世界贸易组织为其成员提供了稳定的贸易关系框架,但是,大多数国家或地区以地域为界限,逐渐形成区域经济一体化的格局,如欧盟(EU)、北美自由贸易区(North America Free Trade Area, NAFTA)①、东盟(ASEAN)等。根据世界贸易组织的统计,自1948年以来,到2023年4月为止,报告成立的区域贸易协定(regional trade agreement)已经超过800个,其中仍然在生效实施的超过350个。而且,区域贸易协定内部的贸易非常活跃和发达,如欧盟,2021年,接近60%的进出口都是在其内部国家之间进行的。由于区域经济一体化可能削弱以世界贸易组织为代表的多边贸易自由化体系的吸引力和影响力,特别地,一些巨型的贸易协定(mega-RTA)如CPTPP(Comprehensive and Progressive Agreement for Trans-Pacific Partnership,全面与进步跨太平洋伙伴关系协定)等,甚至跳出世界贸易组织框架,试图重构新的全球贸易规则体系。这些都严重挑战和威胁了多边贸易自由化体系,以至于经济学家们至今仍然在争论:区域经济一体化到底是全球化的垫脚石还是绊脚石(building blocks or stumbling blocks)?

The challenge of trade globalization is also reflected in the fragmentation of international relations caused by regional economic integration and the reconstruction of international trade rules.

案例1-3 英国"脱欧"的成本

2016年6月23日,英国举行"脱欧"公投,定于2019年3月29日退出欧盟。2020年1月30日,欧盟正式批准了英国"脱欧"。英国"脱欧"被认为是全球化受阻的一个标志性事件。经济学家们也对英国"脱欧"的成本进行了分析,主要包括以下几个方面。

1. 贸易损失

从贸易角度来说,欧盟的成员资格有两个主要好处:一是成员国之间没有关税;二是成员国正在努力尽量减少"非关税壁垒"。特别是,欧盟范围内有关产品标准和原产地规则(rules of origin)的协议。这意味着从关税同盟以外进口货物的公司可以在同盟内跨境交易,而不需要进行额外的检查。离开欧盟后,英国将不再是这些协议的缔约方,因此,关税和非关税壁垒可能大幅增加,英国的贸易将受到冲击。据估计,"脱欧"后,英国出口额将损失31.4亿美元,欧盟成员国对英国的出口也会显著下降。

2. 就业损失

无论是"软脱欧"(soft Brexit),还是"硬脱欧"(hard Brexit),欧盟成员国和英国都将遭受严重的就业损失。当出现严重的"脱欧",即英国与其他国家之间的关税变为最惠国(MFN)关税,非关税壁垒上升到8.32%的等价关税,爱尔兰的就业损失最高,将达到2.6%,英国遭受的就业损失次之(1.7%)。"脱欧"的就业损失不仅程度大,覆盖面更广,几乎波及整个欧盟成员国。在全球经济低迷的情况下,就业率的下降无疑给英国和欧盟成员国带来巨大压力。

---

① 2018年,北美自由贸易区演变为美加墨自由贸易协定(USMCA)。

3. 不确定性增加可能危及总体生产力增长

调查发现,2016 年 8 月,超过 1/3 的首席执行官和首席财务官将英国"脱欧"列为不确定性的主要来源之一。到 2017 年 8 月,该比例上升到 40%。大多数企业家认为,英国"脱欧"会对销售、投资和成本产生负面影响。虽然大多数企业并未因不确定性的增加而退出英国市场,但是部分大企业仍在考虑将业务转移到国外,企业退出风险可能危及英国总体生产力增长。

4. 生活质量受损

"脱欧"导致通货膨胀率上升,如果通货膨胀导致实际收入减少,那么通货膨胀率上升将导致生活水平下降。数据显示,公投后实际工资增长率大幅下降,从 2016 年 6 月的 1.7% 降至 2017 年 8 月的 -0.3%。显然,英国家庭的生活水平已经为"脱欧"付出了代价。当然,不同消费水平的英国公民受到的影响存在差异。英国"脱欧"公投后,进口份额较高的商品的通胀率大幅上升,相比之下,进口份额较低的商品的通货膨胀率仍然保持低迷。大量购买进口商品的家庭比大多数购买英国产品的家庭面临更大的价格上涨。

资料来源:根据 CEPR、VoxEU 相关文献整理。

1.3.6 国际贸易中的风险与不确定性日益凸显(More Risks and Uncertainty in International Trade)

第二次世界大战以来,国际贸易中的风险与不确定性因素日益增多,人们经常感叹:现在唯一确定的是,我们生活在一个不确定性的世界之中。当 20 世纪 70 年代,西方主要发达国家结束了战后经济增长的黄金时期,而进入通货膨胀和增长停滞并存的"滞胀"困境之时,美国经济学家约翰·肯尼思·加尔布雷思(J. K. Galbraith)曾在著作《不确定的时代》(*The Age of Uncertainty*)中写道:

在 19 世纪,资本家相信资本主义的成功,社会主义者相信社会主义的成功,帝国主义者相信殖民主义的成功,统治阶级认为他们注定要统治,所有人都对自己的看法深信不疑。然而第一次世界大战后,所有这些确定性都烟消云散。凯恩斯倡导的经济革命对古典经济学理论提出挑战,在化解传统经济危机的同时,也带来了通货膨胀等问题,西方世界在允许政府干预或依赖市场力量之间踌躇不前;十月革命后,苏联及东欧的经济建设的困境使社会主义者的信仰大打折扣;第三世界由于日趋紧张的土地与人民的关系陷入"贫困的均衡"怪圈。此外,激烈的美苏军备竞赛引发的核战争危险、大型垄断企业权力扩张给国家主权和国际社会带来冲击、大都市日益严重的环境与社会问题及民主政治的内在缺陷都加重了这种不确定性。在这个事事不确定的年代,只有一件事是确定的:我们必须面对这个"不确定"的事实。①

Since World War II, the risk and uncertainty factors in international trade have increased day by day. People often state that the only certainty now is that we live in an uncertain world.

但是,进入 21 世纪以来,世界经济和贸易中出现的各种风险和不确定性,比加尔布雷思所描述的 20 世纪及其之前的那些年代,可以说是有过之而无不及。石油危机、粮食危

---

① 加尔布雷思. 不确定的时代[M]. 刘颖,胡莹,译. 南京:江苏人民出版社,2009:6.

机、恐怖主义、流行性疾病、金融危机、地缘政治和军事冲突频繁爆发,增加了世界经贸环境的不确定性。尤其在经济全球化的时代,不确定性冲击往往具有全球联动效应。

Since the beginning of the 21st century, various risks and uncertainties have emerged in the world economy and trade, more than in the 20th century and the previous years described by Galbraith. Frequent outbreaks of oil crises, food crises, terrorism, epidemic, financial crisis have increased the uncertainty of the world's economic and trade environment. the impact of uncertainty often has a global comovement effect, especially in the era of economic globalization.

石油和粮食危机。美国前国务卿亨利·基辛格(H. Kissinger)曾经说过:"谁控制了石油,谁就控制了所有国家;谁控制了粮食,谁就控制了所有的人。"作为国际贸易中的头号大宗商品和世界各国的战略资源,石油牵动着世界发展的脉搏。石油危机的发生,通常会导致经济危机或政治危机。如1990年的科威特战争、2003年的美伊战争,甚至是1991年的苏联解体,都与石油有着直接或间接的联系。1973年、1979年和1990年爆发的石油危机,重创全球经济和政治格局。尤其是在2008年全球金融危机之后,石油成为各国政治较量的竞技场。2014年,美国的页岩油气革命、中东地区内部矛盾以及产油国与西方世界的矛盾,导致石油价格大幅下跌;2018年,美国政府为改变世界格局铺路,对伊朗的石油贸易进行制裁,这导致中东随时可能爆发全面性的对抗冲突,并酿成全球石油危机。联合国粮食及农业组织、联合国世界粮食计划署联合发布的《全球粮食危机报告》称,冲突和气候变化仍是造成全球粮食危机的主要因素,2017年,由冲突引发的粮食危机事件占全球总数的60%,影响7 400万人,气候变化则致使约3 900万人受灾,全球面临严重饥饿的人数增加了15%。

As the number one bulk commodity in international trade and the strategic resource of countries worldwide, oil affects the pulse of world development. The occurrence of an oil crisis usually leads to an economic or political crisis. Conflict and climate change remain major contributors to global food crisis.

恐怖主义和流行性疾病。2001年"9·11"恐怖袭击事件对全球政治、经济和贸易的影响仍然令人印象深刻,而新一波极端主义、恐怖主义狂潮却正从中东向全球外溢和扩散。在非洲和东南亚,"博科圣地"、索马里青年党、伊斯兰祈祷团、阿布萨耶夫等恐怖组织由于中东回流人员的加入再次活跃。需要指出的是,一系列可能进一步催生恐怖、极端行动的激化因素也在不断出现。如美国前总统特朗普宣布承认耶路撒冷为以色列首都、巴以冲突加剧、沙特与伊朗矛盾激化、也门前总统萨利赫被杀和也门内战升级、日趋恶化的叙利亚局势,以及从西亚、北非涌向欧洲的难民潮等,均可能导致ISIS 2.0或"基地"3.0的产生。甲型H1N1流感、非洲猪瘟、禽流感、登革热与西尼罗热以及埃博拉病毒等流行性疾病常年肆虐,不仅造成大规模的死伤,还导致全球性的恐慌。据报道,在撒哈拉以南的非洲地区,每年仍有至少100万人死于疟疾。而爆发于2020年的新冠疫情则造成超过690万的死亡人数。①

---

① 该数据为2023年5月5日世界卫生组织宣布新冠疫情不再构成"国际关注的突发公共卫生事件"时的统计数据。

The impact of the 9·11 terrorist attack on global politics, economy and trade in 2001 is still impressive, but a new wave of extremism and terrorism is spilling over and spreading from the Middle East. Influenza A (H1N1), African swine fever, bird flu, dengue fever, West Nile fever, Ebola virus, and other epidemic diseases have been raging all year round, not only causing large-scale casualties but also global panic.

金融危机。自20世纪90年代以来,区域和全球性的金融危机频繁发生,如1997年的东南亚金融危机、1998年的墨西哥金融危机、2000年的俄罗斯金融危机等。特别地,2008年,由美国次贷危机引发的金融危机席卷全球,致使全球经济至今仍然在缓慢恢复的道路上挣扎。与此同时,部分欧洲国家财政状况欠佳、政府收支不平衡,进而引发了2011年的欧债危机。金融危机暴露了资本主义和全球市场的深层次脆弱性,保护主义、民族主义和霸权主义正在崛起,西方的民粹主义也在增长,不断增加全球性的风险和不确定性。

Since the 1990s, regional and global financial crisis have occurred frequently. The financial crisis exposed the deep-seated fragility of capitalism and the global market. Protectionism, nationalism, and hegemonism are on the rise. Western populism is also growing results to increasing global risks and uncertainties.

日裔美国学者弗朗西斯·福山(F. Fukuyama)曾在1992年出版《历史的终结及其最后之人》(The End of History and the Last Man),宣称自由民主的市场经济是人类最好的经济制度。同学们可以分析2008年美国金融危机发生的原因并思考为什么福山的观点是错误的。

从数据来看,当发生政治、经济和金融冲击后,全球经济政策的不确定性显著上升。如图1-11所示,在1997年东南亚金融危机、2001年美国"9·11"事件、2003年美伊战争、

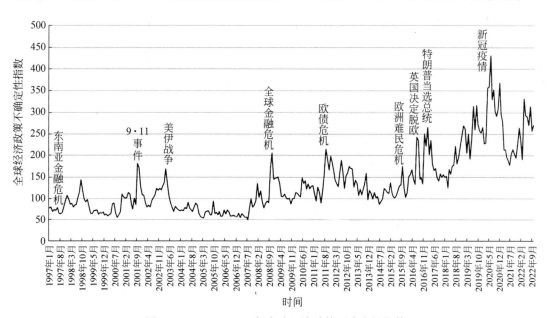

图1-11　1997—2022年全球经济政策不确定性指数

资料来源:经济政策不确定性指数(Economic Policy Uncertainty)网站。

2008年全球金融危机、2011年欧债危机、2015年欧洲难民危机、2016年英国决定脱欧和特朗普当选美国总统后以及2020年全球暴发新冠感染疫情后,全球经济政策不确定性指数均出现峰值。从时间趋势来看,全球经济政策不确定性指数不断上升。这意味着世界各国面临的经贸环境越来越不稳定,未来宏观冲击的发生可能导致全球经济政策不确定性达到历史峰值。

Global economic policy uncertainty rises significantly when political, economic, and financial shocks occur. This means that the economic and trade environment faced by countries around the world is becoming increasingly unstable, and the occurrence of future macro shocks may lead to the historical peak of global economic policy uncertainty.

即测即练

Chapter 2

古典贸易理论
Classical Trade Theory

学习目标
- 区别绝对优势理论和比较优势理论。
- 理解机会成本与相对商品价格之间的关系。
- 理解技术差异对国际贸易的影响。
- 掌握李嘉图模型演化的历史脉络及其时代意义。
- 掌握比较优势的不同测度方法,尤其是对新显性比较优势的度量方法的理解。
- 运用比较优势理论分析中国在贸易发展中的政策经验及现实问题。

Learning Target
- Distinguish between the theory of absolute advantage and the theory of comparative advantage.
- Understand the relationship between opportunity costs and relative commodity prices.
- Understand the impact of technical differences on international trade.
- Master the historical context and epochal significance of the evolution of the Ricardian model.
- Master the different measurement methods of comparative advantage, especially the understanding of the new explicit comparative advantage measurement method.
- Use the theory of comparative advantage to analyze China's policy experience and practical problems in trade development.

准确揭示国家之间开展贸易的原因,才能清楚地理解和把握国际贸易利益的源泉。对国际贸易发生原因与影响最早进行分析的是英国古典经济学家亚当·斯密。他在1776年出版的《国富论》一书中提出绝对成本理论来论证国际贸易发生的基础,详细阐释了互惠贸易怎样产生和贸易利益从何而来两大根本问题。由于其建立在劳动生产率绝对优势的基础之上,因而被称为绝对优势理论,斯密也相应地成为国际贸易分工理论的创始者。但该理论不能解释所有发生的国际贸易,尤其是一个国家在两种产品的生产上都比另一国家具有绝对优势的情形。

According to the theory of absolute advantage, international trade lies in the differences in absolute cost between countries.

1817年,英国经济学家大卫·李嘉图在其《政治经济学及赋税原理》一书中,进一步论证了即便一国在两种产品生产上都具有绝对优势或者绝对劣势,通过"两优取其重,两劣取其轻",一国仍然能够参与国际贸易并从贸易中获利。这就是比较优势理论。虽然李嘉图的比较优势理论是建立在劳动价值论的基础之上,但是,20世纪上半叶美国经济学家戈特弗里德·哈伯勒(Gottfried Von Haberler)巧妙利用机会成本的概念对比较优势理论加以解释,这就使李嘉图的比较优势理论获得新生。在以下分析中,本章也是基于哈伯勒的机会成本视角对比较优势理论进行阐释。

The theory of comparative advantage holds that international trade is based on relative differences (not absolute differences) in production technologies and the resulting differences in relative costs.

为理解和分析简便,我们以下讨论绝对优势理论和比较优势理论时仅限于两个国家、两种商品。在此基础上,2.1节学习绝对优势理论,2.2节介绍标准的李嘉图模型,2.3节介绍拓展的李嘉图模型,2.4节学习不同比较优势的度量方法,2.5节学习李嘉图模型验证及启示。

2.1 绝对优势理论(Absolute Advantage Theory)

17世纪末18世纪初,资本主义迅速发展。但当时在重商主义[①]指导下建立的特许权利和垄断制度,严重阻碍了资本主义的发展。同时,新兴资产阶级强烈要求扩大海外贸易,以便从海外市场获取更多生产所需要的廉价原料,并为其生产的产品寻找更广阔的销售市场。斯密是古典经济学的主要奠基人之一,其所处的时代,英国产业革命逐渐开展,经济实力不断增强,新兴资产阶级迫切要求在国民经济各个领域迅速发展资本主义。为了摆脱封建社会行会制度和当时流行的重商主义的束缚,斯密代表资产阶级的利益,在其《国富论》一书中提出了主张自由贸易的绝对优势理论。

The emergence of theory of absolute advantage is of great significance for the emerging bourgeoisie to expand overseas trade, obtain more cheap raw materials needed for production from overseas markets, and find a broader sales market for its products.

作为进一步思考,同学们可以讨论一下,斯密所代表的资产阶级要发展的资本主义到底是什么、资本主义为什么要拓展海外贸易。推荐大家阅读马克思的《资本论》(第三卷)第三十六章,以及托马斯·皮凯蒂的《21世纪资本论》。

[①] 重商主义是15—17世纪欧洲资本原始积累时代代表商业资本利益的经济思想和政策体系。重商主义所说的"重商"是指重视对外贸易,它不是某个理论家的成果,而是当时的一些商人、政治家、学者对国际贸易的基本观点。重商主义者认为货币(贵金属)是衡量财富的唯一形态,一切经济活动的目的就是获取金银货币。除了开采金银矿藏外,只有发展对外贸易,才是增加一国货币财富的真正源泉。由于不可能所有贸易参加国同时出超,而且任一时间点的流通金银总量是固定的,所以一国的获利总是基于其他国家的损失,即国际贸易是一种"零和游戏"。重商主义的发展经历了早期重商主义和晚期重商主义两个阶段。早期重商主义(15世纪到16世纪中叶)又称"货币差额论",主张国家以行政手段禁止货币输出国外。17世纪末,重商主义进入晚期,其主要观点是提倡"贸易差额论",虽然摆脱了早期重商主义拜金主义的"货币差额论",但仍然极大地阻碍贸易自由发展。

2.1.1 斯密的自由贸易思想(Smith's idea of Free Trade)

亚当·斯密是英国著名的哲学家和经济学家。斯密是英国古典经济学体系的创立者、举世公认的"现代经济学之父",其代表作《国富论》的出版标志着经济学作为一门独立学科的诞生,是现代政治经济学研究的起点。斯密被认为是迄今为止最有影响力的经济学家,实际上,斯密的影响力并不仅限于经济学,在经济学之外的领域,如哲学、政治学、社会学等领域中,包括伯克、康德、黑格尔、马克思、哈耶克等在内的许多著名思想家的观点都在一定程度上带有斯密的印记。在杰西·诺曼(Jesse Norman)的《亚当·斯密传:现代经济学之父的思想》一书中有这样一个故事:后来死神和赫尔墨斯在极乐世界互相吹牛,要把地球上最宝贵的东西带到这里比一比。赫尔墨斯从斯密书架上偷了《国富论》,而死神赢了这场比试——他带来了斯密本人。由此可见,斯密的思想对现代社会的影响十分深广。

Adam Smith is a famous British philosopher and economist. His masterpiece *The Wealth of Nations* marks the birth of economics as an independent discipline and is the starting point of modern political economy research. Smith is regarded as the most influential economist by far.

斯密在《国富论》中非常强调分工的利益。他认为分工可以提高劳动生产率,因为分工可以使人们专门从事某项工作,从而提高劳动的熟练程度。同时,他认为分工是由交换引起的。为了交换,就要生产能交换的东西,从而鼓励大家委身于一种特定业务,使他们在各自的业务上磨炼和发挥各自的天赋资质及才能。分工既然可以极大地提高劳动生产率,那么每个人就应该专门从事自己最有优势产品的生产,然后彼此交换,正如他所指出:如果一件物品的购买费用低于自己生产的成本,那么就不应该自己生产,这是每一个精明的家长都知道的格言。裁缝不想自己制作鞋子,而是向鞋匠买鞋,鞋匠不想制作自己穿的衣服,而是向裁缝购买……如果每一个私人家庭的行为都是如此理性的,那么一个国家的行为就很少是荒唐的。如果一个国家能以比我们自己生产更加低的成本提供商品,那么最好用自己具有优势的商品同他们进行交换。①

If the cost of an item is less than the cost of producing it yourself, then you should not produce it yourself. This is a maxim known to every astute parent. The tailor does not want to make his own shoes, but to buy shoes from the cobbler, and the cobbler did not want to make his own clothes, but to buy from the tailor... If the behavior of every private family is so rational, then the behavior of a state is rarely absurd. If a country can supply goods at a lower cost than we can produce ourselves, it is better to exchange them for goods in which it has an advantage.

斯密进一步认为,国际分工也应按照绝对优势原则进行,因为"在某些特定商品的生产上,某一国占有如此大的自然优势,以至于全世界都认为跟这种优势做斗争是徒劳无益

---

① SMITH A. An inquiry into the nature and causes of the wealth of nations: Volume I [M]. Gurnee, Illinois: Liberty Classics, 2013.

的"。在气候寒冷的苏格兰,即使随着技术的发展人们可以利用温室生产极好的葡萄,并酿造出和国外进口一样好的葡萄酒,但这需要付出 30 倍高的代价。无疑,这是不理智的。

One country has such a natural advantage in the production of certain goods that the whole world thinks it useless to fight against it.

两国间的贸易基于绝对优势,如果一国相对于另一国在某种商品的生产上效率较高(有绝对优势),但在另一种商品的生产上效率较低(有绝对劣势),那么两个国家就可以通过专门生产自己有绝对优势的商品并用其中一部分来交换其有绝对劣势的商品而获益。这样,资源可以被最有效地使用,而且两种商品的产出会增加,这种增加可以用来测度两国专业化生产所产生的收益。进而,国家之间通过交换(国际贸易)来分配收益。

Trade between two countries is based on absolute advantage. If one country is more efficient (has an absolute advantage) in the production of one good than the other, but less efficient (has an absolute disadvantage) in the production of another good. In that case, the two countries could then benefit by specializing in the production of goods in which they have an absolute advantage and exchanging some of that for goods in which they have an absolute disadvantage.

斯密不仅论证了国际分工的基础是各国商品之间存在绝对成本差异,还进一步指出了存在绝对成本差异的原因。斯密认为,每一个国家都有其适宜生产某些特定产品的绝对有利的生产条件,因而生产这些产品的成本会绝对地低于他国。一般而言,一国的绝对成本优势来源于两个方面:一是自然禀赋的优势,即一国在地理、环境、土壤、气候、矿产等自然条件方面的优势,如中国西北地区的新疆适宜生产棉花、尼加拉瓜适宜生产香蕉等;二是人民特殊的技巧和工艺上的优势,这是通过训练、教育而后天获得的优势,如中国在乒乓球技艺上具有绝对优势,而巴西在足球运动上具有绝对优势。自然禀赋和后天的条件因国家而不同,这就为国际分工提供了基础。以下我们用一个简单例子来进一步说明绝对优势理论。它将为 2.2 节中更具有挑战的理论(比较优势理论)建立一个参考框架。

2.1.2 绝对优势理论模型分析(Analysis of Absolute Advantage Theory Model)

为了更清楚地说明这一模型,我们先理解生产率的概念。这里用两个相似的概念来表示某个国家生产某种产品的能力(技术):其一,**劳动生产率**(labor productivity),即一个劳动力在单位时间内生产的产品总量(劳动生产率角度);其二,一个劳动力生产单位产品所耗费的时间(生产成本角度),这是劳动生产率的倒数形式。我们用表 2-1 中的例子说明,中国生产小麦的劳动生产率高于世界其他国家,即小麦生产具有**绝对优势**(absolute advantage)。类似地,世界其他国家在布匹生产上则具有绝对优势。

Labor productivity is the total amount of products produced by a labor force in a unit time (from the perspective of labor productivity).

表 2-1　生产率表示的两种方法

表示方法	示 例	中国	中国与世界其他国家比较	世界其他国家
劳动生产率	单位时间生产的布匹量	0.25	<	1.00
	单位时间生产的小麦量	0.50	>	0.40
生产单位产品所耗费的时间	1 单位布匹所耗费的时间	4.00	>	1.00
	1 单位小麦所耗费的时间	2.00	<	2.50

斯密将注意力放在劳动力资源上,是因为他认为所有的"价值"都是由劳动时间决定和计算的。李嘉图和马克思继承了斯密劳动价值论的观点,认为劳动是所有价值的基础。当然,我们没必要只从字面理解"劳动"的含义,这里的劳动时间可泛指生产产品所需的所有资源。

斯密的绝对优势理论模型为我们分析国际贸易的原因提供了基本思路。像其他经济学分析一样,常常将许多不存在直接关系和不重要的变量假设为不变,并将复杂的世界抽象为简单的两国模型。我们假设两个国家分别是"中国"和"美国"。在**自给自足经济**(autarky economy),即封闭经济下,两国都生产大米和小麦两种产品,以满足国内消费者对两种产品的需求。但是两国在生产两种产品上的技术是不同的,其集中体现在劳动生产率差异上。

Smith's theory of absolute advantage model provides a basic idea for us to analyze the causes of international trade.

如表 2-2 所示,假设每吨大米在中国生产只需要 1 个单位的劳动投入,在美国则需要 1.25 个单位。相反,每吨小麦在中国生产需要 2 个单位的劳动投入,在美国只需要 1 个单位。

Each ton of rice produced in China requires only 1 unit of labor input, compared with 1.25 units in the United States. By contrast, it takes two units of labor to produce a ton of wheat in China and one unit in the United States.

表 2-2　中国和美国生产成本对比

国　家	大　米	小　麦
中国	1	2
美国	1.25	1

显然,中国生产大米的成本低于美国,而美国生产小麦的成本低于中国。根据绝对优势理论,中国应该专门生产大米,而美国应该专门生产小麦,中国用一部分大米去交换美国的小麦。假如中国和美国都有 100 个劳动者,则其对应产出如表 2-3 所示。

According to the theory of absolute advantage, China should specialize in rice production, while the United States should specialize in wheat production.

表 2-3　中国和美国产量对比　　　　　　　　　　　　　　　　吨

国　家	大　米	小　麦
中国	100	50
美国	80	100

在封闭经济下,如果两个国家都将国内劳动者平均分配在两种产品上,那么中国的大米产量是 50 吨,小麦产量是 25 吨;而美国的大米和小麦的产量分别是 40 吨和 50 吨(表 2-4)。

In a closed economy, both countries distribute domestic workers equally between two products.

表 2-4　中国和美国贸易前产量和消费量　　　　　　　　　　　　　　　　吨

国　　家	大　米	小　麦
中国	50	25
美国	40	50

在两国自由贸易以后,中国和美国专业化生产自己具有绝对优势的产品,其相对应的产出如表 2-5 所示。可以发现,在两国总劳动投入不变的情况下,总产出增加了。

After free trade between the two countries, China and the United States specialize in producing products in which they have an absolute advantage.

表 2-5　中国和美国专业化生产产量　　　　　　　　　　　　　　　　吨

国　　家	大　米	小　麦
中国	100	0
美国	0	100

假如中国在自由贸易时仍然消费 50 吨大米,同时美国仍然消费 50 吨小麦,同时,我们假定大米和小麦的交换比例为 1∶1,则中国用剩余的 50 吨大米刚好交换美国剩余的 50 吨小麦。这样,中国和美国贸易后消费量如表 2-6 所示。

If China still consumes 50 tons of rice in free trade, and the United States still consumes 50 tons of wheat, China will exchange the remaining 50 tons of rice for the remaining 50 tons of wheat in the United States.

表 2-6　中国和美国贸易后消费量　　　　　　　　　　　　　　　　吨

国　　家	大　米	小　麦
中国	50	50
美国	50	50

通过对比表 2-4 和表 2-6 可明显看到,在自由贸易时,中国小麦的消费量从 25 吨提高到 50 吨,美国大米的消费量从 40 吨提高到 50 吨。两国贸易后比贸易前消费量都得到了提高。这就是贸易利益。

Both countries' consumption after trade is higher than before trade.

思维敏锐的同学可能发现这个问题:为什么中国的大米与美国的小麦交换比率是 1∶1?这只是我们的一个假定,而实际中这个交换比率会发生变动,其取决于两种商品在国际上的供需水平。那么,请同学们思考,当交换比例在什么样的范围内,中美两国才可能发生贸易?

2.1.3 绝对优势理论简评（A Brief Review of the Theory of Absolute Advantage）

18世纪，斯密提出绝对优势理论，正确分析了劳动分工是国际贸易的基础，开创了国际贸易理论先河。绝对优势理论首次论证了贸易使双方都可以从专业化生产（分工）和交换中获益。其内涵是，贸易是一场"双赢"游戏，而非"零和博弈"，斯密成为自由贸易的首位倡导者。但是绝对优势理论并不能解释国际贸易的全部，尤其是不能解释一个国家在两种产品生产上都具有绝对优势，而另一个国家在两种产品生产上都具有绝对劣势却开展贸易的情形。这一问题留给了大卫·李嘉图。

The theory of absolute advantage demonstrates for the first time that trade enables both countries to benefit from specialization in production (Division of Labor) and exchange. Its connotation is that trade is a win-win game, not a zero-sum game.

最美经济学模型的构建者：大卫·李嘉图

大卫·李嘉图于1772年出生在英国伦敦一个富有的交易所经纪人家庭。李嘉图从小就被安排要继承父业，所受的学校教育并不多。他14岁时就开始跟随父亲在交易所做事，16岁时就成了英国金融界的少年明星。1793年，因婚姻和宗教问题，他与父亲脱离关系，开始独立经营交易所。凭借着800英镑起家，李嘉图在10年之后就拥有了200万英镑的财产，干得非常成功。他的一个得意之作是在滑铁卢战役前4天，成功地买进大量政府债券，最终英军打败拿破仑，让他大赚一笔。

功成名就后，仅仅发财致富已经不能让李嘉图看到人生的意义了。他把主要精力转向研究自然科学，如数学、物理、化学、矿物学和地理学等。1799年，他读了亚当·斯密的《国富论》，产生了对经济学的兴趣，开启了自己经济学研究生涯，建立了以劳动价值论为基础、以分配理论为核心的理论体系。他的研究主要思想和成果集中于1817年出版的《政治经济学及赋税原理》之中，该书被后世誉为继斯密《国富论》之后最有影响力的经济学巨著之一。

经济学刚刚诞生时，几乎所有的经济学家都是业余经济学家，不管是英国的亚当·斯密，还是法国的萨伊、巴斯夏。那个时候，大学里面没有经济系，政府也没有开办经济研究和顾问机构，要进行经济学研究，就得自己先给自己找到饭碗。自己解决了生活问题，才能谈得上研究经济学。而英国古典经济学家李嘉图正是这样一个典范，并且他也许是有史以来最富裕的经济学家。

事实上，李嘉图不是一个坐在书斋里搞学问的人。他是个活跃的社会活动家，是个活跃的议员，整天为经济政策和政治问题忙碌着。1819年，李嘉图被选为下院议员。他代表新兴产业资产阶级的利益和要求，提倡自由贸易，反对谷物法，主张修改选举法。

不幸的是，小小一只耳朵的感染就夺走了这位天才的生命，李嘉图于1823年9月11日去世，年仅51岁。但李嘉图把构建的最美的经济学模型——比较优势理论留存下来，为国际贸易学研究国家之间为什么会发生贸易提供了最有效的研究范式。

资料来源：维基百科信息（https://zh.wikipedia.org/wiki/）。

2.2 标准的李嘉图模型(Standard Ricardian Model)

19世纪初,英国已经成为"世界工厂",工业资产阶级的力量进一步增强,英国政府为维护土地贵族阶级的利益而实行损害资产阶级利益的谷物法。土地贵族阶级斗争的理论依据是绝对优势理论。他们认为,英国在农业产品生产和工业产品生产上都比当时的法国具有绝对优势,没有必要从法国进口农产品。但贸易保护行为严重损害了工业资产阶级的利益。① 工业资产阶级迫切需要新的理论来支撑自由贸易的思想。这样,大卫·李嘉图的比较优势理论就应运而生了。值得称道的是,李嘉图不仅发展了斯密的学说,更为重要的是,迄今为止他的比较优势思想一直是主流贸易理论的核心和基础。

Trade protection has seriously damaged the interests of the industrial bourgeoisie, and the emerging bourgeoisie urgently needs new theories to support the idea of free trade.

李嘉图认为,国际贸易的基础是各国生产不同产品的比较成本差异。比较成本较低的产品是一国具有比较优势的产品。每个国家应集中生产并出口其具有比较优势的产品,进口其具有比较劣势的产品。这种分工和贸易的结果是,劳动生产率不同的两个国家,通过对外贸易都能取得比自己以等量劳动所生产的更多的产品,从而使贸易双方都获得利益。

Each country specializes in producing and exporting products in which it has a comparative advantage and importing products in which it has a comparative disadvantage.

案例2-1 历史是否会重演?从谷物法实施到英国"脱欧"

18世纪中叶以前,英国生产的谷物自给有余,每年都有输出。但自18世纪60年代产业革命开始后,城市人口迅速增长,对粮食的需要日增,谷物价格上涨,地租随之上升。与此同时,英国也从谷物输出国变为谷物输入国,而大地主阶级为了保护高涨的粮价和高额地租,力图限制谷物进口。1773年,大地主阶级在议会的代表以保护本国农业为名,使议会通过一项谷物法,规定只有当每夸特小麦价格超过48先令时方准小麦进口。1791年又颁布一项谷物法,规定每夸特(1夸特=12.7千克)小麦低于50先令时,如再进口小麦即应课以高额关税。1793年英法战争开始后,输入谷物发生困难,谷物价格猛涨(每夸特小麦最高时达到130先令左右),地租成倍增加,不少牧场改种谷物。英法战争结束后,欧洲大陆粮食大量涌进英国市场。大地主阶级在1815年又使议会通过一项谷物法,规定在小麦每夸特价格低于80先令时,绝对禁止谷物进口。这个法案人为地提高了粮价,使大地主有恃无恐地提高地租,而工厂企业主却因此难于压低工资;同时,粮价的上涨也直接损害了劳动人民的利益。此后,工业资产阶级和其他阶层人民为争取废除谷物法,同地主贵族进行了激烈斗争。1832年"改革法案"在议会通过后,工业资产阶级在议

---

① 英国实行谷物法,一方面导致国内粮价上涨,使工人货币工资被迫提高,增加了工业产品生产成本,削弱工业品竞争能力;另一方面,英国实行的谷物保护政策,也导致贸易国在工业产品进口时采取"以血还血,以牙还牙"的报复性措施,严重阻碍了英国工业品的出口。

会中的代表占据了优势,他们在议会内外开展反谷物法斗争。1838年底,曼彻斯特几个大工厂创立反谷物法协会(后称反谷物法同盟),组织募捐,创办杂志,到各个工业区进行反谷物法的宣传,把运动扩展到整个英国。1846年,英国议会终于宣布废除谷物法。谷物法的废除和19世纪上半叶其他一些消除保护政策残余的措施,标志着英国自由贸易政策的确立,这对英国19世纪50—60年代工业的新高涨起了重大的促进作用。

历史貌似在倒退,近年来欧盟经济萎靡不振,折腾不停的欧债危机,欧元区居高不下的失业率以及欧盟东部法国、比利时等所面临的难民危机。在这种情况下,英国内部政治立场保守党趁火打劫,竭力鼓噪退出欧盟。2013年,英国首相卡梅伦为摆脱国内政治压力、赢得2015年的选举,作出在2017年底之前就英国是否退出欧盟举行全民公投的许诺。2016年2月欧盟峰会后,卡梅伦宣布英国于2016年6月23日就英国是否退出欧盟举行全民公投,最后"退欧派"胜出。后续经过多方谈判协商、反复修改相关法案,"脱欧"期限一再推迟,最终,于2020年1月31日,英国正式脱离欧盟,这被认为是近年来反全球化趋势的标志性事件。

资料来源:恩格斯.英国谷物法史[M]//中共中央马克思恩格斯列宁斯大林著作编译局.马克思恩格斯全集:第4卷.北京:人民出版社,1958.

2.2.1 基本概念(Basic Concepts)

1. 机会成本(Opportunity Cost)

经济学研究的是一个经济社会如何对稀缺经济资源进行合理配置的问题。当我们多生产某一单位 A 产品的时候,就不得不放弃生产一定数量的其他产品,所放弃生产的这部分产品就是生产 A 产品的机会成本(opportunity cost,OC)。

When we produce more than one unit of a product, we have to give up a certain number of other products, which is the opportunity cost.

如何计算生产某种产品的机会成本呢?我们举一个简明的例子。我们用 MPL 来表示**劳动边际产量**(marginal product of labor)。尼日利亚生产可可和大米的劳动边际产量为 MPL_N^C 和 MPL_N^R(表2-7),则美国生产可可和大米的劳动边际产量分别为 MPL_A^C 和 MPL_A^R。用 OC_N^C 和 OC_N^R 分别表示尼日利亚生产可可和大米的机会成本。同理,OC_A^C 和 OC_A^R 分别表示可可和大米在美国的生产机会成本。

表2-7　1单位劳动产出可可和大米的数量　　　　　　　　吨

国　家	可　可	大　米
尼日利亚	3	1
美国	2/3	2/3

根据机会成本的定义可以计算两种产品在尼日利亚生产的机会成本:

$$OC_N^C = \frac{MPL_N^R}{MPL_N^C} = \frac{1}{3}(吨大米)$$

$$OC_N^R = \frac{MPL_N^C}{MPL_N^R} = 3(吨可可)$$

同理,在美国生产的机会成本分别为

$$OC_A^C = \frac{MPL_A^R}{MPL_A^C} = \frac{\frac{2}{3}}{\frac{2}{3}} = 1(吨大米)$$

$$OC_A^R = \frac{MPL_A^C}{MPL_A^R} = \frac{\frac{2}{3}}{\frac{2}{3}} = 1(吨可可)$$

值得注意的是,在2.1节提到,技术可以从劳动生产率角度表示,也可以从生产成本角度表示。在计算某产品的生产机会成本时,先要确认其技术是从哪个角度进行度量的,然后进行计算。

2. 比较优势(Comparative Advantage)

绝对优势理论的判断方法是直接比较某种产品在两个国家生产率绝对值的高低。而比较优势不再注重生产率的绝对值,而是比较某产品如果在A国生产的机会成本低于在B国生产的机会成本,则可以得出A国在生产该产品上具有比较优势,而B国具有比较劣势。在机会成本计算例子中,尼日利亚生产可可的机会成本(1/3吨大米)小于美国生产可可的机会成本(1吨大米),则尼日利亚在生产可可上具有相对优势。而在生产大米上,美国生产的机会成本(1吨可可)小于尼日利亚生产的机会成本(3吨可可),则美国在生产大米上具有比较优势。通过比较机会成本的大小,我们可以看出某个国家在某种产品生产中是否具有比较优势。[①]

Comparative advantage no longer focuses on the absolute value of productivity, but on comparing the opportunity cost of a product produced in country A with that produced in country B.

3. 生产可能性边界(Production Possibility Frontier)

在任何一个国家,资源是有限的,多生产一种产品必然会导致另一种产品生产的减少。生产可能性边界(production possibility frontier)用来描述一个国家在生产上受到的约束以及产品之间的替代关系。生产可能性曲线能够表示出在恒定的生产要素和有限的资源约束下最大限度地生产出的一系列产品的组合。李嘉图模型中讨论的生产可能性边界只包含两种类型的产品。假定尼日利亚有1.3亿人口,美国拥有3.9亿人口。根据两国生产可可和大米的技术条件,分别计算两国生产两种产品的最大产量或者叫作生产可能性边界。

The Production Possibility Frontier can show the combination of a series of products that can be produced to the maximum under the constraint of constant production factors and limited resources.

[①] 其实,另一种判断比较优势的方法是我们经常提到的:"两利相权取其重,两弊相权取其轻。"美国在两种产品生产上都具有绝对劣势,但是较可可而言,美国在生产大米上的劣势更小些,因此美国在生产大米上具有比较优势。而尼日利亚较生产大米而言,生产可可的绝对优势更大一些,则尼日利亚在生产可可上具有比较优势。在本节中,我们主要借助机会成本工具来判断比较优势,其内涵和本质是相同的。

图 2-1 表示尼日利亚和美国两国生产两种产品的生产可能性边界。横轴表示大米在尼日利亚和美国的最大产量,分别是 1.3 亿吨和 2.6 亿吨。纵轴表示可可在两国的最大产量,分别是 3.9 亿吨和 2.6 亿吨。

Figure 2-1 shows the production possibility frontier for two products produced by Nigeria and the United States.

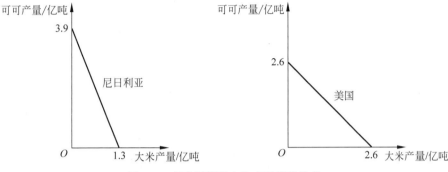

图 2-1　李嘉图模型中生产可能性边界

需要注意的是,这两种产品的生产率都是恒定的。也就是说,本国因为多生产 1 单位的可可而必须放弃生产大米的数量即机会成本,是一个常数。因此,李嘉图模型中生产可能性边界是一条直线。生产可能性曲线的形状由两种产品的替代关系决定。如果假设生产机会成本随着产量增加是递增的,我们可以得到一条凹向原点的生产可能性边界曲线,这个我们在第 3 章赫克歇尔-俄林模型(Heckscher-Ohlin Model)中会用到。如果假设生产机会成本随着产量增加是递减的,则可以得到一条凸向原点的生产可能性边界曲线,具体内容在第 4 章新贸易理论模型中会进行仔细讨论。

The shape of the production possibility curve is determined by the substitution relationship of two products, that is, the change of opportunity cost of producing two products.

4. 消费者偏好(Consumer Preference)

消费者偏好(consumer preference)是反映消费者对不同产品和服务的喜好程度的个性化偏好,是影响市场需求的一个重要因素,主要由当时当地的社会环境、风俗习惯、时尚变化等对整个消费者群体或某个特定群体产生的影响所决定。如果用图表示,其主要用**无差异曲线**(indifference curve)进行刻画。无差异曲线用来表示两种商品或两组商品的不同数量的组合对消费者所提供的**效用**(utility)是相同的。无差异曲线符合这样一个要求:如果听任消费者对曲线上的点做选择,那么,所有的点对他都是同样可取的,因为任一点所代表的组合给他所带来的满足都是无差异的。图 2-2 展示了一般无差异曲线的形状,箭头方向表示效用增加的方向。多条无差异曲线平行凸向原

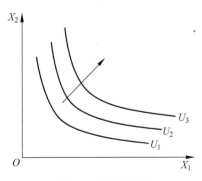

图 2-2　无差异曲线

点,离原点距离越远,效用水平越高($U_1 < U_2 < U_3$)。

The indifference curve is used to indicate that the utility provided by the combination of two commodities or two groups of commodities in different quantities to consumers is the same.

为了进行李嘉图模型均衡分析,假定两个国家所有消费者会分配一半的收入用于大米消费支出,另一半收入用于可可消费支出。从本质而言,所有消费者的效用函数是柯布-道格拉斯(C-D)形式,即 $U(R,C) = R^{\frac{1}{2}} C^{\frac{1}{2}}$。$U$ 为消费两种产品的效用,R 为对大米的消费,C 为对可可的消费,两种消费占总收入的比重相同,都为 $\frac{1}{2}$。

For the David Ricardian Model equilibrium analysis, we assume that all consumers in both countries allocate half of their income to rice consumption and the other half to cocoa consumption.

作为练习,请证明:这里的 $\frac{1}{2}$ 可以被解释为消费者在两种产品上消费的比重。

2.2.2 封闭条件下的李嘉图模型(Ricardian Model in a Closed Economy)

首先,假设尼日利亚经济处于自给自足的情况。为了满足市场出清条件,尼日利亚生产的产品必须等于消费产品数量。那么农民如何选择生产哪种产品呢?假定大米和可可的价格分别为 P^R 和 P^C。尼日利亚农民可以获得 P^R 或者 $3P^C$ 的收入。如果 $P^R > 3P^C$ 或者 $\frac{P^R}{P^C} > 3$,所有农民都将只生产大米而不生产可可。如果所有农民都这样进行决策,尼日利亚将会生产1.3亿吨大米,而不生产任何可可。同理,如果 $P^R < 3P^C$,尼日利亚农民将会生产3.9亿吨可可,而不再生产大米。只有满足 $P^R = 3P^C$ 时,农民对生产两种产品是无差异的,两种产品将会在尼日利亚以任何组合进行生产。

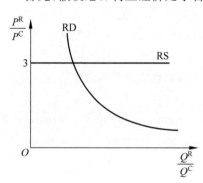

图 2-3 尼日利亚封闭经济均衡

Suppose that the prices of rice and cocoa are given by P^R and P^C, respectively. Then a Nigerian farmer can earn an income of P^R or $3P^C$. If $P^R > 3P^C$ or $\frac{P^R}{P^C} > 3$, all farmers will produce rice instead of cocoa.

这个农民生产行为可以用**相对供给**(relative supply, RS)曲线来表示,如图2-3所示,纵轴表示大米和可可的相对价格,$\frac{P^R}{P^C}$,横轴表示大米和可可的相对供给,$\frac{Q^R}{Q^C}$,Q^R 和 Q^C 分别表示大米和可可在尼日利亚全国的总产量。因此,可以得到相对价格和相对供给的三种关系。

The vertical axis records the relative price of rice, $\dfrac{P^R}{P^C}$, and the horizontal axis records the relative supply of rice, $\dfrac{Q^R}{Q^C}$. Q^R and Q^C denotes the total amount of rice and cocoa in Nigeria, respectively.

当 $\dfrac{P^R}{P^C} < 3$ 时,大米产出为零,即 $\dfrac{Q^R}{Q^C} = 0$;

当 $\dfrac{P^R}{P^C} > 3$ 时,可可产出为零,即 $\dfrac{Q^R}{Q^C}$ 是无限的。

当 $\dfrac{P^R}{P^C} = 3$ 时,大米和可可以任何形式组合产出,即 $\dfrac{Q^R}{Q^C}$ 是水平直线。

要得到均衡,不仅需要知道供给曲线,在这里我们需要一条**相对需求**(relative demand,RD)$\left(\dfrac{C^R}{C^C}\right)$ 曲线与相对供给曲线相对应。C^R 和 C^C 分别表示对大米和可可的消费量。如果消费者的收入为 I,消费者对大米的消费为 $\dfrac{I}{2}$,则消费大米的数量为 $\dfrac{I}{2P^R}$。同理,消费可可的数量为 $\dfrac{I}{2P^C}$。因此,可以得到

$$\mathrm{RD}\left(\dfrac{P^R}{P^C}\right) \equiv \dfrac{C^R}{C^C} = \dfrac{P^C}{P^R}$$

C^R is the national consumption of rice, and C^C is the national consumption of cocoa.

因为是封闭经济,在均衡状态下国内生产等于国内消费。在均衡状态下,国内相对供给等于国内相对需求,即 RD 曲线与 RS 曲线的交点。均衡的相对价格等于 3,也就是生产大米的机会成本。在均衡状态下,尼日利亚会同时生产两种产品。

The equilibrium relative price is equal to 3, which makes sense since that is the opportunity cost of producing rice. In equilibrium, both goods are to be produced.

消费者如何决策消费呢?在均衡状态下,消费者的收入是相同的,因为消费者也是生产者。一位可可生产者生产 3 吨可可并以 P^C 的价格出售,可以获得 $3P^C$ 的收入。可以基于这些信息推导出其消费时的**预算线**(budget line)(图 2-4),也就是大米和可可的消费组合。当消费者将所有收入用于可可时,其消费量为 3 吨(纵轴),当所有收入用于大米时,其消费量为 1 吨(横轴)。

In equilibrium, all the consumers receive the same income, and the producers are the consumers as well. When the consumer spends all his income on cocoa, the consumption is 3 tons (vertical line). When the consumer spends all his income on rice, the consumption is 1 ton (horizontal line).

消费者会选择预算线上的最优消费点以最大化其效用,我们用上面讲到的无差异曲线表示。最优消费点为无差异曲线与预算线的切点。基于假设,相同位似偏好消费者会各分配一半的收入在两种产品上,即尼日利亚消费者会消费 1.5 吨可可和 0.5 吨大米(图 2-4)。

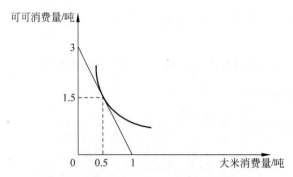

图 2-4　尼日利亚消费者封闭经济预算线

The optimal consumption bundle will be at the point where the indifference curve is tangent to the budget line.

对美国而言,生产者和消费者行为的分析逻辑与尼日利亚都是一样的。

作为练习,请分析美国封闭经济下相对供给曲线、预算线和最优消费组合,并作图说明。

2.2.3　自由贸易条件下的李嘉图模型(Ricardian Model under the Condition of Free Trade)

1. 世界相对价格的决定(Determination of World Relative Price)

为了便于分析,假定两国之间进行贸易,不仅没有国家政策,也没有运输等成本。因此,大米和可可在尼日利亚的价格与在美国的价格相同。为了得到均衡,我们依旧引用相对价格的概念。两种产品的世界相对价格依旧表示为$\frac{P^R}{P^C}$。值得注意的是,因为两个国家的消费偏好相同,则世界相对需求曲线只是尼日利亚和美国相对需求的加总。相对比较复杂的是世界相对供给(RSW)曲线,我们分三种情形对世界相对供给曲线进行分析。

It is worth noting that the world relative demand curve is simply the sum of the relative demand of Nigeria and the United States because the two countries have the same preferences.

情形一:当$\frac{P^R}{P^C}<1$即生产大米的机会成本小于1时,美国和尼日利亚的生产者只生产可可,世界上将没有大米生产。在这种情形下,世界相对供给是0(图2-5)。

Case Ⅰ: When $\frac{P^R}{P^C}<1$, the opportunity cost of producing rice is less than 1. Farmers in both America and Nigeria will choose to produce cocoa As a result, no rice will be produced anywhere in the world. In this case, the world relative supply is zero.

情形二:当$\frac{P^R}{P^C}>3$,即生产大米的机会成本大于3时,美国和尼日利亚的生产者只生产大米,世界上将没有可可生产。在这种情形下,世界相对供给是无限的。

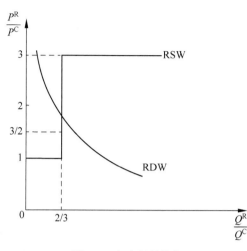

图 2-5 自由贸易均衡

Case Ⅱ: When $\frac{P^R}{P^C} > 3$, the opportunity cost of producing rice is higher than 3. Farmers in both America and Nigeria will choose to produce rice as a result, no cocoa will be produced anywhere in the world. In this case, the world relative supply is infinite.

情形三：$1 < \frac{P^R}{P^C} < 3$ 时，尼日利亚所有生产者将只生产可可，美国所有生产者将只生产大米。世界相对供给等于美国生产大米总量（2.6亿吨）除以尼日利亚生产可可的总量（3.9亿吨），即世界相对供给为 $\frac{2}{3}$。

Case Ⅲ: When $1 < \frac{P^R}{P^C} < 3$, farmers in Nigeria will all produce cocoa, while farmers in America will all produce rice. Therefore, the world relative supply will equal America's maximum supply of rice (260 million tons) divided by Nigeria's maximum supply of cocoa (390 million tons), which yields a relative supply of rice equal to 2/3.

值得注意的是，当 $\frac{P^R}{P^C} = 1$ 时，尼日利亚会专门生产可可，美国会同时生产可可和大米。当 $\frac{P^R}{P^C} = 3$ 时，尼日利亚会同时生产大米和可可，美国会专门生产大米。世界相对价格在情形三时会处于 1 和 3 之间。在这个区间，世界相对价格的变化并不会影响世界相对供给，因为在这个区间每个国家只是简单地最大化其专业化生产的产品（尼日利亚专业生产可可，美国专业生产大米）。

结合世界相对需求曲线（RDM），可以得到世界相对价格的均衡解，即

Combining the world relative demand curve, we can get the equilibrium solution of the world relative price.

$$\text{RSW}\left(\frac{P^R}{P^C}\right) = \text{RDW}\left(\frac{P^R}{P^C}\right)$$

求解方程式的世界相对价格也被称为尼日利亚的贸易条件（terms of trade）。更广泛地讲，贸易条件是指一定时期内一国每出口 1 单位商品可以交换多少单位外国进口商品的比例，或交换比价，它可以反映一国宏观上对外贸易的经济效益如何。通常贸易条件用该时期内出口价格指数与进口价格指数之比来表示。贸易条件是国际贸易学中最重要的概念之一，在后面章节中我们也会有更多的使用和讨论。

Terms of trade refer to the percentage of foreign imports that can be exchanged for each unit of goods exported by a country in a given period, or the exchange ratio, by which the economic benefits of a country's foreign trade can be reflected.

总之,如果尼日利亚与美国开展贸易,其世界相对价格必然处于1和3之间。满足这个条件以后两个国家才有贸易的可能。问题是:贸易模式是怎样的呢?

2. 贸易模式(Pattern of Trade)

为了便于分析,我们暂时假定RSW曲线与RDW曲线的交点在0和3的正中间即$\frac{3}{2}$处。根据上面的分析,我们可以确信这个价格假设是正确的,$\frac{3}{2}$也是世界相对价格的一个均衡解。

For the sake of analysis, we assume that the intersection point of the RSW curve and the RDW curve is 3/2 between 0 and 3.

从比较优势的概念中,我们已经得出尼日利亚在可可生产上具有比较优势,而美国在大米生产上具有比较优势。因此,当两个国家开展贸易以后,尼日利亚会专门生产自己具有比较优势的可可,同时,美国会专门生产自己具有比较优势的大米。由于两国对两种产品都有需求,因此,尼日利亚会进口自己具有比较劣势的大米,美国进口自己具有比较劣势的可可。在李嘉图模型中,贸易模式可以归纳为:在自由贸易时,一个国家会**专业化**(specialization)生产自己具有比较优势的产品,并出口这种产品,同时进口自己具有比较劣势的产品。虽然美国在两种产品上都具有绝对劣势,但是在李嘉图模型中,比较优势决定贸易模式,而非绝对优势。

In free trade, a country will specialize in a product that it has a comparative advantage, and export that product, at the same time import their own relatively inferior products.

值得一提的是,如果世界上只有两个国家,当这两个国家比较接近时,每个国家都会专业化生产一种产品。假如世界上两个国家相差很远,它们还会专业化生产一种产品吗?作为思考,请分析:如果世界上只有中国和加纳两个国家,中国在生产衣服上具有比较优势,加纳在生产粮食上具有比较优势,两国都会专业化生产吗?

尼日利亚和美国开展贸易(我们已经假定两个国家规模相似),对两国的福利有什么影响呢?下面我们来学习开展贸易后两国福利的变化。

3. 贸易利益(Gains from Trade)

在均衡状态下,每个国家都会专业化生产一种产品。首先,我们分析自由贸易对尼日利亚的影响。在封闭经济下,尼日利亚的预算线是图2-6中的实线,而自由贸易以后的预算线为虚线。在自由贸易时,尼日利亚专业化生产可可,一位生产者生产3吨可可,其收入是$3P^C$,如果全部用于消费可可,则可以消费3吨,这与封闭经济条件下是一样的。如果消费者全部用于消费大米,则$3P^C/P^R$为消费大米的数量。根据假定的世界相对价格,很容易得到自由贸易时消费大米的数量为$\frac{3P^C}{P^R}=3\times\left(\frac{2}{3}\right)=2$。与封闭经济下相比,消费大米的数量增加了一倍。

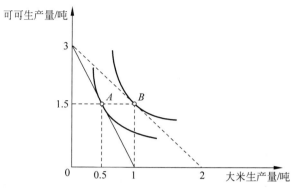

图 2-6　贸易对尼日利亚福利的影响

In equilibrium, each country specializes in producing one product. Based on the assumed world relative price, it is easy to obtain that the quantity of rice consumed in free trade is $\dfrac{3P^{C}}{P^{R}}=3\times\left(\dfrac{2}{3}\right)=2$. The amount of rice consumed has doubled compared with that in a closed economy.

我们也可以从无差异曲线的角度进行分析。在封闭经济下，尼日利亚消费者在预算线上的消费位置为点 A，而在自由贸易时消费者在新的预算线上的消费位置为点 B。比较相对应的无差异曲线，在自由贸易时消费者的福利由 A 点增加到 B 点。福利的增加是由于世界相对价格发生了变化，预算线变得更加平坦并外推。因此，在自由贸易时，消费者可以消费比封闭经济下更多的产品。

In free trade, consumers can consume more than they could in a closed economy.

类似地，我们可以推导美国消费者的预算线。封闭经济情形下消费者预算线为图 2-7 的实线，自由贸易情形下消费者的预算线为虚线，自由贸易外推了消费者的预算线。自由贸易以后，美国的消费者可以消费更多的可可。从无差异曲线来看，消费者在自由贸易时消费组合从 C 点变为 D 点，其相对应的效用也由 C 提高到 D 对应的效用水平上。

Free trade extrapolates the consumer's budget line, which means American consumers can consume more cocoa. According to the indifference curves, the consumer's consumption point changes from C to D, and its corresponding utility increases from C to D.

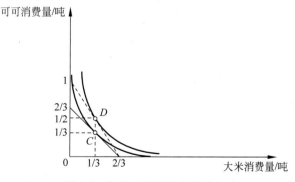

图 2-7　贸易对美国福利的影响

在李嘉图模型中,两国自由贸易能提高两国的总体福利,其利益来源于专业化生产和国际交换。在第4章的新贸易理论模型中,国家贸易的利益来源于消费者消费品种的上升和产品价格的下降;在第5章的异质性企业模型中,贸易利益来源于企业的自我选择、行业平均生产率的提高、优化资源的有效配置。我们在以后章节进行详细阐释。

另一点也值得注意,在自由贸易的李嘉图模型中,所有国内生产者都能受益,因为模型假定所有生产者是相同的。模型中不存在贸易利益在国内的重新分配问题。在第3章的要素禀赋理论模型中,自由贸易并不能使所有人都获益,一部分人可能会因为自由贸易而受损,我们在第3章进行讲解。

最后,值得注意的一点是,比较优势理论也有理论上的"死角"。比较优势之所以能够成立,是完全取决于两个国家在两种产品的生产成本对比上存在"度"的差异。一旦出现生产两种产品上等优势或者等劣势情形,也就是两个国家在生产两种产品的生产成本对比上,并不存在"度"的差异,根据李嘉图比较优势理论的思想,两国不会发生贸易,该模型被称为"等优势或者等劣势贸易模型"。如表2-8所示,中国生产1单位小麦的成本是美国的1.5倍,但中国生产1单位丝绸的成本也是美国的1.5倍。那么比较优势理论的分工原则,"两优取其重,两劣取其轻"就不再灵光了。但在现实世界里,"等优势或者等劣势"情形发生的概率极低,几乎观察不到。

表 2-8 等优势或等劣势贸易模型

国家	小麦		丝绸	
	劳动时间	产量	劳动时间	产量
中国	15	1	30	1
美国	10	1	20	1

2.3 拓展的李嘉图模型(Extended Ricardian Model)

标准李嘉图模型假设两个国家、两种产品情形下技术比较优势如何影响国际贸易的发生。随着国际贸易学家的深入研究,两个国家和两种产品的标准李嘉图模型被拓展为两个国家连续产品的李嘉图模型和多个国家多种产品的李嘉图模型(现代版的李嘉图模型)。虽然李嘉图模型从国家技术差异的角度解释了国家之间为什么发生贸易,但是李嘉图模型并没有解释技术差异的来源问题。2007年,科斯迪诺构建了一个内生国家技术模型,从国家制度影响交易成本和人力资本的角度分析了比较优势的来源问题,打开了技术差异背后的"黑匣子"。本节将重点学习三个拓展的李嘉图模型,分别是连续产品的李嘉图模型、多个国家和多种产品的现代版李嘉图模型以及解释李嘉图比较优势来源的拓展模型。

The standard Ricardian Model is extended to models that assume many counties and continuous products in the world. In addition, an endogenous national technology model has been constructed to explore the source of comparative advantage from the perspective of institutions affecting transaction costs and human capital.

2.3.1 连续产品李嘉图模型（Ricardian Model of Continuous Goods）

在标准李嘉图模型的基础上，研究者进行了产品种类和国家数量的拓展。首先，多恩布什、费雪和萨缪尔森（Dornbusch，Fischer and Samuelson，1977）将李嘉图模型拓展到两个国家连续产品形式（以下称为 D-F-S 模型）。通过连续产品模型的构建，可以清晰地分析一国进出口产品的边界。

1. 供给（Supply）

在以上标准李嘉图模型的基础上，放松产品数量的限制，假定产品连续地分布在区间 $[0,1]$ 上，区间上每一点表示一种产品 z，并且按照本国具有比较优势的强弱进行排序。生产任意一种产品在两国的单位劳动需求量为 $a(z)$（本国）和 $a^*(z)$（外国）。式(2-1)代表外国与本国的相对生产率，在 $[0,1]$ 区间上连续并且随 z 递减。

Based on the standard Ricardian Model above, relaxing the limit on the number of products. It is assumed that products are distributed continuously over intervals $[0,1]$, in accordance with the diminishing home country's comparative advantage. For each commodity there is unit labor demand in the two countries, $a(z)$ and $a^*(z)$. The formula (2-1) represents the relative productivity of foreign and domestic countries, continuing in the $[0,1]$ range and decreasing with z.

$$A(z) = \frac{a^*(z)}{a(z)} \quad A'(z) < 0 \tag{2-1}$$

根据此方程的假设，可以得到单位劳动需求是一条向右下方倾斜的曲线，如图 2-8 中 $A(z)$ 曲线所示。

Based on the assumptions of this equation, we can get the unit labor demand is a curve to the lower right, as shown in Figure 2-8 $A(z)$ curve.

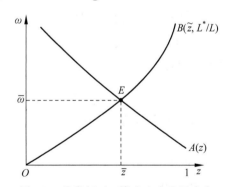

图 2-8 均衡相对工资和生产边界决定

资料来源：DORNBUSCH, R, FISCHER S, SAMUELSON P A. Comparative advantage, trade, and payments in a Ricardian Model with a continuum of goods[J]. American economic review, 1977, 67(5): 823-839.

假定本国工资水平和外国工资水平分别是 w 和 w^*，并定义 $\omega = \dfrac{w}{w^*}$ 为两国相对工资。本国生产的产品必须满足单位劳动生产成本小于或等于外国单位劳动生产成本。在

给定相对工资水平下,本国生产的产品范围为

Products produced in the home country must satisfy the requirement that the unit labor production cost is less than or equal to the unit labor production cost of the foreign country. At a given level of relative wage, the range of domestically produced goods is

$$0 \leqslant z \leqslant \tilde{z}(\omega) \tag{2-2}$$

同理,外国可生产的产品范围为

$$\tilde{z}(\omega) \leqslant z \leqslant 1 \tag{2-3}$$

从式(2-2)和式(2-3)可以得到,两国都专业化生产具有比较优势的产品。

2. 需求(Demand)

假定两国都为相同的柯布-道格拉斯形式的偏好,本国和外国对每种产品的消费支出份额 $b(z)$ 相同,即

Assuming that both countries share the same Cobb-Douglas preference, the shares of domestic and foreign spent on each product $b(z)$ are the same:

$$b(z) = \frac{p(z)c(z)}{wL} = \frac{p(z)c^*(z)}{w^*L^*} > 0 \tag{2-4}$$

式中: $c(z)$ 和 $c^*(z)$ 分别为本国和外国对产品 z 的消费量, $p(z)$ 为产品 z 的价格。同时支出份额满足 $\int_0^1 b(z)\mathrm{d}z = 1$。

$c(z)$ and $c^*(z)$ are the domestic and foreign consumption of product z, respectively, and $p(z)$ is the price of product z. At the same time, the share of the expenditure satisfies $\int_0^1 b(z)\mathrm{d}z = 1$.

本国对本国产品的支出比例为

$$\vartheta(\tilde{z}) \equiv \int_0^{\tilde{z}} b(z)\mathrm{d}z > 0 \tag{2-5}$$

$$\vartheta'(\tilde{z}) = b(\tilde{z}) > 0$$

同理,本国对外国产品的支出比例为

$$1 - \vartheta(\tilde{z}) \equiv \int_{\tilde{z}}^1 b(z)\mathrm{d}z \tag{2-6}$$

由于假定偏好相同,外国对本国产品的消费份额和外国对外国产品的消费份额分别为 $\vartheta(\tilde{z})$ 和 $1-\vartheta(\tilde{z})$。

Based on the assumption of the same preferences, the foreign share of consumption of domestic products and the foreign share of consumption of foreign products are $\vartheta(\tilde{z})$ and $1-\vartheta(\tilde{z})$, respectively.

3. 均衡(Equilibrium)

在供给方面,假定本国和外国生产分界点为 $\tilde{z}$。根据消费支出比例,本国和外国消费本国产品的比例都是 $\vartheta(\tilde{z})$。在贸易均衡条件下,世界市场对本国产品需求满足:本国劳动收入 wL 等于两国消费者在本国生产产品上的支出,即

Under the trade equilibrium, the world market satisfies the demand for domestic products: the domestic labor income wL equals consumers' expenditure on the domestic products in these two countries.

$$wL = \vartheta(\tilde{z})(wL + w^*L^*) \tag{2-7}$$

方程(2-7)表示每一个相对工资 $\omega = \dfrac{w}{w^*}$，都有一个生产分界点 $\tilde{z}$ 与之相对应，实现市场均衡。我们把式(2-7)改写为

Equation (2-7) shows that for each relative wage $\omega = \dfrac{w}{w^*}$, there is a corresponding production cut-off point $\tilde{z}$ to achieve the market equilibrium. Let's rewrite equation (2-7) as the following equation (2-8):

$$\omega = \frac{\vartheta(\tilde{z})}{1-\vartheta(\tilde{z})}\left(\frac{L^*}{L}\right) = B\left(\tilde{z}, \frac{L^*}{L}\right) \tag{2-8}$$

式中：$B\left(\tilde{z}, \dfrac{L^*}{L}\right)$ 为关于 z 的增函数，z 越大，$B\left(\tilde{z}, \dfrac{L^*}{L}\right)$ 越大。其经济含义是，本国生产越多，对本国劳动需求越大，本国相对工资水平也就越高，即 $B\left(\tilde{z}, \dfrac{L^*}{L}\right)$ 可以表示为一条向右上方倾斜的曲线（图 2-8）。

The economic implication is that the more domestic production, the greater the demand for domestic labor, and the higher the relative wage level of the country.

结合供给方面的 $A(z)$ 曲线和需求方面的 $B\left(\tilde{z}, \dfrac{L^*}{L}\right)$，可以决定均衡时的临界产品 $(\tilde{z})$ 和相对工资 $(\tilde{\omega})$，即图 2-8 中的 E 点。对于 $0 \leqslant z \leqslant \tilde{z}$ 的产品，本国具有生产的比较优势，由本国生产并出口。对于 $\tilde{z} \leqslant z \leqslant 1$ 的产品，外国具有生产的比较优势，由外国生产并出口。

通过本节分析，我们可以得到，即使把模型拓展到多种产品，李嘉图模型所预测的国家进行专业化生产的结论依然是成立的。

2.3.2 现代版的李嘉图模型：E-K 模型（Modern Ricardian Model: E-K Model）

迪尔多夫（Deardorff，1984，p.469）把如何验证贸易理论分解为三个子问题。贸易理论更期望去回答：①贸易什么产品？②与谁贸易？③贸易量是多少？他进一步说明"基本贸易理论一般只回答了第一个问题"。为什么第二个问题没有得到足够的重视呢？这是因为包括李嘉图模型在内的贸易模型都假设两个国家的存在。因此，与谁贸易的问题就非常明显：与另一个国家或者世界其他地方。对于第三个问题（贸易量），人们可能还会争论，从纯贸易理论的角度来看，这有多有趣和重要。（Weder，2017）

Deardorff (1984, p.469) decomposed his fundamental question 'How do you test a trade theory?' into three sub-questions. A trade theory might be expected to answer: what goods, with whom and how much do countries trade?

传统李嘉图模型假设世界上只有两个国家，虽然多恩布什、费雪和萨缪尔森（1977）将

李嘉图模型拓展到两个国家、多种产品,但是要把李嘉图模型拓展到多个国家一直困扰着贸易经济学家,因为解决不了模型构建中出现的角点解问题。随着引力模型的发展,贸易经济学家也热切期盼能否通过模型拓展,将李嘉图模型也推导出一个类似引力模型结构的方程。2002 年,伊顿和科特姆(Eaton and Kortum,2002)以 D-F-S 模型(Dornbusch,Fischer and Samuelson,1977)为起点,假设有多个国家和多种产品,创新性地引入生产率服从弗雷歇(Fréchet)分布函数形式,推导出与引力模型结构相似的结构方程。伊顿和科特姆(2002)模型(E-K 模型)显示,在一个存在贸易成本的多国框架下的李嘉图模型中,贸易依然可以因为唯一的跨国技术差异而发生。[1]

Eaton and Kortum (2002) assume that there were many countries and products, innovatively introduced the form of the Fréchet distribution function of productivity, and deduced a structural equation similar to the gravity model.

模型假设世界上存在有限多个国家 $i \in S \equiv \{1, \cdots, N\}$,每个国家都可以生产所有连续产品。假设国家在生产产品的生产率上存在外生的差异,$z_i(\omega)$ 为国家 i 生产产品 $\omega \in \Omega$ 时的生产效率。产品生产都使用相同的投入品,c_i 表示 1 单位投入品集在国家 $i \in S$ 的成本,生产不存在规模经济。因此,国家 $i \in S$ 生产 1 单位产品 $\omega \in \Omega$,需要的生产成本是 $\dfrac{c_i}{z_i(\omega)}$。假设存在冰山运输成本 $\tau_{ij} > 1$,其代表从国家 i 运输到国家 j 的贸易成本。

Each country produces all the continuous goods. Supposing that countries have exogenous differences in the productivity of producing goods, $z_i(\omega)$ denotes country i's efficiency at producing good $\omega \in \Omega$. All goods are assumed to be produced using the same bundle of inputs without returns to scale. c_i is the cost of a bundle of inputs in country $i \in S$. Thus, the cost of producing one unit of $\omega \in \Omega$ in country $i \in S$ is $\dfrac{c_i}{z_i(\omega)}$. Finally, supposing that there is an iceberg trade cost $\tau_{ij} > 1$, which represents the cost of trading goods from country i to country j.

由于 E-K 模型假设市场是完全竞争(perfect competition)的,所以国家 j 的消费者购买国家 i 生产的产品价格表示为

$$p_{ij}(\omega) = \frac{c_i}{z_i(\omega)} \tau_{ij} \tag{2-9}$$

但是,$j \in S$ 国消费者最终只会选择生产该产品价格最低的国家进行购买。所以消费者在国家 $j \in S$ 实际支付的价格为

However, consumers in country $j \in S$ are assumed to only purchase goods from the country with the lowest price, so the actual price a consumer in country $j \in S$ paid for good $\omega \in \Omega$ is

---

[1] 由于 E-K 模型推导和计算比较复杂,超出了本科授课难度范围,因此,本部分只简单介绍 E-K 模型的基本思想和主要结论。学有余力和感兴趣的同学可以阅读伊顿和科特姆(2002)发表在计量经济杂志《技术、地理与贸易》上的原文。

$$p_j(\omega) \equiv \min_{i \in S} p_{ij}(\omega) = \min_{i \in S} \frac{c_i}{z_i(\omega)} \tau_{ij} \tag{2-10}$$

E-K 模型的基本思想在式(2-10)中已经呈现出来。国家 $j \in S$ 的消费者更倾向于从国家 $i \in S$ 购买产品 $\omega \in \Omega$，如果国家 $i \in S$ 有更低的单位成本 c_i、较高的产品生产率水平 $z_i(\omega)$ 和/或较低的贸易成本 τ_{ij}。

The basic idea behind the E-K Model is already presented in equation (2-10): consumers in country $j \in S$ are more likely to purchase good $\omega \in \Omega$ from country $i \in S$ if it has a lower unit cost c_i; it has a higher productivity $z_i(\omega)$; and/or it has a lower trade cost τ_{ij}.

E-K 模型最主要的创新在于对于每一种产品 $\omega \in \Omega$，生产率 $z_i(\omega)$ 为独立且同分布的随机变量。那么，国家 $i \in S$ 的生产率的累积分布函数为

$$F_i(z) \equiv Pr\{z_i(\omega) \leqslant z\} \tag{2-11}$$

E-K 模型假定国家 $i \in S$ 的生产率的累积分布函数是弗雷歇分布函数形式。因此，对于任何 $z \geqslant 0$，则有

E-K Model assumes that $F_i(z)$ is Fréchet distributed so that for all $z \geqslant 0$:

$$F_i(z) = \exp\{-T_i z^{-\theta}\} \tag{2-12}$$

$T_i > 0$ 表示国家 $i \in S$ 的加总生产率水平，可以发现对于任何 $z \geqslant 0$，T_i 越大，$F_i(z)$ 就越小，即表明较大值 z 的概率在增加。假定参数 θ 在不同国家是固定的，用于控制国家商品间的生产率分布，θ 越大，商品间的生产率异质性就越小。

θ governs the distribution of productivity across goods within countries. As θ increases, the heterogeneity of productivity across goods decreases.

在需求方面，假设消费者具有常替代弹性偏好，国家 $j \in S$ 代表性消费者家庭效用函数为

Consumers have a constant elasticity substitution preference so that the representative consumer household in country $j \in S$ has utility function:

$$U_j = \left(\int_\Omega q_i(\omega)^{\frac{\sigma-1}{\sigma}} d\omega\right)^{\frac{\sigma}{\sigma-1}} \tag{2-13}$$

式中：$q_i(\omega)$ 为国家 j 消费的 ω 产品的数量；σ 为替代弹性。

Where $q_i(\omega)$ is the quantity that country j consumes good ω, and σ is the elasticity of substitution.

为了求解均衡，不再依赖于常替代弹性的需求函数，E-K 模型使用了概率公式来求解。依据弗雷歇分布函数，生产成本函数和贸易成本函数，得到三个最重要的概率公式。

一是任何 j 国产品从 i 国进口价格低于 p 的概率为（从 i 国角度看）

The probability that any good in country j from source i has a price less than p：

$$G_{ji}(p) = 1 - e^{-[T_i(c_i \tau_{ji})^\theta] p^\theta} \tag{2-14}$$

二是所有到 j 国的产品价格有个概率分布，j 国最低价格要求最少一种产品的价格低于 p 的概率为（从 j 国角度看）

The probability that the lowest price of a good in country j requires that at least one of the prices is less than p:

$$G_j(p) = 1 - \Pi_{i=1}^{j}[1 - G_{ji}(p)] \tag{2-15}$$

三是国家 j 购买的商品正好是 i 国以低于价格 p 提供的产品的概率（π_{ji}），也就是国家 j 购买的商品的价格，其他国家的价格都高于 p 的概率：

The probability (π_{ji}) that a good country i offers the lowest price p which is lower than any other countries offers:

$$\pi_{ji} = \frac{T_i(c_i\tau_{ji})^{-\theta}}{\phi_j} \tag{2-16}$$

$\phi_j \equiv \sum_{i \in S} T_i(c_i\tau_{ji})^{-\theta}$，该参数为 j 国价格的分布。

The parameter $\phi_j \equiv \sum_{i \in S} T_i(c_i\tau_{ji})^{-\theta}$ is the price distribution of country j.

E-K 模型最后一个精美之处在于从概率空间向实务空间的转化。π_{ji} 正是 $j \in S$ 国从 $i \in S$ 国购买商品支出的比重 $\lambda_{ji} \equiv X_{ji}/Y_j$。可以得到 j 国在 i 国总的消费支出为

$$X_{ji} = \pi_{ji} E_j \tag{2-17}$$

π_{ji} is equal to the fraction of country j's income spent on goods from country i, $\lambda_{ji} \equiv X_{ji}/Y_j$. This implies that the total expenditure of j on goods from country i is $X_{ji} = \pi_{ji} E_j$.

把式（2-16）代入式（2-17），就可以得到

$$X_{ji} = \frac{T_i(c_i\tau_{ji})^{-\theta}}{\phi_j} E_j \tag{2-18}$$

因为模型假设只有劳动作为生产要素，在完全竞争市场框架下，$c_i = w_i$，并代入均衡价格指数公式，可以得到

$$X_{ji} = C^{-\theta} \tau_{ji}^{-\theta} w_i^{-\theta} T_i E_j P_j^{\theta} \tag{2-19}$$

式（2-19）就是 E-K 模型的结构，其与传统引力方程几乎完全一样，除了相关的弹性是 θ，而不是 $\sigma - 1$。

Formula (2-19) is the structure of the E-K Model, which is a nearly identical gravity equation to the traditional gravity equation, except the relevant elasticity is θ instead of $\sigma - 1$.

E-K 模型将贸易流量与贸易国之间的距离和生产国家相联系，为分析和理解技术对贸易的影响作出了巨大贡献，也为实证研究和检验技术对贸易的影响提供了理论基础。E-K 模型因为其精致的生产率函数设置、比较优势、企业层面的微观分析以及多国特点，最近几年被贸易学家广泛地应用到全球价值链贸易、国家和区域经济增长政策、劳动力迁移等全球化问题研究中。同时，贸易学家也将该模型与异质性企业模型紧密地结合起来，用于相关问题的理论分析和经验研究。

E-K Model has been widely used by trade experts in the study of global value chain trade, national and regional economic growth policies, labor migration and other globalization issues.

2.3.3 生产率差异内生的李嘉图模型(Ricardian Model of Endogenous Productivity Differentials)

李嘉图模型和拓展的李嘉图模型都假设国家之间的生产率差异是外生的,都没有深入解释国家之间技术差异的来源是什么。科斯迪诺(Costinot,2009)在李嘉图模型的基础上构建了一个跨国生产率差异是内生的一般均衡模型,打开了生产率来源的"黑匣子"。

Both Ricardian Model and the extended Ricardian Model assume that productivity differences between countries are exogenous, and neither explains the sources of technology differences between countries.

科斯迪诺(2009)的模型假设有两个大国,都是用劳动作为唯一的生产要素生产连续产品(多种产品)。每一种产品的生产都具有复杂性,即需要不同数量的阶段任务。在每一个生产阶段都具有规模经济性质,企业可以从不同阶段的规模经济中获得专业化的好处。但是每个阶段之间的合同执行具有不确定性,这会给企业生产造成交易成本。这两种力量之间的权衡决定了每个国家各部门生产团队的规模。

The trade-off between these two forces pins down the size of productive teams across sectors in each country.

假设世界上只有两个国家,用 $C=1,2$ 表示。两个国家都生产 i 种连续产品,$i \in [0,1]$。每个国家都拥有连续的劳动者 $n \in [0, L_c]$。劳动者可以在两个部门之间自由流动,但不能跨国流动。产品都由唯一的劳动者生产,每单位劳动者都拥有效率为 h_c 的禀赋,我们称之为每单位劳动的人力资本。

Workers are perfectly mobile across industries while immobile across countries. There are no other factors of production. Each unit of labor in country C is endowed with h_c efficiency, to which we refer to human capital per worker.

在每一个部门,都有必须完成的连续的互补任务($t \in [0, z^i]$)来生产1单位的产品 i。我们定义产品阶段的数量 z^i 为产品 i 的复杂性。产品生产阶段的任务数量具有外生性特点。任务数量越多,产品 i 生产越复杂。产品越复杂,需要花越多的时间去学习生产这种产品,生产者也更能从劳动分工中获得好处。同时,每个阶段生产都具有规模经济的性质。

The more complex good is, the more elementary tasks are required for its production, the longer it takes to learn how to produce it, and the easier for producers to gain from the division of labor.

每个国家的每个部门都有大量作为价格接受者的企业。企业会通过设定工作 J、签订合同 C 来分配劳动者去生产其想要生产的产品。进一步假设,企业不能为同一个工作分配超过一位劳动者。因此,用不同的工作数量 N 度量劳动者的分工,也就是参加同一单位产品生产的劳动者数量。我们指 N 为生产团队的规模。

Hence, the number of distinct jobs measures the extent of the division of labor, namely the number of workers who participate in the production of each unit.

该理论进一步嵌入制度这一因素对劳动合同的影响。不论是好的正式制度还是非正式制度都会增加合同执行的概率。如果制度 $\theta_c=0$,制度是完全无效的,工人就不会做任何工作。如果制度 $\theta_c\equiv\infty$,制度是完美的,工人就会完成合同所规定的任务。在利润最大化目标下,企业的劳动分工会随着制度质量的提升和产品复杂性的增加而增加,随着人均人力资本的增加而降低。如果一个国家拥有较高的制度质量与人均人力资本的互补水平,该国在生产复杂产品的部门就具有比较优势。

Either better formal or informal institutions could increase the probability that contracts are enforced. Under the goal of profit maximization, the division of labor in firms increases with the higher institutional quality and product complexity but decreases with human capital per worker.

根据多恩布什等(Dornbusch et al.,1977)的逻辑,一个国家拥有较高的制度质量与人均人力资本的互补水平,该国在生产复杂产品的部门就具有比较优势,那么该国就生产并出口复杂度高的产品,而贸易对象国就生产并出口复杂度低的产品。

A country with higher institutional quality and human capital per worker means a comparative advantage in industries that produce complex products.

2.4 比较优势的度量
(The Measurements of Comparative Advantage)

2.4.1 显性比较优势(Revealed Comparative Advantage)

李嘉图模型的理论结果是,一国的贸易模式取决于该国的比较优势,那么如何来度量一个国家的比较优势呢?从理论来讲,有多种方式计算一个国家的比较优势,但是由于很难获得各国各类商品生产成本数据等原因,很难对一个国家的比较优势进行有效的度量。因此,贸易经济学家从商品实际贸易角度来间接度量各国在不同产品生产上的比较优势。1965年,匈牙利经济学家巴拉萨(Balassa,1965)最早对比较优势进行了有效度量,该指数也被经济学家称为显性比较优势(revealed comparative advantage)。

根据巴拉萨(1965)的方法,显性比较优势的定义如方程(2-20)所示:

According to Balassa (1965), revealed comparative advantage is defined as the index shown in the following Equation (2-20):

$$\text{RCA}_{ijt} = \frac{X_{ijt}}{X_{it}} / \frac{W_{jt}}{W_t} \tag{2-20}$$

式中:RCA_{ijt} 为 i 国的产品 j 在 t 年的比较优势指数;X_{ijt} 为 i 国产品 j 在 t 年的出口值;X_{it} 为国家 i 在 t 年总的出口;W_{jt} 为产品 j 在 t 年的世界出口额;W_t 为世界在 t 年总的产品出口额。

Where RCA_{ijt} represents the comparative advantage index of product j in year t. X_{ijt} is the export value of product j in year t. X_{it} is the total export value of country i in year t. W_{jt} represents the export value of product j in the world market in year t, and W_t is the total export value of products in the world market in year t.

如果 $RCA_{ijt}>1$ 则表示 i 国产品 j 的出口份额大于世界上该产品的出口份额,该国在这种产品上具有比较优势;相反,如果 $RCA_{ijt}<1$ 则表示 i 国产品 j 的出口份额小于世界上该产品的出口份额,该国在这种产品上不具有比较优势。显性比较优势反映了一国某种产品在国际上的竞争地位,某一产业的出口与世界平均出口水平比较的相对优势。

Revealed comparative advantage reflects the competitive position of a country's product in the world and the relative advantage of an industry's export compared with the world average export level.

2.4.2 贸易竞争指数(Trade Competition Index)

显性比较优势(revealed comparative advantage,RCA)指数在文献中被广泛应用,但有的学者指出,巴拉萨指数可能存在测量偏差,尤其是该指数只考虑了出口情况而忽略了进口贸易的影响。因此有的学者提出使用贸易竞争指数来度量比较优势。

$$TC=(X_{ijt}-M_{ijt})/(X_{ijt}+M_{ijt}) \tag{2-21}$$

式中:X_{ijt} 为 i 国的产品 j 在 t 年的出口额;M_{ijt} 为 i 国的产品 j 在 t 年的进口额。贸易竞争指数,即 TC(trade competition)指数,是对国际竞争力分析时比较常用的测度指标之一,它表示一国进出口贸易的差额占进出口贸易总额的比重。该指标作为一个与贸易总额的相对值,剔除了经济膨胀、通货膨胀等宏观因素波动的影响,即无论进出口的绝对量是多少,该指标均在 $[-1,1]$。TC>1,说明 i 国是产品 j 的净出口国,且 j 产品比较优势越大,该指数越接近于 1,国际竞争力越强。TC<1,说明 i 国是产品 j 的净进口国,且 j 产品比较优势越小,该指数越接近于 -1,国际竞争力越弱。

Trade competition index indicates that the difference between a country's import and export trade accounts for the proportion of the total import and export trade.

2.4.3 新显性比较优势指数(New Revealed Comparative Advantage Index)

和李嘉图贸易模型相匹配的显性比较优势指数的主要目的是度量一个国家给定行业的内在生产率。依据比较一个国家某一行业和基准国家某一行业在出口上的表现计算的巴拉萨(Balassa,1965)显性比较优势指数作为比较优势代理变量在文献中得到广泛应用。但是,该指数混合了比较优势和其他影响贸易流动的决定因素来近似计算国家的比较优势。一种产品的出口变现可以是多种非直接比较优势因素导致的。如正式或非正式贸易壁垒、历史上的贸易关系、国内需求冲击和不同的偏好(Leromain and Orefice,2014)。其结果是,如果把出口作为一个出口国所在部门的李嘉图技术比较优势(内在生产率),我们必须将决定贸易的技术性影响与其他影响贸易的特定因素剥离开。科斯迪诺等(Costinot et al.,2012)为李嘉图模型提供了微观理论基础,并对一个国家 i 的 k 行业的生产率进行估计,进而生产率对出口影响的参数可以作为比较优势的代理变量,因为其对贸易的影响完全是由 i 国给定行业 k 的内在生产率所决定的。

Based on the same industry' export in the benchmark country, it was extensively used in the literature as a proxy for the comparative advantage. However, this strategy blends comparativeadvantage with other trade flow determinants to approximately calculate each country's RCA. Good performance in exporting can result from several factors that are not directly linked to comparative advantages, such as formal or informal trade barriers, historical trade relationships, internal demand shocks, and differences in preferences.

勒罗蒙和奥利菲斯(Leromain and Orefice,2014)基于科斯迪诺等(Costinot et al.,2012)方法估计了 Z_{ik} 的参数,并依据巴拉萨(1965)的思想构造了如下新显性比较优势指数($NRCA_{ik}$)。Z_{ik} 近似为国家 i 在 k 行业的比较优势(李嘉图模型生产率的系数)。$Z_{i.}$ 是一个国家所有行业平均生产率。$Z_{.k}$ 是某个特定行业所有出口国的平均生产率。$Z_{..}$ 代表所有国家和所有行业平均生产率。如果 $NRCA_{ik} > 1$,那么 国家 i 在行业 k 上就具有比较优势。

$$NRCA_{ik} = \frac{\frac{Z_{ik}}{Z_{i.}}}{\frac{Z_{.k}}{Z_{..}}} \tag{2-22}$$

The parameter Z_{ik} used to measure the impact of productivity on exports is a good proxy for comparative advantage as the impact is solely determined by the innate productivity of industry k in country i. Z_{ik} is approximately the comparative advantage of industry k in country i (i.e. the technological coefficient in the Ricardian Model). $Z_{i.}$ is the average productivity of all industries in country i. $Z_{.k}$ is the average productivity of industry k across all the exporter countries. $Z_{..}$ is the average of productivity of all industries in all countries. $NRCA_{ik} > 1$ means that country i has a comparative advantage in industry k.

2.5 李嘉图模型验证及启示
(Validation and Implications of Ricardian Model)

一个奇闻趣事是,著名数学家斯坦·尤拉姆(Stan Ulam)质问诺贝尔经济学奖得主保罗·萨缪尔森:"请指出社会科学哪一个论点既是正确的,也是重要的。"萨缪尔森回复说:"李嘉图的比较优势理论。"(Samuelson,1995,P.22)(Costinot and Donaldson,2012)金(King,2013)也曾坦言,李嘉图展现的清晰模型,自己从未能构建出来过。一般经济学模型和思想都会随着经济学家的去世与时代的变迁消失或者被新思想所取代,但李嘉图模型到现在已经有 200 多年,依然具有重要的理论意义和政策启示,并且在最近 20 年变得更加重要了。正如芬斯特拉(Feenstra,2016,p.8)所说的:"我们重回李嘉图的世界,技术差异是贸易模式最重要的决定因素。"引用 2008 年诺贝尔奖得主保罗·克鲁格曼《李嘉图很难的思想》文章中的原话是"李嘉图的思想是正确的、疯狂的、很难以理解的,但也是完全正确的、非常复杂的、和现代世界极其相关的"。

Ricardo's idea is truly, madly, complicated. However, it is also utterly true, immensely sophisticated, and extremely relevant to the modern world.

巴拉萨认为,李嘉图模型不仅从理论预测了国家之间开展贸易的动因,而且得到了一定的实证检验①的支持。但是,李嘉图模型在现实经济中的适用性问题的实证检验并不多。其在实证检验中研究不足的主要原因是:根据黎默(Leamer)和莱文森(Levinsohn)的观点,李嘉图模型过于简化,很难进行严谨的实证检验;同时,实证检验中缺乏基础理论模型的支持,不能有效预测国家之间的贸易流向,也不能有效处理国家间中间产品投入和贸易阻碍的影响。

Ricardian Model not only theoretically predicted the motivation of trade between countries but also got the support of some empirical tests.

李嘉图的思想得到了国际贸易学家实证经验的验证。巴拉萨(Balassa,1963)使用美国和英国1951年的数据进行了分析。高拉博和谢(Golub and Hsieh,2000)利用国家间的双边贸易数据验证了李嘉图模型是正确的。伊顿和科特姆(Eaton and Kortum,2002)将李嘉图模型拓展到多个国家和多种产品,使用了1990年18个OECD国家的数据进行了实证分析。科斯迪诺等(Costinot et al.,2012)基于多个国家和多个产业部分的理论框架提出跨国相对劳动生产率差异的概念,并从理论和实证完全证实了李嘉图的思想。比较优势理论虽然是一个古老的思想,但在现代农产品国际贸易中得到了可靠验证(Costinot and Donaldson,2012)。同时,随着生产力的发展,国家之间相对生产力趋渐收敛,其对福利的影响是负面的(Levchenko and Jing,2016)。基于李嘉图比较优势理论,列夫琴科和拉达茨(Levchenko and Raddatz,2016)将劳动力细分为女性劳动力和男性劳动力,主要理论研究发现,一个国家如果在女性劳动力密集型部门具有比较优势,该国就具有较低的生育率。

The main prediction of the model is that countries with a comparative advantage in female-labor intensive goods are characterized by lower fertility.

李嘉图模型为研究国际贸易提供了一个基准的范式,从单一影响因素出发,简明清晰地分析了劳动生产率差异所导致的国际贸易,为我们研究和理解国际贸易打开了第一扇窗户。然而,李嘉图模型也存在一些不足之处:第一,模型假设过于严格,与现实差别较大;第二,单一生产要素的假定使该模型只是说明进出口的类型,但没有说明交换价格比率问题,也不能用来分析贸易开放的收入分配效应,正如赫尔普曼所言,模型中应该考虑除劳动以外的生产要素;第三,李嘉图模型把变动的经济形态抽象成静态的状态,忽视了动态分析,不能分析比较优势的动态变化;第四,科斯迪诺认为,李嘉图模型存在理论上的"死角",并没有解释劳动生产率差异的原因;第五,巴格瓦蒂(Bhagwati)认为,在实证检验中,因缺乏理论基础,不能进行缜密的实证分析并考虑两国贸易时其他国家对两国贸易产生的影响。本质而言,没有完美无瑕的模型,李嘉图模型虽有些许不足,但掩盖不了其在国际贸易领域的奠基作用,以及对当代研究和政策启示的深远意义。

---

① 20世纪90年代前对李嘉图模型实证检验的文献见:DEARDORFF A V. Testing trade theories and predicting trade flows[M]//JONES R W,KENEN P B. Handbook of international economics: vol. Ⅰ. Amsterdam: Elsevier Science Publishers,1984: 467-517.

Ricardian Model provides a benchmark paradigm for the study of international trade. Starting from a single influencing factor, Ricardo concisely and clearly analyzes the international trade caused by labor productivity differences, which opens the first window for us to study and understand international trade. Although there are some shortcomings, it can not hide its foundation role in the field of international trade and its far-reaching significance to contemporary research and policy enlightenment.

案例 2-2　中国比较优势变化

为了衡量中国的相对出口比较优势，采用巴拉萨显性比较优势指数的对数形式，若该指数大于 0，则说明该国在该行业中存在出口比较优势(该国占世界该行业的出口份额大于该国占世界总出口贸易的份额)；若该指数小于 0，则意味着该国在该行业中存在出口比较劣势。

虽然 RCA 指数是暂时性的，但该比较优势指数与基于多部门的李嘉图经济模型所推导出的理论上有效的比较优势的衡量指标很类似。若一国偏离其在理论上所对应的显性比较优势指数，那么很容易说明这是由贸易成本导致的扭曲造成的，从而影响了该国出口的构成。在实际应用中，RCA 指数能较好地衡量理论上的比较优势变化。研究表明，RCA 指数和与理论一致的比较优势指数(该指数基于贸易引力模型，采用出口国行业、年份固定效应估计得出)高度正相关，相关系数达 0.65。

图 2-9 展示了中国制造业和初级产品(包括食品、能源、铁矿石和金属)的显示性比较优势随时间的演化情况。从图 2-9 可知，从 1992 年开始，随着 log RCA 由负转正，中国在制造业方面由比较劣势转变为比较优势；另外，随着 log RCA 由正转负，中国在初级产品上由比较优势转变为比较劣势。中国制造业的实力至少在一定程度上反映出其劳动力供给相比世界其他地区更为充裕。农业部门市场化导向的改革解放了农业劳动力，使其涌入制造业部门；低效的国企的关闭使劳动力向私人部门转移；大规模的农村劳动力向城市转移也增加了能以低成本进入国外市场当地企业的有效劳动力供给。中国工业部门劳动力数量的大幅增长使其成为世界上许多种劳动密集型产品的领头羊。

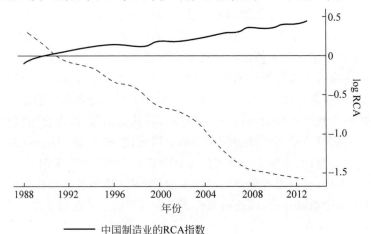

图 2-9　中国制造业和初级产品显示性比较优势的演化

注：不包含港澳台数据。

在构建以国内大循环为主体、国内国际双循环相互促进的新发展格局背景下,需求侧和供给侧同样重要。贺灿飞和陈韬(2021)基于双层需求结构,从出口比较优势中分解出供给侧比较优势和需求侧比较优势,将巴拉萨显示性比较优势指数分解为平均价格比较优势、平均产品质量比较优势、质量调整后价格分散程度比较优势、产品种类比较优势、目的国平均需求水平比较优势和目的国数量比较优势六个部分,使用方差分解方法,估计供给侧、需求侧比较优势对城市产业总出口比较优势方差的贡献。如表2-9所示,从全国整体来看,供给侧比较优势贡献了44.66%的出口比较优势方差,需求侧比较优势贡献了29.70%的出口比较优势方差,二者均为比较优势差异的重要来源。分区域看,东北地区供给侧比较优势对出口比较优势的贡献最大,而西部地区最小;中部、西部地区需求侧比较优势对出口比较优势的贡献相对较大,而东部、东北地区相对较小。

表2-9 2000—2015年中国区域出口比较优势分解结果   %

区域	供给侧比较优势	需求侧比较优势	未解释比较优势
全国	44.66	29.70	25.64
东部	45.72	28.14	26.14
中部	43.25	31.51	25.24
西部	43.04	30.51	26.45
东北	46.42	27.45	26.13

资料来源:HANSON G H.中国的出口模式:似曾相识.经济学(季刊),2016,15(3):1275-1302;贺灿飞,陈韬.供给侧路径、需求侧路径与出口比较优势提升[J].中国工业经济,2021(10):98-116.

重要术语(Key Terms)

劳动生产率(labor productivity)

绝对优势(absolute advantage)

机会成本(opportunity cost)

生产可能性边界(production possibility frontier)

比较优势(comparative advantage)

消费者偏好(consumer preference)

相对价格(relative price)

完全专业化(complete specialization)

贸易利益(gains from trade)

本章小结

1. 一个国家如果某种产品的生产率高于其贸易国,表明该国具有生产这种产品的绝对优势。一个国家可以在一种产品上具有绝对优势,也可能在多种产品上都具有绝对劣势。

2. 国际贸易的一个重要原因是国家具有差异,差异导致国家之间开展贸易的理论称为比较优势理论。李嘉图模型是比较优势理论的一种,其差异来源于国家之间生产技术的不同。

3. 一个国家如果生产某种产品比贸易国生产同种产品具有更低的机会成本,则这个国家在生产这种产品上具有比较优势。其表现为两国两种产品的生产可能性边界的斜率不同。两国的李嘉图模型中,每个国家必能在生产某种产品上具有比较优势。

4. 李嘉图模型中,比较优势决定国家之间的贸易模式,而绝对优势决定国际贸易收益的分配。

5. 生产率差异决定国家之间的贸易模式,不仅在两个国家、两种产品框架下成立,在多种产品以及多个国家框架下依然成立。

6. 李嘉图模型中跨国生产率的差异,可能来源于一个国家的正式制度和非正式制度,也可能来源于一个国家的人力资本,以及国家制度和人力资本的互补作用。

7. 所有国家在李嘉图的世界里都是获益的,或者说没有国家会在贸易中受损。从个人而言,由于假设所有生产者是同质的,每个人都会从贸易中获益,或者说没有人会在贸易中受损。

Summary

1. A country with a higher productivity of a product compared with its trading country means that it has an absolute advantage in producing this kind of product. It is possible for a country to have an absolute advantage in a product but it is also possible for it to have an absolute disadvantage in many products.

2. One of the important reasons for international trade is that there are differences between countries, and comparative advantage theory holds that these differences lead to trade. The Ricardian model is one of the comparative advantage theories, and according to it, those differences come from different production technologies between countries.

3. A country with a lower opportunity cost than its trading country in producing the same product indicates that it has a comparative advantage in producing this product. It is manifested in the different slopes of the production possibilities frontier for the two products in the two countries. In the Ricardian model of two countries, each country is sure to have a comparative advantage in producing a certain product.

4. In the Ricardian model, comparative advantage determines the trade pattern while absolute advantage determines the distribution of gains from trade.

5. Trade pattern is determined by productivity differences, which is tenable not only in the framework of two countries and two products, but also in the framework of multiple products and multiple countries.

6. The productivity differences between countries in the Ricardian model may originate from a country's formal and informal institutions, a country's human capital, or the complementary effects of national institutions and human capital.

7. All countries gain from trade in the Ricardian world. In other words, no country loses from trade. Individually, since all producers are assumed to be homogeneous, everyone gains from trade, namely, no one loses from trade.

延伸阅读(Further Readings)

虽然李嘉图模型提出已经 200 多年了,但是在 20 世纪 60 年代至 21 世纪初,对李嘉图模型的相关研究却比较低迷,直到近年,李嘉图模型才迎来了新的复兴,主要以黎默和莱文森在 2002 年所建立的多国多产品模型为标志。黎默和莱文森的模型虽然成功地解释了国家之间的贸易量,但是并没有解决国家之间开展贸易的决定问题。科斯迪诺等在 2012 年一般化了黎默和莱文森模型研究方法,深入研究劳动生产率差异在跨国和跨产业方面的重要作用,为实证检验李嘉图模型提供了理论基础。李嘉图模型把变动的经济形态抽象成静态的状态,忽视了动态分析,不能分析比较优势的动态变化。阿尔瓦雷茨(F. Alvarez)与卢卡斯(Jr. Lucas)在黎默和莱文森模型的基础上构建了一个动态的李嘉图模型。

尝试和你的学习小组的同学一起完成以下任务。

1. 通过学习小国模型,分析大国在李嘉图模型中是否会专业化生产一种产品。

2. 李嘉图模型的思想是倡导自由贸易,其违背了国家使用进口约束政策来满足国内粮食自给率的政策,试分析国家采取不完全自由贸易政策的原因。

3. 结合拓展的李嘉图模型,查找文献资料分析李嘉图模型最近几年还有哪些方面的拓展。

4. 结合所学知识,分析李嘉图模型对我国及其他发展中国家发展的现代意义和启示。

即测即练

Chapter 3
第 3 章

新古典贸易理论
Neoclassical Trade Theory

学习目标
- 理解要素禀赋、要素丰裕度和要素密集度等重要概念的内涵。
- 掌握基于要素禀赋差异的比较优势来源及其国际贸易模式。
- 解释国际贸易对各国要素价格和收入分配的影响。
- 了解里昂惕夫之谜及学者们对里昂惕夫之谜的解释。
- 运用新古典贸易理论的工具分析中国贸易的一些现实问题。

Learning Target
- Understand the meanings of important concepts such as factor endowment, factor abundance and factor intensity.
- Master the sources of comparative advantage based on differences in factor endowments and their international trade patterns.
- Explain the effects of international trade on factor prices and income distribution across countries.
- Learn about the Leontief Paradox and the scholars' explanations for it.
- Apply the neoclassical trade theory to analyze some realistic questions about China's trade.

在古典国际贸易理论中,劳动被假设为唯一的生产要素,从而各国的技术(劳动生产率)差异是形成比较优势的唯一原因。然而,在现实世界中,各国劳动生产率的差异只是产生国际贸易的部分原因。因此,在学习技术差异决定国际贸易的古典贸易理论之后,需要放松各国要素禀赋相同的基本假设,进一步从各国要素禀赋存在差异这一现实背景出发,来讨论国际贸易的起因等问题。比如,中国向美国大量出口服装,并不是因为中国服装业的劳动生产率高于美国,而是因为中国的劳动力数量要比美国多。也就是说,国际贸易理论不仅要分析劳动这一生产要素,而且要分析诸如土地、资本、自然资源等其他生产要素,而要素禀赋理论就是用各国的生产要素禀赋差异来解释国际贸易基础及其他相关问题的重要理论。值得注意的是,第 2 章讲解的李嘉图模型,被称为古典贸易理论,因为其只承认了劳动的生产价值。要素禀赋理论,不仅考虑了劳动的价值,也将资本作为重要生产要素纳入模型进行分析,因此被称为新古典贸易理论。

Factor Endowments Theory is an important theory that explains the basis of international trade and other issues by comparing the endowment of production factors in different countries.

要素禀赋理论由瑞典经济学家伊·菲·赫克歇尔和他的学生贝蒂·俄林(1977年诺贝尔经济学奖获得者)提出,所以又称为赫克歇尔-俄林理论(Heckscher-Ohlin Theory),简称 H-O 理论。该理论产生的历史背景是,当时的瑞典拥有丰富的自然资源,特别是矿产资源和森林资源,因此资源禀赋对经济的作用被瑞典经济学家广泛关注。1919年,瑞典经济学家克努特·维克赛尔(Knut Wicksell)在对赫克歇尔撰写的《瑞典生产问题》书评中指出:"假设铁矿石和木材的相对价格提高,那么对于矿主和地主而言,出口这些产品就会变得有利可图,于是资源将主要被用于这些产品的生产。"受维克赛尔的启发,赫克歇尔开始思考资源禀赋对国际贸易的影响。作为赫克歇尔的学生,俄林同时借鉴维克赛尔的一般均衡方法对资源禀赋理论进行系统分析。

他们认为,在所有可能形成国家间商品相对价格差异和比较优势的原因中,各国的生产要素禀赋差异是一个重要的决定因素,因此要素禀赋理论又称要素比例理论(Factor Proportions Theory)。要素禀赋理论提出后,在实践应用中取得了巨大成功。直到今天,它仍是解释国际贸易得以发生的重要理论之一。本章安排如下:3.1 节介绍要素禀赋、要素丰裕度(factor abundance)、要素密集度(factor intensity)等重要概念的内涵;3.2 节对要素禀赋理论的基本假设和 H-O 定理的核心内容进行解释;3.3 节和 3.4 节分别介绍国际贸易影响各国要素价格的要素价格均等化定理,以及国际贸易影响收入分配的斯托尔帕-萨缪尔森定理(Stolper-Samuelson Theorem,S-S 定理);3.5 节讨论里昂惕夫之谜(Leontief Paradox)及学者们对它的解释。

Heckscher-Ohlin Theory, or H-O Theory, is another name for Factor Endowment Theory. Factor Endowment Theory, also known as Factor Proportions Theory, holds that among the potential causes for the development of disparities in relative commodity prices and comparative advantages among nations, differences in production factor endowments among nations are an essential driver.

伊·菲·赫克歇尔,经济学家。1879 年生于瑞典斯德哥尔摩犹太家庭,1907 年任斯德哥尔摩大学商学院临时讲师,1909—1929 年任经济学和统计学教授,后担任学校经济史研究所所长,1945 年退休。新古典贸易理论最重要部分——要素禀赋理论就是他和他的学生俄林最早提出来的,并命名为赫克歇尔-俄林理论。其主要著作有《重商主义》(1931 年)、《古斯塔夫王朝以来的瑞典经济史》(1935—1950 年)、《历史唯物主义解释及其他解释》(1944 年)等。

戈特哈德·贝蒂·俄林,经济学家和政治家,现代国际贸易理论的创始人。其 1899 年生于瑞典的克里潘,1924 年取得斯德哥尔摩大学博士学位,1925—1930 年任教于哥本哈根大学,1930—1965 年作为赫克歇尔的继任者任教于斯德哥尔摩工商管理学院,1979 年在斯德哥尔摩于书桌前逝世。俄林最为著名的工作是他对国际贸易理论的现代化处理,并由此获得了 1977 年的诺贝尔奖。

3.1 基本概念(Basic Concepts)

3.1.1 要素禀赋(Factor Endowments)

要素禀赋是指生产要素在一个国家或地区的天然供给状况。表 3-1 反映的是 11 个代表性国家(6 个发达国家和 5 个金砖国家)在耕地以及劳动、资本形成总额等方面的要素禀赋状况。

Factor endowments refer to the natural supply of production factors in a country or region.

表 3-1 代表性国家的要素禀赋状况

国家	2018 年	2020 年	
	耕地/(公顷/人)	劳动/亿人	资本形成总额(2010 年不变价)/亿美元
中国	0.085	7.758	63 693.9
美国	0.483	1.652	41 570.1
日本	0.033	0.687	11 165.6
英国	0.091	0.347	4 661.3
法国	0.270	0.300	5 726.8
德国	0.141	0.434	7 182.1
韩国	0.027	0.283	4 963.4
印度	0.116	4.717	7 833.6
巴西	0.266	0.998	2 899.8
俄罗斯	0.842	0.710	3 180.4
南非	0.208	0.217	453.7

资料来源：世界银行 WDI 数据库。

注：① 耕地是指用于种植短期作物(种植双季作物的土地只计算一次)、供割草或放牧的短期草场、供应市场的菜园和自用菜园的土地，以及暂时闲置的土地。因转换耕作方式而休闲的土地不包括在内。

② 劳动包括所有年满 15 周岁、符合国际劳工组织对从事经济活动人口所定义的群体：所有在特定阶段为货物和服务的生产提供劳力的人员，既包括就业者，也包括失业者。

③ 资本形成总额(以前称为国内投资总额)由新增固定资产支出加上库存的净变动值构成。

表 3-1 显示，在耕地要素方面，中国为 0.085 公顷/人(1 公顷=10 000 平方米)，仅仅高于韩国(0.027 公顷/人)和日本(0.033 公顷/人)；在劳动要素方面，中国以 7.758 亿人位居第一，其次是印度 4.717 亿人、美国 1.652 亿人、巴西 0.998 亿人，其余国家均要远远低于 1 亿人，最低的是南非(只有 0.217 亿人)；在资本形成总额(2010 年不变价)方面，中国以约 6.369 4 万亿美元位居首位。

3.1.2 要素丰裕度(Factor Abundance)

虽然要素禀赋是指生产要素在一个国家或地区的天然供给状况(表 3-1)，但实际上将要素禀赋理解为一个相对概念更为准确。比如，A 国拥有的资本存量为 TK_A，劳动为 TL_A，则其相对要素禀赋为 TK_A/TL_A，不过简便起见，一般将"相对"一词省略。因此，在衡量各国或地区存在要素禀赋差异的情况下，就需要引入要素丰裕度的概念。根据现有的研究文献，要素丰裕度主要有两种定义方法：一种是以实物单位定义；另一种是以相对要素价格(relative factor price)定义。

The two major definitions of factor abundance are based on relative factor prices and physical units, respectively. It is the ratio of total capital and total labor resources in each nation, expressed in physical units; in terms of relative factor prices, it's the proportion between the cost of capital as a rental and the cost of work hours in each nation.

以实物单位定义就是指各国可用总资本与可用总劳动的比率,如果 A 国的总资本 TK_A 与总劳动 TL_A 的比率大于 B 国,则 A 国是资本丰裕或劳动稀缺的国家,也可以说,B 国是劳动丰裕或资本稀缺的国家,可以用公式 $\dfrac{TK_A}{TL_A} > \dfrac{TK_B}{TL_B}$ 来表示。因此,判断一个国家是劳动丰裕型还是资本丰裕型,不取决于该国拥有要素的绝对量,而取决于两种要素的相对量。我们还可以用图 3-1 来解释。E_a 和 E_b 分别表示 A、B 两国的要素总量组合。E_a 点表示 A 国拥有的资本和劳动总量分别为 $\overline{K}_a$ 和 $\overline{L}_a$,E_b 点表示 B

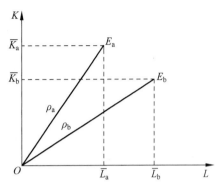

图 3-1　要素丰裕度的图示说明

国拥有的资本和劳动总量分别为 $\overline{K}_b$ 和 $\overline{L}_b$。E_a 和 E_b 两点与原点连线的斜率 ρ_a 和 ρ_b 分别表示 A、B 两国的要素禀赋情况,不难看出,$\rho_a > \rho_b$,因此 A 国是资本丰裕的国家,B 国是劳动丰裕的国家。

案例 3-1　2020 年代表性国家的劳均资本存量

表 3-2 是 2020 年部分发达国家和发展中国家的劳均资本存量(资本-劳动比)情况。从表中可以看出,在发达国家中,美国以劳均资本存量 25 163 美元位居第一;在发展中国家中,中国虽然以 8 210 美元位居第一,但仍要远远低于表 3-2 中所有发达国家的水平,只有美国的 32.6%。总体而言,发达国家的劳均资本存量要远远高于发展中国家的劳均资本存量。虽然韩国(17 539 美元)与其他部分发达国家(如美国和法国)相比,劳均资本存量较低,但与发展中国家相比则又高得多。因此,我们可以得出如下结论:与发展中国家相比,韩国的资本丰裕度较高,但与部分其他发达国家相比则又不高。

表 3-2　2020 年代表性国家的劳均资本存量(2010 年美元价格)　　　美元

发达国家	劳均资本存量	发展中国家	劳均资本存量
美国	25 163	中国	8 210
法国	19 089	俄罗斯	4 479
韩国	17 539	南非	2 091
德国	16 549	印度	1 661
日本	16 253		
英国	13 433		

资料来源:根据世界银行 WDI 数据库中的劳动和资本形成总额数据计算得到。

注:劳均资本存量等于资本形成总额除以劳动数量。

与此类似,中国虽然相比表3-2中的发达国家而言资本是稀缺的,但相对于俄罗斯、南非、印度而言则资本又是丰裕的。因此,表3-2的分析充分表明,一个国家究竟是资本丰裕的国家还是劳动丰裕的国家,取决于所比较的对象。也就是说,当我们在判断某国在什么要素上是丰裕或稀缺时,必须注意看是在与谁进行比较。

资料来源:根据世界银行的有关数据进行整理和分析。

在实践中,采用劳均资本存量衡量要素禀赋差异时,通常会遇到三个问题:一是各国大都没有关于资本存量的直接统计数据,因此需要根据一定的方法(如永续盘存法等)进行估算,而基年资本存量的计算方法、折旧率和每年投资指标的选取也会影响计算结果;二是如果要比较各国的劳均资本存量,还需要对各国的货币单位进行统一;三是在采用劳均资本存量方法时,需要考虑与谁比较的问题。鉴于这些实际问题的存在,学者们在应用要素禀赋理论分析实际问题时,经常会根据经验观察来判断各国的要素禀赋差异。

When factor endowment disparities are calculated using labor-average capital stock, there are typically three issues. First, most nations lack direct statistical information on capital stock; second, if we wish to compare the labor-capital stocks of other nations, we must harmonize their monetary systems; third, the issue of comparison with whom must be accounted when applying the labor-average capital stock method.

要素丰裕度的另一种判断方法,即以相对要素价格定义就是指每个国家的资本租用价格与劳动时间价格的比率。如果国家 A 的资本租用价格和劳动时间价格的比率 $\dfrac{PK_A}{PL_A}$ 大于国家 B 的这一比率,则 A 国是劳动丰裕(资本稀缺)的,B 国是资本丰裕(劳动稀缺)的,可以用公式 $\dfrac{PK_A}{PL_A} > \dfrac{PK_B}{PL_B}$ 表示。

作为课后思考题,请同学们查阅文献资料,找寻其他能够衡量要素丰裕度的指标或方法,并对这些指标或方法进行比较。

3.1.3 要素密集度(Factor Intensity)

要素密集度是指生产某一种产品,投入不同要素的相对密集程度,在两种生产要素的情形下,则是投入这两种生产要素的比例。作为一个简单的例子,不妨假设有两种商品(X 和 Y)和两种生产要素(劳动和资本),如果生产商品 X 的资本-劳动比(资本除以劳动的值),大于生产商品 Y 的资本-劳动比,我们就说 X 是资本密集型产品;反之,则认为 X 是劳动密集型产品。

Factor intensity refers to the relative intensity of inputs to produce a product. In the case of two factors of production, it is the ratio of inputs to the two factors of production.

根据表3-3,生产1单位商品 X 需要3个单位的资本和12个单位的劳动,所以资本-劳动比就是3除以12,等于1/4;生产1单位商品 Y 需要2个单位的资本和2个单位的劳动,所以资本-劳动比就是2除以2,等于1。由于商品 X 的资本-劳动比(1/4)要小于商品 Y 的资本-劳动比,所以 X 是劳动密集型产品,而 Y 是资本密集型产品。需要注意的是,在衡量某一产品的要素密集度时,关键是要看1单位劳动所需要的资本,而不是看生

产商品 X 和 Y 所需要的资本或劳动的绝对数量。

In measuring the factor intensity of a product, it is crucial to look at the capital required for 1 unit of labor, rather than the absolute amount of capital or labor required to produce goods X and Y.

表 3-3 要素密集度示例

商　品	资　本	劳　动	资本-劳动比
X	3	12	1/4
Y	2	2	1

此外,要素密集度的含义还可以使用等产量曲线进行解释和说明。在图 3-2 中,XX' 和 YY' 曲线分别表示产品 X 和产品 Y 的等产量曲线,其中,产品 X 的等产量曲线更偏向于纵轴(K 坐标轴),而产品 Y 的等产量曲线更偏向于横轴(L 坐标轴)。根据经济学原理,在劳动和资本价格既定的条件下,两个部门的企业所选择的最佳要素组合由等成本曲线与等产量曲线相切来决定。在图 3-2 中,当任意给定一组要素价格如 (w,r) 时,两条斜率为 $-(w/r)$ 的平行线分别与 XX'(产品 X 的等产量曲线)和 YY' 曲线(产品 Y 的等产量曲线)相切。此时,产品 X 和产品 Y 的资本-劳动比之间的关系为 $k_x > k_y$。与此类似,当任选另一组要素价格如 (w',r') 时,产品 X 和产品 Y 的资本-劳动比之间的关系为 $k_{x'} > k_{y'}$。由此可见,不论在何种情况下,产品 X 的资本-劳动比都要大于产品 Y 的资本-劳动比,根据要素密集度的定义,X 是资本密集型产品,Y 是劳动密集型产品。

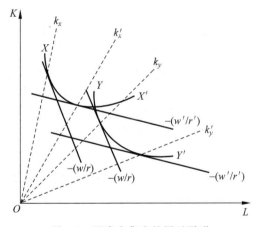

图 3-2 要素密集度的图示说明

3.2 要素禀赋理论(Factor Endowments Theory)

3.2.1 基本假设(Basic Assumptions)

深刻理解上述要素禀赋、要素丰裕度、要素密集度等重要概念,有助于我们把握要素禀赋理论的主要内容。概括而言,要素禀赋理论主要有以下几个假设条件。

第一,贸易中有两个国家(本国和外国),两种商品(X 和 Y),两种生产要素(劳动和资本),即常说的 $2\times2\times2$ 模型。并且,不同国家的同一种商品是同质的,同一种生产要素也是同质的。事实上,$2\times2\times2$ 模型假设主要是为了便于使用二维图形来解释该理论,如果我们研究多个国家、多种商品、多种要素并不会给要素禀赋理论的相关结论带来实质性影响。

First, there are two countries (domestic and foreign), two goods (X and Y), and two factors of production (labor and capital) in trade, which is commonly known as the $2\times2\times2$ model.

第二,两个国家的要素禀赋存在差异。比如可以假设外国是劳动丰裕的,即外国的劳动-资本比要高于本国的劳动-资本比($L^*/K^*>L/K$)。或者说,本国的资本是丰裕的,即 $K/L>K^*/L^*$。这一假设比较符合现实,因为有很多原因都可以导致各国在劳动、资本和其他生产要素上的差异。不过,在 H-O 模型中,我们并不考虑各国在生产要素禀赋上存在差异的原因,而只是将这些差异视为外生的,并将其视为国际贸易得以发生的重要决定因素。

Second, there are differences in factor endowments between the two countries.

第三,两种商品的要素密集度不同。比如,我们可以假设汽车是资本密集型产品,毛衣是劳动密集型产品。这表明生产汽车比生产毛衣需要更多的单位劳动资本量,即 $K_c/L_c>K_s/L_s$。换句话说,生产毛衣需要的单位资本劳动量高于生产汽车,即 $L_s/K_s>L_c/K_c$。同时,还需要假设各商品的要素密集度不随要素价格变化而变化,以避免资本与劳动可以相互替代的情况。

Third, the factor intensity of the two commodities is different.

第四,不同国家在两种产品的生产中都使用相同的技术。也就是说,两国相同部门的生产函数是相同的。这一假设与古典贸易理论中的李嘉图模型的假设相反,李嘉图模型假设不同国家的劳动生产率差异(技术差异)是国际贸易产生的原因。虽然假设两个国家使用相同的技术与现实不太相符(现实中高收入经济体使用的技术与低收入经济体使用的技术往往存在较大差异),但这有助于我们集中关注国际贸易产生的另一个原因,即各国拥有不同数量的生产要素,也就是各国的要素禀赋差异。当然,即便我们放松两国技术相同的假定,也不会改变 H-O 模型的结论。此时,我们只需要把技术当成一种生产要素即可,国际贸易仍然按照 H-O 模型的预期进行。

Fourth, different countries use the same technology in the production of both products.

第五,不同国家的消费者需求偏好相同,即各国消费者对两种产品的偏好不会因为收入水平的变化而变化。比如,一个收入水平较低的国家会购买较少的毛衣和汽车,但两种产品的购买比率,与一个面对相同价格的收入水平较高国家是一样的。不难看出,这一假设与现实也不相符。收入水平较低国家的消费者在毛衣、食品和其他必需品上的支出比重比在汽车上的支出比重高,而收入水平较高国家的消费者在汽车、保险等产品上的支出比重比在毛衣、食品上的支出比重高(就如发达国家的恩格尔系数要低于发展中国家一样)。这一简化的假设犹如相同技术假设,也有助于我们集中关注要素禀赋差异这个国际贸易产生的原因。但同样地,只要两国的偏好差异不超过要素禀赋的差异,H-O模型仍然是有效的。

Fifth, consumers in different countries have the same demand preference.

第六,在两个国家,两种商品的生产均是规模报酬不变的(constant return to scale)。这表明,生产某一商品的投入增加某一比例,该商品的产量也会增加相同的比例。比如,如果本国生产商品 X 的劳动和资本投入增加10%,X 的产量也会增加10%;如果劳动和资本投入增加50%,X 的产量也会增加50%。这对于外国生产的商品 X 也是一样。我们在第4章将会看到,如果放松规模报酬不变的假设而允许规模报酬递增,那么 H-O 模型将不再成立。

Sixth, in both countries, the production of both commodities is constant returns to scale.

第七,本国和外国的商品市场与要素市场都是完全竞争的。这意味着,商品 X 和商品 Y 的生产者都没有市场势力,他们的行为不足以影响商品的价格。同样地,劳动和资本的提供者与使用者的行为也不会影响要素的价格。根据经济学原理,完全竞争还意味着生产者在长期不会获得任何超额利润,所有的商品生产者和消费者以及要素所有者对商品价格及要素价格都是完全充分了解的。完全竞争的假设和规模报酬不变是相互兼容的。在第4章,当放松规模报酬不变的假定条件时,市场结构也必须由完全竞争变为不完全竞争。

Seventh, both domestic and foreign commodity markets and factor markets are perfectly competitive.

第八,商品可以在国家之间进行自由贸易,即没有运输成本、关税及其他影响自由贸易的壁垒。这表明在有国际贸易的情形下,只有当两国的绝对(相对)商品价格完全相等时,两国的专业化生产才会停止。而在允许运输成本和关税存在时,只有当两国的绝对(相对)价格差不大于每单位贸易商品关税和运输成本时,两国的专业化生产才会停止。在第4章会讨论由关税、运输成本等构成的贸易成本对国际贸易的影响。

Eighth, goods can be traded freely between countries.

第九,生产要素可以在国内自由流动,但不能在国与国之间自由流动。这表明如果一个地区或产业的要素报酬比另一个地区或产业的要素报酬更高,则要素会流向报酬更高的地区或产业,直到各个地区和产业的要素报酬相等为止。因此,如果两个产业都进行生产,那么某一种生产要素在每个产业都会获取到相同的报酬。但是,生产要素不能在国际上流动,这意味着在没有国际贸易的情况下,要素收入的国际差异将持续存在。事实上,几乎所有的国际贸易理论都假定商品可以在国家间贸易,但要素不能在国家间自由流动。允许要素自由流动的理论是国际投资理论和新经济地理学,感兴趣的同学可以自己了解这些理论。

Ninth, factors of production can move freely within countries, but not between countries.

3.2.2 赫克歇尔-俄林定理（Heckscher-Ohlin Theorem）

从前文的基本假设出发，H-O 定理可以表述为：一个国家应该出口该国相对丰裕和便宜的要素密集型的商品，进口该国相对稀缺和昂贵的要素密集型的商品。更简明扼要地说就是：劳动相对丰裕的国家应该出口劳动密集型商品、进口资本密集型商品；资本相对丰裕的国家应该出口资本密集型商品、进口劳动密集型商品。比如，中国向美国出口纺织品是因为纺织品是劳动密集型商品，而劳动是中国相对丰裕和便宜的生产要素；同样地，美国向中国出口机床是因为机床是资本密集型商品，而资本是美国相对丰裕和便宜的要素。

Heckscher-Ohlin Theorem states that a country should export its relatively abundant and cheap factor-intensive goods and import its relatively scarce and expensive factor-intensive goods. In short, relatively labor-intensive countries should export labor-intensive goods and import capital-intensive goods; Countries that are relatively rich in capital should export capital-intensive goods and import labor-intensive goods.

H-O 定理关于国际贸易模式的表述，俄林的原话是：

那些在他们的生产中需要大量丰裕生产要素和少量稀缺生产要素的商品被出口，以交换那些要素投入比例相反的商品。由此间接地，供给充足的要素被出口，而供给稀缺的要素被进口。[①]

Those goods that require a large number of abundant factors of production and a small number of scarce factors of production in their production are exported in exchange for those goods that have the opposite ratio of factor inputs. Indirectly, the factors in abundant supply are thus exported, while those in scarce supply are imported.

H-O 定理对国际贸易模式的解释，源自赫克歇尔和俄林对如下问题的研究兴趣：各国在开放贸易之前为什么会存在产品的价格差异？赫克歇尔和俄林认为，相对成本差异的关键在于生产要素禀赋的差异。比如，如果在中国每单位小麦值 2 单位布匹，而在其他经济体每单位小麦还不值 1 单位布匹，那么其原因很可能是：与世界其他经济体相比，中国拥有的生产布匹所密集使用的生产要素的数量更多，而拥有的生产小麦所密集使用的生产要素的数量更少。假设布匹生产所密集使用的生产要素是劳动，而小麦生产所密集使用的生产要素是土地。那么，根据要素禀赋理论，中国应该出口布匹、进口小麦，因为布匹是劳动密集型的，而小麦是土地密集型的，并且有

$$\frac{中国的劳动供给}{中国的土地供给} > \frac{世界其他经济体的劳动供给}{世界其他经济体的土地供给}$$

Why do countries have price differences before opening trade? According to Heckscher and Ohlin, the key to the differences in relative costs lies in the differences in endowments of production factors.

因此，在没有国际贸易的情形下，中国的劳动报酬应该比其他经济体更为便宜，而中

[①] OHLIN B G. Interregional and international trade[M]. Cambridge, MA: Harvard University Press, 1993.

国的土地则应该得到比其他经济体更高的地租。劳动的廉价可以使布匹生产的成本比小麦生产削减得更多,与此相反,中国土地(可耕地)的缺乏则会使小麦相对更贵。根据H-O定理,这就是在国际贸易产生之前不同国家存在产品价格差异的原因所在。而且,H-O定理认为,正是相对要素禀赋的差异和不同产品要素密集度的差异,才使中国在开放贸易时将出口布匹而不是小麦,也就是说,中国将进口小麦而不是布匹。

此外,还可以通过图3-3来形象地概括H-O定理的一般均衡框架。之所以称其为一般均衡框架,是因为图3-3揭示了所有经济力量共同决定最终商品价格的内在机制。

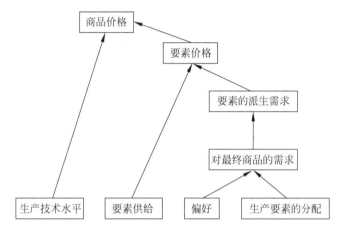

图3-3 H-O定理的一般均衡框架

资料来源:SALVATORE D. International Economics[M]. 11th ed. New York: John Wiley & Sons,Inc. ,2013:119.

从图3-3的右下角出发可以看到,偏好和生产要素的分配(收入分配)共同决定了对最终商品的需求。对最终商品的需求决定了生产该商品所需要的要素的派生需求。要素的派生需求与要素供给共同决定了完全竞争条件下的要素价格。要素价格与生产技术水平又共同决定了商品价格。不同国家的相对商品价格差异,就决定了比较优势和贸易模式,也就是一国应该出口哪种商品而进口哪种商品。

H-O定理假设,各国的生产技术、需求偏好以及收入分配是相同的,这就使得各国对最终商品和生产要素的需求相同。从而,不同国家对各种生产要素的不同供给,就成为导致各国相对要素价格不同的唯一原因。最终,相同的生产技术与不同的要素价格导致了不同的相对商品价格,从而引起国际贸易。假定中国是劳动丰裕国家,以美国进口市场为背景,张矢的等利用中国国家统计局及美国国际贸易委员会公布的相关统计数据,将行业"劳动-资本比""规模经济效应""产业竞争状态"和"行业开放程度"通过相应的代理变量纳入分析模型,采用时序横截面回归模型对中国14个不同行业的出口能力与上述解释变量之间的关系进行了实证分析,成功地验证了H-O定理对解释中国出口贸易的有效性。[1]张帆和潘佐红使用中国31个省(区、市)19个产业的生产、需求和资源禀赋数据,检验了各省生产和贸易类型是由比较优势决定还是由本土市场效应决定的问题,结果显示,

---

[1] 张矢的,阎娟,王晓雯.赫克歇尔-俄林定理在中国的实证检验——基于产业要素密集度的时序横截面模型分析[J].管理评论,2009(4):90-97,110.

部分产业的生产和贸易是由要素禀赋决定的,这在一定程度上同样验证了 H-O 定理。[①]

The H-O Theorem assumes that technology, demand preferences and income distribution are the same across countries, which makes the demand for final goods and production factors the same across countries. Thus, the different supply of various production factors in different countries becomes the only reason for the different relative factor prices in different countries. Finally, the same production technology and different factor prices lead to different relative commodity prices, leading to international trade.

为便于解释说明,以中国和美国生产小麦和布匹为例(表 3-4),来说明要素禀赋差异是如何引起国际贸易并决定贸易模式的。从表 3-4 可以看出,美国的土地相对丰富、劳动相对稀缺,所以土地较为便宜,劳动较贵。假设 1 单位土地的价格是 2 美元,1 单位劳动的价格是 4 美元。而中国的情况正好相反,劳动相对丰富,土地相对稀缺,所以劳动较便宜,土地较贵。假设 1 单位土地的价格是 8 美元,1 单位劳动的价格是 2 美元。

表 3-4 中国与美国的布匹与小麦贸易

国家	单位要素价格		单位产品成本	
	土地	劳动	小麦(土地 5,劳动 1)	布匹(土地 1,劳动 10)
中国	8 美元	2 美元	42 美元	28 美元
美国	2 美元	4 美元	14 美元	42 美元

进一步,假设中国和美国都只生产小麦与布匹这两种产品,两国生产 1 单位小麦都需要 5 单位的土地和 1 单位的劳动,而生产 1 单位布匹都需要 1 单位的土地和 10 单位的劳动。根据要素密集度的含义,可以发现小麦是土地密集型产品,而布匹是劳动密集型产品。据此,可以计算出中国和美国生产小麦与布匹的单位成本,具体如下。

中国生产 1 单位小麦的成本是:$5 \times 8 + 1 \times 2 = 42$(美元);生产 1 单位布匹的成本是:$1 \times 8 + 10 \times 2 = 28$(美元)。

美国生产 1 单位小麦的成本是:$5 \times 2 + 1 \times 4 = 14$(美元);生产 1 单位布匹的成本是:$1 \times 2 + 10 \times 4 = 42$(美元)。

假设在完全竞争的市场结构下,产品成本等于产品价格,那么,在中国和美国,布匹和小麦的相对价格分别是 $28/42 = 2/3$ 以及 $42/14 = 3$。由此可见,中国的布匹和小麦的相对价格(2/3)要低于美国(3)的。中国在布匹的生产上具有比较优势,而美国在小麦的生产上具有比较优势。因此,中国应该专业化生产并出口布匹,而美国应该专业化生产并出口小麦。

Assuming a perfectly competitive market structure in which product cost equals product price, the relative prices of cloth and wheat would be $28/42 = 2/3$ and $42/14 = 3$ in China and the United States, respectively. Therefore, China has a comparative advantage in the production of cloth, while the United States has a comparative

---

① 张帆,潘佐红.本土市场效应及其对中国省间生产和贸易的影响[J].经济学(季刊),2006(2):307-328.

advantage in wheat production.

这个简单的例子很好地说明了 H-O 定理所表达的思想：一个国家（如中国）应该出口该国相对丰裕和便宜的要素（劳动）密集型的商品（布匹），而进口该国（如中国）相对稀缺和昂贵的要素（土地）密集型的商品（小麦）。

作为讨论，同学们可以思考两个问题：一是随着 2020 年 3 月《中共中央　国务院关于构建更加完善的要素市场化配置体制机制的意见》将数据作为除土地、劳动力、资本、技术之外的第五个关键生产要素，中国数据要素市场开始建立和逐步完善，而基于大数据等数字技术展开的数字贸易也取得了较快发展，那么，数字贸易的基础和模式能否用要素禀赋理论进行解释与预测？二是跨国公司会根据全球市场和自身情况采用水平一体化或垂直一体化等方式组织跨国生产与贸易，同样地，要素禀赋理论能否用于解释和预测跨国公司生产方式选择及产品内贸易的基础与模式？

3.2.3　图示阐述（Graphical Exposition）

进一步，H-O 定理还可以借助图 3-4 加以证明。为便于解释说明，仍以中国和美国生产小麦（Y 轴）和布匹（X 轴）为例。图 3-4(a) 是中国和美国的生产可能性曲线。由于布匹是劳动密集型商品，而中国相对美国是劳动丰裕的国家，两国均使用相同的生产技术，因此中国的生产可能性曲线更加倾斜于 X 轴。类似地，由于小麦是土地密集型商品，而美国相对中国是土地丰裕的国家，两国均使用相同的生产技术，因此美国的生产可能性曲线更加倾斜于 Y 轴。同时，由于两国的偏好相同，因此有完全相同的无差异曲线。两国共同的无差异曲线 I 与中国的生产可能性曲线相切于 A 点，与美国的生产可能性曲线相切于 A' 点。无差异曲线 I 是中国和美国在无贸易条件下所能达到的最高无差异曲线，A 点和 A' 点是两国在无贸易条件下的生产和消费均衡点，其确定了两国的孤立均衡相对价格，中国为 P_A，美国为 $P_{A'}$。由于 $P_A < P_{A'}$，所以中国在布匹上具有比较优势，而美国在小麦上具有比较优势。

图 3-4(b) 反映的是中国和美国根据比较优势进行分工和贸易的情况。根据比较优势原理，中国将会专业化生产布匹，美国将会专业化生产小麦。这种分工和专业化生产直到中国达到 B 点、美国达到 B' 点才会停止，此时两国的生产可能性曲线与其共同的相对价格线 P_B 相切。中国出口布匹以交换小麦（见贸易三角 BCE），最终的消费组合点为无差异曲线 II 上的 E 点。同时，美国出口小麦以交换布匹（见贸易三角 $B'C'E'$），最终的消费组合点是与 E 点重合的 E' 点。可以看到，中国对布匹的出口等于美国对布匹的进口（即 $BC=C'E'$）。与此类似，美国对小麦的出口等于中国对小麦的进口（即 $B'C'=CE$）。当 $P_X/P_Y > P_B$ 时，中国对布匹的出口数量会大于美国在这个相对较高价格上愿意进口的数量，P_X/P_Y 将向 P_B 回落；当 $P_X/P_Y < P_B$ 时，中国对布匹的出口数量会低于美国在这个相对较低价格上愿意进口的数量，P_X/P_Y 将向 P_B 上升。P_X/P_Y 向 P_B 移动的趋势也可以用来对小麦做同样的分析。

需要注意的是，通过图 3-4(b) 可以发现，E 点与 A 点相比，中国消费的小麦数量增加了，而消费布匹的数量减少了。但中国在国际贸易中仍然可以获益，因为 E 点位于较高的无差异曲线 II 上。同样地，E' 点与 A' 点相比，美国消费布匹的数量增加了，而消费小麦

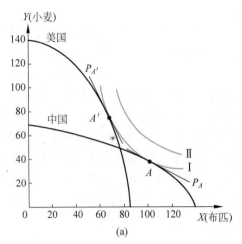 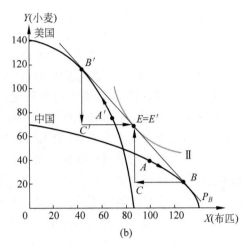

图 3-4 赫克歇尔-俄林定理的图示说明
（a）生产可能性曲线；（b）根据比较优势进行分工和贸易的情况

的数量减少了，但美国仍然可以在国际贸易中获益，原因同样是 E' 点位于相对较高的无差异曲线 II 上。在中国（美国）或中美两国的商品市场和要素市场供求状况不发生变化的情况下，这种专业化生产、贸易和消费的模式也不会改变。

图 3-4 同样证明了 H-O 定理，即一个国家（如中国）应该出口该国相对丰裕和便宜的要素（劳动）密集型的商品（布匹），而进口该国（如中国）相对稀缺和昂贵的要素（土地）密集型的商品（小麦）。因此，我们可以得到，即使两个国家在生产技术、偏好等方面完全相同，如果在要素禀赋上存在差异，两国依然可以发生贸易，并从国际贸易中获得好处。

Figure 3-4 proves the H-O Theorem that a country (e. g. , China) should export a factor (labor) intensive good (cloth) that is relatively abundant and cheap in that country and import a factor (land) intensive good (wheat) that is relatively scarce and expensive in that country (e. g. , China).

作为练习，请在理解 H-O 定理的基础上分析以下问题：中国与美国、日本等发达国家，以及中国与巴西、印度、俄罗斯等其他金砖国家相比，在土地、劳动、资本等生产要素方面的具体差异是什么？这些生产要素禀赋差异能够在多大程度上解释中国与它们之间的贸易模式？假如某一生产要素发生改变，如中国的劳动价格不再低廉，这会对现有的贸易模式造成什么影响？

3.3 要素价格均等化定理（Factor-Price Equalization Theorem）

3.3.1 主要内容（Main Contents）

要素价格均等化定理（Factor-Price Equalization Theorem）实际上是 H-O 定理的推论，与 H-O 定理的内涵一致。萨缪尔森严格论证了这个定理，正是由于这个原因，它通常又被称为赫克歇尔-俄林-萨缪尔森定理（H-O-S 定理）。该定理指出，国际贸易会使各国的同质要素获得相等的收入,即国际贸易最终会使各国同质要素的价格趋于相等。这正如萨缪尔森曾指出的,在特定条件和假设前提下,自由贸易不仅将使两国的商品价格均等化,而且会使两国的各种要素价格均等化,以至于即使在要素不能在各国间流动的情况下,两国劳动也将享受同样的工资水平,两国单位面积的土地也将获得同样的地租收益。也就是说,某种程度上,国际贸易起到了替代要素在国家间自由流动的作用。

The Factor-Price Equalization Theorem is a corollary of the H-O Theorem, which is also known as the Heckscher-Ohlin-Samuelson Theorem. It means that international trade will make homogeneous elements of all countries obtain equal income, that is, international trade will eventually make the prices of homogeneous elements of all countries tend to be equal.

保罗·安东尼·萨缪尔森,第一位获得诺贝尔奖的美国经济学家,凯恩斯主义在美国的主要代表人物,融合了新古典主义经济学,创立了新古典综合学派。其于1915年生于印第安纳州的加里。萨缪尔森对经济理论的几乎所有方面都作出了根本性的贡献。除分析方面的特定贡献外,萨缪尔森把经济学从20世纪30年代前用语言和图示的分析发展为定量的数字式样与推理方法,使其在近30年中占支配地位,这方面他的作用超过其他任何人。他的经典著作《经济学》(1948年)以40多种语言在全球销售超过400万册,是全世界最畅销的教科书之一。此外,萨缪尔森的著作还有《经济分析基础》(1947年,1983年重印补充版)、《线性规划和经济分析》[1958年,与罗伯特·多尔夫曼(Dorfman)和罗伯特·M.索洛合著]以及他的《科学论文集》(1966—1986年)等。萨缪尔森被称为最后一个经济学通才,他获得了一位经济学家所能获得的所有荣誉,如1947年获得第一届卡拉克奖(被称为"小诺尔贝经济学奖"),1970年获得诺贝尔经济学奖,获得国际经济学奖,并担任过美国经济学会会长、计量经济学会会长等职务。

Samuelson is known as the last generalist in economics, he received all the honors an economist can get, such as the first Karak Prize in 1947 (known as the Little Noble Prize in Economics), In 1970, he won the Nobel Prize in Economics and the International Economics Prize, and served as the president of the American Economic Association and the Econometric Society.

要素价格均等化定理的逻辑可以表述如下:假设A国的劳动相对丰裕、资本相对稀缺,所以A国的工资率较低、利率较高;B国的资本相对丰裕、劳动相对稀缺,所以B国的利率较低、工资率较高。基于这样的要素禀赋,A国专业化生产并出口劳动密集型商品X,同时减少生产资本密集型商品Y。此时,A国对劳动的相对需求就会上升,对资本的相对需求就会下降,从而导致工资率提高、利率下降。而B国的情形正好与A国相反。具体来说,B国专业化生产并出口资本密集型商品Y,同时减少生产劳动密集型商品X。此时,B国对资本的相对需求就会上升,对劳动的相对需求就会下降,从而导致利率提高、工资率下降。

简单而言,国际贸易的发生使贸易前低工资率国家A的工资上升,而贸易前高工资率国家B的工资下降。因此,国际贸易使两国的工资率差距缩小了。同样地,国际贸易降低了贸易前高利率国家A的利率,而提高了贸易前低利率国家B的利率,从而使两国的利率差距也缩小了。由此可见,国际贸易倾向于缩小两国的工资差距与利率差距。基于上述逻辑，不难理解，在满足所有假设的前提下，国际贸易会使各国的相对要素价格完全相等。这是因为，只要相对要素价格不相等，相对商品价格就会存在差异，那么，国际贸易将进一步发展，这又会进一步缩小两国的要素价格差异。因此，国际贸易的持续发展，最终将导致相对商品价格完全相等，即相对要素价格完全相等。同学们可以思考：按照要素价格均等化定理，不同国家要素价格差异将会消失，而国际贸易发生的原因正是各国存在要素价格差异。那么，要素价格均等化定理是否是一个"自掘坟墓"的定理呢？

The occurrence of international trade causes the wage of country A with a low pre-trade wage rate to rise, while that of country B with a high pre-trade wage rate to fall. As a result, international trade has narrowed the gap in wage rates between the two countries. Similarly, international trade reduces the interest rate of the pre-trade high-interest rate country A and raises the interest rate of the pre-trade low-interest rate country B, thus narrowing the interest rate gap between the two countries.

案例 3-2 "萨缪尔森之忧"难以支撑美国贸易保护主义政策

2004年，美国经济学家萨缪尔森在《经济学展望》杂志上发表了一篇题为《主流经济学家眼中的全球化：李嘉图-穆勒模型给出的证明》的论文，文章以中国、印度经济崛起为背景，来看待美国和其他发达国家的利益得失。该文章首先指出，如果两个各自生产两种产品、生产率不同的经济体，彼此封闭，结果如何？互相开放、自由贸易，又如何？其结论是基于比较优势理论各自生产具有比较优势的产品，即自由贸易可以提高两国的总福利水平。该文章接着提出，如果两国的生产率发生变化，自由贸易增进两国总福利的推论，是否会发生变化？对此他区分了两种情况：其一，一国在具备比较优势的领域，大幅度提高生产率；其二，一国在原本不具备比较优势的领域，意外地提高了生产率。简单而言，假设美国擅长制造飞机，中国擅长制造衬衫。第一种情况下，中国在自己的优势领域（衬衫）实现技术进步，制造更多的衬衫，中国衬衫的相对价格变得更加便宜，之后继续以衬衫换美国的飞机。若两国保持自由贸易，中国的福利因生产率提升得到改善，同时美国的福利也将得到改善，因为同等条件下进口成本下降了。第二种情况下，中国在美国本来具备优势的部门（飞机）实现技术进步，改变相对比较优势。此时若继续自由贸易，中国净福利增加，美国受损，两国贸易会发生摩擦，这就是"萨缪尔森之忧"。

此文一经问世，便得到贸易保护主义者的广泛支持，也引发了国际经济学界的广泛讨论。在美国贸易保护主义政策出台之后，很多人便将其理论基础归为此文。然而，萨缪尔森的这篇文章真能成为贸易保护主义的理论支撑吗？答案显然是否定的。一方面，该理论存在缺陷：一是该理论推演所依赖的条件较为苛刻；二是在比较不同情形下的福利后果时选取了不恰当的参照系，存在误导性。贸易保护主义者恰恰利用并放大了上述理论缺陷。另一方面，"萨缪尔森之忧"的基础是要素价格均等化定理，因为中美贸易存在的原因之一是两国生产要素的丰裕度不同。随着自由贸易的开展，中美两国丰裕要素价格会不断上升，稀缺要素价格会不断下降。于是，中美贸易长期发展的结果是两国要素价格朝差异缩小的趋势变化，趋向于一个相同的水平。在此过程中，美国即使在先进技术领域遭受所谓福利损失，但其总福利水平相对于自由贸易之前仍然是提高的。因此，"萨缪尔森之忧"难以支撑美国贸易保护主义政策。

资料来源：SAMUELSON P A. Where Ricardo and Mill Rebut and confirm arguments of mainstream economists supporting globalization[J]. Journal of economic perspectives，2004，18(3)：135-146.

3.3.2 图示阐述(Graphical Exposition)

我们可以利用图 3-5 对要素价格均等化定理进行解释说明。图 3-5 中，L、K 分别表示劳动投入和资本投入，w、r 分别表示工资率和利率。两条曲线是价值都为 1 元人民币的产品 X 和产品 Y 的等产量曲线，其分别代表的产品 X 和产品 Y 的产出水平 X_0、Y_0 满足如下条件：

$$P_x \times X_0 = P_y \times Y_0 = 1 \tag{3-1}$$

式中：P_x 和 P_y 分别表示产品 X 和 Y 的价格。这两条等产量曲线可以称为产品 X 和 Y 的单位价值等产量曲线(unit-value isoquant)，其形状和位置完全由生产技术与商品价格决定。比如，当 $P_x=1/5$ 时，产品 X 的单位价值等产量曲线对应的是产出水平为 5 的那一条；当 $P_x=5$ 时，产品 X 的单位价值等产量曲线对应的是产出水平为 1/5 的那一条。因此，生产技术决定了单位价值等产量曲线的形状，而商品价格决定了其所在的具体位置。

图 3-5 中，还有一条单位等成本直线(unit isocost)。其方程如下：

$$w \times L + r \times K = 1 \tag{3-2}$$

该等成本直线在横坐标轴和纵坐标轴上的截距分别等于 $1/w$ 与 $1/r$。根据经济学原理，完全竞争条件下的企业生产成本等于企业收益。因此，当企业生产价值为 1 元人民币的产品时，其生产成本也应该为 1 元人民币，并且它们采用的最佳要素比例，可以通过原点与单位成本直线和单位价值等产量曲线的切点的一条直线的斜率表示。在均衡条件下，生产产品 X 和 Y 的两个部门所面对的要素价格完全相同。因此，与产品 X 的单位价值等产量曲线相切的单位成本直线同与产品 Y 的单位价值等产量曲线相切的单位成本直线是完全重合的。

进一步，可以通过如下方法来确定均衡条件下的要素价格水平：画一条与产品 X 和 Y 的单位价值等产量曲线都相切的切线，该切线就是单位等成本直线，它在横坐标轴和纵坐标轴上的截距分别等于劳动、资本的均衡价格的倒数。在自由贸易条件下，产品 X 和 Y 无论是在哪一个国家，其商品价格和生产技术都是相同的，因此，两国相应产品的单位价值等产量曲线的形状和位置也完全相同，从而两国在均衡时的单位成本直线也完全相同。事实上，两国在贸易后的要素价格决定也可以由图 3-5 来说明，于是贸易后两国的要素价格也就相同。

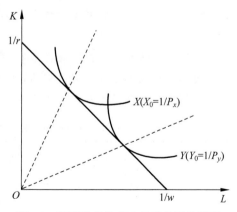

图 3-5 要素价格均等化定理的图示说明

Under the condition of free trade, the commodity prices and production technologies of products X and Y are the same in either country and therefore the shape and location of the output curves of the corresponding products of the two countries in terms of unit value equivalence are also identical. Thus the unit cost straight lines at equilibrium are identical in both countries.

然而,现实世界中,国际贸易真的能使各国同质要素的价格完全相等吗?虽然案例 3-3 表明各国的工资水平正在趋于接近,但 1959—2012 年并没有出现完全相等的情况。因此,现实中国际贸易并未使要素价格出现完全均等化。对于中国而言,要素价格均等化定理同样没有得到实践的检验。以劳动价格为例,随着中国对外开放的逐步深入和国际贸易规模的不断扩大,根据要素价格均等化定理所揭示的规律,即使劳动价格没有实现完全均等化,至少也应该表现出不断缩小的运行轨迹。但事实上,随着中国与贸易伙伴国(如美国等)的贸易发展,两国的工资水平差距不但没有趋于一致,反而在不断拉大。

In reality, international trade does not make factor prices appear completely equalized. For China, the equalization theorem of factor prices has also not been tested in practice. Taking labor price as an example, with the gradual deepening of China's opening to the outside world and the continuous expansion of the scale of international trade, according to the law revealed by the theorem of equalization of factor prices, even if labor price does not achieve complete equalization, it should at least show a downward trajectory. However, as China's trade with its trading partners, such as the US, has expanded, the wage gap between the two countries has widened rather than converged.

案例 3-3　主要工业国家之间实际工资的趋同

表 3-5 揭示了主要工业国家制造业的实际小时工资,随着时间推移而向美国该行业的实际小时工资水平靠拢的现象。从表 3-5 可以看到,6 个工业国家(日本、意大利、法国、英国、德国、加拿大)的未加权平均工资占美国工资的百分比,从 1959 年的 27% 上升到 1983 年的 43%,再到 1997 年的 97% 以及 2006 年的 102%,直到 2012 年的 104%。结合这一时期迅速扩大的国际贸易事实,我们大致可以认为,国际贸易的迅速扩大是导致各国工资水平趋同的重要原因。当然,其他的一些因素也发挥了重要作用。比如,美国与其他工业国家的科技差距在缩小以及国际劳动的流动性扩大等。

表 3-5　主要工业国家制造业的实际小时工资占美国实际小时工资的百分比　　%

国　　家	1959 年	1983 年	1997 年	2006 年	2012 年
日本	11	24	95	79	99
意大利	23	42	86	94	96
法国	27	41	108	111	112
英国	29	35	84	102	88
德国	29	56	127	129	128
加拿大	42	57	80	94	103

续表

国　　家	1959 年	1983 年	1997 年	2006 年	2012 年
未加权平均数	27	43	97	102	104
美国	100	100	100	100	100

资料来源：SALVATORE D. International economics[M]. 12th ed. New York：John Wiley & Sons, Inc.，2016：105.

那么，这是不是表明要素价格均等化定理出现问题了呢？其实，H-O-S 定理与经验现实不相符的现象，主要源于模型的有关假设，即有些假设在现实中并不存在或者只是接近现实情况。比如：现实世界中的国际贸易并非完全自由的，由于运输成本、关税等一些贸易壁垒的存在，各国相同商品的价格并不相同；生产要素在国内不能完全自由流动，导致不同地区、不同产业的劳动存在较大的收入差距；各国的生产技术水平也不相同；等等。这些因素使要素价格均等化在现实中一般难以实现，即各国同质要素的收入不能随着国际贸易的持续发展而完全相等。

The phenomenon that H-O-S Theorem is inconsistent with empirical reality mainly stems from the relevant assumptions of the model, that is, some assumptions do not exist in reality or are only close to the reality.

作为练习，请查阅相关资料，具体结合中国的对外贸易实践，进一步思考为什么要素价格均等化定理在现实中不能完全成立。

3.4　斯托尔帕-萨缪尔森定理（Stolper-Samuelson Theorem）

3.4.1　主要内容（Main Contents）

我们的直觉是，如果国际贸易使贸易参与国的所有个体都从贸易中获益，那么就不会有人反对自由贸易。然而，现实世界中总会有一部分人或者一部分企业反对自由贸易。比如早在 1995 年 11 月，700 多个非政府组织在美国西雅图参与抗议活动，反对全球化。2018 年 6 月 15 日，美国特朗普政府依据"301 调查"单方认定结果，宣布将对原产于中国的约 500 亿美元商品加征 25% 的进口关税，挑起中美贸易冲突。2020 年 1 月 31 日，英国正式退出欧盟，支持退出欧盟的大部分选民来自英格兰和威尔士的郊区。事实上，这些逆全球化事件背后涉及的问题便是国际贸易的利益分配问题。

斯托尔帕-萨缪尔森定理首先是由沃夫冈·斯托尔帕（W. Stolper）与萨缪尔森在 1941 年发表的一篇论文中提出的。他们研究了关税对收入分配的影响，其主要内容是：在生产要素可以在国内自由流动的情况下，征收进口关税可以提高一国稀缺要素的实际报酬。这是因为，征收进口关税会使进口商品的国内价格上涨，在出口商品价格保持不变的情形下，进口商品的国内相对价格也随之上涨，从而刺激国内企业生产进口商品，这就增加了对生产进口商品所需要的要素即国内稀缺要素的需求，进而使国内稀缺要素价格即实际报酬得到提高。

Stolper and Samuelson studied the effect of tariffs on income distribution. The main content is that import tariffs can increase the real remuneration of a country's scarce factors when factors of production can move freely within the country, because import tariff increases the domestic price of imported goods. While the price of exported goods remains unchanged, the relative domestic price of imported goods also increases, thus stimulating domestic firms to produce imported goods, which increases the demand for the factors needed to produce imported goods, i. e., domestic scarce factors, and thus increases the price of domestic scarce factors, i. e., real remuneration.

在此基础上,他们将研究进一步拓展到更一般的国际贸易对收入分配的影响上。概括而言,斯托尔帕-萨缪尔森定理描述的是两种产品相对价格的变化对两种要素实际回报率的影响,即一种产品相对于另一种产品价格的上升,会导致在这种产品生产中密集使用的生产要素的实际回报率上升,另一种生产要素的实际回报率下降。例如,如果布匹相对小麦的价格上升,那么在布匹生产中密集使用的生产要素即劳动的实际回报率会上升,而另一种生产要素即土地的实际回报率会下降。换句话说,在美国、日本、英国、法国等发达国家,由于资本相对丰裕,国际贸易将会降低这些国家劳动的实际报酬,提高资本所有者的实际报酬;而对于劳动相对丰裕的中国、印度等国家来说,国际贸易则会提高这些国家劳动的实际报酬,降低资本所有者的实际报酬。

Stolper-Samuelson Theorem describes the influence of the two products' relative price changes on the actual rate of return of the two kinds of factors, namely an increase in the price of one product relative to another product leads to an increase in the real rate of return of the factor of production used intensively in the production of that product and a decrease in the real rate of return of the other factor of production.

S-S 定理得到了部分经验研究的支持,如黄玖立和张龙的研究结果显示,中间品贸易自由化显著提高了中国制造业劳动收入份额。① 不过,也有研究表明,中国虽然出口劳动密集型产品,但劳动报酬占比②却在下降,这表明中国实践与斯托尔帕-萨缪尔森定理可能是相悖的(参见案例 3-4)。此外,按照 S-S 定理的预测,发达国家收入不平等会增加,而发展中国家收入不平等会减少,但实际情况是近年来收入不平等都在增加。比如美国也会把不平等加剧归咎于贸易。那么,实证检验与理论预测会一样吗?对此感兴趣的同学可以参阅 Huang 等的应用元回归分析方法对贸易对收入不平等的影响研究。③

According to the S-S Theorem, it is predicted that income inequality in developed countries will increase, while income inequality in developing countries will decrease, but the reality is that income inequality has increased in recent years. So, will empirical testing be the same as theoretical predictions? Students who are interested in this can refer to Huang et al.'s research on the impact of trade on income inequality using meta-regression analysis.

---

① 黄玖立,张龙.中间品贸易自由化与劳动收入份额[J].经济科学,2021(4):52-67.
② 劳动报酬占比是指一国经济中劳动所得在国民收入初次分配中的比重。
③ HUANG K L,YAN W S,SIM N,et al. Can trade explain the rising trends in income inequality? Insights from 40 years of empirical studies[J]. Economic modelling,2022,107:105725.1-105725.14.

案例3-4 中国实践对斯托尔帕-萨缪尔森定理的背离

近些年来,中国在不断扩大对外开放的同时,国内的收入分配问题日益严重,主要表现为劳动报酬占比相对下降,以及行业间及行业内工资差距逐渐拉大。中国劳动报酬占整个国民收入的比重在20世纪80年代中期曾达到55%左右的最高水平,随着参与国际分工程度加深,劳动报酬占国民收入的比重不断下降,到2008年下降到低于50%的最低点。与此同时,行业间工资收入差距也呈现出扩大态势,中国工业企业数据库统计显示,1999年,中国制造业部门间最高工资差距(平均工资最高部门/平均工资最低部门)为2.84倍,2007年扩大为5倍。在行业内工资差距方面,以出口占比较大的纺织业及通信设备、计算机及其他电子设备制造业为例,1999年,行业内企业从业人员平均工资的标准差分别为10 170元和7 476元,2007年则增长至32 729元和26 401元。

斯托尔帕-萨缪尔森定理认为,国际贸易会导致丰裕要素实际收入提高,而稀缺要素实际收入下降。虽然得出该结论的数学逻辑无懈可击,但其既与新古典经济学理论相矛盾,也与中国出口劳动密集型产品而劳动报酬占比下降的实践相矛盾。对于这一矛盾,梁东黎给出了新的解释,即国际贸易导致丰裕要素的价格提高,不是因为该要素"丰裕",而是因为在资源配置过程中,该要素的稀缺性提高;稀缺要素价格下降,也不是因为该要素"稀缺",而是因为在资源配置过程中,该要素的稀缺性下降。中国劳动密集型产品出口迅猛增长而丰裕要素劳动报酬占比没有提高,其原因正在于劳动的丰裕性没有发生实质的变化。

不仅如此,还有学者通过建立一个两国、三商品、三部门的理论模型,证明了国际贸易对劳动报酬占比具有"要素价格效应"和"技术进步效应"。中国出现背离斯托尔帕-萨缪尔森定理的现象,正是因为负的技术进步效应削弱了国际贸易对中国劳动报酬占比的正向拉动作用。对此,采用1987—2015年29个省级区域的面板数据进行实证研究,发现由于正负作用相互抵消,国际贸易对劳动报酬占比的作用不显著,但当剔除技术进步对劳动报酬占比的负向影响后,国际贸易对劳动报酬占比的影响显著为正。另外,近年来国际贸易对劳动报酬占比的正向作用下降,其原因是出口结构的改变导致出口对劳动报酬占比的正向作用减小了。因此,在继续融入全球化以推动生产和出口规模扩大,增进消费者产品多样性的同时,需要更加重视与着力缓解因开放而导致的国内收入分配问题。

资料来源:
梁东黎.斯托尔帕-萨缪尔森定理再研究[J].东南大学学报(哲学社会科学版),2014(5):15-24.
盛斌,黎峰.经济全球化中的生产要素分工、流动与收益[J].世界经济与政治论坛,2021(5):1-22.
徐圣,黄先海.中国背离斯托尔帕-萨缪尔森定理的解释——基于要素偏向型技术进步的视角[J].经济与管理研究,2017,38(11):39-49.

然而,需要注意的是,S-S定理是基于生产要素可以在国内自由流动的假设,即各生产要素能够在一国的各产业间或部门间完全自由流动。该假设在长期内没有问题,因为长期来看,资本和劳动可以在两部门间自由流动,而在短期内要素是很难在两部门之间自由流动的,因为劳动短期内自由流动比较符合现实,但资本短期内自由流动就比较困难。H-O模型是长期分析,因为资本短期内存在流动限制,或只限于某一产业或部门内流动。此时关于国际贸易对要素收入影响的结论就会发生变化,可以对此进行解释的就是特定要素模型（specific-factors model），该模型假设土地和资本短期内分别固定在农业与工业部门，只允许劳动在两部门之间自由流动。根据该模型得出的结论是：国际贸易对一国流动要素实际报酬的影响是不明确的，但有利于用于该国出口商品的非流动要素，而不利于用于该国进口商品的非流动要素。

举个例子，假设中国是劳动丰裕的国家，可以生产两种商品：布匹和汽车，布匹是劳动密集型商品，汽车是资本密集型商品。两种商品的生产都需要劳动和资本，但劳动可以在两个产业间自由流动，而资本不能。开展国际贸易后，中国将专业化生产并出口劳动密集型商品布匹，进口资本密集型商品汽车。此时，国际贸易对劳动（流动要素）实际报酬的影响是不明确的，而对资本的影响则是明确的，因为资本只能用于特定的产业，开展国际贸易不会导致资本从汽车的生产中转移到布匹的生产中。在布匹（中国的出口商品）的生产中，更多的劳动和特定数量的资本相结合，资本的实际报酬会增加。而在汽车（中国的进口竞争商品）的生产中，越来越少的劳动和特定数量的资本相结合，资本的实际报酬会下降。

对此感兴趣的同学还可以进一步参见延伸阅读部分关于赫克歇尔-俄林-瓦内克定理（Heckscher-Ohlin-Vanek Theorem，H-O-V 定理）的阐述。

3.4.2　图示阐述（Graphical Exposition）

斯托尔帕-萨缪尔森定理还可以借助图示加以说明。假设一个国家同时生产两种产品：布匹与小麦，并且生产每种产品的企业都能够充分竞争，所以产品价格将等于生产成本（此时的企业利润等于零）。进一步可以思考：企业成本由什么因素决定呢？答案是生产要素的价格。比如，在其他条件保持不变时，工资的上涨会导致布匹与小麦的成本和价格都上涨。然而，是布匹还是小麦的上涨幅度更大，则是由投入的劳动数量决定的。具体而言，布匹的劳动密集型属性，决定了其投入的劳动数量要多于小麦生产，所以布匹的成本与价格上涨幅度相对较大；小麦的土地密集型属性，决定了其投入的劳动数量要少于布匹生产，所以小麦的成本与价格上涨幅度相对较小。不难看出，工资与租金比例（w/r）和布匹与小麦的相对价格（P_C/P_W）之间呈现出一种正相关关系，这一关系可以用图 3-6 表示。

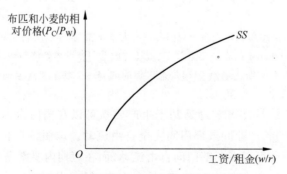

图 3-6　要素相对价格决定的产品相对价格

进一步，将图 3-6 围绕坐标原点向左旋转 90°得到图 3-7 的左边，而图 3-7 的右边则直观地描述了要素密集度的含义,曲线 CC、曲线 WW 分别表示布匹和小麦生产过程中两种要素(劳动和土地)的投入比例与其相对价格(w/r)的关系。两条曲线向右下方倾斜表明工资与租金比例同两种产品生产过程中劳动与土地的投入比例呈反向关系。曲线 CC 位于曲线 WW 右侧,意味着对于任意给定的工资与租金比例,布匹生产中的劳动与土地投入比例都要高于小麦,这就说明布匹是劳动密集型产品,而小麦是土地密集型产品。总体而言,图 3-7 揭示了两种产品(布匹与小麦)的相对价格、两种要素(劳动与土地)的相对价格、两种要素的投入比例这三者之间的关系。当布匹与小麦的相对价格为 $(P_C/P_W)^1$ 时,其对应的劳动与土地的相对价格为 $(w/r)^1$,由此决定的布匹与小麦生产中的要素投入比例分别为 $(L_C/G_C)^1$ 与 $(L_W/G_W)^1$。当布匹与小麦的相对价格上涨为 $(P_C/P_W)^2$ 时,其对应的劳动与土地的相对价格为 $(w/r)^2$,由此决定的布匹与小麦生产中的要素投入比例分别下降为 $(L_C/G_C)^2$ 与 $(L_W/G_W)^2$。

When the relative price of cloth and wheat is $(P_C/P_W)^1$, the corresponding relative price of labor and land is $(w/r)^1$, and the ratio of factor input in cloth and wheat production determined by this is $(L_C/G_C)^1$ and $(L_W/G_W)^1$, respectively. When the relative price of cloth and wheat increases to $(P_C/P_W)^2$, the corresponding relative price of labor and land is $(w/r)^2$, and the ratio of factor input in cloth and wheat production decreases to $(L_C/G_C)^2$ and $(L_W/G_W)^2$, respectively.

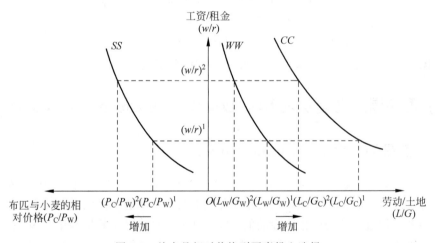

图 3-7 从产品相对价格到要素投入选择

图 3-7 的左边显示,布匹与小麦的相对价格上涨,导致劳动(生产布匹需要密集使用的要素)报酬与土地(生产小麦需要密集使用的要素)报酬的比例提高了。在此基础上还可以证明,劳动的实际回报率(工资能够购买的两种产品的数量,w/P_C 与 w/P_W)会上升,而土地的实际回报率(租金能够购买的两种产品的数量,r/P_C 与 r/P_W)会下降。这是因为,当布匹相对于小麦的价格上涨时,如由 $(P_C/P_W)^1$ 上涨为 $(P_C/P_W)^2$,两种产品在生产中投入的劳动与土地的比例都将下降,即布匹的要素投入比例由 $(L_C/G_C)^1$ 下降为 $(L_C/G_C)^2$,而小麦的要素投入比例由 $(L_W/G_W)^1$ 下降为 $(L_W/G_W)^2$。根据同学们在

经济学原理中学到的边际产出递减规律,这就会提高布匹和小麦生产过程中的劳动边际产出(MP_L^C与MP_L^W),而降低土地的边际产出(MP_G^C与MP_G^W)。并且,在竞争性的市场结构条件下,一种要素的实际回报率等于该要素所创造的边际产出。比如,用小麦表示的劳动实际工资就等于劳动在小麦生产中的边际产出,即$w/P_W = MP_L^W$。因此,两种产品生产中劳动的边际产出提高,意味着用两种产品表示的劳动的实际回报率都会提高;两种产品生产中土地的边际产出下降,意味着用两种产品表示的土地的实际回报率都会下降。这就证明了斯托尔帕-萨缪尔森定理。

The relative price of cloth and wheat increased, resulting in a higher ratio of the reward for labor (the intensive element needed to produce cloth) to the reward for land (the intensive element needed to produce wheat). It can also be shown that the real rate of return to labor (the quantities of the two goods that wages can buy, w/P_C and w/P_W) will rise, while the real rate of return to the land (the quantities of the two goods that rents can buy, r/P_C and r/P_W) will fall. This is because when the price of cloth relative to wheat increases, for example, from $(P_C/P_W)^1$ to $(P_C/P_W)^2$, the ratio of labor and land invested in the production of both products will decrease, that is, the factor input ratio of cloth decreases from $(L_C/G_C)^1$ to $(L_C/G_C)^2$, while the factor input ratio of wheat decreases from $(L_W/G_W)^1$ to $(L_W/G_W)^2$.

作为进一步练习,同学们可以将图 3-7 中的土地密集型产品(小麦)替换为一种资本密集型产品,如汽车,进而分析布匹与汽车的相对价格变化是如何引起要素投入选择变化的,以再次证明斯托尔帕-萨缪尔森定理。同学们还可以尝试换一种分析工具,如埃奇沃思盒状图(Edgeworth Box),来证明斯托尔帕-萨缪尔森定理。

3.5 里昂惕夫之谜及其解释(Leontief Paradox and Its Explanation)

3.5.1 里昂惕夫之谜(Leontief Paradox)

1953 年,经济学家瓦西里·里昂惕夫(W. Leontief)基于美国 1947 年的数据对 H-O 定理进行了经验检验。由于美国是资本丰裕的国家,所以里昂惕夫期望得到美国出口资本密集型商品而进口劳动密集型商品的结论。但是,里昂惕夫的检验结果发现美国进口的是资本密集型商品,而出口的是劳动密集型商品。这一结果与 H-O 定理的预测结果完全相反,这就是著名的里昂惕夫之谜。具体的检验结果如表 3-6 所示。

Since the United States is a capital-rich country, Leontief expects to conclude that the United States exports capital-intensive goods and imports labor-intensive goods. However, Leontief's test is the opposite of what might be expected: the US imports capital-intensive goods and exports labor-intensive goods. This result is the exact opposite of what the H-O Theorem predicts known as the Leontief Paradox.

表 3-6　美国每百万美元出口和进口的资本和劳动需求

需　　求	出　　口	进　　口	进口/出口
资本(1947年价格)/美元	2 550 780	3 091 339	
劳动(劳动人数)	182.313	170.004	
资本-劳动比/(美元/人)	13 991	18 184	1.30

资料来源：LEONTIEF W. Domestic production and foreign trade[J]. Proceedings of the American Philosophical Society,1953,97(4)：332-349.

表 3-6 给出了美国每 100 万美元进口商品和出口商品,所需要的资本和劳动以及进出口的资本-劳动比。在里昂惕夫的数据中,1947 年,美国进口商品的资本-劳动比为 18 184 美元/人,出口商品的资本-劳动比为 13 991 美元/人。通过计算可以得出,进口商品的资本-劳动比约是出口商品资本-劳动比的 1.30 倍,所以美国进口商品的资本密集度高于出口商品的资本密集度,这与 H-O 定理的预测截然相反,里昂惕夫之谜就这样被发现了。

瓦西里·里昂惕夫,经济学家,投入-产出分析法的创始人,发现了"里昂惕夫之谜"。1906 年生于圣彼得堡(今列宁格勒),1921 年在列宁格勒大学学习,1925 年获得该校"优秀经济学家称号",1928 年获得柏林大学哲学博士,1931—1975 年在美国哈佛大学经济系任教。在哈佛大学任教期间,他发明了投入-产出分析法,并因此获得诺贝尔经济学奖(1973 年)。其主要的专著有《美国经济的结构,1919—1929 年》(1941 年)、《美国经济的结构,1919—1939 年》(1951 年)与《美国经济结构研究》(1953 年)等。

3.5.2　对里昂惕夫之谜的解释(Explanations of Leontief Paradox)

在里昂惕夫之谜被发现之后,学者们对其提出了很多不同的解释。

1. 数据年份缺乏代表性

里昂惕夫用来进行检验的数据年份是 1947 年,这一时间距离第二次世界大战太近,因而缺乏代表性。对此,里昂惕夫在 1956 年重新做了检验,这次选取的是 1947 年美国经济投入-产出表和 1951 年的贸易数据,而 1951 年被认为是第二次世界大战后各国重建全面完成的一年。检验结果(表 3-7)显示,进口商品的资本-劳动比约是出口商品资本-劳动比的 1.06 倍,相对于 1953 年检验的结果 1.3 倍,虽然已经得到了很大降低,但仍然是进口商品的资本密集度要高于出口商品的资本密集度。因此,里昂惕夫的结论是部分而不是完全解释了这一悖论。

The year of data used by Leontief for the test is 1947, which is too close to the Second World War and thus lacks representativeness.

表 3-7　美国每百万美元出口和进口的资本和劳动需求

需　　求	出　　口	进　　口	进口/出口
资本/美元	2 256 800	2 303 400	
劳动/(劳动人数)	173.91	167.81	
资本-劳动比/(美元/人)	12 977	13 726	1.06

资料来源：LEONTIEF W. Factor proportions and the structure of American trade：further theoretical and empirical analysis[J]. Review of economics and statistics,1956,38(4)：386-407.

2. 劳动不同质论

里昂惕夫认为，美国的劳动生产率是其他国家的 3 倍。因此，如果把美国的劳动数量乘以 3，再与国内的可用资本相比就会发现，美国其实是一个劳动丰裕的国家。然而，当美国的劳动生产率比其他国家更高时，资本的生产率也会更高，所以该理论的解释力并不强。

According to Leontief, labor productivity in the United States is three times higher than that in other countries. Therefore, if you multiply the amount of labor in the U.S. by three and compare it to the available capital in the country, you will see that the U.S. is actually a labor-abundant country.

3. 自然资源论

里昂惕夫的计算没有排除自然资源产业。我们知道，许多贸易品都是资源密集型的，如石油、矿石、煤等，而自然资源要素与资本要素是可以相互替代的。研究表明，美国的多数进口商品正是美国自然资源稀缺的商品，这些商品在美国生产必须投入大量资本，从而这些进口商品在美国属于资本密集型商品。因此，在里昂惕夫 1956 年的检验结果基础上，除去自然资源产业后，进口商品的资本密集度与出口商品的资本密集度之比，就从 1.06 降到了 0.88，从而消除了理论与现实的矛盾。

Leontief's calculation does not exclude natural resource industries.

4. 贸易壁垒论

美国存在贸易保护政策。美国的贸易政策是限制高技术产品出口，这些产品一般是资本密集型的，同时限制劳动密集型产品进口。研究表明，由于工会的强大影响，美国进口劳动密集型产品要比资本密集型产品受到更严格的进口壁垒限制。这种贸易保护政策使美国的贸易模式变为出口劳动密集型产品而进口资本密集型产品。这对里昂惕夫之谜具有一定的解释力。

The trade protection policy in the United States. The U.S. trade policy is to restrict exports of high-technology products, which are generally capital-intensive, and to restrict imports of labor-intensive products. This trade protection policy has changed the U.S. trade pattern to one of exporting labor-intensive products and importing capital-intensive products.

5. 人力资本说

里昂惕夫所定义的资本，仅仅包含实物资本（如机器、设备和厂房等），而完全忽略了人力资本，由于美国劳动比外国劳动含有更多的人力资本，如果把人力资本加到实物资本上，就会使美国的出口商品相对于进口商品的资本密集度更高。这种变化可以用式(3-3)来表示，其中，下标 M 表示进口，下标 X 表示出口，L 表示劳动，K_X 表示实物资本，K_P 表示人力资本。一旦将人力资本考虑进来，就会发现美国出口商品的资本密集度会变得更高。

$$\frac{K_M}{L_M} > \frac{K_X}{L_X} \Rightarrow \frac{K_M}{L_M} < \frac{K_X + K_P}{L_X} \tag{3-3}$$

The capital, as defined by Leontief, contains only physical capital (e.g., machinery, equipment, and plant, et al.) and completely ignores human capital, whereas U. S. labor contains more human capital than foreign labor. If human capital is added to physical capital, it makes U. S. exports more capital-intensive goods relative to imports.

6. 要素密集度逆转

H-O 定理假设各商品的要素密集度不随要素价格变化而变化,以避免资本与劳动可以相互替代的情况,即假设一种商品(X)总是劳动密集型的,另一种商品(Y)总是资本密集型的。但在现实中,要素密集度有可能发生逆转。要素密集度逆转(factor-intensity reversal)指的是一种给定的商品在劳动丰裕的国家生产就是劳动密集型商品,在资本丰裕的国家生产就是资本密集型商品。例如农产品,在美国由于资本相对丰裕,可以用机械化的生产方式生产,属于资本密集型商品;在中国由于劳动力相对丰裕,则可以用手工作业的方式生产,属于劳动密集型商品。这样就发生了要素密集度逆转,即美国进口的小麦在国内属于资本密集型商品,但在小麦的出口国则属于劳动密集型商品。因此,从要素密集度逆转的视角同样可以解释里昂惕夫之谜。

In reality, factor-intensity reversal is possible. Factor-intensity reversal means that a given good is labor-intensive when produced in a labor-abundant country and capital-intensive when produced in a capital-abundant country.

7. 需求偏好论

根据 H-O 定理,一国的资源禀赋状况决定一国的生产和出口结构,但各国消费者的需求偏好差异可能会对贸易模式产生影响。如果一国的丰裕生产要素所生产的产品吸引国内需求极大地向这类产品倾斜,就会使这类原本数量很丰裕的产品变得稀缺起来,进而引致这类产品由出口变为进口。里昂惕夫之谜之所以在美国发生,可能是因为美国消费者与其他大多数高收入水平国家的消费者一样,更加偏好高质量的产品,而高质量产品多为资本密集型产品,导致资本密集型产品由出口变为进口。

The differences in consumer demand preferences across countries may impact trade patterns. If a country's abundant factors of production produce products that attract domestic demand to such products, they may become scarce, which leads to a shift from exports to imports of such products.

重要术语(Key Terms)

要素禀赋(factor endowments)

要素丰裕度(factor abundance)

要素密集度(factor intensity)

要素禀赋理论(Factor Endowments Theory)

H-O 定理(H-O Theorem)

要素价格均等化定理(Factor-Price Equalization Theorem)

斯托尔帕-萨缪尔森定理(Stolper-Samuelson Theorem)

里昂惕夫之谜(Leontief Paradox)

本章小结

1. 要素禀赋、要素丰裕度和要素密集度是要素禀赋理论涉及的三个重要概念。要素禀赋是指生产要素在一个国家或地区的天然供给状况。要素丰裕度可以用来衡量各国或地区存在的要素禀赋差异,主要包括以实物单位定义和以相对要素价格定义两种方法。要素密集度则是指生产某一种产品,投入不同要素的相对密集程度,在两种生产要素的情形下,则是投入这两种生产要素的比例。

2. 赫克歇尔-俄林定理从要素禀赋的相对差异出发,解释了国际贸易的起因和贸易模式的决定,即一个国家应该出口该国相对丰裕和便宜的要素密集型的商品,进口该国相对稀缺和昂贵的要素密集型的商品。简单而言,劳动相对丰裕的国家就应该出口劳动密集型商品、进口资本密集型商品;资本相对丰裕的国家就应该出口资本密集型商品、进口劳动密集型商品。

3. 赫克歇尔-俄林-萨缪尔森定理用来揭示国际贸易对要素价格的影响,指的是国际贸易会使各国的同质要素获得相等的收入,即国际贸易最终会使各国同质要素的价格趋于相等。或者说,赫克歇尔-俄林-萨缪尔森定理证明了在生产要素不能通过国际自由流动实现资源最优配置的情况下,国际贸易作为要素国际流动的替代,可以间接地实现全球范围内资源的最优配置,最终实现要素价格的均等化。

4. 斯托尔帕-萨缪尔森定理用来揭示国际贸易对收入分配的影响,其描述的是两种产品相对价格的变化对两种要素实际回报率的影响,即一种产品相对于另一种产品价格的上升,会导致在这种产品生产中密集使用的生产要素的实际回报率上升、另一种生产要素的实际回报率下降。或者说,相对丰裕要素的所有者会从国际贸易中获利,而相对稀缺要素的所有者会因国际贸易而受损。然而,如果某些要素(如资本等)不能在一国的各产业间或部门间完全自由流动,国际贸易对要素收入影响的结论就会发生变化,可以对此进行解释的就是特定要素模型。

5. 里昂惕夫之谜,是指美国作为资本丰裕的国家,其进口的是资本密集型商品,而出口的是劳动密集型商品,这与 H-O 定理的预测截然相反。很多学者对此提出了各种解释,如数据年份缺乏代表性、劳动不同质论、自然资源论、贸易壁垒论、人力资本说、要素密集度逆转、需求偏好论等。

Summary

1. Factor endowment, factor abundance and factor intensity are three important concepts involved in factor endowment theory. Factor endowment refers to the natural supply of factors of production in a country or region. Factor abundance can be used to measure the differences in factor endowments across countries or regions, and is defined in terms of physical units and relative factor prices. Factor intensity refers to the relative intensity of the different factors invested in the production of a given product, or in the case of two factors of production, the ratio of the two factors of production invested.

2. The Heckscher-Ohlin Theorem explains the causes of international trade and the

determination of trade patterns in terms of relative differences in factor endowments, i.e., a country should export factor-intensive goods that are relatively abundant and cheap in that country and import factor-intensive goods that are relatively scarce and expensive in that country. Simply put, a country with a relative abundance of labor should export labor-intensive goods and import capital-intensive goods; a country with a relative abundance of capital should export capital-intensive goods and import labor-intensive goods.

3. The Heckscher-Ohlin-Samuelson Theorem is used to reveal the effect of international trade on factor prices, which refers to the fact that international trade will result in equal income for homogeneous factors across countries, i.e., international trade will eventually equalize the prices of homogeneous factors across countries. Alternatively, the Heckscher-Ohlin-Samuelson Theorem proves that in the case that factors of production can not achieve optimal allocation of resources through international free flow, international trade, as an alternative to the international flow of factors, can indirectly achieve optimal allocation of resources on a global scale and eventually equalize factor prices.

4. The Stolper-Samuelson Theorem is used to reveal the effect of international trade on income distribution, which describes the effect of a change in the relative prices of two products on the real rates of return of two factors, i.e., an increase in the price of one product relative to another product leads to an increase in the real rate of return of the factor used intensively in the production of that product and a decrease in the real rate of return of the other factor. Alternatively, the owner of the relatively abundant factor will profit from international trade, while the owner of the relatively scarce factor will suffer from international trade. However, if some factors (e.g., capital) are not completely free to move between industries or sectors in a country, the conclusions of the effect of international trade on factor income will change, which can be explained by the Specific-Factor Model.

5. The Leontief Paradox refers to the fact that the United States, as a capital-abundant country, imports capital-intensive goods and exports labor-intensive goods, which is diametrically opposed to the prediction of the H-O theorem. Many scholars have offered various explanations for this, such as the lack of representativeness of the data years, the labor heterogeneity theory, the natural resource theory, the trade barrier theory, the human capital theory, factor intensity reversal, and the demand preference theory.

延伸阅读(Further Readings)

新古典贸易理论(要素禀赋理论)是对古典贸易理论的发展与完善,它从另一个视角(要素禀赋差异)进一步解释了比较优势的来源。迄今为止,要素禀赋理论在国际贸易理论中仍占据十分重要的地位,其不仅以更符合现实的两种生产要素的投入为分析前提,而且从要素禀赋的视角考察国际贸易,强调了生产要素在国际贸易中的重要性。然而,要素禀赋理论在以下方面仍值得我们进一步思考和讨论。

首先,要素禀赋理论对于需求因素没有予以充分的重视,这也影响了它对现实问题的分析能力。H-O 定理只是从供给层面解释了国际贸易模式,并没有对需求层面加以考虑,因此对 H-O 定理进行实证检验的结论可能有失偏颇。基于需求视角对里昂惕夫之谜的解释,直接催生了一种新的国际贸易理论,即斯戴芬·林德(S. Linder)的需求相似理论(Preference Similarity Theory)。该理论与从供给层面解释国际贸易模式的李嘉图模型和 H-O 模型有很大区别,其与第 4 章将要讨论的新贸易理论,都以解释产业内贸易现象为主要目标,具体可参见第 4 章的"延伸阅读"部分。

其次,H-O 定理只是基于要素禀赋差异视角,从产品层面解释了国际贸易的起因和贸易模式。考虑到产品是由投入一定的劳动、资本、土地等生产要素而得到的,所以需要进一步思考产品层面的国际贸易模式与生产要素层面的国际贸易模式之间的联系。对此,H-O-V 定理(赫克歇尔-俄林-瓦内克定理)给出了答案,即在自由贸易条件下,每个国家都会出口其丰裕性生产要素,而进口稀缺性生产要素。事实上,H-O-V 定理可视为 H-O 定理的逻辑延伸。因为商品贸易背后的本质,就是生产该商品所使用的生产要素贸易。或者说,相对于生产要素的直接贸易(劳动和资本的跨国转移),商品贸易可视为生产要素的间接贸易。

最后,自要素禀赋理论诞生以来,众多学者对 H-O 定理、H-O-S 定理、S-S 定理、H-O-V 定理进行了大量的实证检验。研究结果大都显示出理论预测与现实表现并不相符(如中国实践对 H-O-S 定理、S-S 定理的背离,以及里昂惕夫之谜的发现等)。因此,这些定理在实证检验上受到了较大的质疑与挑战。甚至有学者认为,要素禀赋理论对国际贸易模式的解释可信度不及李嘉图模型。尽管如此,要素禀赋理论中的 S-S 定理与 H-O-V 定理在解释国际贸易对收入分配的影响方面具有重要的贡献。鉴于此,将李嘉图模型与要素禀赋模型结合起来,可能有助于我们更全面地解释国际贸易的相关实际问题。

尝试和你的学习小组的同学一起完成以下任务。

1. 通过收集数据,尝试性地实证检验 H-O 定理、H-O-S 定理和 S-S 定理在中国的实际表现,如果与理论预测不相符,请给出可能的解释。

2. 结合本章所学知识,探索中美贸易顺差产生的原因,以及中国与美国的生产要素禀赋差异能在多大程度上解释中美贸易模式。

3. 结合中美贸易冲突,分析两国相互加征关税,将对两国的国民收入分配产生怎样的影响。

即测即练

Chapter 4

新贸易理论
The New Trade Theory

学习目标
- 理解规模经济如何成为国际贸易发生的基础。
- 解释外部规模经济对贸易模式和贸易利益的影响。
- 理解内部规模经济和产品差异化导致的产业内贸易模式。
- 认识产业内贸易带来的新的贸易利益。
- 运用新贸易理论的工具分析中国贸易的一些现实问题。

Learning Target
- Understand how economies of scale underlie international trade.
- Explain the impact of external economies of scale on trade patterns and gains from trade.
- Understand intra-industry trade patterns resulting from internal economies of scale and product differentiation.
- Recognize the new gains from intra-industry trade.
- Use the tools of New Trade Theory to analyze some practical problems of China's trade with other countries.

在前述章节中,国家之间之所以进行贸易,是因为彼此存在技术或资源上的差别,这种差别导致了国家之间的专业化分工,贸易产生于各国所从事的专业化部门之间。因此,古典贸易模型和新古典贸易模型通常刻画的是两类完全不同的产品或产业之间的贸易模式,称为"产业间贸易"。然而,随着世界经济的发展,传统贸易模型在理论和实践上都面临挑战。从理论来说,传统贸易理论描述的是一个规模报酬不变并且不存在贸易成本的"完全竞争的假想世界",回避了真实的市场格局;从实践来说,不论是发达国家还是发展中国家,相互出口同一部门工业制成品的产业内贸易规模都在迅速扩大。当传统贸易理论的局限性日益凸显时,新的贸易模型也就呼之欲出。

Traditional trade models relied on productivity differences or factor endowment differences to explain international trade, which describes an inter-industry trade pattern with constant returns to scale and zero trade cost.

正如古典贸易理论以李嘉图的工作为代表、新古典贸易理论以赫克歇尔和俄林的工作为代表,新贸易理论的标志性工作是克鲁格曼模型。克鲁格曼将规模经济和不完全竞争引入分析框架,解释了为何在没有技术和要素差异的"对称"国家之间同样能够发生贸易。当存在规模经济时,每个国家都会集中资源生产行业中某一些品牌的产品,以实现规模收益,降低生产成本和价格,随后通过与其他国家交换不同品牌的产品,增加消费者选择的产品种类。

New Trade Theory (NTT) relaxed the assumption of constant returns to scale and showed that increasing returns can drive trade flows between similar countries without differences in productivity or factor endowments.

新贸易理论是传统贸易理论的重要发展,为我们提供了新的贸易基础,解释了新的贸易模式,同时揭示了新的贸易利益。本章安排如下:4.1 节介绍产业内贸易的基本事实;4.2 节讨论规模经济的概念、成因及其对国际贸易的影响;4.3 节和 4.4 节分别基于完全竞争框架和垄断竞争框架分析外部规模经济(external economies of scale)与内部规模经济(internal economies of scale)条件下的贸易模式及贸易利益。

New Trade Theory provides us with new sources of trade, explains new trade patterns, and reveals new gains from trade.

4.1　新的贸易模式:产业内贸易
(The New Trade Pattern:Intra-Industry Trade)

4.1.1　产业内贸易的概念(The Concept of Intra-Industry Trade)

在古典贸易理论和新古典贸易理论的框架下,不同国家的技术差异或要素禀赋差异是国际贸易产生的主要原因,尽管模型的理论命题本身也受到了一些质疑,但总体来看,这些理论较好地解释了 20 世纪上半叶之前的国际贸易模式。然而,第二次世界大战以后,世界贸易格局发生了显著变化。一方面,西欧和日本等发达经济体经济复苏并重新崛起,发达国家的技术差距和资本-劳动比差异缩小;另一方面,新加坡、韩国等新兴工业化国家的制造业产品,也在国际市场上对发达国家的同类产品形成了有力的挑战。根据比较优势理论和 H-O 模型,国际贸易应当更多发生在具有较大的技术或要素禀赋差异的国家之间,因此贸易量应当与两国的相似程度呈反向变化,但现实却是具有相似技术水平和要素禀赋的工业化国家之间的贸易份额在迅速增加,并且包含大量要素密集度相似的同类产品的双向贸易。这种发生在同一行业和相似产品之间的双向贸易,称为**产业内贸易**。

Intra-industry trade refers to exchanging similar products in the same industry. The term is usually applied to international trade, where the same types of goods or services are both imported and exported.

当发生产业内贸易时,一国既出口同时又进口某种同类型产品。需要指出的是,产业内贸易中的"产业"并不是工业和农业这样比较宽泛的分类,而是指两国或多国在某些具体的部门内进行相互贸易,即两国互相进口和出口属于同一部门或类别的产品。比如,中国和美国都既是汽车的出口国,同时也是汽车的进口国。

The "industry" of intra-industry trade is not a broad classification such as manufacturing and agriculture but refers to mutual trade between two countries or among more countries in some specific sectors, which means that two countries import and export products belonging to the same sector or category mutually.

4.1.2 产业内贸易的测度与特征事实(The Measurement and Facts of Intra-Industry Trade)

目前通常以格鲁贝尔(H. Grubel)和劳埃德(P. Lloyd)构造的产业内贸易指数来测算一个国家某一行业的产业内贸易水平。该指数有多种不同形式。克鲁格曼等使用的一个简明形式[①]为

$$产业内贸易指数 = \frac{\min\{X, M\}}{(X+M)/2} \tag{4-1}$$

式(4-1)的分子是该行业出口量(X)与进口量(M)二者的最小值,分母是平均贸易流量。不难证明,产业内贸易指数的取值为0~1。如果该产业的贸易是单向的,即不存在产业内贸易,则指数值为0,因为对一国而言,该行业出口和进口中较小的贸易流为0。相反,若该行业进口量与出口量相等,则指数取最大值1,产业内贸易水平越高,该指数越趋近于1。该指数还可以等价地表示为 $1 - |(X-M)/(X+M)|$。

Usually, the intra-industry trade index is used to measure the level of intra-industry trade in a certain industry of a country. The value of the intra-industry trade index ranges from 0 to 1. The higher the level of intra-industry trade, the closer the index is to 1.

表4-1根据《中国统计年鉴》发布的2016—2020年联合国国际贸易标准分类(SITC)二位数商品进出口额简要测算了中国工业制品的产业内贸易指数,约有1/3的商品该指数大于0.8,说明产业内贸易在中国与其他国家的贸易中扮演着十分重要的角色。从纵向对比情况看,一些产品的产业内贸易指数在各年间保持稳定,一些产品表现出一定的变化趋势,感兴趣的同学可以进一步分析产业内贸易指数变化的原因。

表4-1 2016—2020年中国工业制品产业内贸易指数

商品分类	2016年	2017年	2018年	2019年	2020年
有机化学品	0.89	0.86	0.86	0.92	0.96
无机化学品	0.81	0.77	0.71	0.74	0.79
染料、鞣料及着色料	0.83	0.80	0.78	0.79	0.76
医药品	0.76	0.72	0.74	0.65	0.75
精油、香料及盥洗、光洁制品	0.95	0.86	0.73	0.66	0.57
制成肥料	0.54	0.56	0.56	0.66	0.61
初级形状的塑料	0.42	0.45	0.49	0.49	0.46
非初级形状的塑料	0.95	0.93	0.92	0.87	0.85

---

① KRUGMAN P, OBSTFELD M, MELITZ M. International economics: theory and policy [M]. 11th ed. Boston: Pearson Education, 2017.

续表

商品分类	2016年	2017年	2018年	2019年	2020年
其他化学原料及产品	0.93	0.97	0.97	0.96	0.97
皮革、皮革制品及已鞣毛皮	0.61	0.59	0.66	0.76	0.96
橡胶制品	0.43	0.42	0.41	0.39	0.41
软木及木制品(家具除外)	0.20	0.20	0.19	0.20	0.23
纸及纸板；纸浆、纸及纸板制品	0.36	0.43	0.49	0.39	0.53
纺纱、织物、制成品及有关产品	0.27	0.27	0.26	0.23	0.17
非金属矿物制品	0.62	0.59	0.61	0.58	0.55
钢铁	0.50	0.58	0.56	0.63	0.91
有色金属	0.69	0.67	0.66	0.70	0.53
金属制品	0.31	0.30	0.30	0.27	0.24
动力机械及设备	0.73	0.78	0.76	0.77	0.76
特种工业专用机械	0.98	0.94	0.88	0.98	0.94
金工机械	0.75	0.74	0.78	0.93	1.00
通用工业机械设备及零件	0.60	0.61	0.61	0.59	0.56
办公用机械及自动数据处理设备	0.42	0.39	0.41	0.44	0.43
电信及声音的录制及重放装置设备	0.39	0.38	0.36	0.35	0.36
电力机械、器具及其电气零件	0.87	0.86	0.85	0.91	0.91
陆路车辆(包括气垫式)	0.94	0.96	0.99	0.97	0.95
其他运输设备	0.95	0.98	0.99	0.84	0.64
活动房屋；卫生、水道、供热及照明装置	0.05	0.06	0.06	0.05	0.03
家具及其零件；褥垫及类似填充制品	0.09	0.10	0.10	0.08	0.06
旅行用品、手提包及类似品	0.14	0.16	0.19	0.23	0.35
服装及衣着附件	0.08	0.09	0.10	0.11	0.13
鞋靴	0.12	0.14	0.18	0.18	0.27
专业、科学及控制用仪器和装置	0.84	0.84	0.82	0.85	0.91
摄影器材、光学物品及钟表	0.98	0.97	0.96	0.96	0.91
杂项制品	0.27	0.26	0.27	0.27	0.25
未分类的其他商品	0.14	0.16	0.15	0.47	0.88

资料来源：根据2017—2021年《中国统计年鉴》相关指标计算得到，保留两位小数。

当然，产业内贸易指数与商品类别精度有关，若以SITC(国际贸易标准分类)三位数或五位数编码计算，指数会有所下降。根据布鲁哈特(M. Brülhart)的一项代表性研究，欧美主要发达国家在SITC三位数编码下的产业内贸易指数为0.497～0.600，五位数编码下为0.317～0.424。① 尽管指数大小因行业分类标准或精度的差异而不同，但如此广泛存在的产业内贸易形式是传统贸易理论无法解释的。

Although the values of the index vary due to differences in industry classification standards or precision, such a widespread form of intra-industry trade can not be explained by traditional trade theory.

对产业内贸易的解释是经济学家面临的一项重要挑战。20世纪60年代，瑞典经济学家林德提出了需求相似理论，又称"林德假说"。这一理论认为，一种产品的国内需求是其出口的前提条件，因为企业不会生产和出口本国不存在需求的产品。当国内需求比较旺盛时，

---

① BRÜLHART M. Global intra-industry trade, 1962—2006[J]. The world economy, 2009, 32(3): 401-459.

该行业就会在国内和国外两个市场共同实现增长的良性循环和长期竞争优势。因此,产业内贸易发生的原因在于两国之间存在重叠需求,两国的收入水平和偏好结构越相似,重叠需求越大,产业内贸易量也越大。然而,由于需求相似理论仅限于需求层面,未能构建符合经济学主流范式的一般均衡分析框架,因此也未能完全揭示产业内贸易的理论基础。①

The Linder Hypothesis is an economics conjecture about international trade patterns: the more similar the demand structures of countries, the more they will trade with one another. Further, international trade will still occur between two countries having identical preferences and factor endowments (relying on specialization to create a comparative advantage in the production of differentiated goods between the two nations).

20世纪70年代末到80年代,随着产业组织理论工具的发展,以克鲁格曼、赫尔普曼、兰开斯特(K. Lancaster)等为代表的经济学家将规模经济、不完全竞争和产品差异化引入贸易模型,解释和分析产业内贸易的基础、模式和福利,形成了新贸易理论。

New Trade Theory is a collection of economic models in international trade theory that focuses on increasing returns to scale, originally developed in the late 1970s and early 1980s. The main motivation for the development of NTT was that, contrary to what traditional trade models (or "old trade theory") would suggest, the majority of world trade takes place between countries that are similar in terms of development, structure, and factor endowments.

保罗·克鲁格曼,普林斯顿大学教授,以发展新贸易理论和新经济地理学而闻名,2008年诺贝尔经济学奖获得者,目前担任许多国家和地区的经济政策咨询顾问。其主要研究领域包括国际贸易、国际金融、货币危机与汇率变化理论,被誉为当今世界上最令人瞩目的贸易理论家之一。

In 2008, Krugman was awarded the Nobel Memorial Prize in Economic Sciences for his contributions to New Trade Theory and New Economic Geography. The Prize Committee cited Krugman's work explaining the patterns of international trade and the geographic distribution of economic activity by examining the effects of economies of scale and consumer preferences for diverse goods and services.

4.2 新的贸易基础:规模经济
(The New Basis of Trade: Economies of Scale)

4.2.1 规模经济理论(The Theory of Economies of Scale)

传统国际贸易理论的一个重要假设是生产的规模报酬不变。**规模报酬**(returns to scale)是指投入规模的增加对产出量的影响,在理论上包含三种情形。

---

① 对贸易理论在需求侧的发展感兴趣的同学,可进一步阅读文献:钱学锋,裴婷. 从供给到需求:贸易理论研究的新转向[J]. 世界经济,2022,45(8):3-29.

Returns to scale describe what happens to returns as the scale of production increases. The concept of returns to scale arises in the context of a firm's production function. It explains the linkage of the rate of increase in output (production) relative to associated increases in the inputs (factors of production). There are three possible types of returns to scale.

规模报酬不变(constant returns to scale)意味着所有投入的增加导致产出以同样的比例增加。设生产产品 Y 需要两种要素资本(K)和劳动(L),生产函数为 $Y=f(K,L)$,如果当 K 和 L 都增加为原来的 n 倍时,产品产量 Y 也增加为原来的 n 倍,则生产的规模报酬不变,即 $f(nK,nL)=nf(K,L), n>1$。一个常用的规模报酬不变型生产函数形式为柯布-道格拉斯函数 $Y=K^a L^b$,其中,$a+b=1$。现实中,一些小型的手工业生产可能是规模报酬不变的。

Constant returns to scale (CRS) means that an increase in all inputs increases output in the same proportion.

规模报酬递增(increasing returns to scale),又称**规模经济**,意味着所有投入的增加导致产出水平以更大的比例增加[①],即 $f(nK,nL)>nf(K,L), n>1$。对于 C-D(柯布-道格拉斯)函数的情形,如果改变 $a+b=1$ 的假设,令 $a+b>1$,那么生产就是具有规模经济的。现实中,规模报酬递增的典型表现是随着产出增加,生产每一单位产品的平均成本大幅降低,如 IT 行业的微软公司或者苹果公司开发新版操作系统和应用软件需要上百亿美元的投入,但研发成功以后在网络上出售安装包和电子密钥的边际成本几乎为 0。

Increasing returns to scale (IRS) or economies of scale means output increases by more than the proportional change in all inputs. Due to their scale of operation, IRS is the cost advantages that enterprises obtain, and is typically measured by the amount of output produced per unit of time. A decrease in cost per unit of output enables an increase in scale.

规模报酬递减(decreasing returns to scale),又称**规模不经济**(diseconomies of scale),意味着所有投入的增加导致产出水平以较小的比例增加,如当企业规模变得过大时,管理成本将大幅上升,导致要素使用效率降低。规模不经济可以表示为 $f(nK,nL)<nf(K,L), n>1$。

Decreasing returns to scale (DRS) or diseconomies of scale means output increases by less than the proportional change in all inputs. DRS is the cost disadvantages that economic actors accrue due to an increase in organizational size or output, resulting in the production of goods and services at increased per-unit costs.

在市场化程度较高的制造业部门中,许多产品的生产都具有适度的规模经济。以平均成本对边际成本的比例(AC/MC)来测算,石油化工、农药、钢铁、铁道设备、汽车制造、船舶制造这六个重化工行业的民营企业平均规模经济水平为 1.173～1.394,处于平均成

---

① SAMUELSON P, NORDHAUS W. Economics[M]. 19th ed. New York: McGraw-Hill Press, 2009.

本随产量增加而减少的生产阶段。① 因此,规模报酬不变的假设并不符合实际。事实上,对规模经济的认识可以追溯到斯密的《国富论》,斯密指出,在特定时期扩大规模可以降低平均成本,从而提高利润水平。

Many products are produced with modest economies of scale.

新贸易理论的核心与基石就是在分析贸易模式的一般均衡框架中引入规模经济,如克鲁格曼所说:

新贸易理论的精要何在?当然,最为基本的观点是"非比较优势论",也就是说,新贸易理论家证明,各国不必仅仅为了利用其差别而从事专业化和贸易,它们还因实际带来了专业化优势的收益递增而从事贸易。贸易在很大程度上是由收益递增而不是由比较优势驱动的。②

Economies of scale are introduced into the general equilibrium framework for analyzing trade patterns, which are the core and cornerstone of New Trade Theory.

4.2.2 外部规模经济与内部规模经济(External Economies of Scale and Internal Economies of Scale)

在上面对规模报酬的概念进行阐述时,我们并没有讨论规模报酬递增产生的源泉是什么。事实上,规模变化导致的产品平均生产成本变化具有两种不同的表现形式:一种是行业层面的,另一种是企业层面的。单个厂商从行业规模的扩大中获得的生产率提升和成本下降称为**外部规模经济**(exterenal economies of scale),而厂商因其自身生产规模的扩大而获得的生产率提升和成本下降称为**内部规模经济**(internal economies of scale)。

External economies of scale refer to the productivity improvement and cost savings that a single firm gains from the expansion of the industry's scale. Internal economies of scale refer to the increase in productivity and the decrease in cost that a firm obtains due to the expansion of its production scale.

外部规模经济一般源于某些行业在一个或几个地区的集中生产,从而降低了该行业的生产成本。这种由于众多企业集聚在一起而使单个企业获得生产率提高等各类经济利益的现象,被马歇尔(A. Marshall)定义为集聚经济(agglomeration economies)。美国的硅谷、好莱坞都是不同类型产业集聚的典型代表。改革开放以来,中国许多地区都通过先行划定一定范围的土地,形成专供相关工业和服务设施设置与使用的产业园区,其主旨就在于引导产业集聚、推动地方经济发展,如北京的中关村科技园区、上海的张江高新技术产业开发区、武汉的东湖新技术开发区等,如今都已成为重要的"增长极"。

As more firms in related fields of business cluster together, their costs of production may decline and their productivity may increase. The term "agglomeration economies" denotes all economic advantages accruing to firms from a concentrated location close to

---

① 陈林,刘小玄.产业规制中的规模经济测度[J].统计研究,2015,32(1):20-25.
② KRUGMAN P. Does the New Trade Theory require a new trade policy[J]. World economy,1992,15(4): 423-442.

other firms.

那么,集聚是如何导致外部规模经济的呢?一般可归因于以下三点。

共享中间产品(input sharing)。同一产业的许多企业在某一地区集聚使为这些企业提供某一类专业要素投入成为可能,并且较之分散提供更有效率。在现代化的价值链体系中,每种产品的生产都需要使用专门的设备、原材料和配套服务,但单个企业往往不足以形成足够大的中间产品需求,而大量厂商的集中则可以为各类供应商提供巨大的下游市场。随着越来越多的供应商进入当地市场,下游厂商可以更加便捷地获得中间产品,从而专注于其优势环节的生产活动,最终形成高效的地方化生产网络。比如作为"中国鞋都"的晋江市陈埭镇,在制鞋产业集群发展过程中,不但建立了完整的原料采购、物流、销售体系,还引进了中国皮革和制鞋工业研究院及其下设的质检、研发、标准化、培训、信息五大中心入驻,形成软硬件设施的共享,这也成为"晋江经验"的重要特征之一。

Input sharing: aggregate increasing returns arise from the productive advantages of sharing a wider variety of differentiated intermediate inputs produced by local industry.

劳动力蓄水池和技能匹配(labor pooling and matching)。集聚经济的另一来源是当地专业化劳动力的共享,这能够使企业减少劳动力的获取成本。一方面,专业化的劳动力储备使企业更好地应对市场形势的变化、灵活地调整要素雇佣数量;另一方面,不同企业对劳动力需求的增加或减少可以相互抵消,使行业层面的劳动力需求保持稳定,降低劳动力的失业风险。地方化劳动力市场也减少了企业和劳动力之间的匹配成本,劳动力技能供给与企业技能需求之间的不匹配将导致额外的培训成本,随着某一地区劳动力和企业密集度增加,二者相互匹配的概率将显著提高。诸如北京、上海、广州、深圳这样的中国一线城市对高校毕业生有较高吸引力的原因之一,就在于它们提供了更多的"匹配"机会。

Labor pooling and matching: agglomerating effects, such as an increase in population and therefore human capital, arguably help improve matching within the economy, e. g. , employees with employers, suppliers with buyers, and so on. Moreover, massive urban areas like cities with many industries in a localized area can help firms offset their reaction to shocks more efficiently by 'spooling' labour resources together.

知识溢出(knowledge spillovers)。同一产业的地方化集聚能够促进地方化的技术外溢。现代信息技术的发展使规范化的知识在地区间传递的成本大幅下降,但需要面对面交流的"隐性知识"(tacit knowledge)却成为促进经济集聚的重要因素,隐性知识的空间传递成本非常高,只有在地理上邻近的厂商才能分享其收益,因此,集聚经济效应将随地理距离增加而衰减,中国大多数制造行业从0~1千米到1千米~5千米的集聚溢出效应衰减在73%~116%,其中,新产品比率大于中值的行业衰减速度更快。[①]

Knowledge spillovers: the accumulation of knowledge and human capital in concentrated areas like major urban centres can contribute to the sharing of production technologies between firms. Furthermore, agglomerated centres of production, like

---

① LI J, LI L, LIU S. Attenuation of agglomeration economies: evidence from the universe of Chinese manufacturing firms[J]. Journal of urban economics, 2022, 130: 103458.

cities, also facilitate learning -knowledge generation, diffusion, and accumulation -on a larger scale than smaller economic regions.

内部规模经济的出现，则是由于生产要素的不可分性（企业不可能雇用 0.5 个劳动力或是购买 0.75 台机床）以及企业的内部分工。一方面，工业制品的生产需要使用厂房和生产设备，厂商即使只生产少量产品往往也必须使用相对较多的设备，此时有部分生产能力没有得到有效利用，若厂商增加其产出，则厂房和设备的成本会分摊到更多产品上，降低生产的平均成本；随着生产规模扩大，企业还能够使用更加先进和复杂的技术与机器设备、投入更多资金用于研发活动，而较小规模的企业可能无法利用这样的技术和生产要素。另一方面，当企业大量使用机器和人力时，可以通过优化内部流程来使生产分工更加合理、专业化，如富士康通过流水线作业大幅提高了装配效率，完成了世界市场约 70% 的 iPhone 订单。此外，对劳动力进行分类管理、集中培训也能够降低企业的成本。

Internal economies of scale apply to a variety of organizational and business situations and at various levels, such as production, plant, or an entire enterprise. When average costs start falling as output increases, then economies of scale occur. Some economies of scale, such as capital cost of manufacturing facilities and friction loss of transportation and industrial equipment, have a physical or engineering basis.

在新贸易理论模型的开创性论文中，克鲁格曼引入一个线性形式的成本函数来刻画企业的内部规模经济[1]，这一设定被后续研究广泛使用。设企业生产需要的要素投入为 C，则在内部规模经济条件下，生产 Y 单位产品需要的要素数量为

$$C = c \times Y + f \tag{4-2}$$

式中：f 和 c 分别为生产的固定成本与边际成本。

In the groundbreaking paper on new trade theory, Krugman introduced a linear form of a cost function to analyse the firm's internal economies of scale.

在一些行业中，内部规模经济具有相当强大的力量，一个或少数几个厂商的产品就能够占有绝大部分市场份额，其结果是市场上并不会有大量厂商相互竞争。因此，存在内部规模经济的行业通常是不完全竞争的。与直接在企业层面发挥作用的内部规模经济不同，外部规模经济主要在行业层面发挥作用，虽然外部规模经济的大小由整个行业的规模内生决定，但个别厂商的贡献相对而言是微不足道的，单个厂商仍然是价格的接受者，所以外部规模经济能够与完全竞争的市场结构相容。于是，在规模经济的基础上发展出两组国际贸易模型：一是完全竞争市场的外部规模经济模型；二是不完全竞争市场的内部规模经济模型。我们将在 4.3 节和 4.4 节分别讨论这两组模型，然而在此之前，首先简要分析规模经济为何可以替代比较优势，成为国际贸易产生的重要原因。

Industries with internal economies of scale are imperfectly competitive, while

---

[1] KRUGMAN P. Scale economies, product differentiation, and the pattern of trade[J]. American economic review, 1980, 70(5): 950-959.

external economies of scale can be compatible with a perfectly competitive market structure.

4.2.3　规模经济如何导致国际贸易（How Economies of Scale Lead to International Trade）

规模经济究竟会如何影响国际贸易呢？在本节我们通过一个简明的模型来进行初步讨论。假设某产品 y 的生产以劳动力为唯一投入要素，产量与要素投入之间的关系如表 4-2 所示，当产量从 10 单位增加 1 倍到 20 单位时，劳动力投入需要增加 68%；当产量从 20 单位再增加 1 倍到 40 单位时，劳动力投入仅增加 52.4%。这正是规模经济的反映（这里我们不区分规模经济的类型）。

表 4-2　产品 y 的投入产出表

产　量	要　素　投　入	平均要素投入
10	25	2.5
20	42	2.1
30	54	1.8
40	64	1.6
50	75	1.5
60	84	1.4

假设 A、B 两国都生产这种产品，并且两国的生产技术完全相同。在不进行贸易的孤立状态下，两国各自都生产 20 单位产品。根据投入产出关系，A 国和 B 国都需要 42 单位的劳动力，此时，两国总共使用 84 单位劳动力来生产 40 单位产品。如果这 40 单位产品的生产都在 A 国进行，会如何呢？由于存在规模经济，A 国生产 40 单位产品只需要 64 单位劳动，同样的 84 单位劳动可以生产 60 单位产品，也就是说，A 国的集中生产可以节约成本、增加世界产量。

A 国将资源用于产品 y 的生产，意味着必须缩减另一产品，如产品 z 的生产，而 B 国既然不再生产产品 y，就可以将更多资源投入产品 z 的生产中。如果存在一系列产品 w、x、y、z，每种产品都具有类似表 4-2 的规模经济，那么 A 国可以集中生产产品 w、y，B 国集中生产产品 x、z。当两国都将生产集中于有限几种产品时，每种产品的产量都比两国生产所有种类的产品时要大，平均成本也更低。此时，A 国向 B 国出口产品 w、y，同时从 B 国进口产品 x、z。国际贸易的作用在于使两国都充分发挥规模经济的优势，推动世界的生产可能性曲线外移，与此同时，各国消费者仍然能够消费多样化的产品。

The role of international trade is to enable both countries to take full advantage of economies of scale and push the world's production-possibility frontier outward. Meanwhile, consumers in every country are still able to purchase a variety of products.

根据上面的讨论，在没有外生的比较优势和要素禀赋差异时，国际贸易也能够导致互利的结果。这正是克鲁格曼所说的"因实际带来了专业化优势的收益递增而从事贸易"的经济含义。

With increasing returns to scale, identical countries still have an incentive to trade with each other. Industries in specific countries concentrate on specific niche products, gaining economies of scale in those niches. Countries then trade these niche products to each other -each specializing in a particular industry or niche product. Trade allows the countries to benefit from larger economies of scale.

值得一提的是，规模经济的作用其实更早就被国际贸易领域的学者关注过，如俄林就曾明确指出："即使在封闭情形下，两个地区生产要素和商品价格完全一致，但此时若某一地区的生产存在规模经济，也会引起持久和互惠的贸易。"① 因此，在新贸易理论诞生之初，一些学者"否认在新贸易理论中真有什么新东西"。② 然而，在克鲁格曼等的开创性工作之前，规模报酬递增从未成为国际贸易学的主流，因为一旦放松规模报酬不变的假设，完全竞争的市场结构就失效，学者们必须处理不完全竞争的市场结构问题，但在20世纪70年代末以前，对于寡头和垄断竞争的研究尚未形成严格的一般均衡模型。新贸易理论成功的关键在于规模经济与不完全竞争的产业组织的结合。

The key to the success of the New Trade Theory lies in the combination of economies of scale and imperfectly competitive industrial organization.

4.3　外部规模经济与国际贸易
（External Economies of Scale and International Trade）

20世纪70年代末以来，中国的改革开放遵循渐次推进的模式，在逐渐成为制造业第一大出口国的同时，中国的工业部门也经历了显著的空间集中趋势。一些研究显示，这种空间集中带来的外部规模经济成为中国供应链韧性的重要支撑。

Since the late 1970s, Chinese industrial sector has experienced a significant trend of spatial concentration, and external economies of scale caused by this spatial concentration have become an important support for the resilience of Chinese supply chain.

案例4-1　义乌模式成就"世界超市"

当前，世纪疫情和百年变局交织，国际产业链、供应链加速重构，许多外贸企业特别是中小微外贸企业经营压力增大、困难增多。义乌外贸在多重冲击下逆势上扬，数据显示，截至2021年11月底，义乌已累计开行中欧班列3 305列，辐射50个国家和地区，一个个集装箱满载货物将义乌小商品运往世界各地（图4-1）。

义乌为何能够持续巩固"世界超市"的地位？其原因就是外部规模经济的力量。在义

---

① OHLIN B. Interregional and international trade[M]. Cambridge：Harvard University Press，1933.

② 克鲁格曼在1992年发表的一篇文章中提到，规模经济可以取代比较优势，而用来解释国际贸易的观点可以在俄林那里找到，短暂的冲击（包括政府政策）可能给贸易形式带来长期影响的观点可以追溯到李斯特（F. List）和幼稚产业保护论。许多国际经济学家，特别是金德尔伯格（C. Kindleberger），否认在新贸易理论中真有什么新东西。参见：KRUGMAN P. Does the New Trade Theory require a new trade policy[J]. World economy，1992，15(4)：423-442.

图 4-1 中欧班列义乌平台首趟"义新欧"中老铁路国际货运列车发车

资料来源:《中老铁路(义乌—万象)国际货运列车启程》,2021年12月新华社发(胡肖飞摄)。

乌小商品市场内,由专业化的批发商来沟通供给与需求,且一个批发商可为众多上游生产企业和下游采购商服务。由此,尽管生产同种产品的众多中小微企业在经营上相对独立、空间上相对分散,但它们共同借助义乌小商品市场进行销售,形成了远超单体企业的大规模供给能力,从而获得供给和销售上的外部规模效应,供销成本被分摊,平均交易成本明显下降,形成了极具竞争优势的批发价格。尽管单个中小微企业生产的产品相对单一,甚至只能专注于某一个生产环节,但义乌小商品市场集聚了大量同类企业生产的不同规格的同类产品,采购商可以在一系列产品中进行自由选择,因而从市场整体角度看,获得了一种超越单个企业资源要素能力限制的经济效应。

义乌外贸的逆势上扬是我国外贸高质量发展的缩影。2021年,我国的贸易伙伴遍布全球230多个国家和地区,每天进出口贸易额超150亿美元,充分体现了我国外贸强劲的韧性。

资料来源:薛鹏,韩亚栋.义乌模式在大考中开新局[N].中国纪检监察报,2021-12-16(4).

接下来,我们将探讨案例4-1背后的经济学原理,即外部规模经济对贸易模式和贸易利益的影响。

4.3.1 外部规模经济条件下的贸易模式(Trade Patterns Under External Economies of Scale)

根据4.2节的分析,规模经济会导致一种产品的生产集中在一个国家。在外部规模经济的条件下,可以假设厂商仍然是完全竞争的,厂商的长期均衡位于长期平均成本曲线的最低点。行业的供给量是厂商供给量的加总,当市场需求增加时,新的厂商会被吸引到该行业中来,而行业供给增加导致对生产要素的需求增加。对于不存在规模经济的行业来说,增加的要素需求将使生产要素的价格上升,但外部经济意味着厂商对于要素和中间品需求的增加会形成更加高效的地方化供应网络与劳动力蓄水池,因此要素成本反而是下降的。比如重庆市采用"产业链招商"模式,除了培育传统的主导产业,还注重引育配套企业,同步降低上下游成本,打造了全球最大的笔记本电脑生产基地。具有外部规模经济的行业的长期供给曲线是向右下方倾斜的。

In theoretical models where conditions of perfect competition and external economies of scale hold, the long-run equilibrium is at the lowest point of the long-run average cost curve of the firm. When the demand grows, new manufacturers will be attracted to enter the industry. Furthermore, when the supply of the industry increases, it will lead to an increase in the demand for production factors. For industries without economies of scale, the increase in demand for factors will raise the price of production factors. However, the external economies of scale mean that the increase in demand for factors and intermediate products will form a more efficiently localized supply network and labor pool. Therefore, the factor cost is decreasing. The long-run supply curve for industries with external economies of scale is downward sloping.

以中国和美国两个国家之间的生产布局为例。假设两国都生产纺织品（事实上，19世纪末纺织业的确是纽约市最重要的工业部门），并且纺织业的生产具有外部规模经济。图 4-2 中向右下方倾斜的曲线 AC_C 是中国纺织行业的平均成本曲线，也是行业长期供给曲线，D_C 是中美两国不存在贸易时中国的国内市场需求曲线。此时，中国国内纺织品的均衡价格为 P_1，均衡产量（消费量）为 Q_1。可以仿照图 4-2 画出美国的行业供给曲线和国内市场需求曲线，以 P_1^* 和 Q_1^* 表示美国纺织品的均衡价格和数量。那么，在两国孤立状态下，P_1 和 P_1^* 的相对大小由什么因素决定呢？

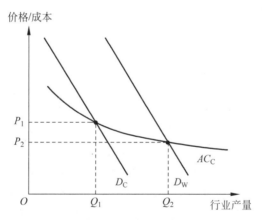

图 4-2　国际贸易对中国产品生产和价格的影响

首先，两国 AC 曲线的位置可能不同。如果美国生产纺织品的 AC 曲线在 AC_C 上方，则在两国国内市场需求相近的情形下，美国的平均成本要高于中国，相应的纺织品价格也更高。造成 AC 曲线位置变化的原因可能是技术差异，也可能是美国劳动力的成本较高——当然，这些因素显然又回到了比较优势理论的范畴。

另一种可能的原因则是两国国内需求水平的差异。如果把纺织品看作一种生活必需品，单个消费者对于纺织品的需求差异不大，那么随着消费者数量增多，国内市场需求曲线将向右移动。与美国相比，中国人口数量更多，因此对纺织品的需求也更大，即使两国的 AC 曲线完全一致，中国的纺织业部门也会在规模经济的作用下实现更低的平均成本和均衡价格。

The higher domestic demand, the lower average cost and price.

接下来我们进一步讨论：如果中国和美国之间开始进行纺织品贸易，世界市场的生产格局会如何变化？不妨设孤立状态下 $P_1<P_1^*$，那么一旦展开自由贸易，美国消费者会发现从中国进口的纺织品价格更为低廉，因而选择以进口品替代本国产品。当美国消费者转向中国纺织品后，中国纺织业面对的市场需求增加，曲线 D_C 向右移动，中国纺织业的生产扩张，进而导致平均成本和均衡价格下降。与此同时，美国纺织业面对的市场需求减少，生产萎缩，平均成本和均衡价格上升。上述变化将形成"自我强化"机制，即中国的纺织品价格优势越来越强，美国的纺织品价格劣势越来越明显，最终导致全世界的纺织品生产都集中到中国进行，美国的纺织资源将配置到其他部门。

The trade promotes self-reinforcement mechanism in production.

当纺织业生产集中到中国进行后，新的均衡点出现在世界需求曲线 D_W 与 AC_C 的交点（Q_2，P_2）的位置，贸易使世界市场上纺织品的价格比孤立状态下两国的价格都要便宜。在比较优势的框架下，贸易使相对昂贵的一国的产品价格下降而相对便宜的一国的产品价格上升，显然，外部规模经济导致的均衡结果与比较优势理论存在显著差异。

The world price is lower than it would have been in either country in isolation. Under the framework of comparative advantage, the price in a relatively expensive country is reduced and the price of the product in a relatively cheap country is increased. Obviously, the equilibrium result caused by external economies of scale is significantly different from the Comparative Advantage Theory.

在实践中，外部规模经济意味着最初的微小优势会因贸易而不断强化，形成国家间生产的专业化。我们刚刚讨论过导致某一产品在两国初始价格差异的供需方面因素，然而，在存在多个国家、多种产品的情形下，生产集中于某一特定国家并不是必然的。新贸易理论认为，虽然外部规模经济能够引起国际贸易，但贸易的格局，即哪个国家将出口哪种产品却并不能确定。这种基于外部规模经济的国家间专业化分工通常具有历史和偶然性因素，这些因素决定了哪些国家将首先按规模经济生产，而一旦先天优势成功推动生产的集中趋势，先天优势本身就不再重要，专业化模式可以长期保持稳定。因此，外部规模经济体现了"先发优势"的重要性。当某个国家的某一行业因规模经济优势而占据世界市场的主要份额时，即使另一个更具有比较优势的国家的企业试图进入国际市场，也难以获得成功。

External economies of scale mean that a initially tiny advantage will be reinforced by international trade, resulting in the specialization of production between countries. In the situation where there are various products in multiple countries, it is not necessary that production is concentrated in a particular country. The New Trade Theory argues that external economies of scale can stimulate the motivation for international trade. However, the pattern of trade, that is, which country will export which product, is uncertain. The specialization of production among countries based on external economies of scale often has historical and contingent factors that determine which countries will carry out operations firstly according to economies of scale. Once an innate advantage promotes centralized production, the innate advantage itself will no longer be important, and the mode of specialization can remain stable for a long time. Therefore, external economies of scale reflect the importance of "first-mover advantage". When a certain industry in a certain country dominates the world market due to its advantages of economies of scale, it is difficult for a corporation from another country with a comparative advantage to try to enter the international market.

近年来，关于中国产业向外转移的问题不断被提及。不妨基于上述分析框架进一步讨论，当纺织业的生产集中到中国以后，假如某一东南亚国家的企业试图生产并出口纺织品，并且该国的劳动力成本比中国更低，会对已有的国际贸易模式造成何种影响？为什么？

4.3.2 外部规模经济条件下的贸易利益（Trade Benefits Under External Economies of Scale）

在比较优势理论框架下，我们已经证明，贸易带来的专业化分工能够提升各国的福利水平。然而，当贸易的基础是外部规模经济时，这一结论却并不必然成立，因为获得"先发优势"的国家并不一定是在该行业生产上最具比较优势的国家。可以通过图4-3的模型来刻画这一现象。假设某一国家 i 因为历史因素已经成为世界市场上某部门产品 G 的供应者，并且该部门具有外部规模经济，国家 i 的平均成本曲线 AC_i 与世界市场需求曲线 D_W 的交点（均衡点1）决定了世界市场的均衡价格 P_1。另一后发国家 j 具有较低的要素价格，因此在每一产量水平上都能够以更低的成本生产产品 G，其平均成本曲线为 AC_j。由于一开始 j 国的消费者就可以从 i 国进口产品 G，因此从未对本国产业形成足够的需求使其价格能够降到 P_1 以下（当 j 国试图发展产业 G 时，企业面对的平均成本为 $C_0 > P_1$）。假设 j 国消费者对产品 G 的需求曲线为 D_j，那么，当 j 国从开放退回到自给自足状态时，消费者将转向本国产品，随着国内产业部门规模扩大，新的均衡价格为 $P_2 < P_1$（均衡点2）。对比均衡点1和均衡点2，显然，如果没有贸易，国家 j 自行生产产品 G 的价格将会更低，因此，国家 j 的福利在贸易中反而恶化了。

When trade is based on external economies of scale, the specialization resulted from trade may not necessarily improve the welfare level of all countries.

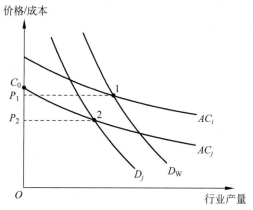

图4-3 外部规模经济与贸易利益

上述结论具有明显的政策含义。由于外部规模经济条件下的国际分工格局取决于历史等偶然性因素，而不是技术或资源禀赋差异的必然结果，因此，某一国家可以依靠政府的力量来补贴本国企业、阻止外国竞争者，从而改变行业的市场份额和平均成本，培育本国产业的规模经济和竞争优势。这种干预行为被称为"战略性贸易政策"(strategic trade policy)。另外，如果外部经济是源于行业内部的技术外溢，那么当某个企业通过经验积累提升生产技术或产品质量时，其他厂商就可能对新技术进行学习和模仿，导致该行业整体知识的不断积累，形成"学习效应"或"动态报酬递增"。在这种情形下，一国某一新兴产业未能形成国际竞争力可能只是因为暂时缺乏知识或经验的积累，政府的干预可以使这些"幼稚产业"(infant industry)通过学习效应实现规模经济，逐渐降低生产成本。尤其是当国内市场存在扭曲，如资本市场不完全使新兴产业难以获得外部融资时，保护主义政策可能提高本国的整体福利水平。

The main idea of strategic trade policy is that trade policies can raise the level of domestic welfare in a given state by shifting profits from foreign to domestic firms. Strategic use of export subsidies, import tariffs and subsidies to R&D or investment for firms facing global competition can have strategic effects on their development in the international market.

新贸易理论似乎为汉密尔顿(A. Hamilton)、李斯特等主张的幼稚产业保护论提供了新的理论依据，而传统的幼稚产业保护论一直是自由贸易理论所批判的对象。因此，新贸易理论再次激发了关于贸易政策的辩论。比如，美国政府针对中国制造相关行业加征关税的行为，是否有助于制造业回归美国，实现其再工业化目标呢？

The New Trade Theory seems to provide a new theoretical basis for the Infant Industry Protection Theory which has always been the object of criticism of free trade theory. Therefore, the New Trade Theory has once again stimulated the debate on trade policy.

事实上，无论是战略性贸易产业还是幼稚产业，在新贸易理论框架下都有一个重要的前提条件：当前的国际市场分工存在扭曲，历史因素导致的产业集中阻碍了更具有比较优势的国家相关产业的发展。现实中政府往往并不能够获得充分的信息，干预的结果可能是以制造"政策扭曲"来纠正"市场扭曲"。比如，出口补贴虽然导致出口产业生产规模的扩大，但这种扩大是以其他行业资源转移为前提的，在降低被补贴产业边际成本的同时提高了其他产业的边际成本，从而给其他产业带来难以预料的扭曲。此外，补贴政策可能导致企业实施策略性行为，致使那些政府不期望出现的企业也进入政府所认定的战略性行业。

The government is often unable to obtain sufficient information in reality. Government intervention may result in creating "policy distortion" to correct the "market distortion".

由于"潜在的"外部经济难以辨认，因此，在运用新贸易理论的分析工具时，应当主要关注如何以模型来解释贸易发生的原因、贸易的模式以及贸易的利益，而谨慎地对待那些规范主义的政策争论。

4.4 内部规模经济与国际贸易
（Internal Economies of Scale and International Trade）

4.4.1 不完全竞争市场（Imperfect Competition Market）

不完全竞争市场（imperfect competition market）是相对于完全竞争市场而言的，所有的或多或少带有一定垄断因素的市场都被称为不完全竞争市场。在完全竞争市场中，行业内的所有厂商都生产完全相同的产品，单个厂商是价格的接受者，它能够在现行价格下出售任意数量的商品，但无法影响既定价格。古典贸易理论和新古典贸易理论的一个重要假设就是完全竞争的市场结构。然而，只要我们去观察实际的市场结构就会发现，完全竞争的假设同国际市场的现实相去甚远。

An imperfect competition market refers to a situation where the characteristics of an economic market do not fulfill all the necessary conditions of a perfectly competitive market. The imperfect competition will cause market inefficiency when it happens.

不完全竞争市场一般可以分为三类：垄断市场（monopoly market）、寡头市场（oligopoly market）和垄断竞争市场（monopolistic competition market）。垄断市场的垄断程度最高，寡头市场居中，垄断竞争市场最低。下面对这三类市场的特征做一简要回顾。

垄断市场。垄断市场是指整个行业中只有唯一厂商的市场组织。在垄断市场条件下，市场中只有一个厂商生产和销售该行业产品，并且该厂商生产和销售的商品没有任何相似的替代品，其他任何厂商进入该行业都不可能或极为困难。在这样的市场中，没有任何竞争因素存在，垄断厂商控制了整个行业的生产和销售，也就是说，垄断厂商可以控制和操纵市场价格。19世纪后期，石油大亨约翰·洛克菲勒一度控制了美国95%的石油供给与炼油市场，只要竞争者稍不遵循他的规则，他就可以拒绝为其供油。当然，随着各国反垄断政策的逐步完善，目前主要国家市场上完全垄断的企业已不多见，但出现了以互联网平台为代表的新型垄断结构。

A monopoly market is a market with the "absence of competition", creating a situation where a specific person or enterprise is the only supplier of a particular thing.

寡头市场。寡头市场是指少数几家厂商控制整个市场的产品生产和销售的市场组织。现实中，寡头是一种较普遍的市场组织形式，如手机行业就被美国的苹果公司、韩国的三星公司等少数几家企业控制。寡头市场和垄断市场的成因是类似的，都可以归于行业中一家或少数几家企业对生产所需的主要资源的控制、政府的扶植和支持，以及4.2节所讨论的内部规模经济——某些产品的生产必须在相当大的生产规模上运行才能达到最优的经济效益。寡头市场可以按照企业之间的行动方式分为不合作寡头与合作寡头（如卡特尔）等。

An oligopolistic market is a market structure in which a market or industry is dominated by a small number of large sellers or producers. Oligopolies often result from the desire to maximize profits, and may lead to collusion between companies. oligopoly reduces competition, leading to higher consumer prices and lower employee wages.

垄断竞争市场。垄断竞争市场是指一个市场中有许多厂商生产和销售有差别的同类产品的市场组织。在现实的商品市场中，很少有产品是完全相同的，大多数厂商在生产和销售产品时，都会通过款式、尺寸等产品本身的客观性因素，或者广告、品牌营销等人为施加的主观性因素，将自己的产品与竞争对手的产品区分开来，造成产品差异化。而这种产品差异化导致某一企业在确定其特有产品的价格时具有一定的垄断力，但这种垄断力又是不完全的，单个厂商无法影响整个市场的价格，因为市场中总是存在许多功能相同的替代品。产品差异化，或者说产品间的不完全替代，是垄断竞争市场区别于完全竞争市场的主要特征。

Monopolistic competition is a type of imperfect competition such that many producers compete against each other, but selling products that are differentiated from one another (e.g. by branding or quality) are not perfect substitutes. In a monopolistic competition market, a firm takes the prices charged by its rivals as given and ignores the impact of its own prices on the prices of other firms.

上述三种不完全竞争市场中，完全垄断的假设条件十分严格，在真实的市场中也几乎不可能出现。因此，新贸易理论所涉及的不完全竞争市场主要是寡头和垄断竞争两种形式。在寡头市场中，每个厂商的产量都在全行业产量中占有一个较大的份额，这使每个厂商的产量和价格变动都会对其他竞争对手产生重要的影响，寡头厂商的行为决策存在复杂的相互作用关系，基于不同的反应方式假设就可以构建不同的寡头市场模型。迄今为止，还没有一个寡头市场模型能够对寡头市场的价格和产量决定作出一般化的理论分析，其结果是，基于寡头市场的新贸易理论也没有充分发展起来。[①] 所以，本章讨论的重点是垄断竞争的市场格局。

The assumption of complete monopoly is extremely strict, so the imperfect competition market involved in the New Trade Theory is mainly in the form of oligopoly and monopoly competition. There are complex interactions between manufacturers in the oligopoly market. Therefore, the New Trade Theory based on the oligopoly market has not been fully developed.

4.4.2　垄断竞争模型的基本假设（Basic Assumptions of Monopolistic Competition Model）

为了构建一个完整的分析框架，需要对垄断竞争市场的特征给出更准确的设定。

首先，行业中大量企业生产有差别的同类产品，这些产品互相之间是非常接近的替代品。这一假设有两重含义：一方面，由于每种带有客观或主观差异性的产品都是唯一的，

---

① 一些模型显示，对于寡头市场而言，即使产品同质，也能够发生产业内贸易。对寡头模型感兴趣的同学，可以阅读：BRANDER J, KRUGMAN P. A reciprocal dumping model of international trade[J]. Journal of international economics, 1983, 15: 313-321.

所以产品的生产企业对产品价格具有一定的垄断力量,厂商的定价行为将偏离价格等于边际成本的原则;另一方面,由于差异性产品互相又是相似的替代品,因此每一种产品的生产企业都会面对大量的竞争者,市场中兼有竞争的因素。企业对其产品的定价能力的大小取决于产品之间的差异程度。①

First of all, a large number of enterprises in the industry produce different similar products, which are very close substitutes to each other.

其次,行业中的企业数量非常多,以至于每个厂商都认为自己的行为对市场整体的影响很小,不会引起竞争对手的反应,每个厂商都把竞争对手的价格视为既定价格。这是垄断竞争市场模型与寡头市场模型之间的重要区别。

Secondly, the number of enterprises in the industry is huge, and each manufacturer regards the price of its competitors as given.

再次,企业可以自由地进入和退出一个行业,这意味着垄断竞争厂商在长期均衡时经济利润为零。

Thirdly, enterprises can freely enter and exit an industry, which means that the economic profit of monopoly competitors is zero in the long-term equilibrium.

最后,尽管垄断竞争行业的各个厂商生产差异化的产品,厂商之间的成本曲线和需求曲线并不一定相同,但在新贸易理论模型中,假定所有厂商都具有相同的成本曲线和需求曲线,可以用一个**代表性厂商**(representative firm)来分析所有企业的价格和产量决定。这一假设存在一些局限性,但在本章是一个无损实质问题的合理简化。

Finally, the cost curves and demand curves are the same among firms.

A representative firm is the typical supplying firm in a market. The concept of the "representative" firm is used specifically in the analysis of supply conditions in perfect competition and monopolistic competition to identify the equilibrium price and output of the individual firm. In the New Trade Theory Model, assuming that all firms have the same cost curve and demand curve, therefore we can utilize a representative firm to analyze all firm's decisions of price and output.

我们在前面已经指出,内部规模经济必然与不完全竞争相关联,那么垄断竞争市场与规模经济之间有什么关系呢?可以从两个方面来考虑:其一,从厂商角度来说,虽然生产多个规格的产品可以行使更多的垄断力量,但这也意味着厂商在每种产品上的生产规模都会比将所有资源投入一种产品的生产时小,当生产存在内部规模经济时,厂商的平均成本会因产品种类增加而上升。② 基于类似的理由,同一个厂商在两个不同的国家设立生产线也会导致每条生产线规模减小、平均成本上升。因此,规模报酬递增导致每个垄断竞

---

① 严格来说,产品差异可以分为垂直差异和水平差异,前者是指同一类产品具有质量和档次上的差别,后者是指基本属性和档次相同的产品在规格、款式等细节特征上存在差别。产品的质量等级与企业的生产技术差异、消费者的收入水平差异等因素相关,因此,对垂直差异的分析在后续的企业异质性贸易模型中有更好的展现,这里我们聚焦于水平差异。

② 这里我们假定不存在范围经济,亦即每种产品使用的生产线是独立的。如果不同的产品可以使用完全相同的生产设备和加工流程,那么就可能形成范围经济,使平均成本因同时生产的产品种类数增加而下降。

争厂商只在一个国家生产一种有差别的产品,以最大限度利用规模经济的优势。其二,从行业角度来说,给定市场对该行业所有产品的总需求水平,行业中厂商的数量越多,单个厂商的规模越小,相应的平均成本也越高。

Increasing returns to scale leads to each monopolistic competitor producing only one different product in one country, to maximize the advantage of economies of scale. When the total market demand level is given, the more the number of manufacturers in the industry, the smaller the size of a single manufacturer, and its average cost is also higher.

4.4.3 垄断竞争市场的产品价格与产品种类（Product Price and Variety in Monopolistic Competition Market）

基于前述基本假设,可以通过一个简单的模型来刻画垄断竞争市场的均衡价格和均衡产品种类数。首先分析单个国家的情形,假设所有中国消费者对某一行业产品,如衬衣都有相同的偏好,而衬衣市场具有垄断竞争的市场结构。在这种情形下,消费者的效用水平取决于两个因素:从单个品牌衬衣消费中获得的效用,购买的衬衣品牌种类数。当不同品牌衬衣没有差异时,市场结构转化为完全竞争模式,消费者的效用只与消费衬衣的总数有关;而当不同品牌衬衣存在差异时,消费者将存在对产品多样化的偏好(love of variety),品牌间的替代程度将影响效用的大小。克鲁格曼模型将替代程度设定为一个不变量替代弹性(elasticity of substitution),也就是说,两种衬衣的相对价格变动1%时,其相对需求的变动百分比是一个固定的值。

Consumers "love" variety, in the sense that increased varieties improve utility.

The elasticity of substitution governs how the relative expenditure on goods or factor inputs changes as relative prices change.

设每个消费者从衬衣消费中获得的效用为

$$U = \sum_k s_k^\theta, \quad 0 < \theta < 1 \tag{4-3}$$

式中：s_k 为单个消费者对代表性厂商 k 所生产的衬衣的消费量；θ 为不同品牌衬衣之间的差异程度,θ 越大则差异性越小,当 θ 趋近于 1 时转化为完全竞争市场的行业需求模式。

设厂商 k 对其衬衣的定价为 p_k。每个消费者在衬衣上的支出不能超过他的收入,当然,消费者可能会把总收入按照一定比例分配到不同行业的产品,由于我们已经假设所有消费者的偏好都是一致的,因此不妨简单地设定每个消费者购买衬衣的支出都等于一个固定值 D,即 $\sum_k p_k s_k = D$。① 根据微观经济学中效用最大化的基本原理,消费者在两种衬衣品牌 k 和 k' 上获得的边际效用之比要等于两种衬衣的价格之比,对效用函数求导得到

---

① 如果我们考虑消费者同时也是厂商雇用的劳动力,并且整个市场只有一个产业部门,那么 D 实际上就等于劳动者的工资收入。

$$\frac{s_{k'}^{\theta-1}}{s_k^{\theta-1}} = \frac{p_{k'}}{p_k} \tag{4-4}$$

这个关系式可以让我们把任意品牌 k' 的最优消费量都表示为 s_k 的函数，有 $p_{k'}s_{k'} = p_{k'}^{\frac{\theta}{\theta-1}} p_k^{\frac{1}{1-\theta}} s_k$。将上式对所有品牌 k'（包括 $k'=k$ 的情形）加总，可以得到 $p_k^{\frac{1}{1-\theta}} s_k \sum_{k'} p_{k'}^{\frac{\theta}{\theta-1}} = D$。其中，$\sum_{k'} p_{k'}^{\frac{\theta}{\theta-1}}$ 是一个反映市场总体价格水平的指标，根据垄断竞争市场的基本假设，单个厂商对行业总体价格的影响很小，在决策过程中将 $\sum_{k'} p_{k'}^{\frac{\theta}{\theta-1}}$ 视为外生给定。如果中国消费者的总数为 L，那么代表性厂商 k 面对的市场需求 y 可以表示为

$$y_k = Ls_k = p_k^{\frac{1}{\theta-1}} \left(\sum_{k'} p_{k'}^{\frac{\theta}{\theta-1}} \right)^{-1} DL \tag{4-5}$$

We derive the demand function of firms based on the utility maximization of consumers.

这是一条向右下方倾斜的需求曲线，给定厂商的定价，就能够依据需求函数来确定合宜的产量。因此，对于厂商而言，最为关键的决策是制定一个能够实现利润最大化的价格。使用式（4-2）的线性成本函数来表示厂商规模报酬递增的特征，即 $C_k = cy_k + f$，于是厂商的利润为

$$\pi = p_k y_k - cy_k - f = \left(p_k^{\frac{\theta}{\theta-1}} - cp_k^{\frac{1}{\theta-1}} \right) \left(\sum_{k'} p_{k'}^{\frac{\theta}{\theta-1}} \right)^{-1} DL - f \tag{4-6}$$

对利润函数求导，并令导数值为 0，可以求得均衡价格为

$$p_k = \theta^{-1} c \tag{4-7}$$

将均衡价格代入需求函数（4-5），可以求得 $y_k = (nc)^{-1} \theta DL$，其中，$n$ 是均衡状态下厂商的数量（即市场中衬衣的种类数）。因为反映成本的参数 c 对所有厂商都是相同的，所以全部衬衣制造商都具有相同的价格和产量。

In the model, all monopolistic competitive firms have the same price and output in equilibrium.

另外，将均衡价格代入利润函数（4-6），根据长期利润为 0 的条件可以得到 $y_k = c^{-1}(1-\theta)^{-1} \theta f$，于是有

$$n = \frac{(1-\theta)DL}{f} \tag{4-8}$$

式（4-7）和式（4-8）包含了新贸易理论的若干核心命题。

首先，式（4-7）刻画了垄断竞争厂商的**边际成本加成定价**（markup pricing），并且加成比率唯一取决于产品差异程度，由于产品差异程度是一个外生给定的常数，因此，这是一个"不变加成模型"。如果改变效用函数的形式，如市场中产品的替代弹性不再保持不变，就可能得到加成率取决于某些内生变量的"可变加成模型"。比如，加成率通常会受到企业数量的影响，当 n 增加时，消费者可能更容易在市场中获得替代产品，迫使企业减小加成比率来吸引顾客。

A markup is the pricing practice of a producer with market power, where a firm charges a fixed markup over its marginal cost. A firm with market power will charge a price above marginal cost and thus earn a monopoly rent.

Entry of new varieties may cause "crowding". Goods become more substitutable as more varieties enter the market. So, the marginal utility of new varieties falls as the market size grows.

其次,在式(4-8)中,我们发现在其他因素不变的前提下,均衡厂商数正比于市场规模(即消费者数量 L)。这是一个很有意思的结论,因为当市场规模扩大以后,只要生产技术和品牌间替代程度不变,单个企业的生产规模 $y_k = c^{-1}(1-\theta)^{-1}\theta f$ 始终是不变的,所以,**规模经济的作用最终反映在行业中企业的数量上。**

Under the condition of economies of scale, as the market size expands, the equilibrium number of firms increases accordingly. Therefore, the effect of economies of scale is ultimately reflected in the number of firms in the industry.

我们可以用图形来描述一个更一般化的情形,如图 4-4 所示,图中横轴表示衬衣行业中的厂商数(n),纵轴表示衬衣价格(p)或平均生产成本(AC)。曲线 P 反映了行业内厂商数量与产品价格之间的关系,该曲线向下倾斜意味着行业中厂商的数量越多,衬衣的价格就越便宜,因为行业内更多的企业会带来更激烈的竞争,降低企业的加成率。作为一个特例,当企业的价格为不变加成形式时,曲线 P 将变为一条水平线。

More generally, the higher the number of firms in the market, the lower the price of shirts, because more firms will bring more competition, which will reduce the markup rate.

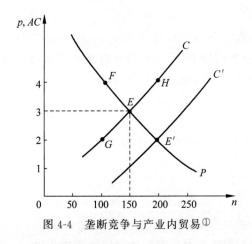

图 4-4 垄断竞争与产业内贸易①

曲线 C 表示行业内的企业数与企业平均生产成本之间的关系。根据 4.4.2 节的讨论,当更多的厂商生产既定总需求量的产品时,每个厂商的产量比例都会减小,因而每个企业的平均生产成本将增加,这正是内部规模经济的结果。因此,曲线 C 是向上倾斜的,n 越大,AC 就越大。

---

① 图形改编自 SALVATORE D. International economics[M]. 13th ed. New York: John Wiley & Sons, 2019.

曲线 P 和曲线 C 的交点 E 是市场的均衡点，在 E 点处，衬衣的价格恰好等于每个企业的平均生产成本。图 4-4 中衬衣的均衡价格等于 3，消费者可以购买到 150 种有差异的衬衣。

作为练习，试分析如果现在衬衣的价格为 $p=4$，或者厂商的数量为 $n=200$，市场如何达到均衡点。

4.4.4 垄断竞争与产业内贸易（Monopolistic Competition and Intra-industry Trade）

现在我们转向对世界市场的分析。假设还有另一个与中国具有完全相同的资源禀赋和技术水平的国家，在贸易发生之前，该国市场上衬衣的价格和种类数由 4.4.3 节讨论的均衡条件决定，那么国际贸易会带来什么好处呢？对于生产者来说，通过开展国际贸易，成为统一的国际市场的一部分，可以在更大的市场中出售商品，从而降低平均生产成本；对于消费者来说，可以购买到更多品牌的衬衣并从中受益。当然，消费者购买品类增加意味着每个消费者对单一品牌的需求量减少，在我们的理论模型中，这恰好抵消了消费者数量增加对单个厂商需求量的扩大作用，于是新的均衡下厂商的生产规模保持不变。因此，新贸易理论认为，消费种类的多样化是导致两国相似产品进行双向贸易，也就是 4.1 节所描述的产业内贸易发生的主要原因。

The New Trade Theory believes that the increase of variety leads to intra-industry trade.

根据方程(4-8)，在没有贸易成本的情形下，如果有另一个消费者数量为 L^* 的国家，并且其消费者与中国消费者偏好结构一致，那么，在均衡状况下，外国消费者会将其总支出的 $L/(L+L^*)$ 用于进口中国衬衣，而中国消费者将总支出的 $L^*/(L+L^*)$ 用于进口国外衬衣。

In equilibrium with zero trade cost, foreign consumers will spend $L/(L+L^*)$ of their total expenditure on importing Chinese shirts, and Chinese consumers will spend $L^*/(L+L^*)$ of their total expenditure on importing foreign shirts.

我们也可以继续通过图 4-4 来展现贸易的作用。当市场规模扩大以后，厂商的平均成本有一个下降的趋势，曲线 C 下移到 C' 的位置，世界市场有一个新的长期均衡点 E'。与初始均衡点 E 相比（$p=AC=3, n=150$），这时 $p=AC=2, n=200$，消费者获得了更低的价格和更加多样化的衬衣，并且企业确实获得了更低的生产成本。如果将曲线 P 设置为与 n 无关的水平线，我们就能得到前面模型推断的结果，衬衣种类大幅增加，但价格和平均生产成本没有变化。无论哪种情况，两国都能实现互惠的产业内贸易。

After the expansion of the market scale, according to figure 4-4, there is a new long-term equilibrium point E' where consumers get lower prices and more diversified shirts, firms get lower production costs, and both countries can achieve mutually beneficial intra-industry trade.

当曲线 P 处于水平状态时，均衡状态的世界市场中厂商的数量会更多，因此 P 向下倾斜导致两国在进行贸易后都减少了一部分原有厂商,通过各自集中生产较小范围的商品来扩大市场份额,发挥规模经济优势。这蕴含着资源的再配置过程,我们将在第 5 章进行讨论。

The downward inclination of curve P leads to the reduction of the number of firms in an open market. Each country expands market share by concentrating on a small range of goods, so as to increase the advantages of economies of scale.

4.4.5　新的贸易利益:种类收益(New Trade Benefits: Gains From Variety)

在古典贸易理论和新古典贸易理论中,一国从贸易中获得的福利收益主要表现为生产效率提升和消费量的增长,即专业化所得(gains from specialization)和交换所得(gains from exchange)。新贸易理论的一个重要结果则是揭示了贸易利益的新渠道,即消费者可选商品种类增加导致的收益,我们称之为产业内贸易的种类收益(gains from variety)。这一点很容易证明。根据需求函数(4-5),单个消费者在均衡价格水平下对某一衬衣品牌的消费量为 $s_k = s = (nc)^{-1}\theta D$,代入效用函数(4-3)可以求得均衡时的间接效用水平

$$V = n^{1-\theta}\left(\frac{\theta D}{c}\right)^{\theta} \tag{4-9}$$

由于 $1-\theta > 0$,所以当市场中的产品种类数 n 增加时,间接效用 V 随之上升,消费者因贸易带来更为丰富的产品选择而获得显著的福利增进。

The gains from variety mean that when the number of product varieties in the market increases, and the average price index of the product decreases, it will lead to an increase in the consumer's equilibrium utility level, thus the consumers' welfare is improved due to more various product choices brought by trade.

那么,在实际发生的贸易活动中,种类收益究竟有多大呢? 一些定量研究显示,许多国家的消费者从产品多样性提高中获得了巨大的收益。比如,1972—2001 年的 30 年间,美国进口商品种类增加了 3 倍,而美国消费者愿意为此多支付约 2 800 亿美元。[①] 中国消费者同样愿意对更为广泛的进口产品种类的消费支付更多金额,具体数值因测算方法不同而有所差异。并且,相关研究指出,忽略进口种类的净增长将高估进口价格指数、低估出口价格指数。就中国而言,在 1995—2004 的 10 年间进口价格累计向上偏误 4.36%,同期基于固定种类的传统测度方法导致中国出口价格指数被低估 0.93%,考虑种类变化以后,中国的实际贸易条件大约改善了 1.36%。[②] 这些结果是新贸易理论有效性的重要例证。

[①] BRODA C, WEINSTEIN D. Variety growth and world welfare[J]. American economic review, 2004, 94(2): 139-144; BRODA C, WEINSTEIN D. Globalization and the gains from variety[J]. Quarterly journal of economics, 2006, 121(2): 541-585.

[②] 陈勇兵,李伟,钱学锋. 中国进口种类增长的福利效应估算[J]. 世界经济, 2011(12): 76-95; 钱学锋,陆丽娟,黄云湖,等. 中国的贸易条件真的持续恶化了吗?——基于种类变化的再估计[J]. 管理世界, 2010(7): 18-29.

Empirical researches show that consumers in many countries have benefited greatly from the improvement of product variety.

案例 4-2 种类收益的福利效应估算

新贸易理论的基础模型通常假设各国消费者的需求特征是给定的,中国学者进一步对比研究了 1995—2010 年在可变需求和不变需求框架下 10 个最大进口国进口产品种类变化引致的福利效应。"产品"定义为 HS(商品名称及编码协调)6 位数的产品层次,而"种类"定义为从某一特定国家进口的 HS(商品名称及编码协调)6 位数产品。如表 4-3 所示,表中的数字代表福利变化相当于各国 GDP 的百分比。在第一列的不变需求条件下,各国进口种类增长引致的福利增长为 0.07%~3.36%,但考虑可变需求时,福利效应约为各国 GDP 的 −4.02%~6.21%。这意味着在不变需求框架下,进口种类增长总是会带来正的福利效应,但当考虑需求可变时,进口种类增长的福利可能会高于或者低于不变需求时的福利,甚至会造成损失,具体大小取决于所有种类需求参数的变动幅度,即各国需求特征的变化。

表 4-3 10 个最大进口国进口种类引致的福利效应

国　　家	不 变 需 求	可 变 需 求
美国	2.153 6	3.363 9
中国	3.356 4	4.292 8
德国	0.071 2	−1.291 1
日本	2.797 0	3.057 1
法国	0.287 4	−2.199 6
英国	0.117 6	3.883 5
意大利	1.214 0	−1.180 4
韩国	1.656 2	6.207 3
加拿大	1.513 4	−3.116 4
荷兰	1.397 6	−4.016 4

值得注意的是,中国是从进口种类增长中获益最大的国家之一。在不变需求框架下,中国进口种类增长带来的福利为 3.36%。换句话说,中国消费者愿意用 2010 年 GDP 的 3.36% 来换取相对于 1995 年的进口种类增长。当考虑可变需求时,中国进口种类增长所引致的福利效应相比不变需求情形额外增加了约 0.94%。

进一步研究则显示,中间产品、工业品、初级产品贡献了绝大部分的贸易利益。如表 4-4 所示,进口中间产品对产品多样化的贡献达到 83.1%,而消费品仅占 14.8%,因此进口生产资料多样性的增加幅度远大于消费品多样性。消费品的贡献率较小意味着消费者从最终消费品进口方面的直接感受可能并不太大。当然,国内厂商或许可以利用更多样化的进口中间产品生产出新产品来增加消费者的产品多样性福利。

表 4-4　不同类别产品对贸易利益的贡献　　　　　　　　　　　　　　　%

产品类别	贡献率	产品类别	贡献率	产品类别	贡献率
中间产品	83.1	工业品	82.5	初级产品	56.7
消费品	14.8	耐用消费品	7.7	半成品	18.0
资本品	1.9	非耐用消费品	4.9	配件和零部件	14.8
		食品	2.7	消费品	8.3
		资本品	1.9	资本品	1.9

资料来源：

徐小聪,符大海.可变需求与进口种类增长的福利效应估算[J].世界经济,2018(12)：25-48.

谷克鉴,崔旭.中国进口贸易利益规模及其分解——基于产品多样性视角的研究[J].经济与管理研究,2019,40(5)：85-101.

4.4.6　贸易成本的影响(The Impacts of Trade Cost)

在前面的分析中,我们假设一旦发生国际贸易,那么就立刻形成一个统一的世界市场。然而现实中这样的完全一体化很难实现,从一个国家向另一个国家运输产品需要支付物流成本,并且在通过东道国海关的时候会被征收关税。尽管从长期来看,今天的贸易成本相对于历史水平已经普遍降低,但真正的自由贸易仍远未实现。

In reality, full integration is difficult to achieve. Trade cost matters.

完全竞争市场是难以处理贸易成本问题的,因为单个厂商是市场价格的接受者,额外的贸易成本必然导致厂商在出口市场的亏损,从而不得不退出。在垄断竞争市场条件下,厂商对差异化产品的价格有一定的垄断力,因此可以承受一定范围内的贸易成本。

Under the condition of a monopolistic competition market, firms have a certain monopoly power on the price of differentiated products, so they can bear the trade cost within a certain range.

刻画贸易成本有多种方法,如可以假设成本与两国之间的距离有关,但如果是分析两个"抽象的"国家之间的贸易模式,我们通常会使用一个"冰山"形式的贸易成本(iceberg transport cost),这一成本最早由萨缪尔森所定义。在"冰山"模式下,从中国出口到另一国的产品会有一部分像冰山一样融化在大海之中,因此,1 单位产品到达东道国港口需要 $\tau > 1$ 单位产品从中国运出。① 也就是说,中国企业在他国市场卖 1 单位产品,需要在本国生产 τ 单位产品,这种额外的成本将转嫁给消费者,如果一种产品在中国国内的出厂价格为 p(不论出口与否,厂商实际收取到的价格都是 p),那么他国消费者需要支付的价格就是 τp。中国从其他国家进口的产品也遵循类似规律。

The Iceberg Transport Cost Model is a commonly used, simple economic model of transportation costs. It relates transport costs linearly with distance and pays these costs by extracting from the arriving volume. The model is attributed to Paul Samuelson's

---

① 可以用一个更形象的例子来描述冰山成本：在古代中国,行军打仗需要运送粮草,而当时的主要运输工具是马匹,马又以草料为食,如果有 10 吨粮草从都城运出,在路上马可能吃掉 1 吨,最后到达前线只有 9 吨,这 1 吨就是冰山成本。

1954 article in *Deardorffs' Glossary of International Economics*. The metaphor is that an iceberg melts when transported, so only a fraction of the starting amount arrives at the destination. And a smaller amount arrives if the distance traveled is longer. A more realistic idea might be an oil tanker that uses up its oil based on the distance it travels.

同一产品在本国市场和外国市场的购买价格差异对方程(4-5)产生影响,此时需求函数由国内市场和国外市场两部分构成,并且两个市场的总体价格水平也都由本国产品和进口产品两部分组成。模型的复杂性看似大幅增加,但如果考虑到厂商可以分别对国内和国外两个市场求解利润最大化的价格与产量,并且将价格指数视为外生给定,那么不难发现,国外市场利润最大化的条件等价于 $d(\tau^{\frac{1}{\theta-1}} p^{\frac{\theta}{\theta-1}} - c\tau^{\frac{1}{\theta-1}} p^{\frac{1}{\theta-1}})/dp = 0$,厂商的均衡价格与式(4-7)完全一致。根据零利润条件,厂商的均衡产量也没有变化。

In Krugman Model with iceberg cost, the equilibrium price and output of firms are not change.

那么,贸易成本的作用是什么呢?

在完全一体化的经济中,消费者在哪个国家对于厂商来说是无关紧要的,但贸易成本的存在使厂商开始关心消费者的位置。当两个国家的人口规模不对称时,厂商会倾向于在消费者数量更多的国家进行生产,以降低贸易成本导致的损失。然而,各国的劳动力数量是外生给定的,更多的企业进入市场必然导致劳动力变得相对稀缺,于是劳动力的工资水平将会上升,更高的劳动力成本最终抵消了节约的贸易成本。因此,新贸易理论预期,存在贸易成本的情况下,大国将有更高的要素报酬。大名鼎鼎的克鲁格曼在1978年"为了打发做副教授时苦闷无聊的时光"而构思了一篇名为《星际贸易理论》(*Theory of Interstellar Trade*)的学术论文,讨论了星际旅行的时间成本对星际贸易的影响。感兴趣的同学读读这篇论文就会发现,星际贸易与国际贸易并没有本质区别,星际旅行的时间成本类似于国家间贸易成本发挥的作用。

According to the New Trade Theory, in the case of trade costs, the country with the larger home market for the differentiated products will be a net exporter of those goods, and there is a higher factor return in large countries.

在国际贸易中一般假设要素不能跨国流动,如果放松这一假定,劳动力就会流向报酬更高的市场,而人口数量与要素报酬之间的正向关系将形成自我强化的反馈机制,最终导致经济活动的空间集聚。就此,贸易问题和地理问题被联系在一起,这也是克鲁格曼"以发展新贸易理论和新经济地理学而闻名"的原因。

Suppose factors are allowed to flow across borders. In that case, labor will flow to the market with higher returns, and the positive relationship between population and factor returns will form a self-reinforcing feedback mechanism, which will eventually lead to the spatial agglomeration of economic activities.

重要术语(Key Terms)

产业内贸易(intra-industry trade)

规模报酬(returns to scale)
外部规模经济(external economies of scale)
内部规模经济(internal economies of scale)
不完全竞争市场(imperfect competition market)
垄断竞争(monopolistic competition)
成本加成(markup)
种类收益(gains from variety)
冰山成本(iceberg transport cost)
战略性贸易政策(strategic trade policy)

本章小结

1. 新贸易理论的出发点在于弥补传统贸易理论的不足。新贸易理论认为,贸易并不一定是比较优势或要素禀赋差异的结果,即使两国在各个方面完全一样,互惠的贸易也可能在规模经济的基础上发生。按来源不同,规模经济可以分为内部规模经济和外部规模经济两种形式。

2. 外部规模经济会导致某一行业的生产集中在一个国家以获得低成本优势,但这种行业分布格局可能是由历史或偶然性因素造成的。政府可能为了培育行业的规模经济而采取保护主义政策。

3. 内部规模经济会导致完全竞争的市场结构失效,新贸易理论通常使用垄断竞争模型来分析厂商行为。在垄断竞争框架下,行业中每一个厂商生产一种有差异的产品,对产品多样性的偏好成为产业内贸易的基础,并且形成新的贸易利益渠道。

4. 垄断竞争模型允许贸易成本的存在,贸易成本导致大国具有更高的要素报酬。

Summary

1. The starting point of the New Trade Theory is to make up for the shortcomings of the Traditional Trade Theory. The New Trade Theory believes that trade is not necessarily the result of comparative advantage or factor endowment differences. Even if the two countries are exactly the same in all aspects, mutually beneficial trade may also occur on the basis of economies of scale. According to different sources, economies of scale can be divided into internal economies of scale and external economies of scale.

2. External economies of scale will lead to the production of a certain industry concentrated in one country to obtain low-cost advantages, but this industry distribution pattern may be caused by historical or accidental factors. The government may adopt protectionist policies in order to cultivate economies of scale in the industry.

3. Internal economies of scale will lead to the failure of the market structure of perfect competition. The New Trade Theory usually uses the monopoly competition model to analyze the behavior of firms. Under the framework of monopoly competition, each firm in the industry produces a different product, and the love of variety has become

the basis of intra-industry trade, and formed a new channel of trade benefit.

4. Trade costs are permitted to exist in the monopoly competition model, and it leads to higher factor returns for large countries.

延伸阅读(Further Readings)

新贸易理论的一个重要预期是本地市场效应(home market effect,HME)。① 本地市场效应意味着,当存在规模报酬递增和贸易成本时,产品国内市场需求份额较大的国家将成为该产品的净出口国。因为当两个国家的人口规模不对称时,为了将运输成本的影响降到最低,具有规模经济的厂商会将生产设在其大部分产品都被消费的国家。

通过新贸易理论,假设某些行业集中在大规模市场,从由规模报酬递增和运输成本构成的模型推导出本地市场效应。当企业因规模报酬递增而在单一国家运营的成本更低时,那么该行业厂商将建立在其大部分产品被消费的国家,以便将运输成本降至最低。本地市场效应意味着市场规模和出口之间的联系,这在仅仅基于比较优势的贸易理论中是没有考虑到的。

随着研究的深入,学者们对本地市场效应进行了不同层面的考察,除了上述在新贸易理论中使用较为广泛的定义,还有以下两种界定。②

本地市场效应是指在两个国家构成的经济空间里,对某种产业具有较大需求的国家中该产业企业份额高于该国的人口份额。

本地市场效应是指在两个国家构成的经济空间里,某种产业具有较大需求的国家里,该产业的工人工资高于另一国。

尝试和你的学习小组的同学一起完成以下任务。

1. 通过阅读文献了解本地市场效应的三种定义之间的区别和联系。
2. 是否有相应的证据对本地市场效应进行检验?有哪些主要发现?
3. 中国企业参与国际贸易的现实情况符合本地市场效应的预期吗?为什么?

即测即练

---

① 钱学锋,梁琦.本地市场效应:理论和经验研究的新近进展[J].经济学(季刊),2007(3):969-990.
② 曾道智.本地市场效应的由来和研究前沿[J].城市与环境研究,2020(1):96-112.

Chapter 5
企业层面贸易理论
Firm-Level Trade Theory

学习目标
- 理解企业异质性贸易理论是如何解释新贸易理论所不能解释的经验事实的。
- 比较企业异质性贸易理论与新贸易理论贸易利益来源的异同。
- 掌握企业出口增长的二元边际。
- 了解企业异质性贸易理论的新发展。

Learning Target
- Understand how trade theory of heterogeneous firms explains empirical facts that the new trade theory can not explain.
- Compare the similarities and differences of sources of gains from trade between the trade theory of heterogeneous firms and the new trade theory.
- Grasp the dual margin of firm export growth.
- Understanding the new development of trade theory of heterogeneous firm.

在第 4 章,我们介绍了新贸易理论。新贸易理论通过引入规模经济和产品差异性这两个重要因素,来解释产业内贸易在经济发展水平类似的国家普遍存在的事实。20 世纪 90 年代中期以来,企业层面的微观数据可获得性提升,促使国际贸易研究在经验上逐渐从国家和产业层面转向企业层面,一系列经验事实揭示出普遍存在的企业生产率异质性。然而,基于企业同质性假设的新贸易理论无法解释企业在国际市场中的差异化行为。

A series of empirical facts reveal the ubiquitous heterogeneity of firm-level productivity. However, the previous new trade theory based on the assumption of firm homogeneity cannot explain the heterogeneous behavior of firms in the international market.

新的经验挑战催生了新的理论创新。企业层面的贸易理论就是基于垄断竞争、规模经济、产品差异性和企业异质性这四个假设,以解释企业生产率差异与出口和投资模式关系的理论。一般来说,企业层面贸易理论有两个分支:一是以马克·麦里茨为代表的学者提出的企业异质性贸易理论;二是以波尔·安特拉斯为代表的学者提出的企业内生边界贸易理论。相比而言,企业异质性贸易理论的发展更为成熟,受到国际贸易领域甚至经济学其他分支的广泛关注。麦里茨模型解释了同一行业内部为何一些企业能够进入出口市场,而另一些企业只服务于国内市场;同时,当贸易成本发生变化时,资源又如何在不同企业之间再分配。

There are two branches of firm-level trade theory, trade theory of heterogeneous firms represented by M. Melitz, and trade theory of firms' endogenous boundary represented by P. Antràs. The trade theory of heterogeneous firms explains why some firms within the same industry can enter the export market, others only survive in the domestic market, and how resources are redistributed among different firms when the trade cost changes.

本章安排如下：5.1 节介绍企业异质性与出口的经验事实；5.2 节介绍国际贸易对不同生产率企业的异质性影响，主要介绍企业异质性的麦里茨模型，得到贸易自由化对不同生产率企业的利润和市场份额有异质性影响的结论，这与企业层面经验事实相呼应；5.3 节介绍企业异质性与贸易利益；5.4 节探究了中国企业的"出口-生产率悖论"；5.5 节讨论了企业出口增长的二元边际；5.6 节介绍了理论拓展。

5.1 企业异质性与出口状态：经验事实
（Firm Heterogeneity and Export Status：Empirical Facts）

在新贸易理论框架下，企业生产的产品存在品牌或种类差异，但生产技术或生产成本没有差别，所有企业从贸易中获益是一样的，即企业是"同质的"。然而，现实中同一部门的企业未必都能进入出口市场，一些企业因贸易自由化而获利，另一些企业却因贸易自由化而受损。这种企业层面"异质性"的发现得益于 20 世纪 90 年代以来企业层面微观数据的可获得性。安德鲁·伯纳德（A. Bernard）等学者在这一问题的研究方面作出了开创性贡献。表 5-1 通过美国 1987 年的数据，比较了出口企业和非出口企业的差异。通过观察发现，不管是从整体层面来看，还是分别观察企业员工大于等于 250 人和小于 250 人的样本，都有如下经验事实：出口企业的总员工人数、出口量、平均工资、生产性工人工资、非生产性工人工资、平均利润、平均附加值、人均资本、人均投资、非生产性工人比重和多工厂企业比重均高于非出口企业。

Under the framework of the new trade theory, firms are 'homogeneous'. However, in reality, the firms are 'heterogeneous', where some firms in the same sector have access to export markets and reap the gains, while others are hurt by trade liberalization.

表 5-1 美国 1987 年出口企业与非出口企业特征

项　目	整体		企业总员工人数<250		企业总员工人数≥250	
企业特征	出口	非出口	出口	非出口	出口	非出口
总员工人数	254	58	76	38	886	541
出口量/美元	44 180 000	6 814 640	10 943 810	4 168 410	162 737 920	72 314 230
平均工资/美元	24 370	20 420	23 700	20 410	26 790	20 870
生产性工人工资/美元	20 670	18 020	19 860	17 990	23 550	18 630
非生产性工人工资/美元	33 270	29 050	32 760	28 990	35 040	30 550

续表

项　目 企业特征	整体		企业总员工人数＜250		企业总员工人数≥250	
	出口	非出口	出口	非出口	出口	非出口
平均利润/美元	5 720	4 310	5 490	4 290	6 570	4 800
平均附加值/美元	71 540	51 530	68 560	51 200	82 160	59 750
人均资本/美元	40 840	27 630	36 400	27 370	56 670	34 190
人均投资/美元	3 480	2 310	3 080	2 280	4 930	3 120
非生产性工人比重/%	33	26	33	26	31	26
多工厂企业比重/%	61	31	51	29	94	87

资料来源：根据安德鲁·伯纳德等(1995)的文献整理得到。

虽然安德鲁·伯纳德研究了出口企业和非出口企业在多个方面的差异性，但是并没有对出口企业和非出口企业在生产率方面的差异性进行研究。安德鲁·伯纳德和布拉德福·詹森(B.Jensen)在1999年的一篇文章，首次对出口企业和非出口企业的生产率差异进行了经验考察。表5-2显示了三个不同年份(1984年、1987年和1992年)，美国出口企业在总就业和全要素生产率等方面超过非出口企业的百分比。可以看出，在这三个年份，出口企业的总就业量比非出口企业分别高77.6％、95.2％和88.1％；出口企业的TFP(全要素生产率)比非出口企业分别高18.1％、12.2％和13.0％。

Andrew Bernard has studied the differences between exporting and non-exporting firms in many aspects, but did not study the differences in productivity between exporting and non-exporting firms.

表 5-2　美国出口商溢价(Exporter Premia)

项　目	1984 年	1987 年	1992 年
总就业/%	77.6	95.2	88.1
货物运输量/%	104.3	113.9	112.6
人均增加值/%	23.8	16.1	18.9
TFP/%	18.1	12.2	13.0
非生产性工人占比/%	5.1	3.0	3.3
平均工资/%	17.9	11.2	11.9
生产性工人工资/%	18.8	9.2	9.0
非生产性工人工资/%	8.8	9.9	11.4
人均资本/%	19	12.8	20.2
企业数量	56 257	199 258	224 009

资料来源：根据安德鲁·伯纳德和布拉德福·詹森(1999)的文献整理得到。

上述结论可以归纳为两个重要的基本事实。

事实1：生产率更高的企业更容易进入出口市场。

Fact 1: More productive firms have easier access to export markets.

事实2：生产率更高的企业具有更大的就业量，这意味着这些企业规模更大。

Fact 2: More productive firms have higher employment, which means that the firms are larger in scale.

还有一些文献运用企业层面微观数据进行经验研究，进一步分析贸易自由化对企业决策的动态影响，发现了另外两个特征事实。作为练习，请查阅资料寻找相应的例证。

事实3：贸易自由化导致低生产率企业退出市场。

Fact 3：Trade liberalization drives low-productivity firms out of the market.

事实4：贸易自由化导致行业内不同生产率企业之间市场份额和利润的再配置。

Fact 4：Trade liberalization results in the reallocation of market share and profits among firms with different productivity in the same industry.

上述四个经验事实是之前的贸易理论无法解释的。这就促使当时的经济学研究者通过构建新的模型，进而提出新的分析框架来解释上述经济现象。麦里茨在20世纪90年代末读博士期间，恰逢企业异质性与出口状态的经验事实大量出现，本科和硕士阶段均为数学专业的麦里茨在其博士论文中，构建了一个漂亮的一般均衡模型，对上述经验事实进行了精巧的解释。

The above-mentioned four empirical facts can not be explained by the previous trade theory, but the Melitz Model can explain it by a general equilibrium model.

马克·麦里茨：哈佛大学经济系教授，世界计量经济学会资深会员，是美国国家经济研究局（NBER）、英国经济政策研究中心（CEPR）和基尔研究所的研究员，也是企业异质性贸易理论奠基人，首次将国际贸易学的研究视角从行业层面延伸至微观企业层面。

5.2 企业异质性与贸易的基础
（Firm Heterogeneity and the Basis of Trade）

从一般意义来说，企业异质性的来源包含生产率的差异、产品质量的差异、加成率的差异、固定成本的差异，以及多产品生产能力的差异等，其中，生产率的差异最具代表性，其他层面的异质性都属于理论拓展。麦里茨模型以克鲁格曼模型以及霍彭海恩（Hopenhayn，1992）的动态产业模型为基础，在新贸易理论的基础上引入企业生产率异质性。假设企业进入一个行业时，首先必须支付沉没性进入成本（sunk entry cost），进入行业之后才得知自己的生产率水平，如果企业选择出口，还需要进一步支付固定出口成本，以及冰山型运输成本。其主要结论是：由封闭经济到开放经济，由于要素市场竞争加剧，优胜劣汰的过程体现为自我选择效应与再分配效应（reallocation effect），即生产率最低的企业入不敷出、退出行业；生产率居中的企业只从事内销；生产率最高的企业既从事内销又从事出口，而且资源会从生产率低的企业流向生产率高的企业，实现优化配置。

The Melitz Model introduces the heterogeneity of firm productivity and firms must pay the sunk entry cost when they enter an industry. After entering the industry to know their level of productivity, if companies choose to export, they need to pay further fixed export costs, as well as iceberg transport costs. The main conclusion is that, from a closed economy to an open economy, firms with the lowest productivity exit the industry, those with the middle productivity are engaged in domestic sales only, and those with the highest productivity are engaged in both domestic sales and exports, and resources will flow from low productivity firms to high productivity firms.

5.2.1 需求(Demand)

在需求方面,麦里茨模型采用与克鲁格曼模型一致的假设:首先,所有消费者具有相同的收入和偏好,因此,可以采用代表性消费者假设。其次,代表性消费者的偏好由不变替代弹性(constant elasticity of substitution,CES)效用函数表示,这意味着消费者消费的任意两种产品具有相同的替代弹性。举例而言,如果一个消费者可以消费苹果、桃子和梨三种水果,则桃子与苹果之间的替代弹性等于梨与苹果之间的替代弹性。最后,消费者具有多样性偏好,即消费者更希望将其收入分散开来购买多种产品,而不是仅仅购买一种产品。结合前面的例子,消费者在给定收入的前提下,更愿意同时购买苹果、桃子和梨三种水果,即使此时每种水果的消费量都不大,也不会将全部收入拿来购买某一种产品。消费者多样性偏好与边际效用递减规律吻合,因此是一个合理的假定。

On the demand side, the Melitz Model adopts the same assumptions as the Krugman model. First, all consumers have the same income and preferences; second, the preferences of the representative consumer are expressed by a constant elasticity of substitution (CES) utility function, which means that any two products consumed by consumers have the same elasticity of substitution.

代表性消费者的效用函数如下:

$$U = \left[\int_{\omega \in \Omega} q(\omega)^{\rho} d\omega\right]^{\frac{1}{\rho}}$$

其中:Ω 为水平差异性产品的集合;ω 为某一种类(variety)[①];$q(\omega)$ 为代表性消费者对种类 ω 的需求量;$\frac{1}{\rho}$ 为消费者的多样性偏好程度,当 $\frac{1}{\rho} \to 1$ 时,消费者不再偏好多样性,当 $\frac{1}{\rho} \to 0$ 时,消费者的多样性偏好程度最高。当然,消费者的多样性偏好程度是一个内生变量,是由产品差异性程度(或者产品替代性程度)决定的。令 σ 为产品替代弹性,则 $\rho = \frac{\sigma - 1}{\sigma}$ 或者 $\sigma = \frac{1}{1-\rho}$。

$\frac{1}{\rho}$ represents the degree of consumers' love of variety.

代表性消费者对某一种类的消费量和支出水平分别为

$$q(\omega) = Q \left[\frac{p(\omega)}{P}\right]^{-\sigma} \tag{5-1}$$

$$r(\omega) = R \left[\frac{p(\omega)}{P}\right]^{1-\sigma} \tag{5-2}$$

其中:价格指数 $P = \left[\int_{\omega \in \Omega} p(\omega)^{1-\sigma} d\omega\right]^{\frac{1}{1-\sigma}}$;$Q = U$ 为代表性消费者对所有产品的总消费

[①] Ω 和 ω 的区别可以这么认为,前者看作一个产业,后者看作一个产业内不同的产品。以汽车行业为例,前者表示各种品牌汽车的组合,后者仅仅指某一品牌的汽车。因此,这里假定消费者的全部收入只用来消费某一产业的产品。

量；$R=PQ$ 为代表性消费者对所有产品的总支出。

5.2.2 供给（Supply）

在垄断竞争市场结构下，存在很多异质性企业。① 每家企业只生产唯一种类，同时每个种类仅由一家企业生产。② 因此，该经济体所有种类数量恰好等于企业数量。劳动力是生产过程中使用的唯一生产要素，总数为 L。企业技术由成本函数表示，该成本函数由固定成本和不变边际成本组成，因此是一个线性成本函数（linear cost function）。相应地，劳动力的使用数量是产出的线性函数：$l=f+\dfrac{q}{\varphi}$。其中，φ 为异质性企业的生产率水平。

Under the market structure of monopolistic competition, there exists many heterogeneous firms, each produces a single variety, and each variety is produced by the sole firm.

Linear cost function: $l=f+\dfrac{q}{\varphi}$.

根据企业利润最大化的一阶条件③，得到生产率为 φ 的企业利润最大化的价格为

$$p(\varphi)=\frac{w}{\rho\varphi} \tag{5-3}$$

其中：$\dfrac{1}{\rho}=\dfrac{\sigma}{\sigma-1}$ 为不变加成；w 为工资率，接下来将其标准化为 1。

生产率为 φ 的企业的利润为

$$\pi(\varphi)=r(\varphi)-l(\varphi)=\frac{r(\varphi)}{\sigma}-f$$

将生产率为 φ 的企业的收益和利润写成价格指数与总收益的函数：

$$r(\varphi)=R(P\rho\varphi)^{\sigma-1} \tag{5-4}$$

$$\pi(\varphi)=\frac{R}{\sigma}(P\rho\varphi)^{\sigma-1}-f \tag{5-5}$$

分别联立式(5-1)和式(5-3)，以及式(5-2)和式(5-3)④可得

$$\frac{q(\varphi_1)}{q(\varphi_2)}=\left(\frac{\varphi_1}{\varphi_2}\right)^{\sigma};\ \frac{r(\varphi_1)}{r(\varphi_2)}=\left(\frac{\varphi_1}{\varphi_2}\right)^{\sigma-1} \tag{5-6}$$

通过上面的式子可以看出，生产率更高的企业具有更高的产出、收益和利润，以及更低的价格，但是不同生产率企业具有相同的加成率。

---

① 这里的异质性仅指企业生产率的异质性。
② 这并不是同义反复。"每家企业只生产唯一种类"说明不同企业有可能生产相同的种类，而加上"每个种类仅由一家企业生产"这一限制条件，则排除了这一可能性。这是由规模经济决定的。
③ 可以通过利润函数对数量求一阶导数并等于零得到，也可以直接根据企业利润最大化的一阶条件即 MR＝MC 得到。二者本质上是没有区别的。
④ 也可以直接根据式(5-4)得到。

5.2.3 企业进入与退出(Firm Entry and Exit)

定义总体生产率水平 $\widetilde{\varphi}(\varphi_a^*) = \left[\dfrac{1}{1-G(\varphi_a^*)} \int_{\varphi_a^*}^{\infty} \varphi^{\sigma-1} g(\varphi) \mathrm{d}\varphi \right]^{\frac{1}{\sigma-1}}$。其中，$\varphi_a^*$ 为成功进入国内市场的临界生产率；密度函数 $g(\varphi)$ 为生产率为 φ 的企业占试图进入市场的企业总数的比重，$1-G(\varphi_a^*) = \int_{\varphi_a^*}^{\infty} g(\varphi) \mathrm{d}\varphi$ 为成功进入市场的企业数量占试图进入市场的企业数量的比重，又称事前成功进入的概率(ex-ante probability of successful entry)。所以，$\mu(\varphi) \equiv \dfrac{g(\varphi)}{1-G(\varphi_a^*)}$ 为生产率为 φ 的企业占成功进入市场的企业总数的比重。可以看出，虽然 $g(\varphi)$ 是外生变量，但是 $\mu(\varphi)$ 却是内生变量，因为 $\mu(\varphi)$ 受 φ_a^* 的影响。

$1-G(\varphi_a^*) = \int_{\varphi_a^*}^{\infty} g(\varphi) \mathrm{d}\varphi$ is known as the ex-ante probability of successful entry. $\mu(\varphi) \equiv \dfrac{g(\varphi)}{1-G(\varphi_a^*)}$ is the proportion of firms with productivity φ in the total number of firms that successfully entered the market.

1. 零利润条件(Zero Cutoff Profit Condition)

根据式(5-6)和式(5-5)，可以将平均收益和平均利润分别写成临界生产率 φ_a^* 的函数，即

The average revenue and average profit are completely determined by the cutoff productivity level φ_a^*.

$$\overline{r}_a = r(\widetilde{\varphi}_a) = \left[\dfrac{\widetilde{\varphi}(\varphi_a^*)}{\varphi_a^*}\right]^{\sigma-1} r(\varphi_a^*)$$

$$\overline{\pi}_a = \pi(\widetilde{\varphi}_a) = \left[\dfrac{\widetilde{\varphi}(\varphi_a^*)}{\varphi_a^*}\right]^{\sigma-1} \dfrac{r(\varphi_a^*)}{\sigma} - f$$

根据式 $\pi(\varphi_a^*) = \dfrac{r(\varphi_a^*)}{\sigma} - f$，令 $\pi(\varphi_a^*) = 0$，则 $r(\varphi_a^*) = f\sigma$。进一步将其代入上式可得，零利润条件 ZCP 为 $\overline{\pi}_a = fk(\varphi_a^*)$，其中，$k(\varphi_a^*) = \left[\dfrac{\widetilde{\varphi}(\varphi_a^*)}{\varphi_a^*}\right]^{\sigma-1} - 1$。

2. 自由进入条件(Free Entry Condition)

企业首先支付 f_e 单位劳动力作为进入成本，才有资格进入市场，但是并不是所有支付进入成本的企业都能在市场存活。这是因为，企业支付进入成本之后，才知道自己的生产率，同时可以计算出在市场中生产获得的期望利润，如果期望利润大于零，企业就会继续生产；如果期望利润小于零，则企业会退出市场。企业的期望利润与该企业的生产率成正比，设 $\pi(\varphi_a^*) = 0$，则生产率大于 φ_a^* 的企业期望利润大于零，会继续在市场中生产；生产率小于 φ_a^* 的企业期望利润小于零，会退出市场；生产率恰好等于 φ_a^* 的企业期望利润等于零，在市场中生产与否没有差别。

To enter, firms must first make an initial investment, modeled as a fixed entry cost f_e, which is measured in units of labor.

Any entering firm drawing a productivity level $\varphi < \varphi_a^*$ will immediately exit and never produce.

假设成功进入市场的企业，无论生产率如何，在每期都会有 δ 的概率遭受外生冲击从而退出市场。因此，所有企业平均利润（或者一家生产率为 $\widetilde{\varphi}_a$ 的企业的利润）的现值为 $\sum_{t=0}^{\infty}(1-\delta)^t\bar{\pi}_a = \frac{\bar{\pi}_a}{\delta}$。在企业自由进入（free entry，FE）假设条件下，所有试图进入市场的企业支付的总成本等于成功进入企业获得的利润总和。因此，自由进入条件为 $\frac{M}{1-G(\varphi_a^*)}f_e = M\frac{\bar{\pi}_a}{\delta}$。

Under the assumption of free entry, the aggregate cost paid by all firms trying to enter the market is equal to the sum of the profits gained by successful entrants.

5.2.4 封闭条件下的均衡（Equilibrium in a Closed Economy）

通过前面关于零利润条件和自由进入条件的讨论可以看出，这两个条件都可以写成平均利润 $\bar{\pi}_a$ 关于临界生产率 φ_a^* 的函数：

ZCP 条件：
$$\bar{\pi}_a = fk(\varphi_a^*)$$

FE 条件：
$$\bar{\pi}_a = \frac{\delta}{1-G(\varphi_a^*)}f_e$$

可以把 ZCP 曲线和 FE 曲线画在横轴为 φ、纵轴为 π 的坐标轴上，如图 5-1 所示。下面需要分析这两条曲线的形状。先分析 FE 曲线，很容易看出，$G(\varphi_a^*)$ 随 φ_a^* 的增加而增加，因此 $1-G(\varphi_a^*)$ 随 φ_a^* 的增加而下降。进一步，$\bar{\pi}_a$ 随 φ_a^* 的增加而增加。所以，无论企业生产率服从什么分布，在 (φ,π) 空间，FE 曲线总是朝右上方倾斜。把 $\varphi_a^*=0$ 代入 FE 条件，可以得到 $\bar{\pi}=\delta f_e$。所以，FE 曲线与纵轴的交点坐标为 $(0,\delta f_e)$。

In (φ,π) space, the FE curve always slopes upward to the right.

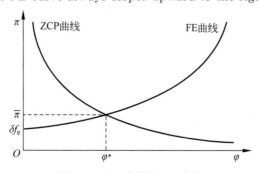

图 5-1 ZCP 曲线和 FE 曲线

相比之下，关于 ZCP 曲线倾斜方向的分析则复杂得多。因为，判断 $\dfrac{\partial \bar{\pi}_a}{\partial \varphi_a^*}$ 的符号的关键是判断 $\dfrac{\partial k}{\partial \varphi_a^*}$ 的符号，也就是需要判断 $\dfrac{\partial \widetilde{\varphi}(\varphi_a^*)}{\partial \varphi_a^*}$ 的符号。已有研究发现，ZCP 曲线的倾斜方向取决于生产率的分布。① 然而，无论 ZCP 曲线朝右上方或者右下方倾斜，抑或是一条水平线，都能保证 ZCP 曲线和 FE 曲线仅相交一次，也就保证了均衡状态下 φ_a^* 和 $\bar{\pi}_a$ 的存在与唯一性。②

封闭框架下，成功进入市场的企业数量为③

$$M_a = \frac{R}{\bar{r}_a} = \frac{L}{\sigma(\bar{\pi}_a + f)}$$

可以看出，封闭框架下成功进入市场的企业数量是由封闭框架下的平均利润决定的。需要指出的是，在上式中，$R=L$ 是因为 $R=wL$ 且 $w=1$。那么，为什么 $R=wL$，即企业的总收益等于全体劳动力的总报酬？本质上，这是由自由进入假设决定的。一方面，企业的总收益等于总利润加支付给工人的总工资；另一方面，劳动力有两种用途，分别是作为支付进入过程的成本和支付生产过程的成本，因此，劳动力的总报酬等于进入成本加生产过程中劳动力的工资。在自由进入假设条件下，总利润等于进入成本，因此，企业的总收益等于全体劳动力的总报酬，即 $R=wL$。

Under the assumption of free entry, on the one hand, the total revenue of firms is equal to the total profit plus the total wages paid to workers; on the other hand, the worker has two uses, namely as the cost of the entry process and the production process, so the total compensation of workers is equal to the entry cost plus the wages of workers in the production process. Because the total profit equals the entry cost, the total revenue of the firm is equal to the total compensation of all workers.

在麦里茨（Melitz,2003）框架下，每个消费者的福利为

$$W_a = \frac{w}{P_a} = \frac{1}{P_a} = M_a^{\frac{1}{\sigma-1}} \rho \widetilde{\varphi}_a$$

当一个经济体的市场规模扩大时，$\widetilde{\varphi}_a$ 不会发生变化（因为 φ_a^* 不会发生变化），而成功进入市场的企业数量 M_a 则会增加。因此，市场规模增加会通过增加产品种类而导致消费者福利增加。此时，种类效应是消费者福利增加的唯一源泉。

Under the framework of Melitz(2003), an increase in market size leads to an increase in consumer welfare through expanding the product variety. In this case, the variety effect is the only source of gains from trade.

---

① 麦里茨（Melitz,2003）在脚注 15 提出，如果企业生产率属于下列分布的某一种，则 ZCP 曲线朝右下方倾斜。这些分布包括对数正态分布、指数分布、伽马分布、威布尔分布，或者在 $(0,+\infty)$ 截尾的正态分布、逻辑斯谛分布（logistic distribution）、极值分布以及拉普拉斯分布（Laplace distribution）。

② 这一结论的证明难度较大，感兴趣的学生可以查阅 Melitz(2003)的附录。

③ 在自由进入假设下，成功进入市场的企业数量和试图进入市场的企业数量都是内生变量，而且前者首先被决定，然后再决定后者。

5.2.5 开放条件下的均衡(Equilibrium in the Open Economy)

假设存在 $n+1$ 个完全对称的国家,各国的工资相等,均标准化为 1。企业出口产品时需要克服两种成本,分别为冰山成本 τ 和出口的固定成本 f_x。在开放框架下,企业进入国内市场和出口市场的生产率临界值分别为 φ^* 和 φ_x^*。对于生产率为 $\varphi > \varphi_x^*$ 的企业,可以同时在国内和国外两个市场销售。

For firms with a productivity $\varphi > \varphi_x^*$, they can produce for both domestic and foreign markets at the same time.

在国内和国外两个市场的定价分别为

$$p_d(\varphi) = \frac{1}{\rho\varphi}$$

$$p_x(\varphi) = \tau p_d(\varphi) = \frac{\tau}{\rho\varphi}$$

在国内和国外两个市场的收益分别为

$$r_d(\varphi) = R(P\rho\varphi)^{\sigma-1}$$

$$r_x(\varphi) = R\left(P\frac{\rho\varphi}{\tau}\right)^{\sigma-1} = \tau^{1-\sigma} R(P\rho\varphi)^{\sigma-1} = \tau^{1-\sigma} r_d(\varphi)$$

在国内和国外两个市场的利润分别为

$$\pi_d(\varphi) = \frac{r_d(\varphi)}{\sigma} - f$$

$$\pi_x(\varphi) = \frac{r_x(\varphi)}{\sigma} - f_x \text{①}$$

根据

$$\frac{r_x(\varphi_x^*)}{r_d(\varphi^*)} = \tau^{1-\sigma} \left(\frac{\varphi_x^*}{\varphi^*}\right)^{\sigma-1} = \frac{f_x}{f}$$

可以得到

$$\varphi_x^* = \varphi^* \tau \left(\frac{f_x}{f}\right)^{\frac{1}{\sigma-1}} \text{②}$$

通过上式可以看出,为了保证 $\varphi_x^* > \varphi^*$,即出口企业与仅供国内市场的企业相比,有更高的生产率,需要满足如下条件: $\tau^{\sigma-1} f_x > f$。

开放条件下平均利润的表达式为

$$\bar{\pi} = \pi_d(\tilde{\varphi}) + n \frac{1 - G(\varphi_x^*)}{1 - G(\varphi^*)} \pi_x(\tilde{\varphi}_x)$$

---

① 这里的 f 是生产过程中的固定成本,而非企业在国内市场销售的营销成本。那么,为什么计算企业在出口市场获得的利润时,没有减去 f?这是因为,企业在国内市场生产时已经支付固定投入,出口时只需扩大生产规模即可,无须增加固定投入。

② 进入出口市场和进入国内市场生产率临界值的关系是在不给定生产率分布的前提下推导出的,因此,无论企业生产率服从哪种分布,这一关系式恒成立。

上式即为开放条件下的 ZCP 条件。其中，$\tilde{\varphi}$ 和 $\tilde{\varphi}_x$ 分别表示所有成功进入市场企业的平均生产率和出口企业的平均生产率，$\dfrac{1-G(\varphi_x^*)}{1-G(\varphi^*)}$ 为出口企业占成功进入国内市场的企业的比重，则出口企业数量为 $M_x = M\dfrac{1-G(\varphi_x^*)}{1-G(\varphi^*)}$。

开放和封闭框架下的 FE 条件表达式相同：

$$\bar{\pi} = \frac{\delta}{1-G(\varphi^*)}f_e$$

很明显，与封闭框架相比，开放框架下的 FE 曲线位置不变，而 ZCP 曲线向上平移。也就是说，两条曲线交点的横坐标右移、纵坐标上移。因此，开放框架与封闭框架相比，进入国内市场的生产率临界值更高，即 $\varphi^* > \varphi_a^*$，平均生产率更高，即 $\bar{\pi} > \bar{\pi}_a$。

It is obvious that the position of the FE curve in the open economy remains unchanged compared to a closed economy, while the ZCP curve shifts upward. Therefore, the cutoff productivity for entering the domestic market is higher in the open framework.

开放框架下，成功进入市场的企业数量为

$$M = \frac{R}{\bar{r}} = \frac{L}{\sigma\left[\bar{\pi} + f + n\dfrac{1-G(\varphi_x^*)}{1-G(\varphi^*)}f_x\right]}$$

根据前面分析得到的结论 $\bar{\pi} > \bar{\pi}_a$，又因为 $\dfrac{1-G(\varphi_x^*)}{1-G(\varphi^*)}f_x > 0$，所以 $M < M_a$。也就是说，与封闭框架相比，开放框架下成功进入市场的企业更少。这里需要指出，麦里茨（Melitz,2003）求得的封闭框架和开放框架下，成功进入市场的企业数量的表达式均包含 $\bar{\pi}$ 这一项（即麦里茨模型中的式 13 和式 21），其实，这两个表达式中的 $\bar{\pi}$ 并不一样，分别是封闭框架和开放框架下的平均利润。为了防止混淆，分别用 $\bar{\pi}_a$ 和 $\bar{\pi}$ 表示。

Compared with the closed economy case, fewer firms can successfully enter the domestic market in the open economy.

5.2.6　贸易的影响（The Impact of Trade）

通过比较自给自足和自由贸易这两种极端情形，麦里茨研究了贸易对企业间市场份额和利润的再配置，以及对总体生产率的影响。图 5-2 和图 5-3 分别呈现了封闭框架和开放框架下，企业的收益和利润与生产率的关系。通过分别对比封闭情形和开放情形，还可以发现贸易自由化对市场份额和利润再配置以及总体生产率的影响。

Figure 5-2 and figure 5-3 shows the relationship between the revenue and profit of a firm and productivity under the closed and open economy equilibria, respectively. By comparing the closed and open economies separately, we can also find the effects of trade liberalization on market share and profit reallocation, as well as aggregate productivity.

观察图 5-2 和图 5-3，可以发现 $\varphi_a^* < \varphi^*$，即与封闭框架相比，开放框架下进入国内市

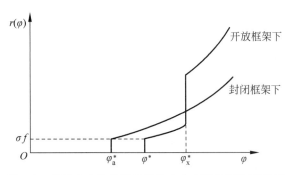

图 5-2 贸易自由化导致异质性企业市场份额的再配置

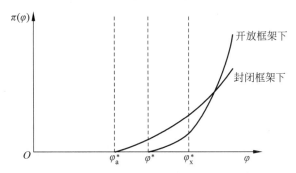

图 5-3 贸易自由化导致异质性企业利润的再配置

场的生产率临界值较高。这说明,贸易自由化导致生产率较低的企业退出市场,被称作"国内市场选择效应";$\varphi^* < \varphi_x^*$,即开放情形下进入出口市场的生产率临界值较高,意味着生产率更高的企业进入出口市场,被称作"出口市场选择效应"。

Compared with a closed economy, the cutoff productivity for entering the domestic market is higher in the open economy. This shows that trade liberalization causes less productive firms to exit the market, which is called the "domestic market selection effect".

Also, the cutoff productivity for entering the export market is higher in the open economy, which means that higher productivity firms enter the export market and this is called the "export market selection effect".

图 5-2 显示了贸易自由化对异质性企业收益的影响。贸易自由化导致非出口企业市场份额下降,而出口企业市场份额上升。一方面,贸易自由化导致所有企业的国内收益下降,而非出口企业的国内收益就是其总收益,所以这类企业收益下降,由于总收益外生给定为市场规模,因此市场份额相应下降;另一方面,出口企业获得的出口收益超过其损失的国内收益,因此,贸易自由化导致出口企业总收益上升,进而市场份额上升。

Trade liberalization leads to a decrease in the market share of non-export firms, while an increase in the market share of export firms.

图 5-3 显示了贸易自由化对异质性企业利润的影响。贸易自由化导致非出口企业和部分出口企业利润下降,而只有生产率最高的一部分企业利润才会上升。首先,非出口企

业的利润下降,这是因为,在 CES 需求框架下,企业的可变利润和其收益成正比,收益下降导致可变利润下降。然而,出口企业利润的变化却较为复杂,因为出口企业利润的变化取决于增加的收益(进而增加的可变利润)与增加的出口固定成本之间的权衡,只有那些出口企业当中生产率最高的企业才可以获得利润的提升。

Trade liberalization leads to lower profits for non-export firms and some export firms, while profits rise only for the most productive firms.

因此,贸易自由化会导致达尔文式的产业内优胜劣汰效应:生产率最高的企业进入出口市场并扩大市场份额和利润;生产率较高的企业仍然出口,扩大市场规模但是利润下降;生产率较低的企业仍然在国内市场存活,但是遭受利润和市场份额的同时下降;生产率最低的企业,原本在封闭框架下可以存在,但是在贸易开放后却被迫退出市场,进而将市场份额让渡给高生产率企业。

Thus, trade liberalization can lead to "the survival of the fittest effect" within the industry: the most productive firms enter the export market and expand their market share and profits; the more productive firms still export, increasing their market share but with lower profits; the less productive firms still survive in the domestic market, but suffer a decline in both profits and market share; the lowest productivity firms could exist under a closed economy, but were forced to exit from the market after trade liberalization, thereby transfer the market share to high-productivity firms.

那么,贸易导致低效率企业退出市场的机制是什么呢?一般认为有两种机制:一种是产品市场竞争渠道,另一种是要素市场竞争渠道。[①]

It is generally believed that trade leads to the low-productivity firms exit from the market through two mechanisms, one is the competition in the product market, and the other is the competition in the factor market.

产品市场竞争渠道,是指贸易自由化导致竞争激烈,从而企业面临的需求价格弹性上升,进而企业的加成率下降。[②] 因为加成率是企业市场势力的体现,所以低生产率从而低加成率的企业率先丧失盈利能力,进而退出市场。在垄断竞争市场结构和 CES 需求结构框架下,企业的加成率是一个常数,不会受到市场竞争程度的影响。因此,在麦里茨(Melitz,2003)的文章中,产品市场竞争渠道并没有发挥作用。

The product market competition channel means that trade liberalization leads to fierce competition, so that the price elasticity of demand faced by firms increases, and then the markup of firms decreases.

要素市场竞争渠道,是指贸易开放之后,企业对劳动力的需求量增加,给定劳动力总数,企业之间对劳动力的竞争程度提高,导致劳动的实际工资上涨。而低生产率企业不具有竞争优势,不能支付上涨的工资,因此被迫退出市场。

---

① 产品市场竞争渠道存在于麦里茨和奥塔维亚诺(Melitz & Ottaviano,2008)以及伯纳德等(Bernard et al.,2003)的文章,要素市场竞争渠道存在于麦里茨(Melitz,2003)的文章。

② 这一过程被称作贸易自由化的促进竞争效应(pro-competitive effect)。

The factor market competition channel refers to the increase in the demand for labor by firms after the trade liberalization. Given the total labor, the degree of competition between firms for labor increases, resulting in an increase in the real wage of labor.

5.2.7 贸易自由化的影响(Impact of Trade Liberalization)

贸易自由化的影响与前文中贸易的影响有所不同。贸易的影响是指与自给自足相比,自由贸易带来的变化,而贸易自由化的影响包括贸易伙伴数量增加、可变贸易成本下降和固定出口成本下降三种类型。

The effects of trade liberalization include an increase in the number of trading partners, a decrease in variable trade costs, and a decrease in fixed export costs.

先考虑贸易伙伴数量增加的情形。假设贸易伙伴的数量由 n 增加到 n',则 FE 曲线保持不变,而 ZCP 曲线向右上移动,导致 $\varphi^{*'} > \varphi^*$ 以及 $\varphi_x^{*'} > \varphi_x^*$,即进入国内市场和出口市场的生产率临界值都提高。

The increase in the number of trading partners leads to higher productivity thresholds for both domestic and export markets.

再考虑可变贸易成本下降的情形。假设可变贸易成本由 τ 下降到 τ',则 FE 曲线保持不变,而 ZCP 曲线向右上移动,导致 $\varphi^{*'} > \varphi^*$,但是与贸易伙伴数量增加这一情形不同的是,此时 $\varphi_x^{*'} < \varphi_x^*$,即可变贸易成本下降导致进入国内市场的生产率临界值上升,而进入出口市场的生产率临界值下降。换句话说,可变贸易成本的下降导致一些仅供应国内市场的企业退出市场,而一些之前只能供应国内市场的企业却进入出口市场。

A fall in variable trade costs leads to an increase in the productivity threshold for entering the domestic market and a decrease in the productivity threshold for entering the export market.

因此,较低生产率企业的退出以及市场份额朝向更高生产率企业的转移,导致总体生产率的上升和消费者福利的提高。

The exit of lower-productivity firms and a shift in market share towards higher-productivity firms leads to an increase in aggregate productivity and consumer welfare.

最后考虑固定出口成本下降的情形。与可变贸易成本的下降相同,固定出口成本的下降也会导致进入国内市场的生产率临界值上升,而进入出口市场的生产率临界值下降。

A fall in fixed export costs leads to an increase in the productivity threshold for entering the domestic market and a decrease in the productivity threshold for entering the export market.

上面三种形式的贸易自由化对进入国内市场和出口市场的临界生产率的影响可以总结如下:随着贸易伙伴数量的增加,进入国内市场和出口市场的生产率临界值均上升;随着可变贸易成本下降或者固定出口成本下降,进入国内市场的生产率临界值上升,而出口市场生产率临界值下降。

An increase in the number of trading partners leads to an increase in the threshold of productivity for entering both domestic and export markets; a decrease in variable trade costs or a decrease in fixed export costs leads to an increase in the threshold of productivity for entering the domestic market and a decrease in the threshold for productivity in the export market.

5.2.8 总结性评论(Summary)

新的经验事实催生新的理论创新,麦里茨模型的提出正是基于20世纪末诸多企业层面经验事实的发现。麦里茨(Melitz,2003)巧妙地将克鲁格曼(Krugman,1980)和霍彭海恩(Hopenhayn,1992)的研究进行融合并引入企业层面生产率的异质性。其研究发现,从封闭到开放,生产率最低的企业入不敷出、退出行业;生产率居中的企业只从事内销;生产率最高的企业既从事内销又从事出口,而且资源会从生产率低的企业流向生产率高的企业,实现优化配置。

New empirical facts give birth to new theoretical innovations, and the Melitz Model is based on the findings of many firm-level empirical facts at the end of the 20th century. Melitz (2003) skillfully integrates the studies of Krugman (1980) and Hopenhayn (1992) and introduces firm-level productivity heterogeneity. Its research found that, from closed to open, the firms with the lowest productivity were unable to make ends meet and quit the industry; the firms with intermediate productivity only engaged in domestic sales; the firms with the highest productivity engaged in both domestic sales and exports, and resources would flow from firms with low productivity to firms with high productivity to achieve optimal allocation.

最初的麦里茨模型没有给定具体的生产率分布形式,后来的研究为了得到解析解,普遍采用帕累托分布这一假定,然而各个国家企业生产率不一定服从帕累托分布。要想对各国贸易利益进行精确估计,需要事先确定不同经济体企业生产率更接近哪个分布。

The original Melitz Model did not give a specific form of the productivity distribution. Later studies generally adopted the assumption of Pareto distribution to obtain analytical solutions. However, the productivity of firms in various countries does not necessarily obey the Pareto distribution. Accurate estimates of countries' gains from trade require a prior determination of which distribution of firm productivity in different economies is closer.

经过十几年的发展,麦里茨模型(Melitz,2003)在多个方面得到了拓展,如出口增长的二元边际的量化分析、出口还是FDI(外商直接投资)的选择问题、纳入市场渗透成本和将扩展边际引入引力方程等。除此之外,麦里茨模型(Melitz,2003)还与经济增长理论和新经济地理学等进行了融合。

After more than a decade of development, the Melitz Model has been extended in many aspects, such as the quantitative analysis of the dual margin of export growth, the choice of export or FDI, the inclusion of market penetration costs and the introduction of the extension margin to the gravity equation, etc. In addition, Melitz Model (Melitz, 2003) also integrates with economic growth theory and new economic geography.

案例 5-1　为什么不是"新新"贸易理论

在企业异质性贸易模型(Heterogeneous Firm Trade Model)成功回应 20 世纪 90 年代早中期的经验发现之后,有经济学家(Baldwin,2005)认为,通过融入企业异质性来考察众多新的企业层次事实的理论,可以被称为"新新"贸易理论(New New Trade Theory)。

"新新"贸易理论深入企业层面,通过在新贸易理论的基础上融入企业生产率的异质性和出口固定成本,成功地解释了行业内绝大多数企业根本不出口、出口企业相对于非出口企业表现得要更好等企业层面的经验事实。将研究对象从国家和产业层面进一步深入企业层面,正是"新新"贸易理论的重要新意之所在。

但是,仅凭研究对象上的新意,是否可以认为国际贸易理论在经历了古典贸易理论、新古典贸易理论和新贸易理论阶段之后,正式进入"新新"贸易理论阶段?对此,我们需要进行审慎而严谨的分析。一般而言,任何贸易理论都必须回答三个问题,即贸易的基础、贸易的模式以及贸易的利益。这应该可以成为我们判断贸易理论是否进入新阶段的一个分析视角。

贸易的基础。贸易的基础主要回答国家间发生贸易的原因是什么。古典贸易理论假定国家间发生贸易的原因来源于技术的绝对差异或相对差异,具体又表现为生产率或生产成本的差异。新古典贸易理论假定国家间发生贸易的原因来源于要素禀赋的差异。古典贸易理论和新古典贸易理论对于贸易原因的解释,都可总结为国家间外生比较优势的差异。新贸易理论致力于解释两个对称的国家为什么会发生产业内贸易,强调了产品差异化和规模经济的作用,实际上已经开始探索贸易发生的内生源泉。"新新"贸易理论由于假定存在较高的出口固定成本,因而存在企业按照生产率排序进行自我选择的效应:高生产率的企业出口,中间生产率的企业内销,低生产率的企业被淘汰而退出市场。因而,外生随机抽取的生产率是导致企业发生贸易的原因。一些拓展研究,开始通过企业在产品范围、创新、生产组织等方面的决策,来关注企业生产率的内生决定。尽管如此,"新新"贸易理论同古典贸易理论一样,都是从生产率的角度来解释贸易发生的原因,只不过一个深入微观企业层面,另一个关注的是宏观国家层面。

贸易的模式。贸易的模式主要回答国家间如何进行贸易。如上文所述,国家间外生比较优势差异(技术差异或要素禀赋差异)越大,两个国家间越可能发生贸易,这就是古典贸易理论和新古典贸易理论解释的产业间贸易。在两个相似国家间,不存在外生比较优势差异,因而不会发生产业间贸易。但是,由于历史的偶然和规模经济,两个相似国家形成了不同的专业化分工,同时消费者存在多样性偏好,两个国家仍然发生制造业内部的贸易,这就是新贸易理论解释的产业内贸易。企业异质性的垄断竞争模型(Melitz,2003)和企业异质性的李嘉图模型(Bernard et al.,2003),可以说都是在新贸易理论的基础上融入企业异质性,因而也主要用来解释产业内贸易,只不过由于企业存在生产率的异质性,并非像新贸易理论那样所有企业都出口,只有部分高生产率的企业才从事出口。企业异质性的一体化均衡模型(Bernard et al.,2007)在麦里茨模型的基础上融入比较优势,因而既能解释产业内贸易,也能解释产业间贸易,企业异质性强化了比较优势行业。

贸易的利益。贸易的利益主要回答国家从贸易中得到什么样的收益。它是国际贸易理论研究的最为古老和核心的问题。古典贸易理论和新古典贸易理论强调的贸易利益,主要分为专业化所得和交换所得。专业化所得主要是国家按照比较优势进行专业化分工,资源在产业间进行重新配置,从比较劣势产业转向比较优势产业,将提高生产效率并最大化该国的产出。交换所得是通过出口比较优势产品、进口比较劣势产品,消费者将会获得超过封闭经济条件下的消费量。新贸易理论强调的贸易利益,主要来自规模经济和消费种类多样性。由于存在规模经济,制造业行业内的每一个代表性企业,将专业化生产一种水平差异化产品,这无疑是最有效率的,因为它将节约长期生产成本,进而降低消费者购买价格。而消费者存在多样性偏好,差异化产品的相互进出口,将为消费者提供比封闭经济条件下更多的消费品种类。此外,在克鲁格曼开创性的工作中,促进竞争效应——进口竞争导致企业降低边际成本加成——也是新贸易理论的一个重要贸易利益来源。这也意味着,美国加州大学戴维斯分校芬斯特拉教授所指出的垄断竞争框架下贸易利益的三个来源——增加的消费品种类、促进竞争效应以及自我选择效应导致的生产率提升,新贸易理论已经发掘了前两个,而第三个,即自我选择效应导致的生产率提升,主要是"新新"贸易理论所强调的一个新的贸易利益来源。例如,在麦里茨模型中,由于存在较高的出口固定成本,当由封闭转向开放时,低生产率的企业因为无法支付较高的出口固定成本而不断退出,高生产率的企业将因为支付出口固定成本之后仍有剩余而不断进入,这种自我选择的优胜劣汰过程伴随着行业内的资源再配置,从而导致参与贸易的行业的平均生产率不断提升。这确实是以前的贸易理论所没有揭示的一个新的贸易利益来源。

综上所述,"新新"贸易理论在贸易的基础、贸易的模式以及贸易的利益等方面,并未展现出与之前的贸易理论的截然不同,其主要还是在研究对象上深入企业层面,从而揭示出企业贸易行为与结果的异质性,以及行业内企业间的自我选择效应与资源再配置效应导致的生产率提升。这体现出与之前的贸易理论的不同。特别地,在建模方法上,其与新贸易理论也一脉相承,主要是在新贸易理论的基础上融入企业异质性与出口固定成本,后续一系列拓展模型也无非是在企业异质性的来源、效用函数的形式以及生产率分布等方面展开探索,并未从根本跳出和超越新贸易理论框架。或许正是从这些方面考虑,除鲍德温(Baldwin,2005)外,国际经济学界的著名经济学家基本没有将之称为"新新"贸易理论,更多地称之为"企业异质性贸易模型"。

资料来源:钱学锋,等.企业层面的贸易理论与经验分析[M].北京:北京大学出版社,2020.

5.3 企业异质性与贸易利益
(Firm Heterogeneity and the Gains from Trade)

在前述章节中,我们已经看到不同的贸易理论对应不同贸易利益的来源。罗伯特·芬斯特拉教授提出,在垄断竞争框架下,存在三种贸易利益的来源,分别是:种类利益、促进竞争利益和选择利益。①

In the framework of monopolistic competition, there are three sources of gains from

---

① 这并不意味着,在 Melitz 框架下同时存在这三种贸易利益的来源。实际上,根据 Feenstra(2016)的研究,Melitz 框架下只存在选择利益。

trade, namely: gains from variety, gains from pro-competitive effect and gains from selection effect.

（1）种类利益：贸易自由化导致消费者可以享受更多进口种类，当然进口竞争也会导致国内种类退出，如果进口种类增加为消费者带来的福利增加超过国内种类退出带来的福利损失，就意味着存在种类利益。中国经济学者陈波和马弘对中国1997—2008年的种类利益进行了估计，发现种类利益高达GDP的4.9%。进一步研究不同国家对中国种类利益的贡献，发现日本贡献最大，其次是加拿大和德国。[1]

(1) Gains from variety: trade liberalization leads consumers to enjoy more varieties of imports. Of course, import competition will also lead to the withdrawal of domestic varieties. If the increase in welfare brought by the increase in imported varieties exceeds the welfare loss caused by the withdrawal of domestic varieties, it means that gains from variety exists.

（2）促进竞争利益：贸易自由化导致国内市场竞争加剧，企业会进一步扩大生产规模，从而进一步利用规模经济带来的优势，生产规模的扩大导致企业平均成本下降，在垄断竞争框架下，企业价格等于平均成本，如果进一步假设企业边际成本不变，就会发现，企业价格和边际成本的差距逐渐缩小，即企业加成下降，这就是促进竞争利益。钱学锋等(2016)对中国制造业企业的成本加成进行了测算并考察了进口竞争对中国制造业企业成本加成的影响，研究发现，进口竞争对中国制造业企业的成本加成有显著负向影响，进口竞争越剧烈，企业成本加成越低。其进一步研究发现，中间投入贸易自由化所引致的竞争能够带来多样化效应，促进企业成本加成的提升，而加工贸易企业的成本加成受进口竞争的影响要小于一般贸易企业。[2]

(2) Gains from pro-competitive effect: trade liberalization intensifies competition in the domestic market, and firms will further expand their production scale, thereby further taking advantage of the advantages brought by economies of scale. The expansion of production scale will lead to a decrease in the average cost of firms. In the framework of monopolistic competition, the price is equal to the average cost. If we further assume that the marginal cost of the firms remains unchanged, we will find that the gap between the price and the marginal cost gradually narrows, that is, the markup decreases, which is the gains from pro-competitive effect.

（3）选择利益：贸易自由化导致异质性企业市场份额的再分配，低生产率企业退出市场，高生产率企业扩大规模，很明显，贸易自由化导致企业平均生产率上升，这就是选择利益。芬斯特拉在一项研究中，将选择利益从总体贸易利益中分离出来，发现选择利益对总体贸易利益的贡献度为25%。[3]

---

[1] CHEN B, MA H. Import variety and welfare gain in China[J]. Review of international economics, 2012, 20(4): 807-820.
[2] 钱学锋, 范冬梅, 黄汉民. 进口竞争与中国制造业企业的成本加成[J]. 世界经济, 2016, 39(3): 71-94.
[3] FEENSTRA R C. Restoring the product variety and pro-competitive gains from trade with heterogeneous firms and bounded productivity[J]. Journal of International Economics, 2018, 110: 16-27.

(3) Gains from selection effect: Trade liberalization leads to the redistribution of the market share of heterogeneous firms. Low productivity firms exit in the market, and high productivity firms expand their scales. Obviously, trade liberalization leads to an increase in the average productivity of firms, which is the gains from selection effect.

那么,企业层面贸易理论是否普遍存在贸易利益的三个来源? 尤其是与新贸易理论相比,是否蕴含了新的贸易利益? 这个问题较为复杂,诸多学者进行了有益探索,并且迄今仍然是国际贸易领域的前沿问题。

Are the three sources of gains from trade common to firm-level trade theory? Are there new gains from trade, especially compared with the New trade theory? This issue is still a frontier issue in the field of international trade.

实际上,企业异质性贸易模型在开放框架下贸易利益的来源取决于模型假设。具体来说,选择利益一定存在,而种类利益和促进竞争利益却不一定存在。相比之下,新贸易利益的克鲁格曼模型在开放框架下贸易利益的来源取决于需求结构,如果需求结构为CES形式,则贸易利益的来源只有种类利益,如果为VES(可变替代弹性)形式[①],则贸易利益的来源为种类利益和促进竞争利益。

The source of gains from trade under the open framework of the firm-heterogeneous trade model depends on the model assumptions, and the Krugman model of new trade theory under the open framework depends on the demand structure.

5.4 中国企业"出口-生产率悖论"
(The "Export-Productivity Paradox" of Chinese Firms)

理论分析框架的创新又反过来驱动对理论机制的经验检验和实践运用。麦里茨模型发表以来,受到学术界的广泛关注,许多学者采用各国企业微观层面数据来检验模型预期的市场选择效应。然而,出口企业较高的生产率水平并不一定意味着存在选择效应,因为对于许多出口企业,尤其是发展中国家的出口企业而言,在与国外生产者、消费者的交流沟通中能够接触并学习到行业内的前沿技术;与此同时,国外同类服务的提供者以及消费者的高标准、高质量需求也促使企业主动学习创新。这种因进入出口市场而导致的企业生产率水平的提升被称为"学习效应"。显然,在证明出口企业生产率高于内销企业生产率这一结论时,必须区分这两种效应。

Innovations in theoretical analysis frameworks, in turn, drive empirical testing and practical application of theoretical mechanisms. Since the publication of the Melitz model, it has received extensive attention from the academic community, and many scholars have used the micro-level data of companies in various countries to test the market selection effect expected by the model. However, the higher productivity level of exporting firms does not necessarily mean that there is a selection effect, and the increase in firm productivity caused by entering the export market is called the "learning effect".

---

① VES有很多种,这里说的是最常见的次凸需求,即需求弹性对消费量的导数小于零。

许多国外学者利用发达国家企业数据、新兴工业化国家和地区企业数据、南美新兴市场国家企业数据、东欧转轨国家企业数据、非洲欠发达国家企业数据，检验企业"出口-生产率"关系。整体来看，经验发现支持出口企业生产率高于内销企业的结果，出口企业生产率的自我选择效应显著，但发达国家的出口学习效应不及发展中国家明显。这些研究结果显示，麦里茨模型所阐述的异质企业出口决定机制对世界上大多数国家都具有解释力，是一个一般性结论。

On the whole, the empirical findings support the result that the productivity of exporting firms is higher than that of domestic sales firms. The self-selection effect of exporting firms' productivity is significant, but the export learning effect of developed countries is not as obvious as that of developing countries.

虽然出口企业有更高的生产率在世界上大多数国家得到了印证，然而，近年来一批针对中国微观企业的研究却发现，出口企业在大样本整体上呈现了生产率反而低于非出口企业的现象，这与企业异质性贸易理论的核心结论相反，也与几乎所有其他国家的经验研究不符。这一现象被称为"出口-生产率悖论"，并引发了后续一系列相关研究。

In recent years, a group of studies on Chinese micro-firms has found that exporting firms as a whole show a phenomenon in which productivity is lower than that of non-exporting firms in a large sample, which is called the "export-productivity paradox".

下面通过一个案例来详细说明中国的"出口-生产率悖论"。

案例 5-2　中国出口企业生产率之谜：加工贸易的作用

不同学者针对"出口-生产率悖论"提出了多种不同解释，主要包括：①加工贸易企业存在和占比高；②外资企业的普遍存在；③出口密集度（即出口企业的出口额占总收益比重）的差异；④要素密集度不同；⑤中国的市场分割和地方保护。下面重点介绍加工贸易的作用。

中国学者通过对2000—2006年企业-海关合并数据的分析发现，在之前的研究中这些令人费解的发现（即出口企业生产率悖论）完全是由中国大量的加工贸易企业导致的。众所周知，加工贸易在中国的对外贸易中有着举足轻重的地位，占中国贸易总额的近50%，并创造了全部的贸易顺差。但是由于数据的原因，之前的研究均没有区分加工贸易企业与一般贸易企业，而该项研究通过将交易层面的海关数据与之前研究中所采用的企业数据进行合并，可以获取一个企业是否属于加工贸易企业的重要信息。其研究发现，将加工贸易企业与一般贸易企业区分开对于理解中国出口企业的表现至关重要。

这项研究的主要结论有：其一，在中国有20%的出口企业完全从事加工贸易，这些企业的生产率比非出口企业低10%～20%；其二，将加工贸易企业从样本中分离开后，其他出口企业的生产率高于非出口企业，满足标准的异质性企业贸易模型；其三，之前研究中所发现的异常现象完全可以被加工贸易企业的低生产率所解释。

资料来源：
李春顶，尹翔硕. 我国出口企业的"生产率悖论"及其解释[J]. 财贸经济，2009(11)：84-90,111.
戴觅，余淼杰，MAITRA M. 中国出口企业生产率之谜：加工贸易的作用[J]. 经济学（季刊），2014，13(2)：675-698.

5.5 企业异质性与出口增长的二元边际
(Firm Heterogeneity and Dual Margin of Export Growth)

回顾贸易自由化[①]影响企业出口的过程,我们会发现,贸易自由化通过两个渠道影响企业出口增长:第一,贸易自由化降低出口临界生产率,导致更多企业进入出口市场,这被称为出口增长的扩展边际(extensive margin);第二,贸易自由化导致持续出口企业出口量增加,这被称为出口增长的集约边际(intensive margin)。

Trade liberalization affects firm export growth through two channels. First, trade liberalization leads to more firms entering the export market by reducing the threshold productivity of exports, which is called the extensive margin of export growth; second, trade liberalization leads to an increase in the export volume of persistent exporting firms, which is called the intensive margin of export growth.

弄清一个国家出口增长主要是由哪一个贸易边际取得的至关重要,因为不同的贸易边际蕴含不同的福利含义。如果一国出口增长主要来源于集约的贸易边际,那就表明该国出口产品大多集中于少数企业和产品的贸易上,而这可能导致较高的收入不稳定性并进一步引起增长波动,同时还可能因为出口数量扩张而导致该国贸易条件恶化从而出现贫困化增加现象;但如果一国出口增长主要源于扩展的贸易边际,那么将会扩大贸易品的范围而不只是贸易量,不仅有利于出口国提升多元化的生产结构,也使逆向贸易条件效应不太可能发生。

Different trade margins have different welfare implications. If a country's export growth is mainly due to intensive margin of trade. it means that most of the country's exports are concentrated in the trade of a few companies and products, which may lead to higher income instability and further growth volatility, and may also lead to impoverishing growth due to the deterioration of the country's terms of trade due to the expansion of the export quantity; however, if a country's export growth is mainly due to extensive margin of trade. it will increase the scope of tradable goods rather than just the volume of trade, which is not only conducive to making the increased diversification of production structures in exporting countries also make adverse terms of trade effects less likely.

就中国而言,中国出口增长有可能是现有出口企业和出口产品在单一方向上量的扩张(集约的贸易边际),也有可能是新的企业进入出口市场以及出口产品种类的增加(扩展的贸易边际)。一项研究通过采用企业异质性贸易模型分析框架,从企业层面的微观角度出发,将中国出口总量增长分解为集约的贸易边际与扩展的贸易边际,并在此基础上模拟了可变贸易成本和出口固定成本对二元边际的影响。其结果表明,2003—2006 年,中国的出口扩张主要源自集约的贸易边际,而贸易成本的变动对中国出口总量增长的影响主

---

① 这里仅考虑贸易成本下降这一种形式的贸易自由化。

要是通过促进扩展的贸易边际实现的。由于集约的贸易边际可能导致出口收入波动和贸易条件的恶化，因此，中国的出口增长路径必须由集约的贸易边际尽快转向扩展的贸易边际。①

China's export growth may be the expansion of existing exporting firms and export products in one direction (intensive margin of trade), or it may be the entry of new firms into export markets and the increase in the variety of export products (extensive margin of trade). A study found that between 2003 and 2006, China's export expansion was mainly due to an intensive margin of trade, and the impact of changes in trade costs on China's total export growth was mainly achieved by promoting an extensive margin of trade.

另一项研究基于企业异质性贸易理论框架，利用 CEPII BACI 1995—2005 年 HS 6 位数国际贸易数据库，客观描述了中国出口增长二元边际结构的特征性事实并进行分析，发现无论是在多边层次还是在双边层次，中国的出口增长主要是沿着集约的边际实现的，扩展的边际占据的比重很小。此外，其结果表明，二元边际并不具备完全相同的影响机制，即便在某些方面有相同的影响机制，也存在程度上的差异。经济规模有助于提升出口的集约边际，但对出口的扩展边际却构成了一种障碍。这意味着，要想提升中国出口增长结构中扩展边际的比重，中国的出口企业确实应该实施多元化的市场战略，而不仅仅将目光盯在经济规模较大的欧美日等传统出口市场。此外，中国出口的稳定增长和贸易利益的有效改善，都有赖于出口结构中扩展边际的比重的进一步提升。②

China's export growth is mainly along the intersive margin of trade, extensive margin of trade occupies a small proportion. In addition, dual margin does not have exactly the same influence mechanism, even if it has the same influence mechanism in some aspects, there are also differences in degree. Economic scale is helpful to enhance the intensive margin of export, but it is a barrier to the extensive margin of export. The conclusion means that to increase the proportion of the extensive margin in China's export growth structure, China's export firms should indeed implement a diversified market strategy. In addition, the steady growth of China's exports and the effective improvement of trade gains depend on the further increase of the proportion of the extensive margin in the export structure.

5.6 企业层面贸易理论的新进展
(New Developments in Firm-Level Trade Theory)

本部分介绍了企业异质性贸易理论的诸多理论拓展，这些理论拓展解释了很多基准的麦里茨模型所无法解释的现象与问题。

---

① 钱学锋.企业异质性、贸易成本与中国出口增长的二元边际[J].管理世界，2008(9)：48-56，66，187.
② 钱学锋，熊平.中国出口增长的二元边际及其因素决定[J].经济研究，2010，45(1)：65-79.

This part introduces many theoretical extensions of heterogeneous firms trade theory, which explains many phenomena and problems that cannot be explained by the benchmark Melitz model.

5.6.1 内生成本加成(Endogenous Markup)

以麦里茨模型为代表的企业异质性贸易理论的基准模型,设定迪克西特-斯蒂格利茨型的垄断竞争市场结构和不变替代弹性效用函数,使贸易竞争机制主要依赖于劳动力市场竞争,而不能通过产品市场进行价格竞争,从而导致企业不存在成本加成的差异。此外,CES效用函数还意味着行业内生产率分布与市场规模无关,市场规模只影响市场上的企业数量。然而,企业差异化的成本加成被广泛证实。结合进口竞争降低企业成本加成,以及出口企业与非出口企业成本加成存在差异性的特征事实,可以发现,假定成本加成外生不变的基准模型,已然无法解释数据所呈现的这些新的事实。

The benchmark model of the firm-heterogeneous trade theory represented by the Melitz model assumes the monopolistic competition market structure and the CES utility function, resulting in the constant markup among firms. However, the variable markup of firms is widely confirmed by empirical facts.

考虑异质性企业成本加成,可以为相关经验研究和政策应用提供更为符合现实的、坚实的微观基础;更重要的是,能够拓展贸易自由化的福利来源①,还有利于准确测度贸易利益的分配。

The assumption of variable markup provides a more realistic and solid micro-foundation for relevant empirical research and policy application. More importantly, it can expand the sources of the gains from trade, and it is also conducive to accurately measuring the redistribution of gains from trade.

5.6.2 多产品企业(Multi-Product Firm)

大量研究证实了多产品企业在世界贸易中的主导作用,以及企业内部产品范围不断调整的事实。伯纳德等学者基于美国1987—1997年制造业企业5位数产品层面的数据得出结论,多产品企业虽然仅占总体企业数目的39%,但其产出却占到了总体的87%。跨多个行业和跨多个部门生产的企业也具有同样的影响力,虽然其数量分别仅占全部企业的28%和10%,但是产出量却分别达到81%和66%。多产品企业平均跨越2.8个行业、2.3个部门,生产3.5种产品(Bernard et al.,2010)。贝尔图和冯塔格纳(Berthou&Fontagne,2013)对法国出口商的分析揭示,1998年,约70%的出口商出口1种以上的产品。阿达莱特(Adalet,2009)发现,在1996—2007年,多产品企业占新西兰全部出口企业数目的72%,多产品企业的出口额占总出口额的比例达99%,多产品企业平均出口22种产品。事实上,多产品企业内的产品转换行为也是非常普遍、频繁和显著的。伯纳德(Bernard et al.,2010)发现,在美国制造业行业中,约54%的存续企业,在1987—1997年,每5年会改

---

① 在麦里茨模型下,只有选择利益存在,而考虑企业异质性成本加成之后,还存在促进竞争利益。

变其 5 位数产品范围,其中,15% 的企业会至少减少生产 1 种产品,14% 的企业会至少增加 1 种产品,25% 的企业则同时增加并减少至少 1 种产品。阿达莱特(Adalet,2009)基于新西兰的出口数据发现,94% 的存续企业具有产品转换行为,其中,10% 的企业至少减少 1 种产品,5% 的企业至少增加 1 种产品,79% 的企业同时增加并减少产品种类。

Numerous studies have confirmed the dominant role of multi-product firms in world trade and the fact that product scope within firms is adjusted.

这些经验事实充分说明,麦里茨模型基于单一产品企业(即假定一个企业只生产一种产品)的简化假定与普遍存在的贸易现实不符。这种单一产品企业设定,主要存在以下局限性。

These empirical facts fully shows that the existing benchmark trade model based on a single-product firm (that is, assuming that one firm only produces one product) is inconsistent with the reality.

第一,单一产品企业的假定低估了贸易扩展边际的规模。传统上将贸易边际分解为国家层面的扩展边际和集约边际,多产品企业的典型事实表明,应将贸易流量细分到企业产品层面的集约边际和扩展边际,因为现有单一产品企业异质性贸易模型无法为当前高度细分的贸易流量事实提供合理的解释。

First, the assumption of a single-product firm underestimates the size of the extensive margin.

第二,单一产品企业假定忽略了企业内扩展边际的贡献。大量经验研究证实,企业内产品结构的调整是企业产出和出口变化的重要组成部分,这也意味着资源的重新配置,更提供了企业内可调整的一种新边际。因此,仅仅关注企业层面的选择效应,会低估贸易自由化促进资源配置的作用。

Second, the single-product firm assumption ignores the contribution of the extensive margin within the firm.

第三,单一产品企业假定将集约边际与扩展边际之间的单调关系固化为负相关。基于单一产品企业假定的企业异质性贸易模型,将一国贸易增长分解为集约边际与扩展边际,集约边际比重的上升则意味着扩展边际比重的下降,即两种边际之间呈现出单调的负向关系。然而,也有部分学者证明企业产品种类数目与每种产品产量间存在正向关系。因此,对于集约边际与扩展边际关系的现实解读有待理论工作的进一步探索。单一产品企业假定的局限性,需要理论研究将多产品企业假设纳入企业异质性贸易模型进行完善,以为讨论多产品企业的出口模式、分析影响多产品企业调整出口产品范围的因素、探究其行为背后的福利内涵提供坚实的理论基础。

Third, the single-product firm hypothesis solidifies the monotonic relationship between the intensive margin and the extensive margin into a negative correlation.

5.6.3 企业组织与管理层级(Business Organization and Managerial Hierarchy)

在生产过程中,企业需要雇用管理者来组织要素投入、解决生产过程中的各项任务和问题。因此,企业组织与管理层级和生产率之间似乎存在某种天然的联系。

In the production process, firms hire managers to organize factor input and solve various tasks and problems. Therefore, there seems to be a natural connection between the business organization, managerial hierarchy and productivity.

目前大量经验研究均证实了企业组织与管理层级和生产率之间的高度相关性，以及外部竞争会通过改善企业组织管理而促进生产率提升的结论。1887 年，美国经济协会（AEA）第一任主席弗朗西斯·沃克，在第一期的《经济学季刊》(*Quarterly Journal of Economics*)上发表的一篇文章，强调了管理能力对于理解企业异质性的卓越作用。布鲁姆和范·雷南（Bloom and Van Reenen, 2007）通过对管理质量的精细衡量，对 732 家美国、英国、法国和德国的企业管理数据进行研究，其结果显示，管理质量越高，企业生产率、利润率、销售额、托宾 Q 值、生存率越高。遗憾的是，贸易自由化促使企业组织结构动态调整的事实，是以麦里茨模型为代表的企业异质性贸易基准模型所无法刻画的，关于贸易自由化如何影响企业最优的组织与管理层级选择，更是缺乏科学合理的理论论证。因此，关注企业组织与管理层级，或者说关注企业事前异质性的来源，并将企业组织与管理层级纳入企业异质性贸易理论框架，是亟须解决的一个问题。

Although the current empirical studies have confirmed the high correlation between the business organization, managerial hierarchy and productivity, the firm heterogeneous trade model can not describe the fact that trade liberalization promotes the dynamic adjustment of business organizational structure. Therefore, it is an urgent problem to bring the business organization and managerial hierarchy into the theoretical framework of firm heterogeneous trade.

5.6.4　出口企业的工资溢价（Wage Premium of Exporting Firms）

基准的企业异质性贸易模型假设工人是同质的，并且劳动力市场不存在摩擦。因此，所有工人都会被雇用且获得相同工资。然而，实证研究发现，发达国家和发展中国家的工资不平等程度不断加剧。早期学者曾用微观数据发现，同一行业内大规模企业比小规模企业支付更高的工资，并且出口企业比非出口企业支付的工人工资更高。此外，贸易自由化更是往往伴随着一国内部收入差距的扩大，其中，出口企业的工资溢价是收入不平等的一个主要来源。

The benchmark firm heterogeneity trade model assumes that workers are homogeneous. However, wage inequality in developed and developing countries is increasing. Wage premiums in export firms are a major source of income inequality.

基于企业层面的详细雇佣数据，大量经验研究证实，劳动力构成和工资溢价共同导致出口企业的工资溢价，只是不同研究中两者的相对贡献度有所不同。有关劳动力的解释，强调劳动力市场完全竞争，具有相同技能水平的工人理应获得相同的工资，但由于不同企业的劳动力构成不一样，其平均工资水平也不相同。然而，有关工资溢价的研究认为劳动力市场摩擦，即劳动力市场不完全竞争，其中存在的搜寻、匹配摩擦及筛选过程，使技能水平相当的工人在不同企业获得的工资也不一样。

Based on detailed employment data at the firm level, a large number of empirical studies have confirmed that labor composition and wage premium together lead to wage premiums for exporting firms, although the relative contributions of the two vary across studies. The explanation of the labor force emphasizes that the labor market is perfectly competitive, and workers with the same skill level should receive the same wage, but because the labor force composition of different firms is different, the average wage level is also different. However, research on wage premiums argues that labor market frictions, that is, imperfect competition in the labor market, in which the search, matching frictions and screening processes exist, make workers with the same skill level receive different wages in different firms.

基于德国雇主-雇员的面板数据,尚克等(Schank et al.,2007)发现,出口企业的平均工资高于非出口企业,控制员工和工作场所的可观测及不可观测的特征后,出口企业与非出口企业间的工资差异缩小,但并没有完全消失。例如,在出口销售比例为60%的企业中工作的蓝领(白领)员工的工资,比同等非出口企业的同类员工高出1.8(0.9)个百分点。与此同时,在其他条件不变的情况下,劳动工资随着出口销售额增长而增长,可能的原因在于:一方面,出口市场的成功给企业带来了更高的盈余;另一方面,出口份额高的企业面临有利的国外需求扩张,需要提高工资以吸引更多的劳动力。弗里亚斯等(Frías et al.,2009)利用墨西哥数据发现:规模越大、效率越高的企业支付的工资越高,其中约2/3的部分能够被大企业的工资溢价所解释;墨西哥比索贬值后不同企业工资的差异变化,则几乎完全是由企业的工资溢价带来的结果。同样的情况还发生在印度制造业行业,阿米蒂和戴维斯(Amiti and Davis,2011)在理论与经验上同时证实了最终品关税和中间投入关税分别对企业工资的影响:最终品关税下降会降低进口竞争企业的工资,但会提高出口企业的工资;相对于非进口企业,中间投入关税下降会提高进口中间投入品的企业的工资。克里斯纳等(Krisna et al.,2011)和戴维森等(Davidson et al.,2010)则分别用巴西与瑞典的数据进行了类似的研究。

5.6.5 融资约束(Financing Constraints)

较多经验事实揭示了融资约束对异质性企业出口的影响:面临较低融资约束的企业出口概率更大。融资约束通过多种渠道对贸易模式产生影响。首先,融资约束影响企业支付出口沉没成本的能力。因此,融资约束影响出口企业和出口目的地数量,即对贸易的扩展边际产生巨大影响,而对企业出口的集约边际没有显著影响。事实上,一旦企业有足够的流动资金来支付进入国外市场的固定成本,企业在后续出口期间所支付的固定成本是比较少的,也可以利用自己的资金来弥补扩大生产规模的可变成本,故融资需求较少。因此,虽然较好的融资状况对进入出口市场起决定性作用,但是一旦企业进入出口市场,较好的融资能力既不会提高企业持续出口的概率,也不会扩大企业的出口规模。其次,企业融资不仅是为克服与扩展边际相关联的出口固定成本,还为与集约边际相关联的边际成本提供必要的流动性。英国、比利时和意大利企业层面的证据分别表明,融资约束限制企业的出口产品范围、目的地市场和出口销售额。在控制企业生产率和其他相关特征后,企业融资约束导致企业出口概率降低了39%,海外销售额降幅超过38%。

Many empirical facts reveal the impact of financing constraints on the export of heterogeneous firms: firms facing lower financing constraints have a higher probability of export. First, financing constraints affect the ability of firms to pay sunk export costs. Secondly, firm financing is not only to overcome the fixed export costs associated with the extensive margin but also to provide the necessary liquidity for the marginal costs associated with the intensive margin.

5.6.6 异质性企业的区位选择(Location Choice of Heterogeneous Firms)

基准的企业异质性贸易理论忽略了企业、要素等经济主体的集聚活动,排除了企业空间迁移的可能性,并假设企业、投入要素固定在生产区位不变。市场一体化程度加深,贸易成本降低,市场竞争加剧,不仅会影响行业内企业进入退出市场的选择机制,还会触发企业、要素在不同空间区位的重新定位和流动。因此,研究异质性企业在空间上组织经济活动的方式,解析企业的战略选择、所有权策略选择和企业的不同组织选择对区域经济的影响,以及未来生产率不确定情况下,企业空间选择的动态决策等问题,具有重要的理论和现实意义。

With the deepening of market integration, firms and factors will reposition and flow in different spatial locations. Therefore, it is both theoretical and practical significance to study how heterogeneous firms organize economic activities in space, and to analyze the strategic choice, ownership strategy choice and the impact of different organizational choices of firms on the regional economy.

已有经验文献说明,异质性企业的空间定位选择行为可能产生选择效应,内生导致区域生产率差异。具体来说,高效率企业会选择定位于大市场地区以获得更大的市场份额,而低效率企业则选择定位于小市场地区以逃避激烈的竞争,并且大市场地区激烈的市场竞争会迫使低效率企业退出,从而形成高效率企业定位于大市场地区和低效率企业定位于小市场地区的格局,内生地导致大市场地区和小市场地区的生产率差异。

The existing empirical literature shows that the spatial positioning choice behavior of heterogeneous firms may have a selection effect. Efficient firms are positioned in large market areas and inefficient firms are positioned in small market areas, which endogenously leads to productivity differences between large market areas and small market areas.

5.6.7 异质性企业的动态变化(Dynamic Changes of Heterogeneous Firms)

一些经验研究已经开始注意到企业在国际贸易中的动态变化现象。例如,企业进入出口市场决策的动态变化。伊顿等(Eaton et al., 2007)使用哥伦比亚数据考察1996—2005年企业出口目的地市场的动态变化。其研究发现,在某些年份,将近一半的哥伦比亚出口企业在下一年退出了出口市场。虽然总出口受少数大型且稳定的出口企业主导,但是给定持续生存企业不变,新出口企业的增长速度很快,增长额占据了总出口增长额的一半。因此,探究企业进入、退出出口市场动态变化背后的原因,就受到了学者们的广泛关注。

Some empirical studies have begun to pay attention to the dynamic changes of firms in international trade. Eaton et al. (2007) used Colombian data to investigate the dynamic changes in export destination markets of firms from 1996 to 2005. It has been widely concerned by scholars to explore the reasons behind the dynamic changes in firms' entry and exit from the export market.

此外,少有研究将生产率内生化,并考虑生产率和企业市场行为的动态变化。一方面,企业创新是使企业生产率内生增长的重要因素;另一方面,企业异质性特征带来的差异化市场活动,包括调整企业成本加成、产品种类、进出入市场以及跨国经营等行为,都无一例外地对经济周期波动产生重要的影响,并随着宏观经济周期因子波动而变化。内生的企业生产率差异比企业生产率随机、外生决定的假定更加符合现实,这为研究贸易自由化对企业生产率的影响提供了新的分析视角。然而,这些经验结果,以及揭示的贸易自由化对企业创新的不同作用机制,都有待未来的进一步研究。

In addition, few studies have internalized productivity and considered the dynamic changes in productivity and firm market behavior. Endogenous differences in firm productivity are more realistic than the assumption that firm productivity is random and exogenous, which provides a new analytical perspective for the study of the impact of trade liberalization on firm productivity. However, these empirical results, as well as the different mechanisms of trade liberalization on firm innovation, lack solid theoretical support.

5.6.8 小结(Summary)

综上所述,本部分从两个方面对基准的企业异质性贸易模型提出了挑战:首先,企业差异化的成本加成、多产品企业、组织与管理层级、工资溢价、融资约束水平、异质性区位,既揭示了企业多层次的异质性维度和来源,也体现了企业应对贸易自由化的多样性的调整边际。其次,企业采用不同的组织与管理层级,面临不同的劳动力市场摩擦和融资约束水平,生产不同的产品组合,都在不同程度上影响着企业的生产率水平和出口成本,进而反映在企业差异化的出口决策和绩效表现上。

To sum up, this part challenges the benchmark firm heterogeneity trade model from two aspects. First, the differentiated cost markup among firms reveals the dimensions and sources of multi-level heterogeneity of firms, and also reflects the adjustment margin of firms to cope with the diversity of trade liberalization. Secondly, the adoption of different organizational and management levels affects the productivity level and export cost of firms to varying degrees, which is reflected in the differentiated export decision-making and performance of firms.

关于企业异质性贸易理论的实证研究已经有了很大的发展,并且许多经验现象无法为以麦里茨模型为代表的基准模型所解释,这说明理论和实证研究之间仍有较大的鸿沟。

虽然,在新的经验文献中,大多数研究总体上发现了比较稳健的结论,但是解释那些不同的相互冲突的现象是十分困难的。因此,将企业多样化的异质性维度纳入基准的企业异质性贸易模型,探讨这些企业异质性与贸易自由化的互动效应,并厘清内在的作用机制,需要更多的理论研究给予回应。此外,现实世界的动态变化与发展,也要求以一个更为动态的视角,准确刻画企业生产率和出口的动态行为,以增强理论对现实世界的解释力。

It needs more theoretical research to bring the heterogeneity dimension of firm diversification into the benchmark firm heterogeneity trade model and explore the interaction effect and mechanism between these firm heterogeneity and trade liberalization. In addition, the dynamic changes and development of the real world also require a more dynamic perspective to accurately describe the dynamic behavior of firm productivity and exports.

重要术语(Key Terms)

企业异质性(firm heterogeneity)
沉没性进入成本(sunk entry cost)
自我选择效应(self-selection effect)
再分配效应(reallocation effect)
不变替代弹性(constant elasticity of substitution)
线性成本函数(linear cost function)
零利润条件(zero cutoff profit condition)
自由进入条件(free entry condition)
扩展边际(extensive margin)
集约边际(intensive margin)
种类利益(gains from variety)
促进竞争利益(gains from pro-competitive effect)
选择利益(gains from selection effect)
出口-生产率悖论(export-productivity paradox)

本章小结

1. 以麦里茨模型为代表的企业层面贸易理论是对新贸易理论的继承和发展。麦里茨模型成功地将企业的生产率异质性引入规模报酬递增和垄断竞争的分析框架,解释了为何同一行业内只有部分企业能够进入出口市场,为何一些企业因贸易自由化获益,而另一些企业因贸易自由化受损。

2. 在贸易模式方面,虽然企业异质性贸易模型仍然遵循产业内贸易,但是与克鲁格曼模型相比,贸易自由化会导致企业间市场份额的再配置。

3. 在贸易利益方面,新贸易理论模型中贸易利益的来源是种类利益和促进竞争利益;企业异质性贸易理论中贸易利益的来源为种类利益、促进竞争利益和选择利益。但是,这并不意味着贸易利益的这几个源泉都存在,还取决于理论模型的微观结构。

4. 异质性企业通过集约边际和扩展边际这两种渠道影响出口增长。弄清一个国家出口增长主要是由哪一个贸易边际取得的至关重要,因为不同的贸易边际蕴含不同的福利含义。

5. 企业差异化的成本加成、多产品企业、组织与管理层级、工资溢价、融资约束水平、异质性区位,既揭示了企业多层次的异质性维度和来源,也体现了企业应对贸易自由化的多样性的调整边际。企业采用不同的组织与管理层级,面临不同的劳动力市场摩擦和融资约束水平,生产不同的产品组合,都在不同程度上影响着企业的生产率水平和出口成本,进而反映在企业差异化的出口决策和绩效表现上。

Summary

1. Melitz Model successfully introduces the productivity heterogeneity of firms into the analytical framework of increasing returns to scale and monopoly competition, and explains why only some firms in the same industry can enter the export market, why some firms benefit from trade liberalization, while others suffer from trade liberalization.

2. In terms of trade pattern, although the firm heterogeneity trade model still follows intra industry trade, compared with Krugman model, trade liberalization will lead to the reallocation of market share among enterprises.

3. In terms of gains from trade, the sources of gains from trade in the new trade theory are gains from variety and gains from pro-competitive effect; in the firm heterogeneity trode model sources of gains from trade are gains from variety, gains from pro-competitive effect and gains from selection effect.

4. Heterogeneous firms affect export growth through intensive margin and extensive margin. Different trade margins contain different welfare implications. It is very important to clarify which trade margin is the main source of national export growth.

5. The variable markup among firms, multi-product firms, organization and management levels, wage premium, financing constraint level, and heterogeneous location reveal the dimensions and sources of multi-level heterogeneity of firms. Firms adopt different levels of organization and management, face different levels of labor market friction and financing constraints, and produce different product combinations, which all affect the productivity level and export cost of firms.

延伸阅读(Further Readings)

麦里茨模型在规模报酬递增、贸易成本和垄断竞争的基础上清晰完整地分析了异质企业的一般均衡和贸易模式,与新贸易理论一脉相承又具有重要突破。该模型明确的假设条件、简明的逻辑和较好的可扩展性,使之成为企业层面贸易理论的基准模型。但麦里茨模型也并不能完全代表企业层面贸易理论的全貌。

一方面,与麦里茨提出企业异质性的垄断竞争模型几乎同时,安德鲁·伯纳德等提出企业异质性的李嘉图模型。该模型与麦里茨模型的出发点是一致的,都是通过构建理论框架来解释 20 世纪 90 年代中后期以来普遍存在的生产效率越高的企业越倾向于出口这一特征事实。然而,二者在模型假设方面有较大不同。企业异质性的李嘉图模型引入伯川德寡头(Bertrand oligopoly)垄断市场结构和企业生产率的异质性,并假设异质性企业的生产率由弗雷歇分布随机决定,而且厂商的加成率会随着消费者需求价格弹性的变化而作出相应调整;此外,企业异质性的李嘉图模型还进行了量化,这也是麦里茨模型所不具备的。但企业异质性的李嘉图模型建模较为复杂,因此得到的推广较为有限。

另一方面,麦里茨模型虽然对 20 世纪 90 年代中期出现的一系列企业层面经验事实进行了解释,但是随着时间的推移,新的经验事实不断出现。这些经验挑战需要我们进一步修正模型假设,以更好地解释现实。近几年,企业层面贸易理论以麦里茨模型为基础,进一步研究了消费者个体异质性与贸易利益的问题。

消费者个体异质性与贸易利益 长期以来,国际贸易文献主要是从收入渠道讨论贸易利益在不同群体之间的分配及其具体机制,而从消费渠道讨论贸易利益个体分配效应的研究则被忽视和略显不足,且从消费渠道讨论贸易利益个体分配效应的研究被明显忽略。企业层面贸易理论虽然考虑了企业生产率的异质性,但是仍然认为消费者是同质的。而在全球化背景下发达国家和发展中国家日益加剧的内部收入不平等问题,是当前经济学领域最为引人注目的研究焦点之一。

众所周知,消费者之间存在普遍的个体异质性。受教育程度不同、技能水平不同、居住区位不同和从事行业不同等不同类型的个体异质性都会导致消费者收入的异质性。由于不同收入消费者享有不同的消费篮子,而贸易自由化对不同产品价格的影响也会存在差异,进而贸易自由化对不同收入消费者所消费产品的总体价格有异质性影响。很明显,消费者个体异质性导致贸易利益的不同。

尝试和你的学习小组的同学一起完成以下任务。

1. 企业层面贸易理论还有很多新近发展,查阅最新的资料和学术期刊进一步了解。

2. 如果进一步将垄断竞争市场结构拓展为寡头市场结构,或者将线性成本函数放松为非线性成本函数,企业生产率与产出、收益、价格和加成率的关系是否发生变化?

即测即练

Chapter 6
经济增长与贸易
Economic Growth and Trade

学习目标
- 了解经济增长的内涵与分类。
- 理解罗伯津斯基定理、"荷兰病"的产生机理、贫困化增长的条件。
- 理解出口偏向型增长以及进口偏向型增长不同的贸易效益和福利效应。
- 了解人工智能对经济和贸易的影响。
- 了解发展中国家经济增长过程中存在的主要扭曲。
- 理解贸易影响发展中国家经济增长的四种主要机制。

Learning Target
- Know about the Concept and Classification of Economic Growth.
- Understand the Rybczyński Theorem, the mechanism of "Dutch disease", and the conditions for impoverishing growth.
- Understand the different trade and welfare effects of export-biased growth and import-biased growth.
- Know about the impact of AI on economics and trade.
- Know about the main distortions in the process of economic growth in developing countries.
- Understand our mechanisms by which trade affects economic growth in developing countries.

　　经济增长一般是指国家或地区生产总值的持续增加、社会福利的不断改善、经济质量的不断提高。从经济学发展的历史来看,经济增长一直都是国内外学者和政府关注的重要主题。毫不夸张地说,经济学发展历史可以简化为经济增长理论的演化历史,具体表现为:纵向看,从古典增长理论,到新古典增长理论,再到新增长理论不断演进;横向看,从西方经济增长理论到中国经济增长理论阵营不断壮大。由此可见,经济增长在经济学研究领域举足轻重,经济增长与贸易的关系更是经济学家们研究的长期聚焦点。

　　The study of economic growth has been one of the main research areas in economics ever since the birth of the field. In particular, exploring the relation between economic growth and trade has attracted the attention of economists for a long time.

美国发展经济学家罗格纳·纳克斯(R. Nurkse)提出了"贸易是增长的引擎"的重要论断。英国发展经济学家威廉·阿瑟·刘易斯(W. A. Lewis)更是将纳克斯的观点发展到新高度,他断言:过去的一个世纪中,发展中国家严重依赖发达国家进行发展。在第二次世界大战之后经济高速增长的20年里,年经济增长率为4%,而年贸易增长率却高达8%。20世纪70年代中期之后,发达国家增长乏力导致其与发展中国家的贸易额下降,进而发展中国家增长的引擎出现抛锚迹象。① 2020年,受疫情影响,全球贸易受阻,全球经济负增长。2021年,疫情影响常态化,全球贸易强劲增长,世界经济实现5.5%的正增长。

On the one hand, trade plays an important role in the progress of economic growth, just as the saying that trade is the engine of economic growth said by Ragnar Nurkse, an famous development economist in the world.

同样,经济增长也会影响贸易。根据新古典理论和新增长理论,经济增长主要来自要素投入的增加和技术进步两个方面。由罗伯津斯基定理可知,对于一个小国,一种要素相对另一种要素的增加将会导致偏向型增长。对一个大国而言,其还会导致其贸易条件发生改变。技术进步对于贸易的影响则更为复杂些,根据产品生产周期理论,各国的产品生产所处阶段不同,将导致各国的贸易结构不同。经济增长对于贸易增长的正向影响也有相应的实证证据。贸易领域学者雷蒙德·里茨曼(Raymond Riezman)利用时间序列研究实际GDP和实际出口之间的关系,发现25个国家存在收入增长对出口增长的单项因果关系。

On the other hand, the impact of economic growth on trade is long-term and profound.

本章将讨论经济增长与贸易的关系。具体安排如下:6.1节为经济增长的含义与分类;6.2节分析要素增长对贸易的影响;6.3节分析技术进步对贸易的影响;6.4节分析贸易对发展中国家经济增长的影响机制。

6.1 经济增长的含义与分类
（Concept and Classification of Economic Growth）

6.1.1 经济增长的内涵（Concept of Economic Growth）

经济增长是指经济的动态演化过程,是经济体整体规模扩张和质量提高的过程。宏观层面,经济增长会带来社会总产品及其生产能力的增加。微观层面,企业生产能力的增加往往来源于生产过程中的物质资本积累、人力资本、自然资源等要素投入的增长,要素协同配置效率的提高以及技术进步。经济增长的理论源远流长,其思想源泉可回溯到亚当·斯密的《国富论》一书。后续又经历了古典经济增长理论、新古典经济增长理论和新

---

① LEWIS W A. The slowing down of the engine of growth[J]. American economic review, 1980, 70(4): 555-564.

增长理论三个阶段,并且依然生机蓬勃、更新迭代。表 6-1 整理了不同阶段经济增长理论的代表人物和主要观点,以便更加深入理解经济增长的内涵。

Economic growth is the process of the overall scale expansion and quality improvement of an economy.

表 6-1　经济增长理论发展阶段及其代表人物和主要观点

理论阶段	古典增长理论	新古典增长理论	新增长理论
时间跨度	18 世纪后期至 20 世纪 40 年代	20 世纪 50 年代至 80 年代中期	20 世纪 80 年代中期至今
代表人物	亚当·斯密 托马斯·马尔萨斯 卡尔·马克思	罗伯特·索洛	保罗·罗默 罗伯特·卢卡斯 罗伯特·巴罗
主要观点	劳动分工、资本积累和技术进步是经济增长的主要动力	在没有外生人口增长或技术进步条件下经济无法实现持续增长	人力资本投资促使技术进步内生化实现经济持续增长

综上所述,经济增长是一个历史悠久、内涵丰富的复杂概念。用什么样的指标来度量,需要根据所研究问题的实际来选择。经济增长的测度有专门的课程介绍,这里旨在介绍几种常用的测度指标,如国民收入指标等。国民收入指标是经济增长度量的最基本测度指标,主要分为依据国民收入总额的测度,依据人均国民收入的测度,具体包括依据国民收入水平、人均国民收入水平等指标计算的定基速度、环比速度、平均速度等。经济增长主要来源于要素水平的增加和技术进步两个方面。因此,本章将围绕这两个方面对贸易的影响进行详细分析。

How to evaluate economic growth depends on the problem that we study in practice. For example, in the field of international trade, the outstanding performance of economic growth lies in the increase of factor levels and technological progress.

6.1.2　经济增长的分类(Classification of Economic Growth)

尽管目前生产要素的范畴不断扩大,但是为便于分析,这里依然假设经济体主要有劳动力、资本两种生产要素。① 要素的增长是指投入的资本要素、劳动力要素不断增加。一个国家的资本要素增加可以通过增加资本投资实现。一个国家的劳动力要素增加则可以通过增加总人口、降低失业率实现。生产要素的增加会导致生产可能性曲线外移。根据生产要素增加的特点,可以将其分为三种情况:①资本要素和劳动力要素同比例增长;②资本要素相对于劳动力要素增长多一些;③资本要素相对于劳动力要素增长少一些。第一种情况称为要素中性增长,如图 6-1(a)所示,生产可能性曲线从 S_1 等比例向外平移到 S_2。第二种情况和第三种情况稍微复杂一些,由于两者存在对称性,为避免赘述,只对前者进行讨论。假定大米的生产具备劳动密集型特点,而布匹则是资本密集型产品。如

---

① 2019 年 10 月,党的十九届四中全会通过的《中共中央关于坚持和完善中国特色社会主义制度　推进国家治理体系和治理能力现代化若干重大问题的决定》,将数据作为与劳动、资本、土地、知识、技术、管理并列的生产要素。

图 6-1(b)所示,当资本要素相对于劳动力要素增长多一些时,生产可能性曲线将从 S_1 向资本密集型产品布匹方向不对称地向外平移至 S_3。

Although there are other primary inputs such as land, knowledge and data, we consider the impact of factor growth in terms of two homogeneous inputs, capital and labor. According to the characteristics of the increase of production factors, it can be divided into three situations: the capital and labor factors increase in the same proportion, the capital increases more relative to the labor factor, and the capital increases less than the labor factor.

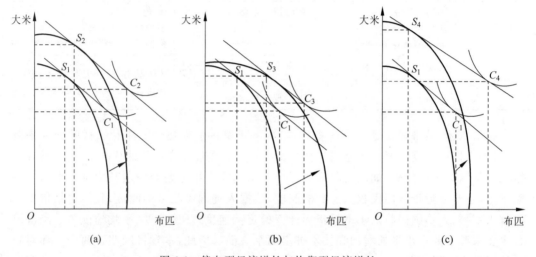

图 6-1 偏向型经济增长与均衡型经济增长
(a) 均衡型经济增长;(b) 偏向布匹的经济增长;(c) 偏向大米的经济增长

技术进步是经济增长的另一重要来源。在生产要素投入总量不变的情况下,技术进步可以提高单位生产要素的产量,进而提高总产出水平。根据内生经济增长理论,一个国家可以通过人力资本积累、研发投入等提高技术进步水平。技术进步也会导致生产可能性曲线外移。根据技术进步的特征,可以将其分为三种情况:①希克斯中性技术进步;②劳动节约型技术进步;③资本节约型技术进步。希克斯中性技术进步是指资本要素和劳动力要素生产效率同比增加,并且价格不变,生产可能性曲线的移动与要素中性增长类似。劳动节约型技术进步,是指技术进步使得单位资本所配备的劳动力要素减少。在此情况下,生产单位产品所需的资本要素和劳动力要素都减少了,但在要素价格不变的条件下生产使用的资本劳动比(K/L)增加了,生产可能性曲线的移动与要素增长第二种情况类似。资本节约型技术进步,是指技术进步使单位劳动力要素所配备的资本要素减少。在此情况下,生产单位产品所需的资本要素和劳动力要素都减少了,且在要素价格不变的条件下生产使用的资本劳动比(K/L)也减少了,生产可能性曲线的移动与要素增长第三种情况类似,如图 6-1(c)所示。

The second source of economic growth is technological change. Technological change alters how inputs are used to generate output, and it results in a larger amount of output being generated from a fixed amount of inputs. According to the characteristics of technological progress, it can be divided into three situations: Hicks-neutral technological progress, labor-saving technological progress, and capital-saving technological progress.

根据生产可能性边界扩张的特点,经济增长可以分为均衡型经济增长以及偏向型经济增长。

According to the characteristics of the expansion of the production possibility frontier, economic growth can be divided into biased economic growth and unbiased economic growth.

1. 偏向型经济增长(Biased Economic Growth)

偏向型经济增长是指在经济扩张时,生产可能性曲线在一个方向扩张的幅度大于另一个方向扩张的幅度,导致生产可能性曲线形状改变的增长方式。图6-1(b)、(c)所示均为偏向型经济增长,前者为偏向布匹的经济增长,后者为偏向大米的经济增长。偏向型经济增长发生的原因是不同生产要素增长的不均衡,或者技术进步的部门间不均衡。偏向型经济增长又可以分为偏向进口型经济增长以及偏向出口型经济增长。偏向进口型经济增长是指进口行业的生产能力增长比较快,从而使国内进口竞争产品的生产增加,一部分原来进口的商品被国内的产品替代了。偏向出口型经济增长是指出口行业的生产能力增长比较快,从而使国内出口产品的生产增加更快。由图6-1可看出,该国在经济增长前是一个布匹的进口国、大米的出口国。因此,当经济增长偏向布匹生产部门时,该国发生偏向进口型经济增长;当经济增长偏向大米生产部门时,该国发生偏向出口型经济增长。

Biased economic growth refers to a growth pattern in which the production possibility curve expands in one direction more than the other direction during an economic expansion, resulting in a change in the shape of the production possibility curve. Import-biased economic growth refers to the rapid growth of the production capacity of the imported product industry, which partially replaces the original imported products with domestically imported competitive products. Export-biased economic growth means faster capacity growth in exporting industries, resulting in faster growth in the output of domestic exports.

2. 均衡型经济增长(Unbiased Economic Growth)

均衡型经济增长是指在经济扩张的时候,生产可能性曲线边界整体地往外平移,并未导致生产可能性曲线形状改变的增长方式。图6-1(a)所示的增长为均衡型经济增长。通常情况下,技术进步是导致均衡型经济增长的主要原因。此处,我们指的技术进步主要是具有重大技术突破的技术进步。这种类型的技术进步覆盖面广、影响深刻且具有颠覆性特征。

Unbiased economic growth refers to a growth mode in which the boundary of the production possibility curve shifts outward as a whole during an economic expansion, which does not lead to a change in the shape of the production possibility curve.

纵观人类发展史,主要经历了三次重大科技革命,并且正在经历第四次科技变革,详见图6-2。每一次科技革命,都会带来一次工业革命,在一次新的工业革命中,整个工业体系会发生颠覆性变革,有时还会影响整个世界的格局。目前,世界正在经历的第四次科技革命也必然会带来第四次工业革命,大数据与5G、云计算、人工智能、区块链、物联网等新技术加速融合,重塑技术架构、产品形态和服务模式,推动整个社会的数字化进程。由于上述技术属于通用技术,并没有限制只能在特定的产业应用,所以会给众多产业带来新的发展机会,实现均衡型经济增长。

The integration of new technologies such as big data, 5G, cloud computing, artificial intelligence, and blockchain, will reshape the technical architecture, product form and service model, and promote the digitalization process of the entire society.

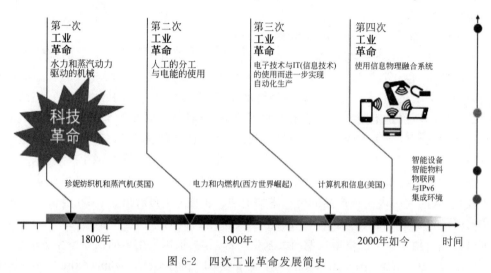

图 6-2　四次工业革命发展简史

6.2　要素增长对贸易的影响
（The Impact of Factor Growth on Trade）

从上文可知,生产要素增长的行业间不均衡是导致偏向型经济增长的主要原因。① 例如,资本相对于劳动增长更快(慢)可以直接用资本-劳动比进行衡量。

The reason that mainly caused the biased economic growth is the imbalanced growth between industries.

6.2.1　罗伯津斯基定理（Rybczyński Theorem）

罗伯津斯基定理是论述要素增长和经济增长关系的重要理论。它是指在现有的技术条件下,当一种要素增长时,经济会发生偏向型增长,密集使用该要素的部门会扩张,密集使用其他要素的部门会萎缩。用一个简单的模型表示如下:假设经济体存在资本密集型部门 x（布匹的生产）和劳动密集型部门 y（大米的生产）,存在资本（K）和劳动力（L）两种

---

① 虽然行业间不同的技术依赖性以及技术水平差异也能引起偏向型经济增长,但此处不考虑这种情况。

要素。在贸易条件、技术水平不发生改变的条件下,各部门的资本-劳动比不会发生变化。当该国的资本增加 ΔK 时,由于要保持各部门资本-劳动比不变,新增加的资本只会进入资本密集型部门 x。为了给 x 部门提供额外的劳动,经济结构将发生转变,y 部门将降低产出,释放资本和劳动给 x 部门,使经济重新均衡。其可以用式(6-1)和式(6-2)表示:

$$k_y = \frac{K_y}{L_y} = \frac{K_y - \Delta K_y}{L_y - \Delta L_y} \tag{6-1}$$

$$k_x = \frac{K_x}{L_x} = \frac{K_x - \Delta K_x}{L_x - \Delta L_x} \tag{6-2}$$

由此可以看出,单一要素的增长所带来的并不是经济的整体增长,而是一些部门的扩张和另一些部门的萎缩。

Rybczyński Theorem states that at constant relative goods prices, a rise in the endowment of one factor will lead to a more than proportional expansion of the output in the sector which uses that factor intensively, and an absolute decline of the output of the other sector.

罗伯津斯基定理可以用刻画两种生产要素和两种产品的埃奇沃思盒状图证明,如图 6-3 所示,横轴描述的是资本要素,纵轴描述的是劳动力要素。在 $O_\text{米} BO_\text{布} D$ 中凸向原点 $O_\text{米}$ 的等产量曲线刻画的是劳动密集型商品大米的生产,凸向原点 $O_\text{布}$ 的等产量曲线刻画的是资本密集型产品布匹的生产,则契约曲线为凸向 D 点的曲线如 $O_\text{米} O_\text{布}$ 所示。资本要素没有增长之前,经济体在 S 点实现均衡,连接原点 $O_\text{米}, S, O_\text{布}, S$,得到直线 $O_\text{米} S$ 和 $O_\text{布} S$。$O_\text{米} S$ 直线的斜率表示生产大米商品所用的劳动力、资本要素的比率。直线 $O_\text{布} S$ 的斜率表示生产布匹商品所用的劳动力、资本要素的比率。现在,资本要素增加 ΔK,埃奇沃思盒状图的横轴延长到了 $O'_\text{米} D'$,此时盒状图如 $O'_\text{米} BO_\text{布} D'$ 所示。延长 $O_\text{布} S$ 与新的盒状图边界相交,把直线 $O_\text{米} S$ 平移到原点 $O'_\text{米}$ 形成 $O'_\text{米} S'$,并相交 $O_\text{布} S$ 的延长线于 P 点。由于前提假设:产品相对价格和要素价格不变,所以生产大米、布匹的劳动力、资本要素的比率不发生变化,布匹的生产均衡点一定在 $O_\text{布} S$ 的延长线上,大米的生产一定在 $O'_\text{米} S'$ 上。因此,只有在 P 点经济实现新的平衡。比较前后两种均衡状态,发现布匹产品的生产部门扩张了,同时大米产品的生产部门却缩小了。

The box $O_\text{米} BO_\text{布} D$ depicts an economy with $O_\text{米} B$ of capital factor and $O_\text{米} D$ of labor factor, as shown in fig 6-3. Isoquants for the rice are shown by the family of curves convex to the origin $O_\text{米}$; similarly, isoquants for the cloth are shown by the family of curves convex to the origin $O_\text{布}$. If we make rice labor-intensive and cloth capital-intensive, the contract curve $O_\text{米} O_\text{布}$ must be convex to D. An increase in the quantity of capital factor may be shown by extending $BO_\text{米}$ to $BO'_\text{米}$. The new production box is now $O'_\text{米} BO_\text{布} D'$. Since the premise assumes that the relative price of the product and the factor price remains unchanged, the ratio of labor and capital factors for producing rice and cloth does not change. P would be the new point of equilibrium. The production of the labor-intensive commodity rice must be less at P than at S, while the production of capital-intensive commodity cloth must be more at P than at S.

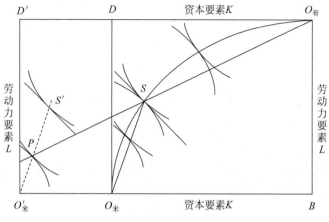

图 6-3 罗伯津斯基的几何证明

塔德乌什·罗伯津斯基(Tadeusz M. Rybczyński),毕业于伦敦政治经济学院。1955年,他在论文《要素禀赋与相对要素价格》中提出罗伯津斯基定理,后加入拉扎德投资银行,花毕生精力做一名投资银行家。①

Tadeusz M. Rybczyński was a Polish-English economist who is known for the development of the Rybczyński Theorem in 1955. He studied at the London School of Economics. Soon after discovering his famous theorem, he joined Lazard and spent the rest of his career there as an investment banker.

作为思考与课后练习,李坤望老师在其《国际经济学》(第三版)中也给出了几何证明的方法,但是与本章介绍埃奇沃思盒状图证明的方法不一样,同学们可以翻阅学习。此外,还有学者采用代数的证明方法,请有兴趣的同学查阅相关资料,尝试采用代数方法对罗伯津斯基定理进行证明。

6.2.2 "荷兰病"("Dutch Disease")

有些情况下,单一要素的增长会带来各种各样的问题。最著名的问题就是"荷兰病"。"荷兰病"是指特定行业(如自然资源)的经济增长导致了其他行业(如制造业或农业)经济的萎缩。20世纪70年代,荷兰因在北海发现了丰富的天然气储量,导致经济增长过度依赖出口天然气。当时荷兰皇家壳牌公司的营业收入就相当于荷兰的国内生产总值。但在短期的经济繁荣后,荷兰经济开始出现恶化。人们把这种单一依靠资源出口带来短期繁荣后留下的后遗症叫"荷兰病"。虽然天然气这种新资源的开发给荷兰的贸易平衡带来了很大的改善,但大量的天然气使荷兰人养成了好吃懒做的习惯,造成了社会失业增加,进而导致了国内工业产值的下降。此外,贸易剩余的增加造成本币的实际汇率的增值(直接法标示下,表现为汇率的下降;间接法标示下,表现为汇率的上升。荷兰目前采用的是欧元,其汇率用间接法标示),损害了本国农业和工业的国际竞争力,挫伤了荷兰的创新能力。

---

① BLAUG M. Who's who in economics[M]. 3rd ed. London: Edward Elgar, 1999: 971.

In economics, the "Dutch disease" is the apparent causal relationship between the increase in the economic development of a specific sector (for example natural resources) and a decline in other sectors (like the manufacturing sector or agriculture).

在分析"荷兰病"的经典模型中，假设整个经济包含可贸易的制造业部门、可贸易的资源出口部门和不可贸易部门（主要是一国内部的建筑业、零售贸易和服务业部门）。同时，假设经济处于充分就业的平衡之中，如果一种新的自然资源被发现或者某种自然资源的价格意外上涨将导致两方面的后果。

一是劳动力、资本等生产要素会转向资源出口部门，则可贸易的制造业部门不得不通过提高工资、支付更高的利息来留住劳动力、资本等生产要素，生产成本上升将对制造业的竞争力造成一次打击。同时，出口自然资源带来外汇收入的增加使得本币升值，汇率上升将对制造业的出口竞争力造成再一次打击。上述两次打击被称为资源转移效应。在这种效应的作用下，本国的制造业和服务业将同时衰落下去。

二是自然资源出口带来的收入增加会增加对制造业和不可贸易部门产品的需求。但此时对制造业产品的需求增加却是通过进口国外相对廉价的同类制成品来满足的。这将又一次打击本国的制造业。不过还好，由于不可贸易部门产品的需求增加无法通过进口替代，我们会发现一段时间后本国的服务业重新繁荣起来，这被称为支出转移效应。尽管"荷兰病"一般是与一种自然资源的发现联系在一起，但它的诱因有多种，如自然资源价格的急剧上升、外国援助和外国直接投资等。"荷兰病"可能是一种普遍的存在，适用于很多过度依赖初级产品出口的国家。例如，尼日利亚、墨西哥等均曾身患"荷兰病"。但是，也有例外。如印度尼西亚的政府收入高度依赖石油出口，然而，在两次石油繁荣期间，印度尼西亚政府通过向农业基础设施和开发研究进行投资以及对农业投入发放补贴，增加了对农业的扶持，夯实了国内农业的生产基础；同时，有序的财政政策制止了恶性通货膨胀。其间，印度尼西亚盾的多次升值同国际贸易和外国直接投资自由化结合在一起，成功地支持了劳动密集型制造业的发展，而这正是印度尼西亚的比较优势所在。其显著差异表明，自然资源禀赋丰富并非经济发展的充分条件，也有可能成为发展的障碍。这在经济学上被称为"资源诅咒"（the curse of resource）。因此，只有采用适宜的政策才能使资源丰富的国家避免落入"荷兰病"的陷阱。

"Dutch disease", the economy is assumed to be in equilibrium at full employment. If a new natural resource is discovered or the price of a natural resource unexpectedly rises, there are two consequences.

On the one hand, production factors such as labor and capital will be transferred to the resource export sector; on the other hand, the increase in foreign exchange income brought about by the export of natural resources will lead to an appreciation of the local currency. The above two aspects will affect the manufacturing and service industries of our country.

The rise of income from natural resource exports increases demand for manufacturing and service products. However, the increase in demand for manufacturing products at this time mainly depends on imports, while the increase in demand for service products can not be imported.

案例6-1 中国的"荷兰病"

中国并没有严格意义上的"荷兰病"。然而,中国有很多因资源而兴、随资源而衰的城市。例如煤炭之城鹤岗。历史上,该资源型城市由小到大、走向繁荣,但由于过于依赖资源优势,经济构成单一,当资源减少甚至枯竭时,病症开始显现。

鹤岗作为一个东北小城,近年来因为一路暴跌的房价引起了社会的广泛关注。2021年12月,鹤岗市人力资源和社会保障局发布通知,称该市政府实施财政重整计划,财力情况发生重大变化,决定取消公开招聘政府基层工作人员计划,这再次引起人们的热议。

鹤岗属于典型的资源型城市,拥有极为丰富的煤炭资源,储量超过20亿吨。自1918年开始采煤,煤炭年产量长期在1 000万吨以上,依靠煤炭资源优势,鹤岗的经济在一定时期内发展良好。据黑龙江省政府统计,鹤岗的工业经济中,煤炭产业与非煤炭产业的比重为7∶3。由于煤炭资源不可再生、存量有限,随着100多年的不断开采,鹤岗的煤炭资源已近枯竭,煤炭产业迅速萎缩,经济增长下行。2013年,鹤岗地区生产总值达到历史峰值358亿元,之后其经济增长基本停滞。2020年,鹤岗地区生产总值为340.2亿元。其人口大量流失,根据人口普查数据,2020年鹤岗市常住人口89.1万人,比2010年的105.9万人减少了15.86%。随着城市规模的萎缩,其财政收入大幅下降。鹤岗2019年、2020年、2021年财政收入分别约为22.6亿元、23亿元和13.9亿元,而一般公共预算支出2019年、2020年分别高达103.7亿元、136.8亿元,财政缺口巨大。对财政收支矛盾加剧的鹤岗来说,还钱并非易事,其中症结,便是财政收入结构不合理,税收收入过低。鹤岗税收收入增长难的核心,在于单一的产业结构。在市政府的历年工作报告中,其被形容为"一煤独大"。一旦煤炭不景气,产业链上大大小小的企业就会受到影响,整个经济就上不去,这是主要问题。

当前的中国台湾地区,无疑也患有这种病。无可否认,在半导体产业方面,台湾地区具有全球竞争优势。其中,尤以台湾积体电路制造股份有限公司(以下简称"台积电")最为耀眼。通过主导最先进半导体的制造业务,全球晶圆代工巨擘台积电掌握了对现在和未来的尖端数码设备与武器至关重要的技术。据业界估计,台积电占全球芯片产量的90%以上,是带动中国台湾地区出口成长最主要的力量。

于是问题也就来了,如果台湾地区半导体竞争优势减弱,那台湾地区又该怎么办?半导体产业的蓬勃发展,使包括资金、人力、政府和企业家的注意力等资源与要素,越来越朝半导体产业集中。这种变化必然对台湾地区的其他产业形成强大的挤出效应,进而影响非半导体产业部门的可持续发展。

资料来源:吴超.负债257亿,鹤岗如何走出财政困境?[N].南方周末,2022-01-20;韩和元.台湾须警惕经济中的荷兰病隐忧[N].联合早报,2022-02-11.

思考:台湾地区如何避免落入"荷兰病"的陷阱。

6.2.3 贫困化增长(Impoverishing Growth)

在讨论贫困化增长问题之前,需要明确国际贸易中的小国和大国概念。国际贸易中的小国是指它的进出口无法影响商品的国际价格,其偏向型经济增长不会改变它的贸易条件,因此其贸易效应、福利效应分析同平衡型经济增长(详见下文平衡型经济增长部分)。大国是指它的进出口能够影响商品的国际价格,其偏向型经济增长会改变它的贸易条件,可能使其贸易条件改善或者恶化。这里讨论大国偏向型经济增长的贸易和福利效应。

A big country means that its imports and exports can affect the international price of commodities, and its biased economic growth will change its terms of trade, possibly improving or worsening its terms of trade.

从上文我们知道,单一要素的增长可能引起"荷兰病",危害到经济的长期增长,甚至导致贫困化增长问题。贫困化增长问题是指扩大一国贸易的增长导致该国贸易条件严重恶化,以致该国的福利境况变得更差。贫困化增长的问题用大米和布匹的图示表达,如图 6-4 所示。

Impoverishing growth leads to the expansion of the growth of a country's trade, resulting in a serious deterioration in the country's terms of trade so that the country's welfare situation becomes worse.

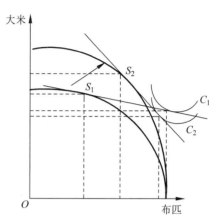

图 6-4 偏向出口型增长与贸易

从图 6-4 可以看出,该国经济增长极度偏向大米,使该国大米的产量大大提高并扩大出口,由此世界上大米的供求均衡发生了改变,该国的贸易条件恶化;由于贸易条件的变化,该国居民可消费的商品集合由 S_1 变为 S_2,同时与之相切的无差异曲线由 C_1 变为 C_2,该国居民的最终效用水平下降。当偏向出口型增长来自要素的增加时可能出现贫困化增长的问题,然而当经济增长源自技术进步时,可能发生完全不同的故事。一般而言技术进步具有垄断性质,当技术进步源于某一厂商的发明创造时,该厂商完全可以通过控制产量以及生产差异化的产品获取超额利润,从而使国家避免贫困化增长。此外,若技术进步是关联的,这也不大会带来国民福利的损失。例如计算机技术的进步带动了一系列行业的发展,从而带来了整体经济增长。其具体表现为"互联网+"概念的提出为用科技改造和提升传统产业提供了可行性路径。如"互联网+医疗"可以优化诊疗流程,贯通诊前、诊中、诊后各环节,改善患者就医体验(可以让患者少跑腿、少排队),提高就医满意感和幸福感。

The problem of impoverishing growth may arise when export-oriented growth comes from an increase in factors, but a completely different story can occur when economic growth comes from technological progress.

众多研究发现,一国要发生贫困化增长,需要具备以下四个条件:①经济增长偏向增长国的出口部门;②增长国在世界市场上是一个大国,即其出口供给的变动足以影响世界价格;③增长国出口产品在世界市场上需求价格弹性非常低;④在增长前,国家已经在很大程度上从事外贸活动,使贸易条件变化带来的损失足以抵消偏向型增长所带来的收益。因此,虽然贫困化增长在理论上是存在的,但是在现实中却很少出现。

Although impoverishing growth exists in literature, it rarely occurs in practice. Only four conditions below need to be met for it to occur. First, economic growth is skewed towards the export sector of the growing country; secondly, changes in its export supply are sufficient to affect world prices; thirdly, the price elasticity of demand is low enough; finally, the country has been deeply dependent on trade before economic growth.

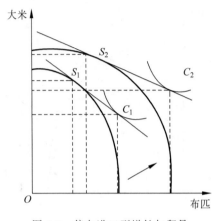

图 6-5　偏向进口型增长与贸易

与偏向出口型增长相对应的则是偏向进口型增长,在上述大米和布匹的模型中,偏向进口型增长可以用图 6-5 表示。

从图 6-5 可以看出,偏向进口型增长的福利效应来源于两部分:第一部分是进口国产出的增加;第二部分是贸易条件的改善。在现实生活中,偏向进口型增长较为常见。例如,近年来中国基础设施建设,尤其是城市轨道交通建设如火如荼,以前只有在一线城市才拥有的地铁遍地开花。在国家积极财政政策的引导下,很多城市都在开工建设地铁,甚至一些县级市(江阴市、昆山市)都拥有了地铁。这种全国造地铁的现象与盾构机的国产化是分不开的。盾构机是城市地铁建设所需的重要大型机械装备,以前只能从欧美国家进口,导致地铁建造成本高昂。中国通过技术引进、消化吸收再创新实现了盾构机的国产后,大大降低了地铁建造成本。众所周知,城市地铁网络的形成不仅便利了市民的出行,而且有效缓解了城市拥堵问题、城市环境问题,使绿色出行成为可能。目前,中国盾构机不仅能够满足国内市场,而且已经开始开拓国际市场,实现产品和技术的出口。这是贫困化增长的对立面。

The welfare effect of import-biased growth comes from two parts: the increase in the output of importing countries and the improvement of the terms of trade.

案例 6-2　中国稀土贸易——一个反贫困化增长的例子

稀土被称为"工业味精""21 世纪的科技金属",用途十分广泛,从日常生活中的汽车触媒转换器、石油精炼用催化剂等,再到特殊领域用途如航太零件、电子、激光、核能工业、超导体等都应用到稀土,尤其在高精端材料以及武器方面必须用到稀土,稀土作为战略资源物资一直在全球被各个国家重视并且储备。根据美国地调局的数据,2021 年,中国稀土资源储备占全球 35%,导致全球产能 60.69% 集中在中国。中国是稀土的主要生产地,也是稀土的主要消费地。由于国内无节制的开采,以及企业间的恶性竞争,稀土出口价格一直十分低廉。为了保护这一重要资源,我国于 1998 年开始对稀土实施出口配额制度,2014 年由于 WTO 裁决稀土配额制度不符合中国"入世"承诺,而被迫取消了该项制度。为了继续保护这一重要资源,我国于 2016 年出台了大量产业政策,通过加强资源开发、税收、环保、出口和产业整合等方面的管理,规范稀土行业生产经营,保护我国的稀土资源。

在一系列保护措施之下，国际稀土价格一路飙升。根据贫困化增长的例子，作为一个大国，当我们对无序的低价资源出口进行限制时，将会导致该产品国际价格的飙升，通过贸易条件效应反而能够增加本国的福利。事实上，得益于资源价格的上涨，我国稀土生产企业的利润大幅提高，龙头企业包钢稀土的价格也从 5 元/股飙升到最高 99 元/股，截至 2023 年 4 月依然维持在 25 元/股左右。2021 年 1 月，工业和信息化部发布《稀土管理条例（征求意见稿）》，准备立法保护稀土资源。2021 年 3 月，工业和信息化部发言称"中国稀土没有卖出稀的价格，卖出了'土'的价格"，被视为行业剧变信号。2021 年 12 月 23 日，中国稀土集团有限公司正式成立，标志着中国稀土企业从"小、散、乱、弱"无序发展状态走上兼并重组、集约发展道路。提高环保要求，限制产量，提高准入门槛，提高行业集中度，这一系列看似抑制该产业发展的政策反而提高了这些企业的出口福利，这可以看作一个反方向的贫困化增长的案例。

资料来源：白云飞.管理改革进入快车道，稀土行业能否冲破循环？[R].2022.

6.3 技术进步对贸易的影响
（The Impact of Technical Progress on Trade）

在新古典经济增长理论中，技术进步是经济增长的重要源泉，但是其常被视为假定的外生变量，即增长率恒定。考虑一个技术进步的典型做法是将生产函数假定为柯布-道格拉斯的形式：$Y = A e^{gt} K_t^\alpha L_t^\beta$，其中，$A$ 为原始的技术进步水平，g 为外生的技术进步增长率。但是，到 20 世纪 80 年代后期，新增长经济理论兴起，在其模型中，技术进步称为内生变量。例如，在肯尼斯·阿罗（Kenneth Arrow）的"干中学"模型中，技术进步受到学习程度和经验积累等因素的影响。所以，技术进步并不是一成不变的，也不是以一个固定的增长率进行增长，而是可以快也可以慢。发展中国家与发达国家存在较大的技术差距，这也为发展中国家学习发达国家的技术进而加快提高其技术进步水平提供了前提条件。那么，发达国家为什么会愿意把它的技术分享给发展中国家呢？下面将从一般性的产品生命周期理论的视角和目前关注度很高的新技术——人工智能的视角来分析技术进步对贸易的影响。

Technological progress is affected by factors such as the degree of learning and the accumulation of experience. Therefore, technological progress is not static, nor does it grow at a fixed rate of growth, but technological progress can be fast or slow. There is a large technological gap between developing countries and developed countries, which also provides a prerequisite for developing countries to learn the technology of developed countries and accelerate their technological progress.

6.3.1 产品生命周期理论的视角（The Perspective of the Product Life Cycle Theory）

产品生命周期模型，是技术差距模型的扩展和一般化，由雷蒙德·弗农（R. Vernon）于 1966 年提出。他将市场营销学中的产品生命周期概念引入国际贸易的理论分析中。

国际贸易产品生命周期就是指由于各国的经济发展水平和消费水平不同，同一产品同一时点在不同的国家分别处于产品生命周期的不同阶段，如大型民用航空器在美国已经处于产品的成熟阶段，波音737已经有50多年的生产史，而在中国还处于刚刚起步阶段。

The product life cycle means that due to the different economic development levels and consumption levels of various countries, the same product is in different stages of the product life cycle in different countries at the same time.

图6-6为产品生命周期模型，横轴表示时间，纵轴表示产品数量。图中，上面两条曲线表示创新国的产品生产量和消费量随时间推移而变化的情形，下面两条曲线表示模仿国的情形。产品的生命周期分为五个阶段，分别为技术创新期、新产品成长期、新产品成熟期、销售下降期和产品衰落期。当各国的产品生产处于不同阶段时，其贸易格局也各不同。

The product life cycle is divided into five stages, namely the technological innovation period, the new product growth period, the new product maturity period, the sales decline period, and the product decline period.

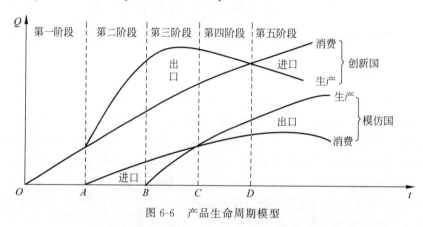

图6-6　产品生命周期模型

第一阶段OA段，即技术创新期。发达国家的某个企业发明一种新产品，开始生产并投放国内市场，满足国内高收入阶层的特殊需要。例如，2016年美国谷歌公司开发的基于深度学习技术的人工智能机器人AlphaGo就处于这一阶段。在这一阶段，研究开发费用较高，生产技术尚不确定，产量较低，没有规模经济效益，但厂商在新产品的国际市场上拥有实际的技术垄断优势。

第二阶段AB段，即新产品成长期。创新国大量生产，取得生产的规模经济，且出口迅速增长，以满足国际市场需求，满足该产品的消费需求完全依赖从创新国进口。

第三阶段BC段，即新产品成熟期。这时，新的生产技术已扩散到创新国外，产品实现了标准化，生产技术广为流传，大规模生产成为可能，创新国出口量大幅度提高并达到最大。这期间，模仿国引进新产品技术，开始生产新产品以满足其国内需求，以替代进口产品。例如，2020年中国人工智能机器人市场快速增长，工业、医疗、教育、公共服务等领域需求成为主要推动力。随着人口老龄化趋势加快，以及医疗、公共服务需求的持续旺盛，我国服务业人工智能机器人存在巨大的市场潜力和发展空间，市场规模及总体占比也将持续增长。随着视觉引导机器人、陪伴服务机器人等新兴场景和产品的快速发展，我国服务业人工智能机器人市场规模逐渐扩大。根据深圳市优必选科技股份有限公司《招股说明书》披露的数据,预计2026年市场规模有望突破1 558亿元。

第四阶段 CD 段,即销售下降期。这个阶段,创新技术优势已丧失,创新国产量开始下降,出口量也逐渐缩小为零。模仿国由于低廉的生产成本而获得该产品的相对价格优势,其生产规模大幅增长并将其产品出口到第三国,逐步将创新国产品排挤出第三国。

第五阶段 Dt 段,即产品衰落期。由于价格竞争,创新国成为该创新产品的进口国,而模仿国凭借其成本及价格优势,不断扩大生产及出口,占据该产品的销售市场。至此,这个产品生命周期就结束了。但实际上,创新国在第二、第三阶段又开始其他新产品的创新与生产,继而开始了一个新的产品生命周期。

产品生命周期理论是一种动态的经济理论。在一个新产品生命周期中,制造这种产品的生产要素比例、各国的贸易比较优势以及进口需求都会发生规律性的动态变化。由此可知,一个国家的生产与贸易是一个动态的过程。最不发达的国家将承接处于衰退期的产品进行生产,普通的工业化国家将集中生产成熟期的资本密集型商品,最发达的国家进行创新,生产处于创新期和成长期的产品。因此,随着经济的发展,国家所生产的产品也会经历类似的阶段跨越,而国家也从跟随者向创新者不断进步。

The production and trade of a country is a dynamic process. The least developed countries will undertake the production of products in the recession period, the average industrialized countries will focus on the production of capital-intensive commodities in the mature period, and the most developed countries will innovate and produce products in the innovation period and growth period. Therefore, with the development of the economy, the products produced by the country will also go through similar stages, and the country will continue to progress from follower to innovator.

6.3.2 人工智能发展的视角(The Perspective of Artificial Intelligence Development)

虽然人工智能的基础理论可以追溯到1956年的达特茅斯会议,但是直到2012年,它的商业化应用才开始,2016年以后逐渐升温,目前已经成为各国政策界、产业界和学术界以及消费市场竞相追逐的热点。人工智能作为新一轮科技变革重要技术,将革新技术范式与生产方式、贸易模式和贸易格局。微软公司前执行副总裁陆奇,在谈到关于中国人工智能发展的时候表示:"中国将有机会领导人工智能的未来。"虽然,人工智能"前途是光明的,道路是曲折的"[1],但是人工智能已经开始影响人类生活的方方面面。例如,百度的萝卜快跑无人驾驶汽车已经开始在北京、上海、武汉等多个城市商业化运营,根据百度发布的2022年第二季度财报数据,截至2022年第二季度末,萝卜快跑订单量已经接近30万单。此外,由百度领导的与清华大学、北京航空航天大学等名校名企共建的深度学习技术及应用国家工程研究中心正聚焦语音技术、视觉技术、自然语言处理、知识增强大模型、深度学习平台、智能芯片技术、人工智能安全与治理、开放服务平台、标准化服务平台和知

---

[1] 《毛泽东外交文选》中,毛主席1945年8月13日指出:"世界的前途是光明的,道路是曲折的。"

识产权平台十大研究方向攻关。所以,有必要探讨人工智能发展对贸易的影响。

Artificial intelligence will revolutionize technological paradigms and production methods, transform the comparative advantages of countries, and then have a transformative impact on the international trade pattern.

1. 人工智能的定义(The Definition of Artificial Intelligence)

首先,需要明白什么是人工智能。推特公司(Twitter)原首席执行官帕拉格·阿格拉瓦尔(Parag Agrawal)指出,人工智能被广泛地认为是一种能帮助企业激发创新、创造数据价值和降低贸易成本的一般通用型技术。① 经济合作与发展组织在2019发布的《对人工智能委员会的建议》报告中,给出了广义上的定义:人工智能是在人类给定一组定义目标的前提下,进行预测、建议和决定的一套基于机器的系统,这套系统是被设计用来处理不同水平的自动化任务。② 其次,人工智能可以分为纯软件性的人工智能和镶嵌于硬件中的人工智能两种。通常情况下,人工智能使用数据来训练算法,以软件的方式镶嵌在一系列硬件中,如机器人、汽车等,构成了丰富的应用场景。比较常见的如智能助手、智能翻译、自动驾驶汽车、智慧医疗、自动机器人等。今天,从农业到制造业再到服务业都能看见人工智能的踪影。

Broadly defined, AI is a machine-based system that can, for a given set of human defined objectives, make predictions, recommendations, or decisions influencing real or virtual environments. AI systems are designed to operate with varying levels of autonomy.

2. 人工智能对劳动力市场的影响(The Impact of AI on the Labor Market)

人工智能发展的影响,首先体现在劳动力市场。这里主要介绍德隆·阿西莫格鲁(Daron Acemoglu)关于人工智能对劳动力市场影响的论述。总产出是由多个任务单元组合而成的,而且满足柯布-道格拉斯生产函数形式如下:

$$\ln Y = \int_{N-1}^{N} \ln y(x) \mathrm{d}x \tag{6-3}$$

其中:Y 为总产出水平;$y(x)$ 为任务 x 的产出。每个任务 x 可以由人工 $l(x)$ 完成,也可以由人工智能 $m(x)$ 完成,这取决于这个任务是否已经被自动化了。当任务 $x \in [N-1, I]$,则既可以由人工完成,也可以由人工智能完成,当任务 x 处于上述区间以外时,则只能由人工完成。所以,$y(x)$ 是一个分段函数,形式如下:

$$y(x) = \begin{cases} l(x) + r_M(x)m(x), & x \in [N-1, I] \\ r_L(x)l(x), & x \in [I, N] \end{cases} \tag{6-4}$$

其中:$r_L(x)$ 为任务 x 的劳动生产力水平,假设其会随着 x 递增;$r_M(x)$ 为自动化任务中人工智能的生产力水平。假设 $\dfrac{r_L(x)}{r_M(x)}$ 随着 x 递增,所以在 x 比较大的任务中,人工具有比较优势。I 代表自动化可能性的边界,即在现有科技水平下,人工智能能够完成的任

---

① AGRAWAL A, GANS J, GOLDFARB A. The Economics of artificial intelligence: an agenda [M]. Chicago: University of Chicago Press, 2017.

② OECD. Recommendation of the council on artificial intelligence [R/OL]. (2019-05-22). https://legalinstruments.oecd.org/en/instruments/OECD-LEGAL-0449.

务边界。为了进一步简化模型，假设劳动力和机器的供给都是固定的，且都缺乏弹性，同时，假设

$$\frac{r_L(N)}{r_M(N-1)} > \frac{W}{R} > \frac{r_L(I)}{r_M(I)} \tag{6-5}$$

式(6-5)第一个不等号意味着新任务增加会提高总产出，第二个不等号意味着处于区间$[N-1,I]$的任务将由人工智能完成。

在市场均衡的时候可以得到工资方程(W)和劳动收入(S_L)所占国民收入比重方程如下①：

$$W = (N-I)\frac{Y}{L} \tag{6-6}$$

$$S_L = \frac{WL}{Y} = N - I \tag{6-7}$$

在上述简单模型框架的基础上，讨论三种不同类型的技术进步对劳动力的需求和工资的影响。

第一种情况：自动化扩展边际型技术进步，即技术进步扩大了可以进行自动化任务的边际，表现为I增加。在这种情况下，技术进步对劳动力需求的影响不确定，但是会导致劳动力收入份额下降。

The impact of technological progress on labor demand, in this case, is uncertain but will lead to a decline in labor's share of income.

第二种情况：自动化集约边际型技术进步，即技术进步提高了自动化的生产效率，表现为$r_M(x)$增加。先假设在所有自动化的任务中，人工智能的生产力水平均为r_M，考虑如果技术进步导致自动化的生产效率提高，并且不影响其扩展边际。在这种情况下，劳动力需求增加了，但是没有影响劳动收入份额。

In this case, the demand for labor increases, but it does not affect the labor income share.

第三种情况：新任务的增加，即技术进步扩大了任务总量，表现为N的增加。在这种情况下，技术进步会增加对劳动力的需求，同时还会提高劳动收入份额。

Technological progress in this case increases the demand for labor, while also increasing labor's share of income.

通过上述分析可知，人工智能发展带来的技术进步不一定会降低对劳动的需求。

3. 人工智能对国家比较优势的影响（The Impact of AI on Comparative Advantage）

人工智能的发展可能会改变国家的要素禀赋，这里主要介绍阿维·戈尔德法伯（Avi Goldfarb）的主要成果。人工智能对经济产生影响，主要通过数据的规模经济效应、人工智能开发能力的规模经济效应、人工智能应用的范围经济效应和人工智能的知识外部性。

AI has an impact on the economy mainly through the economies of scale of data, the

---

① 对于这两个方程的详细推导，有兴趣的同学可以查阅阿西莫格鲁和雷斯特雷珀（Restrepo，2019）论文中的附录部分。

economies of scale of AI development capabilities, the economies of scale of AI applications, and the knowledge externalities.

数据的规模经济效应是指人工智能预测的准确性会随着数据样本的数量增加和质量提高而提高。举个简单的例子：谷歌和微软都经营搜索引擎业务，谷歌声称其搜索引擎（Google）拥有更大的市场份额，所以能够提供比微软公司的搜索引擎（Bing）更好的服务。这主要是因为谷歌基于更多而且质量更好的数据，这些数据帮助谷歌更好地预测用户想要搜索的结果进而提高匹配度，导致其市场份额大幅增加。不断增加的市场份额，又给谷歌带来更多、更好的数据。

The economies of scale of data mean that the accuracy of AI predictions increases as the number and quality of data samples increase.

人工智能开发能力的规模经济效应是指构建人工智能开发团队需要巨大的支出，如果公司拥有的客户很多，则在固定成本一定的情况下，平均成本较低。一般情况下，雇用顶尖的人工智能科学家团队需要支付千万元甚至上亿元的薪酬，早在2012年，百度和谷歌就为杰佛瑞·辛顿（Geoffrey Hinton）支付4 400万美元（当时计价的人民币为2.88亿元）的酬金，但辛顿选择去了谷歌①。截至目前，实践证明雇用顶尖研究人员和其他人，在人工智能开发能力方面是存在显著差异的。

The seconomies of scale of AI development capabilities refers to the huge expenditure required to build an AI development team. If the company has a lot of customers, the average cost will be lower given a certain fixed cost.

人工智能应用的范围经济效应是指构建人工智能开发团队需要巨大的支出，如果这个团队可以被公司多个业务领域共享，将给公司带来更大的价值。事实上，很多目前处于领导地位的人工智能公司都是产品多元化的公司。例如，谷歌的母公司阿尔法贝塔（Alphabet）同时运营谷歌搜索引擎、优兔（YouTube）在线视频服务、安卓（Android）操作系统开发、慧摩（Waymo）自动驾驶汽车开发等多个商业平台。另外，多个商业平台间的数据共享也会带来范围经济。例如，谷歌搜索引擎的数据对于YouTube的广告业务分析具有十分重要的作用，可以帮助其更加精准地投放广告。

The economies of scope of AI applications refer to the huge expenditure required to build an AI development team, which would bring greater value to the company if the team could be shared across multiple business areas of the company.

人工智能的知识外部性是指人们可以获得人工智能相关的前沿知识而不需要支付费用，或者只需要支付极小的一部分费用。一方面，人工智能相关的前沿知识经常会在大学里面通过教育的方式广泛传播，也会发表在科技期刊上供同行交流，还会随着人员的流动如移民、跳槽等带到另一个国家和另一个公司。另一方面，人工智能相关的前沿知识结构庞杂，所以相关产业主要聚集在世界上的少数几个地区，如硅谷、柏林、伦敦、北京、上海等。

The knowledge externalities of artificial intelligence means that people can obtain

---

① 来自书本 Genius Makers: The Mavericks Who Brought AI to Google, Facebook, and the World, 有兴趣的同学可以详细阅读。

artificial intelligence-related preface knowledge without paying a fee, or only need to pay a very small part of the fee.

在上述概念解读的基础上,讨论人工智能对国家比较优势的影响。先构建一个能够刻画规模经济的生产函数:

$$q_i = Q^\alpha F(L_i, K_i) \tag{6-8}$$

其中:q_i 为企业的产出水平;L_i、K_i 为劳动力要素投入和资本要素投入;F 为规模报酬不变的生产技术;Q 为行业的产出水平($Q = \sum q_i$),$0 < \alpha < 1$。所以,企业的生产力水平取决于整个行业的生产力水平。如果 Q 代表世界范围内的整个行业的产出水平,那么世界范围内每个企业的生产力水平都相同,此时对于贸易比较优势没有影响。如果 Q 代表国家范围内的整个行业的产出水平,那么行业总产出高的国家具有生产该产品的比较优势,将占领整个世界的市场份额。而人工智能就是这样的行业,它的企业生产力水平处于上述两个极端情况之间。所以,它在一定程度上会影响一个国家的比较优势情况。

If Q represents the output level of the entire industry worldwide, then the productivity level of every firm in the world is the same, and there is no effect on the comparative advantage of trade. If Q represents the output level of the entire industry within a country, then the country with a high total industry output has a comparative advantage in producing that product and will capture the market share of the entire world. And artificial intelligence is one such industry, and its level of enterprise productivity is in between the two extremes mentioned above. Therefore, it will affect the comparative advantage of a country to a certain extent.

4. 人工智能对数字贸易的影响

2022 年 9 月 1 日,中国国际服务贸易交易会系列高峰论坛之一,"数字贸易发展趋势和前沿高峰论坛"在北京国家会议中心举办。会上,国家商务部副部长盛秋平说:"数字贸易作为数字经济的重要组成部分,是数字经济时代对外贸易的新业态新模式,是连接国内、国际数字市场的重要纽带。"数字服务贸易已成为全球服务贸易复苏的重要力量,跨境电子商务快速发展,极大地缓解了疫情对全球贸易的冲击。

Digital service trade has become an important force in the recovery of global service trade, and the rapid development of cross-border e-commerce has greatly alleviated the impact of the epidemic on global trade.

在数字贸易的发展中,人工智能发挥着非常重要的作用。语言障碍严重阻碍了国际贸易的开展。多项实证研究表明,减少语言障碍可以显著加大对贸易的积极影响。基于人工智能的自动翻译系统可以有效克服语言障碍,进而推动国际贸易的发展。

In the development of digital trade, artificial intelligence plays a very important role.

另外,丹尼尔·特雷弗勒和孙睿琦发表了一篇关于人工智能与数字贸易经验研究的工作论文[①]。其为了验证人工智能和数字贸易的关系,在引力方程模型的基础上构建了

---

① 有兴趣的同学可以阅读 TREFLER D, SUN R Q. AI, Trade and creative destruction: a first look[R]. National Bureau of Economic Research working paper series, No. 29980, 2022.

计量模型如下：

$$\ln(y_{cmxt}) = \beta\ln(1+AI_{cxt}) + \theta X_{cmxt} + \alpha_{mxt} + \alpha_{cm} + \varepsilon_{cmxt} \tag{6-9}$$

其中：y_{cmxt} 为 m 国的消费者从总部在 x 国的公司提供的应用类别 c 中的应用程序下载量；AI_{cxt} 为 x 国应用类别 c 在 t 年的人工智能水平，文中用三种替代变量刻画；β 为核心参数，假设取值为正。然后采用 2014—2020 年的数据进行实证分析，发现人工智能的部署使应用程序的下载量增加了 6 倍，人工智能的部署使应用程序的种类增加了 1 倍。上述实证结果表明，人工智能对数字贸易的影响十分显著，不仅会提高数字贸易的数量，而且会丰富数字贸易的产品种类。

The above empirical results show that artificial intelligence has significant impacts on digital trade, which will not only increase the number of digital trades but also enrich the types of digital trade products.

在新一代信息技术蓬勃发展的今天，5G、大数据、云计算等技术不断成熟，我国适度超前布局新型基础设施建设。作为思考与课后练习，请同学们从产品生命周期理论的视角讨论，这些新型数字化技术会对贸易和经济增长产生怎样深远的影响。

6.4 贸易对发展中国家经济增长的影响（The Impact of Trade on Economic Growth in Developing Country）

接下来将视角聚焦发展中国家的经济增长，探讨贸易对发展中国家经济增长的影响机制。众所周知，发展中国家相对于发达国家经济处于落后地位，造成这种情况的原因较为复杂，有历史的，有社会的，有政治的，等等。但是，发展中国家有其自己的显著特征，近年来越来越多的文献聚焦探讨发展中国家的特殊性。其中，发展中国家在经济领域最显著的特征是存在大量的扭曲现象。正是由于大量的扭曲存在于发展中国家的经济体系，贸易对发展中国家的经济影响也存在特殊的影响机制。下面将介绍发展中国家经济增长中的主要扭曲，并基于此探讨贸易对发展中国家经济增长影响的四种机制。

6.4.1 发展中国家经济增长中的主要扭曲（Distortion in the Economic Growth Progress of Developing Country）

由于发展中国家市场的不完善，其在经济增长过程中存在大量的配置扭曲。广泛的国内扭曲是阻碍发展中国家经济增长的主要制约因素。谢长泰和彼得·克雷诺在《中国和印度的资源错配与制造业全要素生产率》一文中，构建了一个包含异质性企业的垄断竞争模型，并使用中国、印度和美国的制造业企业的微观数据，量化中国和印度相对于美国的潜在资源错配程度，研究表明，中印两国降低资源错配程度后全要素生产率将实现大幅增长。[①] 下面将上述扭曲分为两类进行探讨：一类是销售相关的扭曲，包括营商环境问

[①] 该文章产生了比较广泛和持久的影响，具有重要的学术价值和现实意义。孙冶方经济科学基金会评奖委员会授予了该论文第十九届孙冶方经济科学论文奖。对该文章感兴趣的同学，可以阅读 HSIEH C T, KLENOW P J. Misallocation and manufacturing TFP in China and India[J]. The quarterly journal of economics, 2009, 124(4): 1403-1448.

题、垄断势力扭曲、非正规部门等；另一类是投入相关的扭曲，包括资本要素投入扭曲、劳动力要素投入扭曲、中间品投入扭曲和电力等其他产品投入扭曲。

Distortion in developing countries has become a major constraint on economic growth. Distortion on the sales side includes doing on business issues, mark up distortion and informality. Distortion on the input side contains capital distortion, labor distortion and intermediate input distortion.

1. 营商环境问题（Doing on Business Issues）

基于商业法规的营商环境问题是发展中国家最为严重的扭曲之一。世界银行发布的《2020年营商环境报告》对全球190个主要经济体的营商环境进行分析和排名。[①] 结果显示，绝大多数发展中国家或地区排名靠后，详见表6-2，中国内地排名第31。营商环境体现的是政府对企业行为监管的可行性和合理性。科学合理的监管是为了保护劳动者、公共安全、企业和投资，但低效和不当的监管有可能扼杀创业活力和企业成长，影响营商便利度。例如，在喀麦隆和科特迪瓦（两者营商环境排名均在100名之外），办理海运的出口边境手续需要200多个小时。与此相反，在新加坡（营商环境排名第2）只需要10个小时。在加蓬（营商环境排名169），海港的出口边境合规成本平均超过1 600美元，而在毛里求斯（营商环境排名13）只要300多美元。而且，过度监管，往往伴随着腐败和犯罪，会扭曲要素配置并降低经济增长。霍华德（Hallward）在研究中，比较世界银行微观调查的营商环境数据，发现不同公司在同一国家/地区为进行商业活动获得许可证所花费的时间存在明显的异质性，表明在某些国家/地区通过"行贿"减少所需时间获得各种许可证通常似乎是企业的常态行为。事实上，官僚机构可能仅出于寻租目的，而不是公共利益，进行严格监管。

Doing on business issues based on business regulations is one of the most serious distortions in developing countries. According to *The Report of Doing Business* 2020 released by World Bank, the majority of developing countries lies at the bottom of the list.

表6-2 营商环境前10与后10经济体排名情况

排名	经济体	排名	经济体	排名	经济体	排名	经济体	排名	经济体
1	**新西兰**	**2**	**新加坡**	**3**	**中国香港**	**4**	**丹麦**	**5**	**韩国**
6	**美国**	**7**	**格鲁吉亚**	**8**	**英国**	**9**	**挪威**	**10**	**瑞典**
181	东帝汶	182	乍得	183	刚果（金）	184	中非共和国	185	南苏丹
186	利比亚	187	也门	188	委内瑞拉	189	厄立特里亚	190	索马里

资料来源：世界银行《2020年营商环境报告》。

注：表格中加粗字体为营商环境前10经济体，不加粗字体为营商环境后10经济体。

[①] 2022年2月4日，世界银行发布了新一轮营商环境评估指标体系用来替代2021年9月停止的原营商环境评估体系。对《2020年营商环境报告》感兴趣的同学可查阅 https://www.shihang.org/zh/news/feature/2019/10/24/doing-business-2020-sustaining-the-pace-of-reforms。

2. 垄断势力扭曲（Mark Up Distortion）

垄断势力扭曲是指在非完全竞争的市场上，厂商收取的高于边际成本的扭曲性费用。假设厂商的边际成本是5元，而销售价格则为6元，那么高于边际成本部分的1元就是垄断势力扭曲。目前主要采用三种方法衡量厂商的垄断势力：第一种方法是根据厂商可估计的剩余需求弹性倒数推断。第二种方法在假设厂商没有其他销售扭曲的前提下，从厂商生产函数和成本最小化的一阶条件中得到。学者德洛克（De Loecker）采用第二种方法对印度企业进行研究发现，尽管不同行业的垄断势力差异显著，但是中位数企业的垄断势力成本加成定价为34%。第三种方法是直接向厂商询问。学者阿特金（Atkin）采用直接询问巴基斯坦足球生产厂商的方法，发现厂商自我报告的垄断势力成本加成接近10%。发展中国家的垄断势力是否更加大、更加分散依然未能达成共识。一方面，有证据表明发展中国家的某些行业行政垄断特征明显；另一方面，很多发展中国家存在大量的中小企业和非正规企业，这些企业间存在激烈的竞争。此外，阿特金和唐纳德（Donaldson）合作的一项系统研究基于世界银行的企业调查数据，采用上述第二种方法测算了142个经济体的垄断势力扭曲的大小。他们将142个经济体根据人均收入水平分为高收入、中等收入和低收入三个组，计算每个组的垄断势力平均值分别为0.363、0.364和0.389。从他们的研究结果可知，不同收入水平组的垄断势力平均值差距不大。而且，在他们对企业类型分样本的测算结果中还存在相反的排序，如依据非贸易的企业分样本数据估算的高收入、中等收入和低收入三个组的垄断势力平均值分别为0.382、0.329和0.309。

In the absence of perfect competition, firms are likely to charge distortionary markups. Whether markups are larger or more dispersed in the developing world is an important but still open question.

3. 非正规部门（Informality）

存在大量的非正规部门是作为发展中国家的决定性特征。非正规部门是与正规部门相对的。例如，中国存在大量的小微企业，这些小微企业并没有纳入国家规上企业管理，但是提供了大量的就业岗位。2022年6月，工业和信息化部副部长徐晓兰在中共中央宣传部举行的"中国这十年"系列主题新闻发布会上透露，截至2021年末，全国企业数量达到4 842万户，10年间增长1.7倍，其中99%以上都是中小企业。第四次全国经济普查数据显示，中小企业的从业人数占全部企业从业人数的比例达到80%。2021年，我国私营个体就业总数达到4亿人，较2012年增加了2亿多人。以中小微为主的民营企业是我国第一大外贸经营主体，2021年对外贸增长的贡献度超过了58.2%。学术界关于非正规部门的两种相互竞争的观点是：第一，法规和繁文缛节使非正规部门无法成长为正规部门；第二，非正规公司避免税收负担和监管，因此为正规公司提供了不公平的竞争环境。例如，小微企业由于信息不对称、身份歧视等，较容易面临融资约束。

There are many informalities in developing countries, which is the key characteristics of developing countries.

4. 资本要素投入扭曲（Capital Distortion）

在完全竞争的市场上，资本的边际产出与价格是相等的，一般将资本要素投入扭曲程度用资本边际产出与资本价格之比表示。大量研究发现，一个国家的经济水平与它的金融发展水平存在十分显著的相关关系。不同国家融资约束程度和资本要素配置扭曲程度存在很大差异。由于小公司缺乏抵押品或有限责任限制,其融资成本昂贵。一方面,发展中国家有大量的小微企业;另一方面,发展中国家缺乏完备的银行体系,存在所有制歧视现象,生产率最高的企业也会受到融资约束。发展中国家的利率不仅很高,而且很分散。此外,阿特金和唐纳德计算高收入、中等收入和低收入三个组的资本要素投入扭曲分别为0.142、0.167和0.207。从他们的研究结果可知,主要由发展中国家构成的低收入组经济体的资本要素投入扭曲,明显高于中等收入组和高收入组。

The capital distortion in developing countries is more serious than that in developed countries.

5. 劳动力要素投入扭曲(Labor Distortion)

在完全竞争市场上,劳动力要素边际产出与工资是相等的,一般将劳动力要素投入扭曲程度用边际产出与工资的比衡量。劳动法规和与劳动力相关的税收会导致劳动力要素投入的扭曲,进而影响生产效率。许多国家在特定领域对较大的企业实施严格的劳动法规和人口迁移限制,导致劳动力投入的扭曲。自谢长泰和彼得·克雷诺在《中国和印度的资源错配与制造业全要素生产率》一文中指出中国和印度劳动力错配造成了其生产率潜在损失以来,学术界和政策制定者对劳动力要素错配问题给予高度关注。在中国,随着政府持续大力推进劳动力市场化改革,户籍制度改革取得了一定成效,劳动力城乡之间的矛盾有所缓和。目前,除个别超大城市以外,中国城市均已经放开落户限制。但是,劳动力流入地与人口流出地之间的矛盾越发凸显,收缩城市逐渐成为学术界和政策界关注的热点。西安、武汉、杭州等新一线城市的"人才争夺"多次引起社会各界广泛关注。在阿特金和唐纳德的研究中,高收入、中等收入和低收入三个组的劳动力要素投入扭曲分别为0.268、0.240和0.232。上述结果表明,发展中经济体劳动力要素投入扭曲略小于发达经济体。

The labor distortion in developing countries is slightly lower than that in developed countries.

6. 中间品投入扭曲(Intermediate Input Distortion)

在完全竞争市场上,中间品边际产出与中间品价格是相等的,一般将中间品投入扭曲程度用边际产出与价格的比衡量。中间品在企业之间进行交易主要基于合同。糟糕的制度环境将无法保证中间品按合同进行交易,进而大大阻碍经济增长。糟糕的制度环境将通过弱化合同的执行力,或者提高中间品交易、投资的合同成本,进而影响经济增长。阿特金和唐纳德计算高收入、中等收入和低收入三个组的中间品投入扭曲分别为0.192、0.201和0.205。上述结果表明,发展中经济体中间品投入扭曲略大于发达经济体。

The distortion of intermediate input in developing countries is slightly larger than that in developed countries.

案例6-3 不同收入水平经济体平均扭曲程度

阿特金和唐纳德计算高收入、中等收入和低收入三个组的资本要素投入扭曲,具体结果如表6-3所示。

表 6-3 不同收入水平经济体平均扭曲程度

组 别		正规部门								非正规部门
		全样本	企业规模		出口企业		进口企业		贸易企业		全样本
			小	大	是	否	是	否	是	否	
垄断势力扭曲	低收入	0.389	0.392	0.379	0.376	0.393	0.372	0.396	0.414	0.309	0.217
	中等收入	0.364	0.370	0.362	0.367	0.363	0.345	0.371	0.385	0.329	0.209
	高收入	0.363	0.332	0.374	0.388	0.346	0.361	0.363	0.356	0.382	0.206
税收和补贴扭曲	低收入	0.053	0.050	0.050	0.052	0.053	0.025	0.064	0.054	0.049	0.000
	中等收入	0.115	0.112	0.120	0.123	0.112	0.115	0.116	0.114	0.117	0.000
	高收入	0.172	0.182	0.169	0.173	0.172	0.186	0.168	0.172	0.172	0.000
资本扭曲	低收入	0.207	0.223	0.205	0.218	0.204	0.201	0.210	0.212	0.191	0.269
	中等收入	0.167	0.198	0.153	0.165	0.168	0.160	0.170	0.173	0.156	0.215
	高收入	0.142	0.162	0.134	0.140	0.144	0.131	0.145	0.142	0.141	0.182
劳动力扭曲	低收入	0.232	0.219	0.246	0.230	0.233	0.263	0.220	0.231	0.235	0.000
	中等收入	0.240	0.240	0.249	0.249	0.235	0.265	0.231	0.234	0.250	0.000
	高收入	0.268	0.237	0.280	0.266	0.270	0.273	0.267	0.271	0.261	0.000
中间品扭曲	低收入	0.205	0.199	0.211	0.206	0.205	0.211	0.230	0.205	0.205	0.174
	中等收入	0.201	0.198	0.204	0.207	0.198	0.207	0.199	0.200	0.202	0.168
	高收入	0.192	0.190	0.192	0.191	0.193	0.195	0.191	0.193	0.189	0.161
电力扭曲	低收入	0.141	0.140	0.145	0.148	0.138	0.143	0.139	0.138	0.148	0.130
	中等收入	0.112	0.114	0.112	0.116	0.110	0.129	0.106	0.106	0.122	0.099
	高收入	0.088	0.090	0.085	0.080	0.092	0.103	0.083	0.087	0.090	0.082

资料来源：ATKIN D，DONALDSON D. The role of trade in economic development[M]//GOPINATH G，HELPMAN E，ROGOFF K. Handbook of international economic：Volume 5. Amsterdam：North-Holland，2022：1-59.

注：报告了垄断势力扭曲、税收和补贴扭曲、资本扭曲、劳动力扭曲、中间品扭曲和电力扭曲占相应投入成本的份额；国家收入组别基于世界银行 2013 年的分类。第 2~9 列按企业大小、企业的进出口状况以及是否贸易企业。第 10 列报告了非正规部门的平均值。小企业是指雇员小于 20 人的企业，大企业是指员工人数超过 100 人的企业。所有统计数据都包含调查抽样权重，WBES（世界商业环境调查）正规部门调查（或第 10 栏的非正规部门调查）中公司的销售加权平均值也被纳入其中。这些平均值会通过重新加权来反映一个特定地区或收入组内国家的情况。

6.4.2 贸易影响发展中国家经济增长的四种机制（Four Mechanisms by Which Trade Affects Economic Growth in Developing Countries）

考虑一个包含多个国家的世界，拥有多种要素，不同国家的要素存在差别，并且其对于要素的禀赋数量为一个任意常数。供给侧方面：大量厂商活跃在世界各地，每个厂商均在规模报酬不变的技术前提下，组织生产要素和中间品进行生产以实现其利润的最大化。需求侧方面：每个国家都有一个代表性家庭，其在预算约束的条件下追求自身的偏好最大化。家庭的收入主要来自三部分：要素回报收益、其他国家的净流入、本国扭曲带来的收益。根据上文分析可知，发展中国家的扭曲收益所占比例（或损失）较发达国家更高一些。

Consider a world economy with countries and factors. Factors are differentiated by country and endowed in arbitrary amounts. On the supply side, a large number of producers are active around the world. Each producer maximizes profits subject to the constraints imposed by a constant return to scale technology. On the demand side, each country is home to a representative household that earns income containing factorial return revenue, net transfers from abroad and the sum of distortion revenue.

发展中国家的显著特征是其存在显著的各种扭曲,大量研究表明,这些扭曲会受到贸易的影响,进而影响其经济增长。一个潜在的外部冲击改善了母国的进口条件,如国家港口条件的改善、跨国贸易网络的建设均会降低发生国际贸易的难度。根据阿特金和唐纳德的研究[①],将贸易冲击对经济增长(福利增加)的影响分解为四个部分:技术冲击的纯效应、要素贸易条件变化效应、扭曲收入变化效应和扭曲矫正效应,如式(6-10)所示。下文将在此基础上具体探讨这四种不同的影响机制。

$$\frac{\mathrm{dlog}W_H}{\mathrm{dlog}\tau_H^{imp}} = -\sum_{i,j \in B_H} \tilde{\Psi}_{H,ij} + \frac{\mathrm{dlog}FTOT_H}{\mathrm{dlog}\tau_H^{imp}} + \frac{1}{Y_H}\frac{\mathrm{d}R_H}{\mathrm{dlog}\tau_H^{imp}} - \sum_{i,j} \tilde{\Psi}_{H,ij} \frac{\mathrm{dlog}u_{ij}}{\mathrm{dlog}\tau_H^{imp}}$$

(6-10)

The effect of trade shock on economic growth (welfare increase) is decomposed into four parts: the pure effect of technology shocks, the effect of changes in the factorial terms of trade, the effect of changes in distortion revenue and the effect of distortion correction.

1. 技术冲击的纯效应(The Pure Effect of Technological Shocks)

当贸易冲击发生时,假设母国经济配置不变的条件下,贸易冲击仅仅会影响母国家庭的支出份额[式(6-10)第1项]。因为,在没有要素再配置的条件下,国内要素价格将不会发生变化,所以没有要素贸易条件的改变。此外,虽然母国扭曲会发生矫正,但是在固定要素配置的前提下,不存在扭曲收入变化效应和扭曲矫正效应。因此,在上述条件下仅表现为技术进步的纯效应。那么为什么要将其甄选出来呢?因为这是任何研究贸易冲击对经济发展影响效应的必要步骤。首先,技术进步的纯效应可以直接通过以厂商边际成本计价的投入-产出份额矩阵和扭曲向量得到。其次,技术进步的纯效应具有一般性,它与母国的经济发展水平无关。具体说来,两个国家只要其家庭支出份额矩阵相同,不管发达国家还是发展中国家,不管其存在扭曲还是不存在扭曲,不管其是开放还是封闭,不管其是出口顺差还是出口逆差,贸易对它们的技术冲击纯效应均相同。再次,技术进步的纯效应可以视为其他技术变化对母国经济产生影响效应的基准。最后,相同的方法可以用来比较贸易冲击对母国经济的子系统的影响。例如,比较贸易冲击对母国不同行业、不同类型的企业以及不同地区的影响差异。在贸易与经济发展领域,已经有大量文献致力于采用基于家庭的调查数据直接测算这种效应。例如,普托(Portor)测算了《南方共同市场贸易协定》的冲击带来的关税变化对阿根廷家庭直接消费的影响;阿特金等评估了外国零售商品进入墨西哥带来包括其生活成本的多样化收益的福利影响。

Begin by supposing, hypothetically, that all allocations in the home economy are

---

① 需要指出的是,Baqaee和Farhi(2019)对式(6-10)进行了详细的推导,读者想要了解详细推导过程,可参阅其文献。

fixed and unable to change when the trade shock occurs. In such a scenario the only effect of the trade shock is the pure effect of technological shocks.

2. 要素贸易条件变化效应(The Effect of Changes in the Factorial terms of Trade)

如果贸易冲击带来母国要素贸易条件变化,进而影响它的经济增长,即要素贸易条件变化效应[式(6-10)第2项]。当贸易技术冲击导致母国要素配置发生调整,则上述影响机制将发挥作用。例如,在每个国家仅包含一种生产要素的李嘉图经济模型中,可预期的贸易冲击将导致母国进行大量进口。随着母国进口的增加,国外生产要素相对于国内生产要素需求会增加,进而导致国外生产要素价格相对于国内生产要素价格的变化,即要素贸易条件发生变化。这种要素贸易条件发生变化会促使母国经济生产要素的重新配置。这种影响机制在很多传统文献中都得到关注,但在新近的文献中关注程度有限。阿西蒙格鲁(Acemoglu)和瓦努拉(Vernura)探讨了贸易冲击带来的资本回报率变化和要素贸易条件变化对经济增长的影响效应。此外,要素贸易条件变化的研究开始在整个发展范围内专注于诸如国家规模或低弹性商品专业化等现象。

When domestic allocations do adjust in response to the trade shock, as they surely would. In such a scenario, the effect of changes in the factorial terms of trade works.

3. 扭曲收入变化效应(The Effect of Changes in Distortion Revenue)

如果贸易冲击导致母国的收入产生扭曲[式(6-10)第3项]。由上文可知,发展中国家最显著的特征是其经济存在大量的扭曲,如销售方面的扭曲有营商环境问题、垄断势力扭曲及非正规部门等;投入方面的扭曲广泛存在于资本、劳动力等要素和中间品等其他生产投入品方面。伴随着经济体中大量的扭曲,存在大量的扭曲收入。最近关于发展中国家的研究,集中于其扭曲配置的各个方面。因此,有必要对扭曲收入变化效应进行详细讨论和介绍。

If the effect of changes in distortion revenue captures the change in distortion revenue caused by the trade shock. As can be seen from the above, the most striking feature of developing countries is that there are a large number of distortions in their economies, such as distortions in sales, such as business environment problems, monopoly power and the informal sector; distorted costs in inputs are widespread in other inputs of production, such as capital, labor factors and intermediate goods. Along with a lot of distortions in the economy, there is a lot of distortion in income.

为了便于理解,首先看一个特例,贸易冲击对母国扭曲状况没有影响。假设某经济体的初始扭曲为0,那么该经济体的扭曲收入也为0。① 因此,在贸易冲击对母国扭曲状况没有影响的前提下,对母国扭曲收益也不存在影响,此时扭曲收入变化效应为0。根据福利第一定律,在保持母国要素贸易条件不变的前提下,经济体不存在扭曲,意味着母国既有要素配置已经达到代表性家庭追求的福利最大化的一阶条件。事实上,在研究不存在配置扭曲的前提下,研究贸易冲击对母国福利影响效应,仅仅包括技术冲击的纯效应和要素贸易条件变化效应。

---

① 该假设与绝大多数发展中国家的现实相悖,此处是为了便于理解。

Begin with the special case in which distortions are not changing as a result of the trade shock if there were no distortions then there is no distortion revenue.

回顾现实,发展中国家经济存在着大量的扭曲,所以产生的扭曲收入不可忽略。虽然贸易冲击对母国扭曲本身并没有产生影响,但是经济体初始扭曲并不为 0。这时贸易冲击影响发展中国家扭曲收入,进而影响经济增长的效应如何呢?在高扭曲的经济体中,当且仅当贸易冲击引起母国生产要素向扭曲最严重的部门发生转移时,扭曲收入的变化才会提高母国的福利水平。即使扭曲本身是固定的,降低成本的贸易冲击可能会使要素向相对扭曲更严重的活动进行重新分配,从而放大了冲击对福利的好处。但是,同样,如果贸易冲击加剧因素分配不当的程度,那么这种福利效应可能会受到抑制,甚至会变成负数。分析这种效应得到一个启示是,对于扭曲收入变化效应的研究必须相对全面地考虑经济中的扭曲图景。

At a high level, under fixed distortions a change in distortion revenue raises welfare if and only if the trade shock causes factors of production at home to move into the activities that are, relative to other activities, the most distorted.

4. 扭曲矫正效应(The Effect of Distortion Correction)

如果贸易冲击导致母国发生扭曲,这种扭曲会对母国福利产生影响。和技术冲击的纯效应一样,这种效应受到消费者生活成本变动引起的最终商品价格变化的影响[式(6-10)第 4 项]。与技术冲击的纯效应一样,这种效应受到任何最终商品价格变动引致的消费者生活成本变动的影响。需要注意的是,在很多环境下,扭曲收入变化效应和扭曲矫正效应会存在强烈的相互抵消作用。例如,在仅涉及对本土业务公司征收销售税且不存在其他扭曲的经济中,消费者生活成本变动的影响完全被扭曲收入变化效应所抵消。然而,在某些情境中确实存在扭曲收入变化效应和扭曲矫正效应脱钩。例如,贸易冲击导致母国扭曲降低,引起了外国公司调整它的垄断势力定价,这并没有导致母国扭曲收入的变化,即不存在扭曲收入变化效应。但是,这会影响那些从外国企业购买商品的母国消费者的生活成本,即存在扭曲矫正效应。相反的例子是贸易冲击导致母国的净出口商调整了它的垄断势力定价,这将影响母国扭曲本身,即存在扭曲收入变化效应。但是,这不会影响母国消费者生活成本,即不存在扭曲矫正效应。因此,截至目前,对于贸易冲击导致的扭曲本身变化对经济增长的影响大小和影响方向依然没有统一结论。

The effect of distortion correction captures the effect that any changes in distortions induced by the trade shock. However, up to now, there is still no unified conclusion on the magnitude and direction of the effect of distortion correction on economic growth.

综上,可知贸易对于发展中国家经济增长的影响机制主要有技术冲击的纯效应、要素贸易条件变化效应、扭曲收入变化效应和扭曲矫正效应四种。其中,前两种效应不仅存在于发展中国家,而且存在于发达国家,具有一般性。后两种效应主要存在于发展中国家,并且越落后的国家这两种效应的影响越大。

The effect of trade shock on economic growth (welfare increase) is decomposed into four parts: the pure effect of a technology shock, the effect of changes in the factorial terms of trade, the effect of changes in distortion revenue and the effect of distortion correction, the last two of which is more obvious in developing countries than in developed countries.

重要术语(Key Terms)

均衡型经济增长(unbiased economic growth)
偏向型经济增长(biased economic growth)
贫困化增长(impoverishing growth)
罗伯津斯基定理(Rybczyński Theorem)
荷兰病(Dutch disease)
产品生命周期(product life cycle)
扭曲收入变化效应(effect of changes in distortion revenue)
扭曲矫正效应(effect of distortion correction)

本章小结

1. 一个国家的经济增长表现为其生产所依赖的要素增加或者技术进步。平衡型经济增长使该国所有部门的生产可能性曲线均衡地向外平移,如果贸易条件不发生变化,该国的需求和消费也会等比例地向外平移,该国的福利将得到改善。

2. 偏向型经济增长将会使生产可能性曲线以偏向于一种产品的方向旋转。对于大国和小国而言,偏向型经济增长的效果是不同的。对于小国而言,偏向型经济增长的影响比较简单,小国的经济增长不会导致贸易条件的变化,因此单纯的偏向型经济增长将会增加小国的福利。

3. 对于大国而言,偏向型经济增长的情况比较复杂。如果经济增长偏向于出口产品,那么大国的贸易条件将恶化,大国的整体福利等于偏向型经济增长所带来的福利减去贸易条件恶化所带来的损失。在一些特定条件下,大国偏向出口的经济增长会带来贫困化增长的问题。当大国的经济增长偏向于进口品时,大国的贸易条件将得到改善。因此,大国的福利变化将会来自两个方面:贸易条件改善所带来的福利增加和经济增长所带来的福利上升。

4. 除了偏向型经济增长以外,一般性的经济增长也会带来贸易方向和贸易产品的转变。根据产品生命周期理论,国家之间的技术之差可以成为两国贸易的基础。因此,随着经济发展,一个国家会逐步从落后产品的生产者转变为先进产品的研发者。此外,人工智能的发展会影响劳动力市场、贸易比较优势及数字贸易规模和种类。

5. 贸易对发展中国家经济增长的影响机制存在特殊性,主要原因是发展中国家相对于发达国家而言存在大量的扭曲。

Summary

1. The economic growth of a country is manifested in the increase of factors or technological progress on which its production depends. Unbiased economic growth makes the production possibility curve of all sectors of the country shift outward in a

balanced manner. If the terms of trade do not change, the country's demand and consumption will also shift outward in equal proportions, and the country's welfare will be improved.

2. Biased economic growth will rotate the production possibilities curve outward in favor of one good. For large and small countries, the effect of biased economic growth is different. For small countries, the impact of biased economic growth is relatively simple, the economic growth of small countries will not lead to changes in terms of trade, so pure biased economic growth will improve the welfare of small countries.

3. For big countries, the situation of biased economic growth is more complicated. If economic growth is biased towards export products, then the terms of trade of big countries will deteriorate, and the overall welfare of big countries is equal to the welfare brought by the biased economic growth minus the losses caused by the worsening of the terms of trade. Under some specific conditions, the export-oriented economic growth of big countries will bring about the problem of impoverishing growth. When the economic growth of big countries is biased towards imports, the terms of trade of big countries will be improved. Therefore, the welfare changes of great powers will come from two aspects: the welfare increase brought by the improvement of the terms of trade, and the welfare increase brought by economic growth.

4. In addition to biased economic growth, general economic growth will also bring about changes in trade direction and trade products. According to the product life cycle theory, the technological difference between countries can be the basis of the trade between the two countries. Therefore, with economic development, a country will gradually change from a producer of backward products to a developer of advanced products. Furthermore, the development of artificial intelligence can affect the labor market, trade comparative advantage and the size and variety of digital trade.

5. The impact mechanism of trade on the economic growth of developing countries is unique, mainly because the developing countries have a lot of distortions compared to the developed countries.

延伸阅读(Further Readings)

罗伯津斯基定理是论述要素增长和经济增长关系的重要理论。罗伯津斯基(Rybczynski)在其文章中介绍了资本要素增长的情形的定理几何论证。[①] 在现实经济中往往会出现在同一时间内多种生产要素增长的情况。那么在多种生产要素增长的情况下如何论证罗伯津斯基定理呢?

以人工智能为代表的技术进步将会给贸易、经济增长带来巨大影响。同学们可以阅读人工智能相关文献,理解技术进步在贸易、经济增长等方面的重要性。

---

① RYBCZYNSKI T M. Factor endowment and relative commodity prices[J]. Economica,1955,22(88):336-341.

贸易对经济增长的影响机制十分重要,阿特金和唐纳德在其文章中介绍了四种影响机制,①请同学们查阅相关文献,讨论贸易对经济增长影响的其他机制。

尝试和你的学习小组的同学一起完成以下任务。

1. 了解罗伯津斯基定理的几何证明方法,并绘图证明。
2. 论述人工智能对经济增长的正面影响和负面影响。
3. 选择一种贸易对经济增长的影响机制,查找数据进行实证检验。

即测即练

---

① ATKIN D,DONALDSON D. The role of trade in economic development[M]//GOPINATH G,HELPMAN E,ROGOFF K. Handbook of international economic:Volume 5. Amsterdam:North-Holland 2022:1-59.

Chapter 7

贸易壁垒：关税
Trade Barrier: Tariff

学习目标
- 了解关税的概念和种类。
- 描述关税对消费者和生产者的影响。
- 识别小国和大国的关税的成本与收益。
- 区分名义关税税率和有效关税税率。
- 描述最优关税和报复关税。

Learning Target
- Understand the concept and types of tariffs.
- Describe the impact of tariffs on consumers and producers.
- Identify the costs and benefits of tariffs for small and large countries.
- Distinguish between nominal tariff rate and effective tariff rate.
- Describe optimum tariffs and retaliatory tariffs.

一直以来，关税就是国家贸易政策体系中被广泛运用的重要贸易措施之一。关税不仅是国家财政的重要收入来源，还是一国保护重点产业、优化产业结构、保护国内就业甚至是调节国际政治经济关系的重要手段。在理论层面，不论是传统贸易理论还是现代观点，大多数研究表明，关税会改变产品的相对价格，从而发生贸易扭曲，导致资源的次优分配，也因此认为更加自由的贸易政策比有关税等贸易壁垒时给单个国家和整个世界带来的福利要大。正因如此，在实践层面，相当长的时期里世界各国的关税税率呈现出不断下降的趋势。很典型的例子就是第二次世界大战后，为进一步加强国际经贸互通、促进全球经济复苏，世界平均关税不断降低，这种关税壁垒的破除也加快了全球经济一体化的发展（图 7-1）。尽管自由贸易如此重要，但支持关税壁垒的保护贸易观点依然有很大市场。尤其是在 2008 年金融危机之后，随着贸易保护主义抬头，传统的多边贸易体制受限，这也使关税壁垒重新成为影响国际贸易的重要因素，以进口关税税率降低为典型特征的全球贸易自由化进程受到冲击。例如，美国就以保护国内就业、重振制造业为由对中国等多个国家频繁地实施以加征关税为主要手段的贸易措施，引发贸易冲突。特别是自 2018 年起，当时的美国特朗普政府对 12 000 多种产品征收了 10%～50% 不等的关税,涵盖美国约 3 000 亿美元的进口产品,受影响进口产品的平均法定税率从 2.6% 增至 16.6%。[①]。

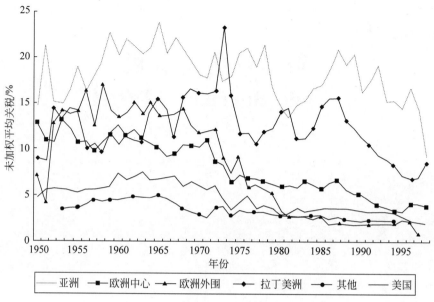

图 7-1　第二次世界大战后地区(国家)关税的平均值[②]

Tariff is not only an important source of national revenue, but also an important policy means for a country to protect domestic industries, adjust industrial structure and adjust political and economic relations.

为了全面地理解实施关税政策的得与失,本章将分析关税对征税国的产出、消费、贸易和福利的影响以及其对贸易伙伴国的影响。分别应用局部均衡分析法(需求曲线和供给曲线)和一般均衡分析法(生产可能性曲线和无差异曲线)来研究上述影响。本章具体安排如下:7.1 节介绍关税的种类;7.2 节分析在一个不能影响世界价格的小国中关税的局部均衡作用和大国的关税局部均衡;7.3 节转向更复杂的一般均衡分析并分别研究关税对小国和大国的影响;7.4 节研究关税结构理论、有效关税税率的计算方法;7.5 节讨论最优关税的概念及利益来源。

This chapter will analyze the impact of tariffs on the output, consumption, trade and welfare of the taxing country and its impact on the trading partner countries.

---

① GOPINATH G, HELPMAN E, ROGOFF K. Handbook of international economics: Volume 5 [M]. Amsterdam: North-Holland, 2022.

② COATSWORTH J H, WILLIAMSON J G. The Roots of Latin American protectionism: looking before the great depression[R]. NBER Working Paper 8999, 2002.

7.1　关税的种类(Types of Tariff)

关税是对通过一国关境的贸易商品课征的税收,是人类最为古老的贸易政策工具之一。① 按照不同的分类方式,关税被分为不同的种类。

按照商品流向,关税可分为进口关税(import tariff)、出口关税(export tariff)和过境关税(transit tariff)。进口关税是对进口商品课征的关税,出口关税是对出口商品课征的关税,过境关税是对外国经过一国国境(关境)运往另一国的货物所征收的关税。在国际贸易政策中,进口关税比出口关税以及过境关税更为重要,我们的讨论也主要关注进口关税。反倾销税(anti-dumping duty)是对倾销商品所征收的进口附加税,是进口国保护本国贸易的一种非常重要的方式。作为美国商品的主要出口国,自 21 世纪初加入世界贸易组织以来,中国被美国征收的反倾销税案件多达数百起,是反倾销税的主要受害国之一。

Tariff is a tax levied on trade goods passing through the customs territory of a country. According to different classification methods, tariffs are divided into different categories.

According to the flow of goods, tariffs can be divided into import tariff, export tariff and transit tariff.

按征税的目的不同,关税可以分为财政关税(revenue tariff)和保护关税(protective tariff)。财政关税即以增加财政收入为主要目的的关税。其基本特征是对进口产品与本国同类产品征同样的税,或者征收的关税既不引导本国生产该种产品,也不引导生产能转移到该种产品需求的代用品。保护关税即为保护本国工农业生产而征收的关税。保护关税政策始于重商主义,现代各国关税保护的重点有所不同,发达国家所要保护的通常是国际竞争性很强的商品,发展中国家则重在保护本国幼稚工业的发展。

According to different purposes of taxation, tariffs can be divided into revenue tariff and protective tariff.

按计税标准不同,关税可分为从量关税(specific tariff)、从价关税(ad valorem tariff)、复合关税(compound tariff)和选择关税(alternative tariffs)。从量关税是对进口产品的每一单位征收固定数量的货币。例如,一家中国进口商进口美国计算机,不管计算机的价格是多少,进口的每台计算机都需要向中国政府支付 1 000 元的关税。从价关税是按进口产品价值的某一固定比率征收关税。假设进口卡车的从价关税税率是 15%,那么一辆从日本进口到中国的价值 200 000 元的卡车需要向中国政府交纳 30 000 元(200 000 元×15%)关税。复合关税是对某一货物同时征收从量关税与从价关税。例如,一辆进口到中国的小汽车需要支付的关税为 10 000 元再加上小汽车价格的 5%。复合关税课征时,或以从价税为主,加征从量税;或以从量税为主,加征从价税。选择关税

---

① tariff 名称的由来:相传在地中海西口,距直布罗陀 21 英里(约 34 千米)处,古时有一个海盗盘踞的港口名叫塔利法(Tariffa)。当时,进出地中海的船商为了避免被抢劫,被迫向塔利法港口的海盗缴纳一笔买路费。后来 tariff 就成为关税的另一通用名称,泛指关税、关税税则或关税制度等。

则在税则中对同一税目规定从价和从量两种税率,在征税时可由海关选择其中一种计征。

According to different tax standards, tariffs can be divided into specific tariff, ad valorem tariff, compound tariff and alternative tariff.

7.2 关税的局部均衡分析(Partial Equilibrium Analysis of Tariff)

7.2.1 局部均衡分析法下的贸易限制:小国情形(Trade Restrictions under Partial Equilibrium Analysis: The Case of Small Countries)

一个小国对某种产品征收关税,不会对该产品的世界价格产生任何影响,只会提高该产品的国内价格。

图 7-2 显示了小国的自由贸易均衡。如图 7-2(b)所示,当世界价格为 P^W 时,外国出口供给曲线 X^* 是一条水平线,表示本国按价格 P^W 进口任何数量产品都不会对该产品的价格产生影响。此时,自由贸易均衡由外国出口供给曲线 X^* 与本国进口需求曲线 M 的交点确定,即图 7-2(b)中的 B 点。图 7-2(a)显示,当价格为 P^W 时,本国需求为 D_1,供给为 S_1。所以,当世界价格为 P^W 时,本国的进口量等于本国需求量与供给量的差额: $M_1 = D_1 - S_1$。

Figure 7-2 shows the free trade equilibrium of small countries. When the world price is P^W, the import of the home country is exactly equal to the difference between the demand and supply of the home country: $M_1 = D_1 - S_1$.

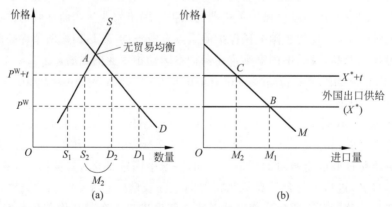

图 7-2 小国自由贸易均衡
(a) 本国市场;(b) 进口市场

当征收进口关税 t 美元时,本国进口该产品必须支付更高的价格,本国面对的外国出口供给曲线将同样上移 t 个单位。在图 7-2(b)中,征税后外国出口供给曲线平移至 $X^* + t$,与本国进口需求曲线 M 相交于 C 点,此时进口量为 M_2。由于关税提高了产品价格,所以本国的进口量从自由贸易时的 M_1 减少到征收关税后的 M_2。

when the import tariff of t US dollars is levied, tariffs raise the price of products, and the import volume of the home country is reduced from M_1 in free trade to M_2 after tariffs are levied.

在新价格条件下,本国需求为 D_2,供给为 S_2,两者差额为本国进口量 $M_2 = D_2 - S_2$,外国出口商仍接受"除税"价格 P^W(本国价格减去关税),但本国消费者却要支付更高的价格 $P^W + t$。本国价格从 P^W 提高到 $P^W + t$ 后,消费者、生产者和本国国民的福利水平将会发生什么样的变化呢?

我们利用图 7-3 再次说明在征收 t 美元关税后,进口品和本国产品的价格都从 P^W 提高到 $P^W + t$ 所产生的影响。

We use Figure 7-3 to illustrate the impact of the increase in the prices of imports and home products from P^W to $P^W + t$ after the imposition of t US dollar tariffs.

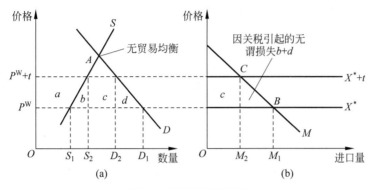

图 7-3 关税的福利效应
(a) 本国市场;(b) 进口市场

关税的消费者剩余效应。 在没有征收关税时,消费者剩余是图 7-3(a)中价格 P^W 以上以及需求曲线 D 以下之间的面积。由于征收进口关税,消费者面临更高的价格 $P^W + t$,消费者剩余变成了价格 $P^W + t$ 上方与需求曲线 D 下方之间的面积。关税使消费者剩余减少了图 7-3(a)中的 $a+b+c+d$,这便是关税造成产品价格提高而使消费者剩余减少的部分。

Tariffs reduce consumer surplus by $a+b+c+d$ in Figure 7-3 (a), which is the part of the reduction of consumer surplus caused by the increase in product prices caused by tariffs.

关税的生产者剩余效应。 接下来我们分析关税对生产者剩余产生的影响。在没有征收关税时,生产者剩余表示为图 7-3(a)中价格 P^W 下方与供给曲线 S 上方之间的面积。关税使生产者剩余增加到价格 $P^W + t$ 下方与供给曲线 S 上方之间的面积。由于关税提高了本国价格,厂商愿意提供更多的产品,因而增加了生产者剩余。因此,征收关税后增加的生产者剩余可在图 7-3(a)中表示为 a。该面积等于本国因征收关税造成产品价格提高而增加的生产者剩余。

The increased producer surplus after the imposition of tariffs can be represented as a in Figure 7-3 (a). This area is equal to the producer surplus increased by the manufacturers of the home country due to the increase in product prices caused by the imposition of tariffs.

关税的政府收入效应。关税除了对消费者和生产者产生影响外，还影响政府收入。政府所征得的关税收入等于关税 t 乘以进口数量（D_2-S_2）。在图7-3(a)中，政府的收入表示为面积 c，是进口国政府获得的收益。

In Figure 7-3(a), the government revenue is expressed as area c, which is the income obtained by the government of the importing country.

关税的福利总效应。现在我们能够将消费者剩余、生产者剩余以及政府收入结合起来总结关税对进口国的福利产生的影响。

小国关税总效应如表7-1所示。

表7-1 小国关税总效应

利 益 主 体	福 利 变 化
消费者剩余	$-(a+b+c+d)$
生产者剩余	$+a$
政府收入	$+c$
本国福利净效应	$-(b+d)$

The total effect of small countries tariffs can be summarized as follows: decreasing in consumer surplus $-(a+b+c+d)$, increasing in producer surplus $+a$, increasing in government revenue $+c$, net effect of home country welfare $-(b+d)$.

在图7-3(b)中，关税使进口小国福利损失为面积 $b+d$。我们将这个面积称为无谓损失（deadweight loss），它表示这部分损失没有被经济中其他方面的收益抵补。请大家注意，图7-3(a)中的生产者剩余增加的面积 a 实际上是从消费者那里转移给生产者。同理，政府收入所获得的面积 c，也抵消了消费者剩余减少的部分，也是从消费者那里转移到政府手中。这样，只有消费者剩余减少的 $b+d$ 面积没能从其他方面的收益得到补偿。该无谓损失可由图7-3(a)中的两个三角形 b 和 d 的面积加以衡量，或可用图7-3(b)中合在一起的三角形 $b+d$ 的面积表示。构成无谓损失的两个三角形 b 和 d，每一个都能作出以下准确解释。

In Figure 7-3(b), the welfare loss of small importing countries caused by tariffs is triangle $b+d$. Sometimes, we call this area deadweight loss, which means that this part of the loss is not offset by other aspects of the economy.

生产损失（production loss）。关税使本国供给从 S_1 增加到 S_2，三角形 b 的底边是净增加的供给量。该三角形的高表示随供给增加而提高的边际成本。当边际成本大于世界价格时，意味着该国生产这种产品的效率降低，与其本国超量生产，不如进口更加划算。三角形 b 的面积等于因额外生产所增加的边际成本，而且由于厂商是在边际成本高于世界价格的状态下生产的，所以三角形 b 的面积在经济意义上可以被解释为生产损失（或效率损失）。注意，生产损失仅仅是图7-3中全部无谓损失（$b+d$）的一部分。

The area of triangle b can be interpreted as production loss (or efficiency loss) in an economic sense. Note that the production loss is only a part of the total deadweight loss

($b+d$) in Figure 7-3.

消费损失(consumption loss)。对图 7-3(a)中无谓损失的另一三角形 d 也可给出很好的说明。关税使本国价格从 P^W 增至 P^W+t,消费量则从 D_1 减至 D_2,三角形 d 的面积可解释为由于产品价格提高而无力购买 D_1 与 D_2 之间产品的消费者的剩余减少。这种消费者剩余减少在经济上称为消费损失。

The area of triangle d can be explained as the decrease in the surplus of consumers who are unable to buy the products between D_1 and D_2 because of the increase in product prices. This decrease in consumer surplus is called consumption loss economically.

请同学们思考:在图 7-3(b)中的无谓损失($b+d$)又该如何解释呢?

7.2.2 局部均衡分析法下的贸易限制:大国情形(Trade Restrictions under Partial Equilibrium Analysis: the Case of large Countries)

在我们所假设的小国条件下,可以肯定关税会产生正的无谓损失。也就是说,进口小国总是因关税而受到损害。但是如果我们考虑的是一个大国,其征收关税将使世界价格发生变化。在这种情况下,一个进口大国的福利可以因关税而得到改善。

In the case of small countries, tariffs will cause deadweight loss. In the case of large countries, the welfare of a large importing country can be improved by tariffs.

如果本国是个大国,当世界价格 P^W 给定时,它所面临的外国出口供给曲线 X^* 不是一条水平线,而需要运用外国市场需求曲线和供给曲线推导出外国出口供给曲线。在图 7-4(a)中,外国的需求曲线 D^* 和供给曲线 S^* 在 A^* 点相交,无贸易均衡价格为 P^{A^*}。在价格 P^{A^*} 下,外国需求等于供给,出口为零。在图 7-4(b)中,我们用 $A^{*'}$ 表示,在这个价格下外国的出口量为零。

If the home country is a large country, when the world price P^W is given, the foreign export supply curve X^* needs to use the foreign market demand curve and supply curve to derive the foreign export supply curve. In Figure 7-4(a), foreign demand curve D^* and supply curve S^* intersect at point A^*, and the non-trade equilibrium price is P^{A^*}. In Figure 7-4(b), we use $A^{*'}$ to indicate that the export volume of foreign countries is zero at this price.

假定世界价格 P^W 高于外国无贸易价格 P^{A^*},当价格为 P^W 时,外国需求减少到图 7-4(a)中的 D_1^* 点,但外国厂商供给量将增加到 S_1^* 点。由于外国厂商供大于求,所以外国厂商将出口,出口量为 $X_1^* = S_1^* - D_1^*$,用图 7-4(b)中的 B^* 点表示,连接 $A^{*'}$ 点与 B^* 点即可得一条向上倾斜的外国出口供给曲线 X^*。

Connecting point $A^{*'}$ and point B^* in Figure 7-4(b) can obtain an upward inclined foreign export supply curve X^*.

接着,我们可在图 7-4(b)中将外国出口供给曲线 X^* 与本国进口需求曲线 M 结合在一起,两条曲线交点的价格即为世界均衡价格 P^W。需要注意的是,本国进口需求曲线以价格

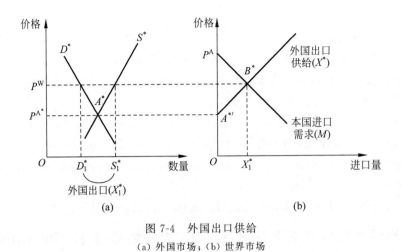

图 7-4 外国出口供给
(a) 外国市场；(b) 世界市场

轴上的无贸易价格 P^A 为起点，而外国出口供给曲线以价格 P^{A^*} 为起点。正如图 7-4 所示，外国无贸易价格较低：$P^{A^*} < P^A$。因为外国无贸易价格 P^{A^*} 低于世界价格，所以外国厂商会出口商品；本国无贸易价格 P^A 高于世界价格，所以会选择进口商品。

In Figure 7-4(b), because the foreign non-trade price P^{A^*} is lower than the world price, foreign manufacturers will export goods; The home country has no trade price P^A higher than the world price, so it will choose imported goods.

在图 7-5(b) 中，我们仍然用 M 表示本国进口需求曲线，用 X^* 表示外国出口供给曲线，B^* 为世界均衡点。当本国征收 t 美元关税时，供给本国市场的外国生产商成本比以前增加了与关税相同的额度 t；鉴于成本增加，外国出口供给曲线将上移 t 个单位，由 X^* 移至 $X^* + t$。曲线 $X^* + t$ 与本国进口需求曲线 M 相交于 C 点，该点确定了消费者支付的含关税的本国价格。另外，外国出口商得到的是扣除关税后的价格，它正好在 C 点的正下方，是比 C 点低 t 个单位的 C^* 点。将 C^* 点的外国出口商得到的价格用 P^* 表示，它就是新的世界价格。

Curve $X^* + t$ intersects with import demand curve M at point C, which determines the home country price with tariffs paid by consumers. In addition, foreign exporters get the price after deducting tariffs, which is point C^* with a quantity of t lower than point C. Let's use the price obtained by foreign exporters at point C^* as P^*, which is the new world price.

新均衡的一个重要特点是：本国对进口品所支付的价格为 $P^* + t$，提高幅度比原来的世界价格 P^W 加上关税额要低。本国价格提高的幅度小于关税额的原因是外国出口商得到的价格是 P^*，比原先的世界价格 P^W 要低，实际上外国出口商承担了部分关税。

An important feature of the new equilibrium is that the price paid by the home country for imported goods is $P^* + t$, which is lower than the original world price P^W plus the tariff.

总之，我们可将关税解释为本国消费者所支付的价格与外国生产商所得到的价格的

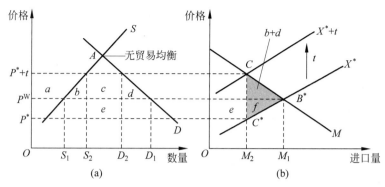

图 7-5 大国关税
（a）本国市场；（b）世界市场

差额。与许多其他税种一样,征收的关税 t 由消费者和生产者双方共同承担。

The tariff is the difference between the price paid by consumers in the home country and the price received by foreign producers.

同学们可以尝试分析哪一方承担的关税税额会更高。

You can try to analyze which party will bear the higher tariff.

贸易条件(terms of trade)。我们将一个国家的贸易条件定义为出口价格指数与进口价格指数的比率。一般来说,贸易条件改善表示一个国家从贸易中受益,它使这个国家出口相对于进口的盈利能力和贸易利益增加。为了衡量本国的贸易条件,我们要采用扣除关税后的净进口价格 P^*（外国厂商所获得的价格）,因为这也是进口每个产品由本国转移给外国的总额。由于进口价格从原先的世界价格 P^W 下降为 P^*,所以本国的贸易条件改善了。因此,我们可预期,就福利而言,本国从关税中获得了收益。为了确定本国是否从关税中获益,我们需分析关税对本国消费者、生产者的福利及政府收入的影响。我们用图 7-5 来进行分析。

We define the terms of trade of a country as the ratio of the export price index to the import price index. To determine whether the home country benefits from tariffs, we need to analyze the impact of tariffs on the welfare of consumers, producers and government revenue in the home country.

本国福利。如图 7-5(a)所示,本国消费者支付的价格从 P^W 升至 P^*+t,使消费者剩余大量减少。减少的消费者剩余用 P^*+t 与 P^W 两种价格的差额与需求曲线 D 左方之间的面积 $a+b+c+d$ 表示。与此同时,本国厂商面临的价格也从 P^W 升至 P^*+t,从而改善了本国厂商的经营状况。所增加的生产者剩余等于 P^*+t 与 P^W 两种价格的差额与供给曲线 S 左方的面积 a。最后,我们还需计算政府收入的变化。关税收入等于关税额 t 乘以进口量 $M_2=D_2-S_2$,政府收入为图 7-5(a)中的面积 $c+e$。

The welfare of the home country. The government revenue is the area $c+e$ in Figure 7-5(a).

将消费者剩余、生产者剩余和政府收入的变化加总,我们便得出大国关税的总体效应如表 7-2 所示。

表 7-2 大国关税的总效应

利 益 主 体	福 利 变 化
消费者剩余	$-(a+b+c+d)$
生产者剩余	$+a$
政府收入	$+(c+e)$
本国福利净效应	$e-(b+d)$

By summing up the changes in consumer surplus, producer surplus and government revenue, we can get the overall impact of tariffs in large countries: decrease in consumer surplus $-(a+b+c+d)$, increase in producer surplus $+a$, increase in government revenue $+(c+e)$, net effect of home country welfare $e-(b+d)$.

三角形 $b+d$ 是关税产生的无谓损失(这与小国情形完全一样)。但作为一个大国,多了一个利得来源——面积 e。如果 $e>b+d$,本国则因征收关税而改善了福利;如果 $e<b+d$,本国则因征收关税而福利恶化。

Triangle $b+d$ is the deadweight loss caused by tariffs, which is exactly the same as that of small countries.

注意,e 是个矩形,它的宽是外国出口商面临的价格降低的幅度,即价格 P^W 与价格 P^* 的差额。矩形的长为本国的进口量 M_2。将进口的差额与进口量相乘,得到面积 e,这样我们便可准确地测度进口国的贸易条件利得。如果贸易条件利得大于关税的净损失 $b+d$,那么,本国便从关税中获得了福利。

The area e is obtained by multiplying the import price difference by the import volume, so that we can accurately measure the terms of trade gains of the importing country.

因而,一个进口大国可能通过收取关税获取福利。除了增加政府收入来源或充当政治工具外,我们也可将这一点列为各国使用关税的理由之一。但是,就大国而言,任何来自关税的福利增加都是以牺牲外国出口商利益为代价的。

A large importing country may obtain benefits by tariffs, but any increase in benefits from tariffs is at the expense of foreign exporters.

外国福利与世界福利。虽然本国有可能从关税中获益,但外国即出口国的利益则肯定会因关税而受损。外国的损失由图 7-5(b)中的面积 $e+f$ 衡量。我们应将 $e+f$ 看成以较低价格向本国出口较少的产品引起的外国生产者剩余的减少。注意,面积 e 是本国贸易条件利得,但它也是等额的外国贸易条件损失,本国的收益是以外国的损失为代价的。此外,大国关税还使外国产生额外的无谓损失 f。外国的这两个损失之和大于本国获得的收益。由于这个原因,有时我们将大国征收的关税称作"以邻为壑"关税。

Although the home country may benefit from tariffs, the gains of foreign countries, those are exporting countries, will certainly be damaged by tariffs.

将本国福利变化与外国福利变化加在一起,面积 e 被抵消,还余下世界福利净损失 $b+d+f$,即图 7-5(b)中的阴影三角形。该面积为世界无谓损失。大国利用关税从外国获取的贸易条件利得不仅牺牲了外国出口商的利益,还增加了世界无谓损失。大国关税导致世界无谓损失是大多数经济学家反对使用关税的另一原因。

Adding the changes in the welfare of the home country and the changes in the welfare of foreign countries, and the area e is offset, leaving the net loss of world welfare $b+d+f$, that is, the shadow triangle in Figure 7-5(b), which is the meaningless loss.

案例7-1 中美贸易摩擦下,美国加征关税对社会福利的影响

贸易战也叫"商战",是指一国通过提高关税、增加非关税壁垒等措施,限制其他国家商品进入本国市场,由此引起的本国和其他国家相互采取一系列报复与反报复措施。因为贸易战的手段主要是相互加征关税,所以也称"关税战"。2018年3月之前,中美贸易摩擦已经大量存在,表现为美国以倾销、补贴、安全等为由对中国出口美国的商品征收反倾销税、反补贴税等各种进口附加税。为维护中国利益,平衡美国给中国利益造成的损失,国务院关税税则委员会发布声明,自2018年4月2日起对自美国进口的7类、128项商品终止关税减让,在先行税率基础上加征15%、25%的关税,涉及2017年中国自美国进口金额约500亿美元。中美贸易战的序幕由此拉开。

如果美国是贸易"小国",美国加征关税后,国际市场价格不变,美国国内市场价格上升,国内价格上涨幅度等于关税税率,美国加征的关税负担完全由进口国企业或消费者承担。如果美国是贸易"大国",正常情况下,美国对中国的商品加征进口关税,会导致中国出口商降低价格,此时,美国加征的关税由中国出口商和美国进口商或消费者共同承担。但是,在中美贸易战期间,中国出口企业不会通过降低价格换取更多的出口,那样只会增加更多的贸易摩擦,所以,此时美国政府征收的关税应该是由美国企业或消费者承担,关税效应与"小国"效应相同。不论美国是贸易"大国"还是贸易"小国",美国加征关税都会对生产者和消费者造成损失,同时还会造成无谓损失。

从理论来讲,美国加征关税会导致美国消费者福利损失,损失程度为图7-3或图7-5中 $a+b+c+d$ 的面积,面积大小受加征关税的幅度和征税商品贸易量大小影响。现实中,美国对中国产品加征关税后,美国进口商和企业也要"埋单",并且"很正常地"会把这部分成本转嫁给消费者承担,美国消费者购物时要支付更高价格。这将伤害美国消费者和中低收入家庭,导致消费者在购买消费品时多支付费用。比如说,美国对进口中国苹果汁和其他果汁征税,会导致中低收入家庭消费支出增加、购买数量下降,以至于无法获得必要的果汁;再比如,美国对自行车和自行车零部件加征关税,会增加美国自行车制造商的成本和美国自行车消费者的家庭支出。美国原本已对中国的自行车征收11%的关税,如果再加征25%的进口附加税,肯定会使美国国内自行车价格上升,如果美国进口商想更换市场,选择从中国以外的国家进口自行车,他们所面临的问题是:没有哪个国家会比中国的价格更低。

从本节的分析可以看到,加征关税对生产者不会造成直接的损失,反而使生产者收益增加。但是现实中,美国加征关税会给美国企业带来很大的影响,它会造成行业成本上升,损害美国企业竞争力,同时对美国供应链造成明显破坏。当美国加征关税时,美国制造商面临两种选择:一是通过削减员工数量以减少成本,由此对冲因征税涨价导致的销

量下降；二是将最终产品的生产转移到美国以外的国家。美国政府征收的关税清单中,有钢铝等金属原材料,以此为原料的制造业会因为加征关税而成本上升使竞争力大大下降。美国加征关税清单中也有不少服装产品,对这些商品加征关税,不仅会伤害美国消费者,也会破坏美国零售业的供应链。因为中国是美国很多零售企业的服装供应商,除了中国,它们找不到更合适的供应商。

在征收关税时,不论是贸易"大国",还是贸易"小国",都会使国民福利损失 $b+d$ 的面积,即加征进口税的无谓损失。以2019年5月10日美国宣布对来自中国的2 000亿美元的商品加征25%的进口关税为例,计算美国由此会产生多少无谓损失。为了测度美国加征25%的关税的无谓损失,可以通过图7-3中三角形 $b+d$ 的面积,即用进口量变化与征收的关税额直接计算。其计算公式如下：

$$S_{b+d} = \frac{1}{2} \cdot t \cdot \Delta Q$$

假设美国对自中国进口的商品加征25%进口关税后,自中国的进口额下降30%(根据中国海关数据估计：仅2019年前5个月,中国自美国进口下降25.7%,而美国对中国进口商品加税力度和范围大于中国,进口下降幅度自然要大)。那么,无谓损失约占进口额的3.75%。美国针对中国进口产品加征关税的商品额是2 000亿美元,所以,美国无谓损失估计为75亿美元。

在2018年贸易战对美国各州家庭福利的影响中,我们观察到南部的一些州,如得克萨斯州、俄克拉荷马州、阿肯色州和新墨西哥州等,以及西北部的华盛顿州、爱达荷州和俄勒冈州,在贸易战中的境况稍好一些。总的来说,美国家庭的福利下降了0.1%。

综上可以看出,美国加征关税并不像特朗普认为的那样"中国在为美国加征的关税埋单",美国加征关税造成的成本几乎全部由美国企业承担了,最终损害的是美国自身,埋单的是美国的消费者和企业。美国作为第一大经济体发动贸易战,不仅伤害中美两国的利益,对世界经济和贸易都是一场灾难。20世纪30年代,美国发起的全球贸易战导致国际贸易萎缩66%,加重了全球经济大萧条。

资料来源：

王秋红.中美贸易战：谁为美国加征关税"埋单"——基于关税的经济效应分析[J].开发研究,2019(4)：122-129.

GOPINATH G,HELPMAN E,ROGOFF K. Handbook of international economics：Volume 5[M]. Amsterdam：North-Holland,2022：260-261.

7.3　关税的一般均衡分析(General Equilibrium Analysis of Tariffs)

7.3.1　小国关税的一般均衡分析(General Equilibrium Analysis of Small Country Tariffs)

本小节用一般均衡分析法研究小国征收关税对其生产、消费、贸易及福利的影响。

小国征收关税不会影响世界市场的价格,但小国可进口商品的国内价格会增加与关税相同的数额。

When a very small country levy tariffs, it will not affect the price of the world market. However, the domestic price of its importable goods will increase by the same amount as the tariff.

尽管对单个生产者和消费者来说，可进口商品的国内价格会增加与关税相同的金额，但对小国作为一个整体来说，价格是不变的，因为是这个国家自主征税，只是税额从消费者转移到政府。例如，如果可进口商品 X 的国际价格是每单位 1 美元，该国对其征收 100% 的从价税，只要国内生产者能以不高于 2 美元的价格生产和销售商品 X，就可以与进口商品竞争。消费者将不得不为每单位商品 X 支付 2 美元。然而，无论是进口商品还是国内生产的商品（假设进口商品和国内生产的商品是完全同质的），因为该国自己对进口商品 X 征收每单位 1 美元的关税，就其作为一个整体而言，商品 X 的价格仍为 1 美元。

Although for individual producers and consumers, the domestic price of importable goods will increase by the same amount as the tariff, for small countries as a whole, the price is unchanged.

进口商品价格在二者之间的区别，即单个生产者和消费者（包含关税）与国家整体（不包含关税且与世界价格相同）的区别，对于图形分析是至关重要的。我们进一步假定，征收关税的小国政府用关税收入资助公共消费部门（如学校、警察局等），而且相应地减少对国内基础服务部门的征税。

We further assume that the governments of small countries that levy tariffs use tariff revenue to finance the public consumption sector, and correspondingly reduce taxes on domestic basic services sectors.

我们用国家 1 和国家 2 来说明关税的一般均衡效应。为了分析方便，我们从国家 2 的生产边界开始。国家 2 是专业化生产商品 Y 的资本丰裕国（商品 Y 是资本密集型商品），通过出口商品 Y 换取货币以进口商品 X，如图 7-6 所示。

We use country 1 and country 2 to illustrate the general equilibrium effect of tariffs. For analytical convenience, we start with the production frontier of country 2. Country 2 is a capital-abundant country specializing in the production of commodity Y (commodity Y is a capital-intensive commodity) that imports commodity X by exporting in exchange for currency, as shown in Figure 7-6.

从图 7-6 可见，如果世界市场上 $P_X/P_Y=1$ 并且国家 2 很小，不能影响世界价格，该国将在 B 点生产，用 60 单位 Y 交换世界市场上剩下的 60 单位 X，在自由贸易下的无差异曲线 III 上的 E 点消费。

As can be seen from Figure 7-6, if $P_X/P_Y=1$ on the world market and country 2 is too small to affect world prices.

如果国家 2 现在对商品 X 征收 100% 的从价税，对国内生产者和消费者而言，相对价格上升到 $P_X/P_Y=2$，但对世界市场和国家整体而言，依然是 $P_X/P_Y=1$（因为国家 2 自己征收了关税）。面对 $P_X/P_Y=2$，国内生产者将在 F 点生产，即价格线 $P_F=2$ 和国内生产边界线的切点。因此，国家 2 在征收关税后，要比自由贸易下多生产可进口商品 X，

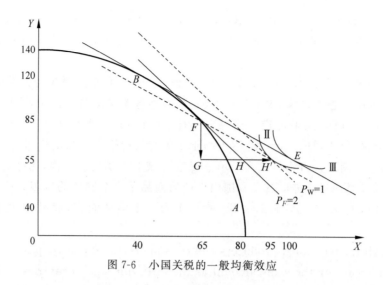

图 7-6 小国关税的一般均衡效应

少生产可出口商品 Y(比较 F 点和 B 点)。由图 7-6 也可看出,每出口 FG 或 30 单位 Y, 国家 2 需进口 GH' 或 30 单位 X,其中,GH 或 15 单位 X 直接进入消费,另外 HH'(剩余的 15 单位 X)由政府以对商品 X 征收 100% 的进口关税所抵消。

If country 2 now imposes a 100% ad valorem tariff on good X, the relative price rises to $P_X/P_Y=2$ for domestic producers and consumers, but remains $P_X/P_Y=1$ for the world market and the country as a whole (because country 2 imposed tariffs by itself). Faced with $P_X/P_Y=2$, domestic producers will produce at point F, which is the tangent point between the price line $P_F=2$ and the domestic production boundary line.

注意,无差异曲线 II 与平行于 $P_F=2$ 的虚线是相切的,这是因为国内单个消费者面临的是含关税的价格 $P_X/P_Y=2$。然而,由于政府征收关税后,又以公共消费和(或)减税的形式再分配关税,无差异曲线 II 必定也位于与 $P_W=1$ 平行的虚线上(因为国家作为一个整体而言,面临的仍然是 $P_X/P_Y=1$ 的世界价格)。新的消费点 H' 由两条虚线的交点决定(因此它位于两条线上)。两条虚线间的夹角(也等于价格 $P_W=1$ 和 $P_F=2$ 的夹角)等于 100% 的关税税率。当生产点位于 F 点、消费点位于 H' 时,该国在征收关税后出口 30 单位 Y 以换取 30 单位 X(而征收关税前是 60 单位 Y 换 60 单位 X)。

Since the government levies the tariff in the form of public consumption and/or tax reductions after the tariff is imposed, indifference curve II must also lie on the dotted line parallel to $P_W=1$. Thus, the new consumption point H' is determined by the intersection of the two dashed lines.

概括地说,自由贸易下,国家 2 在 B 点生产,并在 $P_W=1$ 时出口 60 单位 Y 换取 60 单位 X。对商品 X 征收 100% 的进口关税后,对国内单个生产者和消费者而言 $P_X/P_Y=2$,但对世界市场和整个国家而言 $P_W=1$。生产发生在 F 点,因此,与自由贸易相比,征收关税时更多的可进口商品 X 是在国内生产的。30 单位 Y 换 30 单位 X,其中 15 单位 X 是由政府对商品 X 以征收 100% 关税的形式收到的。征收关税后的消费发生在无差异曲线 II 上的 H' 点。这低于自由贸易下无差异曲线 III 上的消费点 E,因为征收关税后,生产的专业化程度降低了,贸易的收益也减少了。

Generally speaking, country 2 produces at point B under free trade, and exports 60 units of Y in exchange for 60 units of X when $P_W = 1$.

当对商品 X 征收 300% 的进口关税后,对国内生产者和消费者而言 $P_X/P_Y = 4$,国家 2 的生产与消费将回到自给自足的 A 点,这样一种进口关税称为禁止性关税(prohibitive tariff)。在本例中,对商品 X,300% 的进口关税是禁止性关税的最低从价税,更高的关税依然是禁止性的,该国将继续在 A 点生产和消费。

After the import tariff of 300% is levied on commodity X, for domestic producers and consumers, $P_X/P_Y = 4$, and the production and consumption of country 2 will return to point A of self-sufficiency. Such import tariff is called the prohibitive tariff.

7.3.2 大国关税的一般均衡分析(General Equilibrium Analysis of Large Country Tariffs)

本小节把关税的生产、消费、贸易和福利效应的一般均衡分析扩展到大国。当一国征收关税时,其供给曲线沿着衡量其可进口商品的轴的方向转变或旋转一个大小等于进口关税的量。对任何数量的出口商品,进口商希望有足够多的进口商品 X 来覆盖(支付)关税。事实上,反映一个国家是大国,恰好体现在其贸易伙伴(或除大国外世界其他所有国家)的供给曲线上,大国的国际供给曲线并非一条直线,而有一定的曲率。

When a country imposes tariffs, its supply curve shifts or rotates by the amount equal to the import tariff along the axis measuring its importable goods.

在这些情况下,大国征收关税会减少其贸易量,但会改善其贸易条件。贸易量的减少使国家福利减少,但贸易条件的改善却使国家福利增加,因此大国福利的增减实际上取决于这两种相反作用的净效应。而在小国征收关税的情况下,小国的贸易量减少,贸易条件保持不变,因此小国的福利总是降低的。

In this case, large countries impose tariffs to reduce their trade volume but improve their terms of trade.

国家 2 对其进口商品 X 征收 100% 的从价关税反映在图 7-7 就是国家 2 的供给曲线旋转至供给曲线 $2'$。注意:关税扭曲的供给曲线 $2'$ 上,每一点距 Y 轴都是供给曲线 2 的 100% 或 2 倍(例如,比较 H' 点和 H 点及 E' 点和 D 点)。

The 100% ad valorem tariff imposed by country 2 on its imported commodity X is reflected in Figure 7-7 as country 2's supply curve rotates to supply curve $2'$.

征收关税前,供给曲线 2 和供给曲线 1 相交,决定均衡点 E。在该点,国家 2 以 $P_X/P_Y = P_W = 1$ 的比例用 60 单位 Y 交换 60 单位 X。征收关税后,供给曲线 $2'$ 和供给曲线 1 相交,决定新的均衡点 E'。在该点,国家 2 以新的世界价格 $P_X/P_Y = P_{W'} = 0.8$ 用 40 单位 Y 交换 50 单位 X。这样,国家 1(或世界其他国家)的贸易条件从 $P_X/P_Y = P_W = 1$ 改善为 $P_Y/P_X = 1/P_{W'} = 1/0.8 = 1.25$。注意:对于任何关税税率,国家 1(或除大国外世界其他所有国家)的供给曲线越陡或弹性越小,其贸易条件恶化得越厉害,而国家 2 的改善程度则越高。

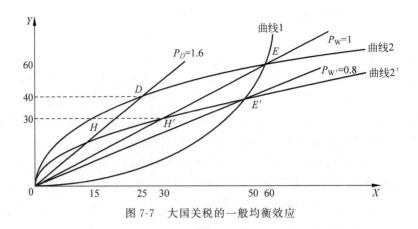

图 7-7 大国关税的一般均衡效应

Before the imposition of tariffs, supply curve 2 and supply curve 1 intersect to determine the equilibrium point E. At this point, country 2 exchanges 60 units of Y for 60 units of X at a ratio of $P_X/P_Y = P_W = 1$. After the tariff is imposed, the supply curve $2'$ and the supply curve 1 intersect to determine the new equilibrium point E'. At this point, country 2 exchanges 40 units of Y for 50 units of X at the new world price $P_X/P_Y = P_{W'} = 0.8$.

因此，当身为大国的国家 2 征收关税时，贸易量将减少，但其贸易条件将改善。根据这两种相反作用的净效应情况，国家 2 的财富可能增加，也可能减少或不变。这与前面将国家 2 假设为一个小国，不能通过贸易影响世界价格的情况是相反的。在小国的情况下，国家 1（或除大国外世界其他所有国家）的供给曲线可用图 7-7 中的直线 $P_W = 1$ 来表示。国家 2 对商品 X 征收 100% 的进口关税，则使其贸易以不变的价格 $P_W = 1$（比较图 7-7 和图 7-6 中的 E 点和 H' 点）从自由贸易下 60 单位 Y 交换 60 单位 X 减少至征收关税下的 30 单位 Y 交换 30 单位 X。结果国家 2（小国）的福利在征收关税的情况下总是减少的。

Therefore, when country 2, which has great power, imposes tariffs, the volume of trade will decrease, but its terms of trade will improve. Depending on the net effect of these two opposing effects, the welfare of country 2 may increase, decrease or remain unchanged.

回到国家 2 是大国的假设，从图 7-7 可以看出，由于关税原因而扭曲的供给曲线 $2'$，国家 2 现处于以 40 单位 Y 交换 50 单位 X 的均衡点 E'，因此，对世界市场以及国家 2 整体而言，$P_Y/P_X = 1/P_{W'} = 1.25$，然而，在均衡点 E'，国家 2 进口 50 单位 X，其中，25 单位 X 作为政府征收 100% 进口关税的税收，剩余的 25 单位 X 直接进入个人消费。最后，对国家 2 的单个消费者和生产者而言，$P_X/P_Y = P_D = 1.6$，是世界市场和国家整体的两倍。

As can be seen from Figure 7-7, the supply curve $2'$ is distorted by the tariff, country 2 is now at the equilibrium point E' where 40 units Y is exchanged for 50 units X, so $P_Y/P_X = 1/P_{W'} = 1.25$, for the world market as well as country 2 as a whole. However, at equilibrium point E', among the 50 units of X imported by country 2, 25 units of X are levied by the government of country 2 as 100% of the import tariff of commodity X, and only the remaining 25 units of X go directly to personal consumption. As a result, for individual consumers and producers in country 2, $P_X/P_Y = P_D = 1.6$.

案例 7-2 贸易自由化能否降低美国 CPI 通胀？

关税的变化主要通过三种机制影响国内价格。

首先,关税变化非常迅速地影响了国内市场进口商品的价格,因为进口商将价格变化转嫁给了消费者。关税还会导致与进口商品竞争的国内生产商品的价格发生变化。例如,Cavallo 等用美国劳工统计局(BLS)在边境和零售商处收集的微观数据,指出美国进口关税的增加几乎完全传递给了进口商,关税的影响已经落在了美国消费者身上。[①]

其次,对进口中间投入品征收关税会增加使用这些投入品的行业成本,这种成本上涨会通过供应链对整个经济体产生影响。这种间接联系意味着关税会损害所有直接或间接使用进口投入品的行业。例如,钢铁关税能够保护钢铁行业,但也对所有钢铁消费者产生了不利影响,取消钢铁关税降低了所有直接或间接使用钢铁产品行业的成本和价格。

最后,如果关税涵盖广泛,关税变化可以通过一般均衡效应影响价格。对单一进口商品征收关税有利于进口商品的国内竞争对手,但对宏观价格指数的影响很小,甚至可以忽略不计。相比之下,对大量进口产品征收高关税(如斯姆特-霍利关税制度等)具有一般均衡效应,导致所有非贸易商品相对于贸易商品的价格上涨(实际汇率升值)。[②] 这种关税制度实际上对出口和进口都征税,导致两者都减少。[③] 在这种情况下,关税对价格的影响是普遍的,反馈到整个价格体系。

以贸易为中心的全球经济模拟模型结果(比较静态分析)[④]如表 7-3 所示,结果表明,关税在大约一年的时间里对国内进口价格产生快速、直接的影响,并对其他价格产生间接影响。

如果美国和中国取消贸易战关税,包括美国对所有贸易伙伴征收的 232 条款关税、美国对中国的 301 条款关税、美国对来自加拿大的木制品征收的软木木材关税以及中国对美国的报复性关税。在这种情况下,贸易加权平均关税下降 2.5 个百分点,CPI(消费者价格指数)通胀下降 1.3 个百分点(表 7-3)。

如果考虑更极端的贸易自由化情景,即消除贸易战,并假设美国将其所有关税降低

---

① CAVALLO A, GOPINATH G, NEIMAN B, et al. Tariff pass-through at the border and at the store: evidence from US trade policy[J]. American economic review insights, 2021, 3(1): 19-34.

② 假设商品和服务的贸易差额保持不变。因此,模拟不包括外国借款或借贷的变化。当国内商品价格相对于贸易商品价格上涨时,进口的动力更大,出口的动力更小,相对价格的这种变化是贸易理论中定义的真正升值。

③ COSTINOT A, WERNING I. Robots, trade, and luddism: a sufficient statistic approach to optimal technology regulation[R]. NBER Working Papers, 2018.

④ 有关模型的描述,请参阅 DEVARAJAN S, GO D S, LAKATOS C, et al. Traders' dilemma: developing countries' response to trade wars[J]. The world economy, 2021, 44(4): 856-878; MCDONALD S, ROBINSON S, THIERFELDER K. Globe: A SAM Based Global CGE Model using GTAP Data[R]. United States Naval Academy Department of Economics, 2007. 该模型根据全球贸易分析项目(GTAP)版本 10 的数据进行了校准(有关数据的描述,请参阅 AGUIAR A, CHEPELIEV M, CORONG E L, et al. The GTAP data base: version 10[J]. Journal of global economic analysis, 2019, 4(1): 1-27.)

50%，在这种情况下，贸易加权平均关税仅再下降 0.3 个百分点，反映了美国在贸易战前的关税保护水平非常低。当关税取消时，实际进口增加，随着实际汇率贬值，实际出口也有所增加。

"取消贸易战关税"的设想主要适用于美国与中国。在贸易战期间，美国将贸易从中国转移出去，削弱了关税对国内价格的影响。宏观经济对实际汇率的影响是存在的，但很小。结束贸易战和贸易自由化将对总价格产生温和的影响。但是，关于加强美国进口保护存在激烈争议。为了解价格水平对大范围关税的敏感性，继续考虑这样一种情况：贸易战结束，但美国保护主义思潮更加普遍。

将针对所有贸易伙伴的所有关税提高 10 个百分点，使其远低于贸易战期间，但应用范围更广。① 宏观经济影响更大，实际汇率升值 6.3%（表 7-3），CPI 通胀上升 6.7 个百分点（表 7-3），实际进口和实际出口下降，宽泛的保护政策消弭了结束贸易战的价格影响。

表 7-3 三种情形下的美国 CPI 通胀（基数变化百分比）、实际汇率、实际出口和实际进口（基数变化百分比）

事 项	取消贸易战关税，加上美国将所有关税降低 50%	美国将所有关税提高 10 个百分点	取消贸易战关税
消费者价格指数通胀	−1.3pp	−1.5pp	6.7pp
实际汇率/%	1.3	1.5	−6.3
实际出口/%	1.6	1.8	−9.2
实际进口/%	0.7	0.7	−4.4

注：实际汇率的正变化是贬值；pp：percentage point，百分点。

从关税到国内价格的转嫁力量取决于进口对消费的重要性。如表 7-4 所示，美国进口总额占国内总需求的 8.3%，出口占总产出的 6.4%，且部门差异很大。贸易政策可以对国内市场的所有价格产生重大影响，仅从对进口商品的影响中就可以扩散开来。这些影响在一年内改变价格水平，但此后不会改变，并且与货币政策无关。在通货膨胀率变化的时期，由于许多行业的供应链问题导致价格上涨，贸易自由化可能会给价格带来下行压力，提高关税将增加通货膨胀。

表 7-4 美国生产、消费和贸易结构　　　　　　　　　　　　　　　　　%

行　业	出口/总产出	进口/国内总需求
作物农业	32.0	19.3
畜牧业	3.2	4.2
采矿	10.6	40.1
加工食品和烟草	8.0	9.6
纺织品、服装和皮革制品	8.2	38.8
木材和纸制品	5.1	5.7
五金	15.6	21.4

---

① 没有贸易战关税，美国的贸易加权平均关税为 1.8%；美国对所有贸易伙伴的关税每提高 10 个百分点，贸易加权平均关税提高到 11.8%。

续表

行　业	出口/总产出	进口/国内总需求
焦炭和精炼石油	16.6	9.2
化学品、药品和橡胶	22.6	22.7
计算机电子制造	21.2	36.3
电子制造	21.6	34.8
其他制造业	16.3	20.9
建设	0.4	0.2
机动车辆及零部件	20.4	31.9
运输设备制造	34.3	24.8
陆、水、空运输服务	12.7	10.2
公共服务	1.2	0.7
促进贸易的服务（国内利润）	0.6	0.9
其他服务	3.5	2.7
总计	6.4	8.3

资料来源：ROBINSON S，THIERFELDER K. Can liberalizing trade reduce US CPI inflation？［EB/OL］．（2022-03-29）. https://www. piie. com/blogs/realtime-economic-issues-watch/can-liberalizing-trade-reduce-us-cpi-inflation-insights.

注：出口比率是出口与总产出的比率，而不是增加值或 GDP；进口比率为进口与国内总需求（进口加国内产量减去出口）的比率。

7.4　关税结构理论（Tariff Structure Theory）

7.4.1　有效关税税率（Effective Tariff Rate）

一国实施进口关税的目的最主要的是限制外国商品的进入，从而在一定程度上为国内同类行业生产者提供保护，进而为国内的就业提供保障。一般来说，征收进口关税会提高进口商品的国内价格，因此本土产品的价格也可以上涨一定的幅度（相对于自由贸易时的价格），只要不超过外国商品的价格，消费者都会更加偏好价格相对低廉的本土产品。消费者对本土产品的需求增加，这就意味着国内生产者在征收进口关税时的产出相对于自由贸易（没有征收关税）时的产出更高。那么，在征收进口关税时，本土产品的价格可以上涨的幅度为多少呢？这就取决于进口关税为国内生产者提供的实际保护力度。

When imposing import tariffs, how much will the price of local products rise? This depends on the actual protection provided by import tariffs to domestic producers.

一国公布在关税表中的税率，称为名义关税税率（nominal tariff rate）。我们可以通过名义关税税率大体上了解关税的保护力度，但却无法精确地知道进口关税的实际保护程度或者有效保护程度。而进口关税提供的实际保护程度，称为有效关税税率（effective tariff rate）[①]，也叫有效保护率。举个简单的例子，中国对汽车整车实施的进口关税税率

[①] 有效关税税率适用于衡量单个国家的关税水平。在浮动汇率下，如果所有的名义关税税率或有效关税税率都提高，那么关税的保护效应就会被汇率的变动抵消。

为 15%，那么 15% 的名义关税税率为中国的本土汽车生产商提供的有效保护率是 15% 吗？答案显然是否定的。因为 15% 的关税税率是针对汽车这个最终产品来说的，而国内生产者在生产过程中，可能使用进口的原材料或者中间投入品，这些原材料和中间投入品的关税税率与最终产品的关税税率是不同的。那么在这种情况下，关税提供的实际保护程度就不等同于名义关税税率的 15%。由此来看，有效关税税率与名义关税税率无疑是存在差别的。

The tariff rate published by a country in the tariff schedule is called the nominal tariff rate. The actual degree of protection provided by import tariffs is called the effective tariff rate, also known as the effective protection rate.

对于消费者来说，更看重名义关税税率，因为名义关税税率直接关乎他们所消费商品的价格；对生产者来说，更看重有效关税税率，因为有效关税税率是对国内生产者提供的实际保护水平。换句话说，名义关税税率是相对最终产品价格的增加量，有效关税税率是对国内生产附加值的增加量。在下文中，我们利用一个具体的例子来说明名义关税税率与有效关税税率的差别，以及有效关税税率的计算方法。

For consumers, the nominal tariff rate is more important, because it is directly related to the price of the goods they consume. For producers, the effective tariff rate is more important, because it is the actual level of protection offered to domestic producers.

美国生产一台微波炉的价格为 100 美元，其中，80% 是零部件的成本，剩余 20% 是组装活动创造的附加值占微波炉价值的比重。中国从美国进口微波炉时征收 10% 的进口关税，那么进口微波炉在中国的售价为 110 美元/台。同时，我们假设中国的微波炉行业都是通过进口美国的微波炉零部件并组装为成品的这种方式生产的，并且微波炉零部件的进口免关税。

在自由贸易的情形下，美国产微波炉在中国的销售价格为 100 美元/台，那么中国的微波炉生产者必须将组装活动收取的价格控制在 20 美元/台以内，才能与进口微波炉相竞争。而当中国对进口微波炉征收 10% 的关税时，中国生产者可以对组装活动多收取 50% 的价格，也就是 30 美元/台。我们将具体情况列示在表 7-5 中。

表 7-5 有效保护率　　　　　　　　　　　　　美元/台

微波炉成本	美国	中国
零部件	80	80
装配活动（附加值）	20	30
名义关税	10	
国内价格	100	110
进口价格		110

那么 10% 的名义关税税率为中国的微波炉行业提供了多高的有效保护率呢？我们用下面的公式来计算有效关税税率：

$$e = \frac{n - ab}{1 - a}$$

式中：e 为有效关税税率；n 为最终产品的名义关税税率；a 为进口投入品成本占最终产品价值的比重；b 为进口投入品的名义关税税率。

那么，把微波炉例子中的数据代入公式，我们可以得到

$$e = \frac{0.1 - 0.8 \times 0}{1 - 0.8} = 0.5$$

In the formula：e represents the effective tariff rate；n denotes the nominal tariff rate of the final product；a represents the proportion of the cost of imported inputs to the value of the final product；b represents the nominal tariff rate on imported inputs.

这说明，中国对美国产微波炉征收 10% 的进口关税，实际上为中国微波炉行业提供了 50% 的有效保护率。从消费者的角度来看，10% 的名义关税税率使他们购买微波炉的价格由 100 美元/台增加到 110 美元/台；从生产者的角度来看，10% 的名义关税税率为中国的微波炉行业提供了 50% 的有效保护率，相当于名义关税税率的 5 倍。

This shows that China's 10% import tariff on US-made microwave ovens actually provides a 50% effective protection rate for China's microwave oven industry.

关于有效关税税率的计算，有三个问题值得我们注意：一是国内生产活动的附加值占最终产品价值的比重越低，也就是 $1-a$ 的值越小，关税的有效保护率越大。二是对国内生产活动过程中使用的进口原材料或者中间投入品征收的关税越高，也就是 b 的值越大，关税的有效保护率越小。三是有效关税税率的值有可能出现负数的情况，这是由公式中各项的数值决定的。

Firstly，the lower the proportion of the added value of domestic production activities to the final product value，the more effective protection the tariffs offered. Secondly，the higher the tariff levied on imported raw materials or intermediate inputs used in domestic production activities，the less effective protection the tariffs offered. Thirdly，the value of the effective tariff rate may be negative，which is determined by the value of each item in the formula.

总的来看，当一国对原材料或者中间投入品的进口征收低的关税，而对最终产品的进口又征收高关税时，该国的生产者就会获得很高的有效保护率，也就是说，此时的名义关税税率低于有效关税税率。但是如果一国对原材料或者中间投入品征收高关税而对最终产品征收低关税，名义关税税率会高于有效关税税率。这种情况多出现于政府对国内的原材料或者中间投入品供应商进行保护的情形。例如，虽然美国关税提高涵盖了最终产品和中间投入品，但后者受到的影响尤其大。在贸易中，中间产品的关税明显低于最终产品的关税。然而，特朗普发动贸易战逆转了这个结果，导致对中间产品征收更高的关税。鉴于全球价值链在世界经济中的重要作用，对中间产品征收高关税可能具有极大破坏性，它们提高了国内生产投入成本，影响到包括非贸易商品和出口商品在内的许多行业。[①] 因此，美国提高关税后的名义关税税率会高于有效关税税率。

---

① GOPINATH G，HELPMAN E，ROGOFF K. Handbook of international economics：Volume 5[M]. Amsterdam：North-Holland，2022.

When a country imposes low tariffs on importing raw materials or intermediate inputs and high tariffs on the import of final products, the producers of that country will obtain a high effective protection rate. However, if a country imposes high tariffs on raw materials or intermediate inputs and low tariffs on final products, the nominal tariff rate will be higher than the effective tariff rate. For example, although the rise in U.S. tariffs covered final goods and intermediate inputs, the latter were particularly affected. Up to the tariff war tariffs on intermediates were significantly lower than tariffs on final goods. Nevertheless, the Trump tariffs reversed this ranking, leading to higher tariffs on intermediates. In view of the importance of global value chains in the world economy, discussed in detail in the next chapter, high tariffs on intermediates can be especially disruptive. They raise domestic costs of inputs that impact many sectors, including non-traded goods and exports. Therefore, the nominal tariff rate after the U.S. raises tariffs will be higher than the effective tariff rate.

案例 7-3　RCEP 减免了多少关税?

RCEP(Regional Comprehensive Economic Partnership,区域全面经济伙伴关系协定)的各缔约国都作出了关税减免的承诺,从总体区域来看,RCEP 关税减免更多体现在中韩、中日之间。而且 RCEP 不仅涵盖关税减免,还包括服务贸易、投资、贸易便利化、知识产权、电子商务、竞争政策、政府采购等大量规则内容,战略意义深远。

对于韩国来说,RCEP 的承诺关税税率将在生效约 5 年后开始低于目前的有效关税税率。中韩已经签有自贸协定,生效前中国对韩国以及韩国对中国的有效关税税率分别为 4.1%、9.3%,而根据 RCEP 承诺,中国对韩国以及韩国对中国的关税税率将分别在 6 年、4 年后开始低于有效关税税率。RCEP 生效 5 年后,中国对韩国关税减免较多的 HS 2 位商品包括 HS11 制粉产品(3.1pct)、HS43 毛皮制品(1.4pct)、HS02 肉及杂碎(1.0pct);RCEP 生效 1 年后韩国对中国关税减免较多的 HS 2 位商品包括 HS19 糕点(24.4pct)、HS11 制粉产品(14.2pct)、HS07 蔬菜(12.4pct)。

对于日本来说,RCEP 承诺关税税率将迅速低于生效前的有效关税税率。中日之间此前还没有自贸协定,生效前中国对日本以及日本对中国的有效关税税率分别为 7.5%、4.7%,而根据 RCEP 承诺,中国对日本以及日本对中国的关税税率在 RCEP 生效 2 年、1 年后分别为 7.4%、3.3%,开始低于目前的有效关税税率。RCEP 生效 1 年后,中国对日本关税减免较多的 HS 2 位商品包括 HS78 铅及其制品(3.6pct)、HS28 无机化学品(3.3pct)、HS86 火车电车(3.2pct);RCEP 生效 1 年后日本对中国关税减免较多的 HS 2 位商品包括 HS64 鞋靴(23.9pct)、HS11 制粉产品(18.5pct)、HS07 蔬菜(9.2pct)。

对于东盟十国、澳大利亚、新西兰来说,因为税率已经很低,整体上承诺关税税率并不低于生效前的有效关税税率。中国已经与东盟十国、澳大利亚、新西兰分别有了自贸协定,双边关税已经大幅削减,甚至澳大利亚和新西兰在 RCEP 生效前已经对所有中国进口商品实行零关税。因此,无论是中国对这三者还是这三者对中国的承诺关税税率,整体上都并不低于 RCEP 生效前实际执行的有效关税税率。例如,2019 年中国对澳大利亚的有效关税税率（HS 6 位算术平均值，下同）为 0.7%，而 RCEP 生效 21 年后，中国对澳大利亚的承诺关税税率均值为 0.9%。

即便如此，原产地规则方面的不同仍然可能使企业在对以上三者出口部分产品时关税税率降低。RCEP 作为一个涵盖东盟十国、澳大利亚、新西兰、日本、韩国、中国的自贸协定，在一定程度上能够减轻"意大利面条碗效应"的负面影响。例如，产品 A 是一种依赖于全球产业链的商品，澳大利亚、东盟、中国的价值成分占比各为 15%，中国企业 B 在向东盟出口产品 A 时，中国-东盟自贸协定下的区域价值成分为 30%，未达到 40% 的要求，因此无法适用 2% 的协定税率，只能适用 10% 的最惠国税率。而在 RCEP 生效后，由于新加入澳大利亚，区域价值成分为 45%，超过了 40% 的要求，因此能够适用 8% 的承诺税率。

RCEP 拓展了原有"10+1"自贸协定的规则涵盖领域，既对标国际高水平自贸规则，纳入知识产权、电子商务、竞争、政府采购等议题，又在中小企业、经济技术合作等领域作出加强合作等规定。其战略意义深远，而不仅仅止于关税减免。

资料来源：中金公司. RCEP 减免了多少关税？[EB/OL]. [2020-11-21]. https://research.cicc.com/frontend/recommend/detail? id=1618.

7.4.2 全球价值链背景下的关税有效保护率（Effective Tariff Rate in the Context of Global Value Chains）

本节阐述了关税结构的相关内容，其中，讨论传统有效保护率对上游产品的关税造成的生产成本时，仅考虑了最后生产环节投入的中间品关税成本，而忽略了更上游生产环节的关税成本，这就造成了传统有效保护率对上游关税成本的低估、对最终品实际保护力度的高估。

This section describes the relevant contents of the tariff structure. When discussing the production cost caused by the tariff of upstream products by the traditional effective protection rate, only the tariff cost of intermediate products input in the final production link is considered, and the tariff cost of more upstream production links is ignored. This leads to the underestimation of the upstream tariff cost by the traditional effective protection rate and the overestimation of the actual protection strength of the final products.

在国与国之间主要以最终产品为贸易对象的时期，原始关税有效保护率的测算公式在衡量一国关税水平对其国内行业的保护程度上起到了重要的作用。但随着中间品贸易的增加，原有方法的缺陷逐步凸显。在全球价值链不断发展的背景下，一个产品的生产是由不同国家共同完成的，产品的各个生产环节分布在全球各国，由此催生大规模的中间品贸易。在这样的生产链上，各个国家对上游进口中间品征收关税，随后通过价值链传递至下游生产者进口中间品的价格，并继续沿价值链向下游传递，最终导致重复征收关税、关税成本逐层累积的局面，从而拉低全球价值链上各个国家的预期收益。这就使全球价值链下的关税有效保护率和传统的有效保护率有很大的差别。

In the context of the continuous development of global value chains, the production of a product is jointly completed by different countries, and each production link of the product is distributed in all countries around the world, which gives rise to large-scale intermediate goods trade. In such a production chain, the result is a situation in which tariffs are imposed repeatedly and tariff costs are accumulated layer by layer, dragging down expected returns for countries along the global value chain.

为此，一些学者陆续提出了改进的测算方法。2012 年，Diakantonia 等[①]提出利用完全消耗系数代替原始公式中的直接消耗系数；2017 年，Chen 等[②]在研究中利用中间投入矩阵对完全消耗系数矩阵进行标准化。但上述文献一方面在测算方法上未能取得统一，另一方面未能完全将美国、欧盟等世界主要经济体纳入分析范围，因此测算结果不能全面反映一国关税的实际有效保护程度。段玉婉等（2018）[③]考虑到贸易成本沿全球价值链的叠加效应，利用区分加工贸易和一般贸易的世界投入产出模型，提出新的测算关税有效保护率的方法。在段玉婉的研究基础上，宋旭光等（2019）[④]提出全球价值链视角下关税有效保护率的改进测度方法，考虑了在实际生产的过程中，中间品的关税成本对下游厂商的影响会随着生产链长度的增加而逐渐减小等问题。

Some scholars have put forward improved measurement methods.

案例 7-4　中间品贸易：全球价值链

中间产品贸易的大幅增长导致了价值链的全球化[见 Johnson 和 Noguera（2012）与 Antràs 和 Chor（2021）的文献]。就供应链而言，关税的影响可能更大，因为关税影响了出口商品的生产投入。

Handley 等（2020）与 Flaaen 和 Pierce（2019）利用 2018—2019 年美国进口关税上调数据，考虑供应链联系下贸易政策变化的影响。Handley 等（2020）发现，关税变化使 84% 的美国出口商受到影响，波及 65% 的制造业就业。此外，政策的影响使新岗位工人平均每人损失 900 美元。Flaaen 和 Pierce（2019）发现，受到关税上调影响的美国制造业获得的进口保护被投入成本上升和报复性关税带来的更大负面影响抵消。

进口关税并不是唯一能扰乱供应链的贸易政策工具。一些论文研究了其他贸易政策的影响，包括原产地规则（Conconi et al.，2018）和反倾销税（e.g.，Bown et al.，2021；Erbahar and Zi，2017）。特别是 Conconi 等（2018）指出，自由贸易协定中的原产地规则导致从第三国进口的中间产品相对于成员国大幅减少。Bowen 等（2021）提出一项反倾销税工具，以研究贸易政策对供应链的影响。该工具建立在美国政治家有动机使用贸易政策来支持摇摆州重要产业的理念上（e.g.，Conconi et al.，2017；Ma and McLaren，2018；

---

① DIAKANTONIA, ESCAITH H. Reassessing effective protection rates in a trade in tasks perspective: evolution of trade policy in factory Asia[R]. WTO Staff Working Papers, 2012.

② CHEN B, MA H, JACKS D S. Revisiting the effective rate of protection in the late stages of Chinese industrialisation[J]. The world economy, 2017, 40(2): 424-438.

③ 段玉婉,刘丹阳,倪红福.全球价值链视角下的关税有效保护率——兼评美国加征关税的影响[J].中国工业经济,2018(7): 62-79.

④ 宋旭光,张丽霞.美国加征关税对中美制造业的影响——基于改进的关税有效保护率测算方法[J].经济学家,2019(5): 47-58.

Muuls and Petropoulou,2013)。

在贸易政策对全球价值链的影响之外,Blanchard 等(2017)的研究提供了全球价值链如何塑造贸易政策的实证证据。结合双边进口保护和增加值含量的数据,他们估计了增加值含量对各国关税设置的影响。他们发现,于国外最终产品而言,较高的国内增加值导致较低的双边适用关税;于国内最终产品而言,较高的国外增加值导致较低的双边应用关税。Bown 等(2020)提供了额外的支持性证据,发现当国外产品的国内增加值增长更快时,反倾销税更有可能被取消。

资料来源:GOPINATH G,HELPMAN E,ROGOFF K. Handbook of international economics:Volume 5[M]. Amsterdam:North-Holland,2022:225-226.

7.4.3 关税升级(Tariff Escalation)

显然,我们不能直接根据名义关税税率的大小来判断它对国内生产者提供的实际保护程度。从一定程度来说,名义关税税率是具有欺骗性的。在许多工业化国家,都存在对原材料或者中间投入品征收较低关税,而对最终产品征收较高关税的情况,这种"瀑布式"的关税结构形成了一个很高的实际保护率,我们称之为关税升级(tariff escalation)。

In many industrialized countries, it is common to impose lower tariffs on raw materials or intermediate inputs and higher tariffs on final products. This "waterfall" tariff structure creates a very high rate of actual protection, which we call tariff escalation.

我们利用表 7-6 所示中国工业行业产品的关税结构进行说明:中国工业行业产品的关税结构特征是从上游到下游依次提高的,换句话说,工业产品的进口关税依次从原材料、中间品、资本品到消费品呈现上升的特征。其具体包括以下几点:①中国对石油、矿产品等工业生产所需但是供给相对不足或者质量欠佳的能源以及原材料的进口关税低。②对于一般的中间投入品,如化学制品、金属制品等的进口关税较高,因为国内可以生产并提供相应的替代投入品。③通用机械电子设备的进口关税水平依产品竞争力的差别存在不同。一方面,由于国内生产的电气设备质量较差,对下游行业的生产活动造成了消极影响,因此政府倾向于进口外国质量更好的产品进行替代,从而对电气设备的进口征收较低的关税;另一方面,作为新兴行业的电气设备,为了保护其免受外国进口商品的竞争,中国政府会为其提供较高的关税保护。④在资本品中,交通运输设备的关税壁垒是最高的。尽管在几次关税壁垒的削减过程中,交通技术设备的关税也得到了大幅减让,但是关税仍然在一个相对较高的水平。⑤对于纺织品、服装、皮革、家具等生活用品,中国可以大规模生产和供给,并且在国际市场上具有较强的比较价格优势,因此政府倾向对此类产品征收较高的关税,以达到约束进口的目的。对于奢侈消费品,国家更是采取了禁止性关税来保护国内的行业。

We use the tariff structure of China's industrial products in Table 7-6 to explain: the tariff structure of China's industrial products increases from the upstream to the downstream. In other words, the import tariff of industrial products increases from raw materials, intermediate goods, and capital goods to consumer goods.

表 7-6　中国部分工业品适用关税税率表　　%

产品	关税细目	普通关税	最惠国关税	备注
原材料	无烟煤、炼焦煤	20	3	
	天然橡胶(无论是否硫化)	40	20	
	石油原油	0	0	
	柴油	11	6	
	钛矿石及其精矿、铜矿石及其精矿	0	0	对美加征25%关税
	铝矿石及其精矿、锡矿石及其精矿	0	0	
中间品	氯	80	5	
	碘、钠	30	5	
	丙烯、乙烯	20	2	
	螺母	80	8	
	其他螺旋弹簧	50	8	
	铝合金	14	7	
资本品	输出功率>37.5瓦的交直流两用电动机	35	12	对美加征25%关税
	装有点燃式活塞发动机的发电机组(内燃的)	45	10	对美加征25%关税
	风力发电设备	30	8	对美加征25%关税
	互感器	50	5	对美加征25%关税
	逆变器	30	1.7	对美加征25%关税
	30座以上大型巴士	90	15	对美加征25%关税
	轿车	230	15	对美加征25%关税
	全地形车	150	15	对美加征25%关税
消费品	未梳的棉花[包括脱脂棉花(配额外)]	125	40	对美加征25%关税
	未梳的含脂剪羊毛(配额外)	50	38	对美加征25%关税
	整张生水貂皮(不论是否带头、尾或爪)	100	15	对美加征25%关税
	阿斯特拉罕等羔羊的整张生毛皮(还包括喀拉科尔、波斯、印度、中国或蒙古羔羊等)	90	20	
	弹簧床垫	100	10	对美加征25%关税
	柑橘类水果精油	80	20	对美加征25%关税

资料来源：WTO关税数据库和跨关网，根据HS2007(2020修订版)8位数编码下的关税数据整理所得，http://tao.wto.org/report/TariffLines.aspx；https://transcustoms.cn。

7.5　最优关税(Optimum Tariff)

7.5.1　最优关税的确定(Determination of Optimum Tariff)

以大国情形为背景，相对于自由贸易，进口关税的征收一方面会对贸易量起到限制作用,另一方面会提高产品的价格,从而改善贸易条件。那么,大国该如何实施关税壁垒才能将福利效应最大化?这就是我们分析最优关税的核心问题。

How can big countries implement tariff barriers to maximize the welfare effect?

存在这样一个关税,能够使一个国家因贸易条件改善的福利增加减去贸易量限制的福利损失的净福利效应达到最大值,我们称这种关税为最优关税。那么,最优关税的确定条件就是征收进口关税后的边际收益等于边际损失。我们通过图 7-8 进行详细说明。

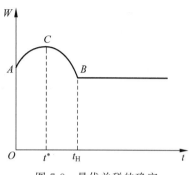

图 7-8 最优关税的确定

The condition for determining the optimal tariff is that the marginal revenue caused by the imposition of the import tariff is equal to the marginal cost.

图 7-8 中,横坐标 t 表示进口关税税率,纵坐标 W 表示福利水平,曲线 AB 表示不同关税税率下的福利水平。自由贸易时,不征收关税,即 $t=0$,对应的福利水平用点 A 表示。封闭状态下,不存在进口行为,相当于征收禁止性关税,即 $t=t_H$,此时对应的福利水平由点 B 表示,且相对于自由贸易状态的福利水平更低。在曲线 AB 上的点 C 对应的福利水平最高,此时的关税税率为 t^*,且 $0<t^*<t_H$,为最优关税。

In Figure 7-8, in free trade, no tariff is levied, that is, $t=0$. In the closed state, there is no import behavior, which is equivalent to the imposition of prohibitive tariffs, and the welfare level is lower than that in the free trade state. The welfare level corresponding to the point C on the curve AB is the highest, and the tariff rate at this time is t^*, and $0<t^*<t_H$, which is the optimum tariff.

最优关税既不会是零关税,也不会是禁止性关税。因为在零关税水平下,进口国虽然不会遭受征收关税带来的贸易量限制的福利损失,但是也不能获得由贸易条件改善带来的福利效应;在禁止性关税水平下,进口国不参与贸易活动,也就无法获得任何贸易福利。因此,最优关税是介于零关税和禁止性关税水平之间的关税。

The optimum tariff is neither zero tariff nor prohibitive tariff.

7.5.2 最优关税利益的来源(Source of Optimum Tariff Benefit)

关于关税的利益来源问题,詹姆斯·布兰德(J. Brander)和巴巴拉·斯潘塞(B. Spencer)这样认为:在古诺双头垄断市场的背景下,假设出口商垄断了进口国市场,如果进口国征收关税,出口商就会被迫放弃一部分垄断利润。那么这部分垄断利润去向何处?答案是被进口国获取。换句话说,进口国通过征收关税获得的利润来源于出口商的垄断租金。[1]

---

[1] BRANDER J A, SPENCER B J. Tariffs and the extraction of foreign monopoly rents under potential entry[J]. Canadian journal of economics,1981,14(3):371-389.

The profit gained by the importing country through tariff collection comes from the monopoly rent of the exporter.

同样,我们认为最优关税的利润源自出口商的垄断租金,并利用图 7-9 进行说明。首先,假设对于进口国来说,仅存在唯一一个出口商垄断供应某种产品。图 7-9 中,曲线 D 表示进口国对该种产品的需求,曲线 MR 表示进口国的边际收益。其次,我们还假设出口商面临的平均成本是一个固定常数,并且与边际成本相等,在图 7-9 中我们用水平线 MC 表示。

We argue that the profits of optimal tariffs originate from the monopoly rents of exporters.

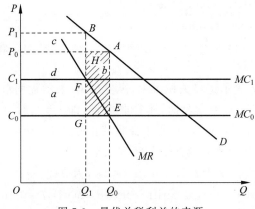

图 7-9 最优关税利益的来源

在自由贸易的情形下,也就是进口国不征收关税时,出口商的生产成本为 C_0。那么,出口商可以基于利润最大化的准则,来决定对进口国的出口量和出口价格,具体体现在图 7-9 中,就是边际收益曲线 MR 与边际成本曲线 MC_0 的交点 E 决定了出口商的出口量 Q_0,需求曲线 D 决定了在出口量 Q_0 处对应的价格 P_0。由此,我们可以得到出口商在自由贸易中获得的垄断利润,即为面积 P_0AEC_0,也就是面积 $a+b+d$ 部分,即 $P_0P_1<C_0C_1$。

We can obtain the monopoly profit which is obtained by exporters in free trade, namely area P_0AEC_0, also known as area $a+b+d$, namely $P_0P_1<C_0C_1$.

在进口国实施关税壁垒的情形下,也就是进口国征收关税时,出口商的成本由 C_0 上升为 C_1,增加了关税部分。那么,进口商会重新确定对进口国的出口量和出口价格,体现在图 7-9 中,出口商会以更高的出口价格 P_1 出口更少量的产品 Q。因为需求曲线比边际收益曲线更平坦,所以征收关税带来的出口价格的变化幅度相比成本的变化幅度更小。

Because the demand curve is flatter than the marginal revenue curve, the change in export prices due to tariff is smaller than the change in cost.

从进口国的角度来看,一方面,关税的征收导致了进口国市场上的价格上涨和消费量下降,显然这损害了消费者的福利,损失的消费者剩余用图中的面积 P_1BAP_0 表示。另一方面,政府实行关税壁垒可以给政府带来税收收入,这由图中的面积 C_1FGC_0,即面积

a 部分表示。因此，关税的征收最终带来的净福利效应由面积 P_1BAP_0 与 C_1FGC_0 的相对大小关系所决定。由于 $P_0P_1 < C_0C_1$，所以 $P_1BHP_0 < C_1FGC_0$。那么如果进口国对该进口商品的需求弹性较大（需求曲线比较平坦），BAH 部分的面积就很小，此时关税的征收最终会给进口国带来一个正的净福利效应。在这种情况下，最优关税会给进口国带来最大化的福利效应。

From the perspective of the importer, on the one hand, the imposition of tariffs leads to an increase in prices and a decrease in consumption in the importing country's market, which obviously damages the welfare of consumers, and the lost consumer surplus is represented by the area P_1BAP_0 in the figure. On the other hand, the government's implementation of tariff barriers can bring tax revenue to the government, which is represented by the area C_1FGC_0 in the figure, namely the area a.

从出口商的角度来看，征收关税使出口商的成本上升、出口量减少，最终导致出口商损失部分利润，用图 7-9 中的面积 $(C_1FGC_0 + HAEG) - P_1BHP_0$，即 $a+b-c$ 部分的面积表示，这部分损失的利润也就是进口国实施关税壁垒而抽取的出口商的垄断租金。

From the perspective of the exporter, the imposition of tariffs will increase the cost of exporters, reduce the export volume, and eventually lead to the loss of part of their profits, which is represented by the area in the figure $(C_1FGC_0 + HAEG) - P_1BHP_0$, namely the area of $a+b-c$, which is also the monopoly rents extracted by exporters by importing countries adopting tariff barriers.

请同学们思考：根据关税利益来源的分析，在全球价值链这一新的国际分工方式下，一国应该如何制定最优关税？

Based on the analysis of the above knowledge points, how should a country formulate the optimal tariff under the new international division of labor, the global value chain?

重要术语（Key Terms）

从量关税（specific tariff）

从价关税（ad valorem tariff）

混合关税（compound tariff）

小国关税（small country tariff）

大国关税（large country tariff）

名义关税税率（nominal tariff rate）

有效关税税率（effective tariff rate）

关税升级（tariff escalation）

零关税（zero tariff）

禁止性关税（prohibitive tariff）

最优关税（optimum tariff）

本章小结

1. 关税是历史上最重要的一类贸易壁垒,主要包括从量关税、从价关税、混合关税和选择关税。

2. 关税的局部均衡分析:小国情形下,关税的征收会带来消费者福利损失,生产者一方面会因为产品价格上涨获得消费者剩余的部分转移,另一方面会因为边际成本的提高而遭受生产损失。总的来看,小国征收关税会造成无谓损失。大国情形下,本国的消费者剩余受损,生产者剩余获益,政府获得关税收入;本国可能从征收关税中获益,也可能受损,并且本国的获益是以外国的损失为代价的。总的来看,世界福利存在无谓净损失。

3. 关税的一般均衡分析:小国征收关税时,相比自由贸易,本国对产品的生产减少,由于价格上升,消费量降低,消费者福利受损。当关税接近禁止性关税水平时,本国的生产与消费将回到自给自足的状态。大国征收关税导致贸易量减少,但会改善贸易条件。贸易量的减少使其国家福利减少,但贸易条件的改善却使国家福利增加,国家福利的增减实际上取决于这两种相反作用的净效应。

4. 一国公布在关税表中的税率为名义关税税率,进口关税提供的实际保护程度为有效关税税率。

5. 最优关税是使一国贸易福利最大的关税,介于零关税和禁止性关税之间,其利润源自出口商的垄断租金。

Summary

1. Tariffs are the most important type of trade barriers in history, mainly including specific tariffs, ad valorem tariffs, compound tariffs and alternative tariffs.

2. Partial equilibrium analysis of tariffs: in the case of a small country, the imposition of tariffs will bring about the loss of consumer welfare. On the one hand, producers will gain part of the transfer of consumer surplus due to the increase in product prices, and on the other hand, they will suffer from production loss due to the increase in marginal cost. In general, the imposition of tariffs by small countries will cause deadweight losses. In the case of a large country, the consumer surplus of the home country is damaged, the producer surplus is benefited, and the government receives tariff revenue; the home country may benefit from the imposition of tariffs, or it may suffer losses, and the home country gains at the expense of foreign countries. Overall, there is a net deadweight loss in world welfare.

3. General equilibrium analysis of tariffs: when a small country imposes tariffs, compared with free trade, its own production of products decreases. Due to rising prices, consumption decreases, and consumer welfare suffers. When the tariff approaches the prohibitive tariff level, domestic production and consumption will return to a state of self-sufficiency. Tariffs imposed by major powers reduce trade volumes but improve terms of trade. The reduction of trade volume reduces the state welfare, but the

improvement of the terms of trade increases the state welfare. The increase or decrease of the state welfare actually depends on the net effect of these two opposing effects.

4. The tariff rate published by a country in the tariff table is the nominal tariff rate, and the actual degree of protection provided by the import tariff is the effective tariff rate.

5. The optimal tariff is the tariff that maximizes a country's trade benefits, between zero tariffs and prohibitive tariffs, and its profits come from exporters' monopoly rents.

延伸阅读（Further Readings）

碳税（carbon tax）与碳关税（carbon tariffs）是当今时代世界各国通过税收调节机制解决大气污染负外部性问题的两大政策工具。碳税是指主权国家或地区针对本国/本地区企业征收的碳排放税；碳关税则是指主权国家或地区在进口高碳产品时，向未采取碳减排措施的产品出口国征收的碳排放税。由于缺乏应用实践，这一概念尚未出现在任何国家法律或国际条约中。此前欧洲议会经常称之为碳边境调节税（border carbon adjustments，BCAs）。2019 年，《欧洲绿色协议》首次将其明确定义为碳边境调节机制（carbon border adjustment mechanism，CBAM），也就是俗称的碳关税。2022 年 3 月 15 日，欧盟碳关税在欧盟理事会获得通过。作为世界上首个以碳关税形式应对气候变化的提案，这将对全球贸易及各国经济产生深远影响。

碳边境调节机制自被提出以来就面临很大争议。许多专家学者认为，单边的碳边境调节税可能扭曲国际贸易，给发展中国家特别是依赖高碳产品出口的低收入国家造成过度负担，拖累这些国家低碳转型的进程。

尝试和你的学习小组的同学一起完成以下任务。

1. 了解碳关税的发展历程与动态，试辨析碳关税与标准意义上关税的不同。
2. 分析一国实施碳关税后的局部均衡和一般均衡。
3. 作为世界第一大货物贸易国，如果主要进口国征收碳关税，将对我国工业发展和对外贸易产生哪些影响？我国应该如何面对碳关税带来的冲击？

即测即练

Chapter 8

非关税壁垒
Non-Tariff Barriers

学习目标
- 了解非关税壁垒的特点。
- 熟悉非关税壁垒的种类。
- 掌握代表性非关税壁垒的福利效应分析方法。
- 认识非关税壁垒对国际贸易的影响。

Learning Target
- Understand the characteristics of non-tariff barriers.
- Recognize the types of non-tariff barriers.
- Master the welfare effect analysis method of representative non-tariff barriers.
- Recognize the effect of non-tariff barriers on world trade.

在国际贸易中,关税并不是唯一限制贸易的手段。一些非关税措施不仅能够限制国外商品进口、开展贸易保护措施,还能绕过烦琐的法律程序快速变更,产生的负面影响有时甚至比关税更为严重。非关税壁垒是指关税以外的一切限制进口的各种措施,主要包括政策法规、原产地规则、进口配额等,它经常和关税壁垒一起充当政府干预贸易的政策工具。

Non-tariff barriers mean all kinds of measures to restrict imports without using tariffs, which sometimes have a greater impact on international trade than tariffs.

20世纪60年代以来,在关税及贸易总协定的推动下,关税总体水平大幅度下降,因而关税作为贸易保护措施的作用逐渐变弱,这也使非关税措施的运用日益广泛。到20世纪70年代中期,非关税措施已成为贸易保护的主要手段,并由此形成了新贸易保护主义[①]。1973年,关税及贸易总协定第七轮"东京回合"谈判首次将谈判矛头指向非关税壁垒,提出各国(地区)应减少并消除非关税壁垒对贸易的限制与负面影响,并置此类壁垒于更有效的多边规则框架之内。然而,这些条款和协议往往是有保留的,且WTO也不可能对每一种非关税壁垒都具体作出明确规定,有时难以适应非关税壁垒花样繁多、层出不穷

---

① 新贸易保护主义又被称为"超贸易保护主义"或"新重商主义",兴起于20世纪80年代初,以绿色壁垒、技术壁垒、反倾销和知识产权保护等非关税壁垒措施为主要表现形式。

的演进过程。2008年11月以来,在各国政府实施的30 000余项贸易保护政策中,非关税措施占比超过90%[①],因此,非关税壁垒越来越趋向采用处于WTO法律原则和规定的边缘或之外的歧视性措施,从而成为"灰色区域措施"。

Non-tariff barriers increasingly tend to adopt discriminatory measures on the edge of or outside the legalprinciples and provisions of the WTO, thus becoming "gray regional measures".

非关税壁垒是当今多边贸易体制关注的焦点,对国际贸易格局有深远的影响,日益成为各国限制进口、保护国内市场最重要的手段之一。针对非关税壁垒的学习,为我们认识国际贸易发展方向提供了重要的视角。本章安排如下:8.1节介绍非关税壁垒的特点;8.2节详细探讨非关税壁垒的种类;8.3节分析非关税壁垒的福利效应和影响,并与关税壁垒效应进行了比较。

Non-tariff barriers are the focus of attention in the current multilateral trading system and have a far-reaching impact on the international trade pattern. They have increasingly become one of the most important measures for countries to restrict imports and protect domestic markets.

8.1 非关税壁垒的特点(Characteristics of Non-Tariff Barriers)

非关税壁垒与关税壁垒都有限制进口的作用,但非关税壁垒还具有一些关税壁垒无可比拟的特性。其主要特点如下。

8.1.1 灵活性和针对性(Flexible and Well-Targeted)

一般而言,各国关税税率制定、调整或更改往往需要通过较为烦琐的法律程序和手续,并要求一定的连续性,因此调整或更改税率的随意性有限,在需要紧急限制进口时难以适应。此外,关税税率的调整,还受到最惠国待遇条款的约束,不便在税率上做灵活性的调整。与关税不同的是,非关税壁垒措施的制定手续比较迅速,通常采用行政程序简便,能随时针对某国的某种商品采取或更换相应的限制进口措施,进而较快地达到限制进口的目的。

Tariff adjustment is restricted by many aspects, but non-tariff barriers can be changed quickly and flexibly.

案例8-1 欧盟检出中国茶叶"新型污染物"

2016年初,有关欧盟检出中国输欧茶叶中出现新型污染物的事件持续发酵,再次刺激中国食品安全与环境污染的敏感神经。同时,欧盟正在酝酿一项针对来自中国茶叶的强制性标准,即规定茶叶中高氯酸盐的含量低于750微克/千克。据称,这已经是一个相

---

① 数据来源:https://www.globaltradealert.org/global_dynamics。感兴趣的同学可进一步登录网站查询具体信息。

对"宽松"的标准要求,欧洲食品安全局(EFSA)的评估报告的建议是550～580微克/千克。从EFSA的报告来看,这一"新型污染物"很可怕,但细细分析之后,欧盟的这一做法却可能另有原因。

事实上,高氯酸盐并不是茶树种植和茶叶加工过程中的"非法添加",因为它对茶叶的生产与品质毫无意义。目前各界也并不清楚茶叶中的高氯酸盐从何而来。环境中的高氯酸盐大部分来源于人类的活动,如水的消毒副产物、工业生产,以及火箭燃料、爆竹、军火等,只有很小一部分来自自然因素,如闪电和臭氧等。高氯酸盐对人体健康的影响主要是抑制甲状腺对碘的吸收,进而扰乱新陈代谢。不过,与其他污染物一样,它对健康的影响取决于剂量。

2005年,有研究者在全美国检测牛奶和母乳中的高氯酸盐含量,并将结果发表在《环境科学与技术》杂志上。其检测结果显示,在这83份样品中,有82份检测到高氯酸盐。其中,牛奶中的平均值是2微克/升,而母乳为10.5微克/升,需要特别注意的是,含量最高的母乳样品其检测结果高达92微克/升。通常情况下,人们用10克茶叶会泡出超过1升的茶水。如此算来,茶水中的高氯酸盐含量,并不比母乳高。

2011年,世界卫生组织(WHO)和联合国粮食及农业组织联合发布了高氯酸盐的风险评估结果,并制定了其"安全摄入量",即每天每千克体重不超过10微克。对于一个体重60千克的人,相当于每天摄入600微克。按照欧盟考虑的限量标准,假设一个人每天用10克茶叶,那么高氯酸盐的摄入量也不会超过10微克——这只相当于"安全摄入量"的几十分之一。

根据上述评估结果,人们从茶叶中摄入的高氯酸盐不会"超标",也不会带来健康风险。高氯酸盐的确是一种污染物,希望它的摄入量尽可能地低本无可厚非。但是,考虑到它在茶叶中的含量、茶叶的日常消费量以及"安全剂量",设定一限量标准并没有食品安全上的必要性。欧盟的举动,更像是为了贸易需要而设置的一个壁垒。

资料来源:欧盟检出中国茶叶"新型污染物"? 其实其含量低于母乳! [EB/OL]. (2016-02-06). http://gpj.mofcom.gov.cn/article/zuixindt/201602/20160201251728.shtml.

8.1.2 有效性(Effective)

关税的实施旨在提高进口商品的成本和价格,削弱其竞争能力,间接地达到限制进口的目的。如果出口国采用出口贴补、商品倾销等办法降低出口商品成本和价格,关税往往较难起到限制商品进口的作用。但一些非关税壁垒对进口的限制是绝对的,如用进口配额来预先规定进口的数量和金额,超过限额就禁止进口,出口商无论如何都无法绕过这种壁垒。这种方法在限制进口方面更直接、更严厉,因而也更有效。

Compared with tariffs, non-tariff barriers are more effective in restricting imports.

8.1.3 隐蔽性和歧视性(Concealing and Discriminatory)

通常情况下,关税税率确定后,往往以法律形式公之于众,毫无隐蔽性可言,但一些非关税壁垒措施往往不公开。它们既能以正常的海关检验要求的名义出现,又可借助进口国的有关行政规定和法令条例,规定极为烦琐复杂的标准和手续,使出口商难以适应。就技术标准而论,一些国家对某些商品的质量、规格、性能和安全等规定了极为严格、烦琐与特殊的标准,检验手续烦琐复杂,而且经常变化,使外国商品难以对付和适应,因而往往由于某一个规定不符,不能进入对方的市场销售。这样,人们就难以清楚地辨别和理由充足地反对这类行政性措施,从而提升了反对贸易保护主义的艰巨性和复杂性。进一步地,一些国家经常针对某个国家实施某种限制性的非关税壁垒措施,结果大大加强了非关税壁垒的差别性和歧视性。例如,日本厚生劳动省于 2006 年 12 月 25 日发出第 1225001 号通知宣布,对 2007 年进口食品监控检查计划进行修改,在检查中追加对水产品残留农药的检查[①],这种苛刻的检查标准严重阻碍了外国商品进入日本市场。

Some non-tariff barrier measures are often not made public. They can appear not only in the name of normal customs inspection requirements but also using the relevant administrative rules and decrees of the importing country, which prescribe extremely complicated standards and procedures, making it difficult for exporters to adapt.

案例 8-2　欧盟开征"碳进口税"

欧盟碳边境调节机制(CBAM),亦称欧盟碳关税,是一种将贸易往来结合到气候目标的政策工具。2023 年 4 月 18 日,欧洲议会议员投票通过了新的欧盟碳边境调节机制的规则,将 2023 年至 2025 年设定为过渡期,在此阶段,对欧盟出口商仅承担申报责任,无须缴纳碳关税;自 2026 年 1 月 1 日起,欧盟碳边境调节机制覆盖的商品进口商需要履行申报及纳税责任,届时中国对欧盟出口成本也将增加。

作为全球首个对进口商品的碳含量征税的立法,该法规首先涵盖钢铁、铝、水泥、化肥、电力和氢气的进口。根据规定,这些产品的进口商必须支付生产国支付的碳价格与欧盟交易体系中碳配额价格的差价。虽然欧盟该法规被称为"碳边境调节机制",避免了使用"关税"一词,但它本质上就是变相的贸易壁垒。该法规将对国际贸易产生重要影响,尤其是对那些没有碳排放定价的国家。因此,厘清碳关税的计算逻辑及影响因素显得意义重大,有助于 CBAM 覆盖范围内的中国出口行业正确应对、及时规避出口风险。

资料来源:欧盟碳边境调节机制("CBAM")欧盟碳关税是一种将贸易往来结合到气候目标的政策工具[EB/OL].(2023-04-19). http://www.lianmenhu.com/blockchain-33262-1.

8.1.4　边境后壁垒特性(Behind-Border Barriers Characteristics)

随着传统贸易壁垒的逐步削减,国际贸易壁垒的讨论重点已经逐渐从关税、配额等边境壁垒转到边境后壁垒(Behind-border barriers)(即国内政策的差异造成对贸易的障碍)上。这种转变主要来自国际环境的三大变化:第一,在全球价值链这一新型国际分工方式下,世界经济全球化进一步深化;第二,随着传统贸易壁垒受到限制和约束,关税、许可证和配额等的使用不仅会受到国际公约制约和国际舆论的谴责,而且也易遭到对等报复;第三,公众对健康和环境等问题的关注。传统的贸易壁垒主要是从商品数量和价格实行限制,更多地体现在商品与商业利益上,所采取的措施大多是边境措施。边境后壁垒往往

---

① 资料来源:食品资讯网, http://news.foodmate.net/2007/01/56088.html。

涉及国内法规及政策,没有为反对者提供明显的口舌,也更加冠冕堂皇。

With the gradual reduction of traditional trade barriers, the discussion focus on international trade barriers has gradually shifted from On-border barriers such as tariffs and quotas to behind-border barriers (i. e., barriers to trade caused by differences in domestic policies).

正由于这些特点,非关税壁垒取代关税壁垒成为贸易保护主义的主要手段,有其客观必然性。

8.2 非关税壁垒的种类(Types of Non-Tariff Barriers)

非关税壁垒名目繁多,传统研究将非关税壁垒分为直接和间接两类。直接非关税壁垒是指进口国政府对某些商品进口数量或品种施以直接限制,或迫使出口国按规定的出口数量或金额限制出口,如进口许可证(import licensing)、进口配额、"自动"出口限制等。使用间接非关税壁垒的进口国往往不直接限制进口数量,转而规定严格的进口条件,间接地起到限制进口数量的作用,如进口最低限价、进口押金制、外汇管制、海关估价制、进口押金、苛刻的卫生安全技术标准以及烦琐的通关手续等。非关税壁垒的各种措施还可以结合使用,对一种进口商品使用几种非关税壁垒措施,以强化其保护作用。

A direct non-tariff barrier means the direct restrictions on the import quantity or varieties of certain commodities or forces the exporting country to restrict the export. By contrast, indirect non-tariff barriers often do not directly limit the import quantity but instead set strict import conditions, indirectly serving the purpose of limiting the import quantity.

时至今日,随着国际贸易的复杂度不断提升,非关税壁垒也呈现"蓬勃"发展的态势,传统分类已不足以概括非关税壁垒的发展特点。WTO 认为,非关税壁垒主要有五大类:进口许可证、海关货物估价规则(rules for the valuation of goods at customs)、装运前检验(preshipment inspection)、原产地规则以及投资措施。① 进一步地,联合国贸易和发展会议(UNCTAD)于 2019 年公布了非关税措施分类。② 该分类将非关税措施分为三大类③,其既包括技术性措施(如卫生或环境保护措施等)与传统上作为商业政策工具的其他措施(如进口配额、价格管制等),还包括日益膨胀的边境后壁垒,如限制性的政府采购、与竞争以及贸易相关的投资规定等。然而,数字经济时代,数字贸易已成为国际贸易创新发展的新动力,对全球价值链产生深远影响,相应地,也产生诸多不同于传统关税壁垒与非关税壁垒的数字贸易壁垒。现有研究表明,从 2014 年开始,G20(二十国集团)国家内有超过 80%的数字贸易政策变动是朝更加严格的方向发展。④ 因此,在 UNCTAD 分类

---

① 参见 https://www.wto.org/english/thewto_e/whatis_e/tif_e/agrm9_e.htm#rules。
② 值得注意的是,尽管在实践中,"非关税壁垒"与"非关税措施"经常可以互换使用,但在概念上二者并不相同,一些非关税措施实际上不构成壁垒。
③ 详细文件参见 https://unctad.org/webflyer/international-classification-non-tariff-measures-2019-version。
④ 详见 https://sim.oecd.org/Default.ashx?lang=En&ds=DGSTRI。

基础之上,本节还引入不断兴起的数字贸易非关税壁垒,以期对非关税壁垒的整体情况进行较为全面的概述。① 表 8-1 给出了本书对非关税壁垒的具体分类信息。

Based on the UNCTAD classification, this book combines the actual functional areas of non-tariff barriers and divides them into technical barriers, traditional commercial policy barriers, and behind-border barriers. In addition, considering the increasingly important position of digital trade in international trade, this paper also creatively introduces digital trade non-tariff barriers.

The details are shown in Table 8-1.

表 8-1 非关税壁垒分类

大 类 名 称	小 类 名 称
技术性壁垒	动植物卫生检疫措施
	技术性贸易壁垒
	装运前检查和其他手续
传统商业政策壁垒	或有贸易保护措施
	非自动进口许可证、进口配额、禁令、数量管制措施和其他限制(不包括卫生与植物检疫措施,或是与贸易技术壁垒有关的措施)
	价格管制措施(包括附加税费等)
	金融措施
	知识产权
	原产地规则
边境后壁垒	影响市场竞争的相关措施
	贸易相关的投资措施
	分销限制
	售后服务限制
	限制性政府采购
数字贸易非关税壁垒	市场准入限制
	数据流通限制
	数据知识产权保护

资料来源:International classification of non-tariff measures:2019 version [EB/OL]. [2022-09-04]. https://unctad.org/system/files/official-document/ditctab2019d5_en.pdf.

8.2.1 技术性壁垒(Technical Barriers)

1. 动植物卫生检疫措施(Sanitary and Phytosanitary Measures)

原则上,动植物卫生检疫措施(sanitary and phytosanitary measures,SPS)的目的是保护人类和动植物的生命健康免受因病虫害引入和传播而产生的风险,以及来自食品和饲料的添加剂、毒素和污染物造成的风险。国际贸易活动中,所有世界贸易组织成员都有

---

① 尽管 UNCTAD 给出的分类中尚未囊括数字贸易非关税壁垒,但其仍然是相关领域内较为权威的分类指南,感兴趣的同学可以自行阅读其公开的原文文档 https://unctad.org/webflyer/international-classification-non-tariff-measures-2019-version。

权在《实施动植物卫生检疫措施协定》(Agreement on the Application of Sanitary and Phytosanitary Measures, the SPS Agreement)①的制约下实施动植物卫生检疫措施。值得注意的是,该协定还规定各成员应尽量减小相关措施对国际贸易产生的负面影响,尤其是不能构成对他国(地区)贸易的变相限制。

In principle, the purpose of sanitary and phytosanitary measures (SPS) is to protect the life and health of human beings, animals, and plants from the risks caused by the introduction and spread of pests and diseases, as well as the risks caused by additives, toxins, and pollutants in food and feed.

然而在实际使用时,许多政府会夸大本国(地区)对健康和消费者安全的需求,制定不符合实际情况的卫生标准,进而利用 SPS 保护国(地区)内生产免于国际公平竞争,尤其是针对农产品进口。例如,日本对不符合进口国标准的进口农产品施行禁运,甚至对来自不同国家(地区)的同种进口商品制定不同的卫生检疫标准②,造成了日本较高的农产品价格。将该措施作为贸易保护的工具,不仅严重阻碍了贸易正常发展,也会因为限制商品的可及性而有损消费者选择商品的福利。中国海关总署的全国范围调查数据显示,中国受到 SPS 影响的出口企业占比高达 60.92%。③

However, many governments will exaggerate their own needs for health and consumer safety, formulate health standards that do not conform to the actual situation, and then use SPS to protect domestic production from international fair competition, especially for agricultural product imports.

案例 8-3　美国与欧盟的牛肉争端

美国和欧盟就欧盟禁止激素处理肉类的决定进行了长期激烈的贸易争端。作为回应,美国曾对一些从欧盟进口的食品征收 100% 的从价税。尽管世界贸易组织正进行一系列争端解决程序和裁决,但美国和欧盟在一系列法律和程序问题以及激素处理牛肉安全性方面的科学证据上,仍存在分歧。迄今为止,欧盟继续禁止进口激素处理过的肉类,并规定向欧盟出口的大多数牛肉仅限于经认证为不使用激素生产的有限数量的牛肉。2019 年,欧盟和美国就进口无激素牛肉达成协议,其中 35 000 吨配额将分 7 年分阶段分配给美国,剩余部分将留给所有其他出口商。

资料来源:The European Union and the United States reach an agreement on imports of hormone-free beef [EB/OL]. (2019-06-14). https://ec. europa. eu/commission/presscorner/detail/en/IP_19_3012.

2. 技术性贸易壁垒(Technical Barriers to Trade)

技术性贸易壁垒(technical barriers to trade)是指为了限制进口所制定的技术性法规(technical regulations)和符合性评估程序(procedures of assessment of conformity with technical regulations)。有些规定复杂苛刻,且经常变化,往往使外国出口商难以迅速适

---

① 详细内容见 https://www.wto.org/english/docs_e/legal_e/15sps_01_e.htm。
② 参见 http://www.sice.oas.org/dispute/wto/ds76/76r05.asp。
③ 参见 https://baijiahao.baidu.com/s?id=1679042538604657832&wfr=spider&for=pc。

应,从而起到限制外国商品进口和销售的作用。其中,技术性法规是指规定产品特性或相关过程和生产工艺的文件,包括强制性遵守的适用管理规定。它还涉及适用于产品、生成流程或生产工艺的术语、符号、包装、标记或标签要求。符合性评估程序是指直接或间接地用于确定是否满足技术法规或标准中的相关要求的任何程序,包括抽样、测试和检查程序、符合性的评估、验证和保证、注册、认证和批准。

Technical barriers to trade refer to technical regulations and procedures of assessment of conformity with technical regulations formulated to restrict imports. Some regulations are complex, harsh, and often changing, which often makes it difficult for foreign products to adapt quickly, thus limiting the import and sale of foreign goods.

起初,进口国对进口商品设置一定的标准,是为了提高商品质量,保护产品使用和消费安全,维护消费者合法权益,但是一些国家进而利用这种技术标准,阻碍进口,使进口商品技术标准以贸易壁垒的形式出现。特别地,一些发达国家通过制定严苛繁杂的技术标准限制发展中国家产品的出口,这在一定程度上保护了发达国家的技术专利、技术产品和版权等。然而,相关研究表明,对发展中国家而言,技术性贸易壁垒严重限制了其出口,阻碍了其科技的发展进步。就中国而言,在 2010—2015 年,技术性贸易壁垒使单一产品出口额下降了 27.8%,出口占比降低了 5.07%。[1] 以下两类特殊的技术性贸易壁垒尤其值得注意。

1) 绿色贸易壁垒

绿色贸易壁垒是每个国家为保护自身利益和从本国环境的角度出发的,为降低本国的环境污染和维护人民的身体健康而实施的一些有关国际贸易活动的措施。虽然在实际使用中,一些国家将其视为贸易保护的"合法"工具,但它的初衷是保护环境和人类健康而故意约束或禁止外国商品的进口。例如,2022 年 7 月,欧盟委员会发布了《2022—2024 年生态设计和能效标签工作计划》,该计划涉及光伏组件、逆变器和系统,这些产品未来必须达到包括碳足迹在内的环境标准,才能进入欧盟市场。[2]

When trade-restrictive measures with the original intention of protecting the domestic ecological environment are improperly used to implement trade protection, these measures become green trade barriers.

绿色贸易壁垒的基本特征有:①合理性。绿色贸易壁垒是一项为了改善全球生态环境,调节对外贸易健康发展而对贸易限制和制裁的措施。现代社会人们对生活环境和生活质量日益增长的需求都非常自然地集中在环境问题上,对于那些可能给环境带来危害,影响人类健康状况的商品和服务,人们显示出高度的敏感性。绿色贸易壁垒正是抓住人们的这一共同心理。②广泛性。绿色贸易壁垒保护的内容十分广泛,它不仅涉及与资源环境保护、人类健康有关的许多商品在生产和销售方面的规定与限制,而且对那些需达到一定的安全、卫生、防污等标准的工业制成品亦产生巨大压力。③隐蔽性。绿色贸易壁垒

---

[1] 朱信凯,孔哲礼,李慧. 技术性贸易措施对中国企业出口决策的影响——基于出口强度与市场范围视角的考察[J]. 国际贸易问题,2020(3): 56-70.

[2] 参见 https://www.jiemian.com/article/7779566.html。

与一些传统的非关税壁垒相比较而言,更具有隐蔽性:第一,与配额和许可证措施管理不同,绿色贸易壁垒不太可能引起贸易摩擦;第二,建立以现代化高新技术为基础的各类绿色标准,十分复杂,让出口国家很难适应。④技术性。产品的生产、使用、消费和处理过程的鉴定都包括较多的技术性成分。⑤相对性。在发达国家之间,环境技术水平相对较近,而且由于环境问题,它们之间的贸易较少。绿色贸易壁垒在不同的国家,限制的内容也有本质上的区别,对于发展中国家来说,发达国家更好的环境治理和相关的环境管理政策,往往是不能跨越的绿色阻碍。

Green trade barrier is wrapped in the false cloak of reasonable protection of the domestic environment, but it widely exists in the trade practice of all countries in the world and is usually hidden. Green standards for imported products involve many technical components, often insurmountable obstacles for developing countries.

2) 蓝色贸易壁垒

蓝色贸易壁垒是指以劳动者环境和生存权利为借口采取的贸易保护措施。与其他贸易壁垒的侧重点不同的是,它更加强调的是员工的保障,企业可以获得利润,但是一定要对员工的福利待遇给予保障。如此说来,蓝色贸易壁垒更像是一种道德上的约束。因为它就是建立在道德准则上的,以劳工的福利待遇为基础,无视国家的发展差距,建立一种针对劳动密集型产业的贸易壁垒。

Blue trade barrier refers to trade protection measures taken under the pretext of workers' environment and living rights. Unlike other trade barriers, it lays more emphasis on protecting employees. Enterprises can make profits, but they must guarantee the welfare of employees.

然而,以社会责任标准"SA8000"(Social Accountability 8000 International standard)为例,由于其制定者为美国的"社会责任国际"组织与欧美的一些跨国公司和其他国际组织,因此,该标准在制定时主要是从西方的惯性思维、保护劳工权益和维护其既得利益等角度出发,有意忽视,甚至刻意忽略了中国等一些发展中国家的法律法规和实际情况,导致一些条款不科学,一些具体内容难以操作,甚至存在给出口制造企业造成重大经济损失的巨大漏洞。例如,中国宁波的一些制造业企业就曾受到欧美客户频繁的工厂审核。[①] 宁波妈咪宝婴童用品制造有限公司连续接待4批美国客户委托第三方机构进行工厂审核,由于婴童产品在进入美国市场时,除了达到平时普通客户一般要求达到的验厂标准,还要符合婴童行业社会责任标准。而在验厂过程中,社会责任标准"SA8000"与美国海关-商贸反恐怖联盟(Customs-Trade Partnership Against Terrorism,C-TPAT)在不少地方有冲突,海关-商贸反恐怖联盟要求车间各个门处于关闭状态,而社会责任标准又要求车间门向外打开,越来越细的社会责任标准,让企业接待人员颇为头疼。

When formulating the blue trade barrier, it was mainly from the perspective of Western habitual thinking, protecting labor rights and interests and safeguarding its vested interests. It deliberately ignored, or even deliberately ignored, the laws,

---

① 参见 http://finance.sina.com.cn/roll/20151102/152223653472.shtml。

regulations, and actual conditions of some developing countries.

蓝色贸易壁垒主要特征有：第一，蓝色贸易壁垒是合法的，它遵循了很多国际公约，站在道德的制高点上，让发展中国家无法通过贸易协定来反击。第二，蓝色贸易壁垒在形式上是更加隐蔽的贸易壁垒。发达国家经常发动舆论力量批判发展中国家的制造企业，给世人一种发展中国家经常虐待劳工的感觉。蓝色贸易壁垒使发展中国家产品出口受到阻碍，并且造成了一种发展中国家声誉不好的形象。第三，蓝色贸易壁垒的实质，是具有歧视性的。发达国家和发展中国家的产业结构不同，发展中国家的产业以劳动密集型为主，发达国家技术密集型产业的劳工福利待遇自然要强过劳动密集型产业，这是自古不变的道理，而发达国家则无视了这个道理，实行一律平等的政策，这就构成了歧视性的贸易保护。

The initiator of the blue trade barrier often stands on the moral high ground and criticizes developing countries regardless of their actual situation. Applying the same labor welfare standards in developing countries as in developed countries constitutes discrimination in itself.

3. 装运前检查和其他手续（Pre-Shipment Inspection and Others）

装运前检查（pre-shipment inspection）是指进口国对出口国货物装运前的质量、数量和价格进行强制性控制，通常由得到进口国政府机关授权的独立检验机构代为查验。其他手续则包括直接托运要求（direct consignment requirements）、要求通过指定海关口岸（requirement to pass through specified port of customs）、进口监测（import monitoring）、进口监督（surveillance）以及自动进口许可措施（automatic import licensing measures）等。

Pre-shipment inspection refers to the import country's mandatory control over the quality, quantity, and price of goods from the export country before shipment, which is usually inspected by an independent inspection agency.

（1）直接托运要求。其要求货物必须直接从原产国装运，不得在第三国停留。

（2）要求通过指定海关口岸。进口货物必须通过指定入境点或海关进行检查、测试。

（3）进口监测、进口监督、自动进口许可措施。其指旨在监控特定产品进口价值或数量的行政措施。其中，自动进口许可通常是纺织品和服装进口前所需完成的行政程序。

8.2.2 传统商业政策壁垒（Traditional Commercial Policy Barriers）

1. 或有贸易保护措施（Contingent Trade-Protective Measures）

或有贸易保护措施（contingent trade-protective measures）是指进口国为抵消进口产品在国内市场上的不利影响而采取的措施，也包括针对出口国不公平贸易的报复性手段，措施是否实际生效取决于出口国是否履行进口国规定的一系列责任义务。此类保护措施的常见形式有：反倾销措施（anti-dumping measures）、反补贴措施（countervailing measures）以及保障措施（safeguard measures）等。

Contingent trade-protective measures are implemented to counteract adverse effects of imports in the importing country's market, including measures aimed at unfair foreign trade practices, contingent upon the fulfillment of certain procedural and substantive requirements.

（1）反倾销措施。倾销是指在正常的贸易过程中，以低于正常价值的价格出口商品的行为。它已经或有可能给进口国生产相同产品的行业或企业造成损害，因而受到进口国的反对。反倾销则是进口国依据本国的反倾销法，由主管当局经过立案调查，确认倾销对本国同业造成损害后，采取征收反倾销税等处罚措施的调查程序。中国是受反倾销调查影响最大的国家之一，中国自加入 WTO 以来，每年都是世界上受到反倾销调查最多的国家，几乎各行各业都受到不同程度的影响。以光伏产业为例，从 2012 年开始，欧盟、美国两大经济体陆续对中国出口的光伏组件开展大规模联合反倾销调查，曾一度将中国光伏产业逼入"至暗时刻"，但经过数年的技术迭代，中国光伏产业效率不断攀升、成本一降再降。最终，欧盟于 2019 年宣布终止对中国的双反措施，美国也于"对华光伏企业'双反'第五次复审"将中国进口光伏的双反税率从 238% 降至 4.06%。①

Anti-dumping is an investigation procedure in which the importing country, by its anti-dumping law, adopts the imposition of anti-dumping duties and other punitive measures after the competent authorities have filed an investigation and confirmed that dumping has caused damage to its peers.

案例 8-4　中国产品在欧盟反倾销中"夹缝生存"

欧盟是最早对中国发起反倾销调查的，也是对中国发起反倾销调查最多的国家和地区之一。欧盟对中国反倾销的产品范围广泛，多集中在劳动密集型产业。根据中国贸易救济信息网的数据，自 1979 年欧盟对中国的机械闹钟和糖精钠发起反倾销调查开始，到 2020 年底欧盟已经对中国发起了贸易救济调查 177 起。其中，反倾销调查 148 起，占比 83.62%，涉及产品包括五矿化工、纺织品、机电产品、食品药品、轻工产品等。

近年来，欧盟对华反倾销调查的结案方式明显呈现出征税案件在全部调查中所占比例上升，且征收的反倾销税的税率越来越高的趋势。2021 年 11 月，欧盟对中国钢铁紧固件征收的反倾销税幅度就达到了最高 89.8% 的程度。未应诉的中国企业只能适用最高的惩罚性关税，损失极为惨重。

原本 2001 年中国加入 WTO 时签订的《中华人民共和国加入世界贸易组织议定书》规定，从 2016 年 12 月 11 日起，任何 WTO 成员不得在对我国发起的反倾销调查中使用第三国替代方法，但 2016 年 11 月，欧盟提出了"市场扭曲"，以变相延续"替代国"做法。欧盟以中国市场存在"重大扭曲"为由，继续使用"替代国"的方法来计算产品正常价值，拒绝以中国国内的价格为准，选择第三国或国际价格来确定中国出口至欧盟的产品是否存在倾销。而这对于拥有供应链优势和成本优势的中国企业而言是十分不公平的。

面对反倾销大棒，中国企业最好的出路还是将价格优势转化为技术优势，加快产业结构升级，推动中高端产品路线，尽快实现从低附加值向高附加值产品的转变。这才是提高

---

① 参见 https://www.federalregister.gov/documents/2019/07/30/2019-16159/crystalline-silicon-photovoltaic-cells-whether-or-not-assembled-into-modules-from-the-peoples.

企业核心竞争力,避免被扣上"低价"和"倾销"帽子的关键所在。

资料来源:大数跨境百次方. 又是一轮反倾销,中国制造在欧洲"夹缝中生存"[EB/OL](2022-12-27), https://baijiahao.baidu.com/s? id=1753328505931949979&wfr=spider&for=pc.

(2) 反补贴措施。出口补贴(export subsides)是指一国政府为鼓励本国产品出口,在出口商品时给予本国出口厂商以现金津贴或者财政上的优惠,从而降低出口商品价格,使本国出口产品在海外市场竞争中具备价格优势,这显然是政府直接干预市场的行为。一旦进口国认为出口国的补贴构成不正当市场竞争,对国内产业造成损害,则会采取征收反补贴税等手段,以抵消出口国当局给予的任何直接或间接补贴。根据 WTO 统计,截至 2017 年 12 月,美国对中国共计发起 68 起反补贴调查,占中国遭受反补贴案件的 52.71%。2007—2013 年,美国针对中国的反补贴调查对中国企业出口总额产生了严重的负向冲击,使出口总额下降了 31.3%。①

Once the importing country believes that the subsidies of the exporting country have constituted unfair market competition and caused damage to the domestic industry, it will take measures such as imposing countervailing duties to offset any direct or indirect subsidies given by the authorities of the exporting country.

(3) 保障措施。进口国对产品进口实施临时边境措施,以防止或补救该产品进口而造成的严重损害。如果调查表明,产品进口的增加正在(或将来有可能)对生产类似或直接竞争产品的国内产业造成严重损害,一个国家可以对所有来源的进口产品采取保障措施。保障措施可以采取多种形式,包括数量限制和其他管制措施(如关税配额、基于价格的措施和特别征税)。②

If the investigation shows that the increase in product imports is causing (or islikely to cause) severe damage to domestic industries producing similar or directly competitive products, a country can take safeguard measures for products imported from all sources.

案例 8-5 欧盟钢铁保障措施阻碍欧盟制造业的竞争力和增长

钢铁保障措施于 2018 年首次由欧盟委员会推出,其主要目标是防止由于美国对钢铁征收关税而导致贸易转移的风险,从而对欧盟钢铁生产商造成经济损害。然而,作为一种直接措施,关税的实施减少了来自第三国的竞争,从而限制了旨在缓解欧洲制造商成本和交货期压力的进口替代品,最终增加了包括家电行业在内的钢铁用户面临的不确定性和不利的市场条件。

2022 年 6 月,欧盟成员国批准了欧盟提议的最新钢铁进口保障制度,希望将免税钢铁配额的"自由化率"从 3% 提高到 4%。APPLiA 的总干事保罗·法尔基奥尼(Paolo Falcioni)解释说,虽然该行业"欢迎再次推动自由化,但这项措施仍不足以满足原材料的行业需求,并确保欧洲制造商公平获得具有竞争力的钢材",他强调了所采取的措施对整个欧洲的投资和经济增长的负面影响。

家电制造商发现,过去几年中,在欧盟范围内采购钢铁产品越来越具有挑战性。一方

---

① 石晓婧,杨荣珍. 美国反补贴调查对中国企业出口影响的实证研究[J]. 世界经济研究,2020(2):33-46.
② 虽然 WTO 协定禁止数量限制,但在某些条件下,《保障协定》允许采取这种形式的保障措施。

面,欧盟钢铁生产商往往无法在规定的时间内满足足够数量的材料需求。4A、4B和5类钢材的情况就是如此,它们的关税配额不足以满足日益增长的需求。另一方面,欧盟钢铁价格居高不下,严重削弱了该行业保持竞争力的能力,从而影响了向欧洲消费者提供高性价比产品的能力。现实使商业规划变得极其困难,成为新投资和创造新就业机会的主要障碍。

考虑到这一点,有学者认为必须取消欧盟钢铁保障措施。如果按计划将这一举措推迟到2023年7月,只会继续阻碍欧盟制造业的竞争力,最终危及欧洲经济。

资料来源:https://www.applia-europe.eu/applia-media/press-releases/528-eu-steel-safeguard-measures-hamper-the-competitiveness-and-growth-of-the-eu-manufacturing-industry.

2. 非自动进口许可证、进口配额、自愿出口限制等措施(Non-Automatic Import License, Import Quota, Voluntary Export Restrictions, and Other Measures)

有类管制措施通常旨在禁止或限制进口,不论这些货物是来自不同来源,还是来自特定供应商,均加以限制。这些措施包括进口配额(import quota)、非自动进口许可证(non-automatic import license)和自愿出口限制(voluntary export restrictions)等。

(1) 进口配额是指在一定时期内(如一个季度、一年等),一国政府对某些商品设定准许进口的数量或者金额,超过配额即无法进口,或者征收很高的关税、附加税或罚款之后才准许进口。一般来说,政府会将配额设定在比自由贸易时的进口数量更低的水平,并且进口配额相比于关税产生的限制作用要更大。进口配额可以分为两种类型,一种是绝对配额(absolute quota),另一种是关税配额(tariff quota)。绝对配额指的是在一定时期内,一国政府对某些商品设定准许进口的数量或者金额,这个数额是个绝对值,超过配额即禁止进口。关税配额指的是一定时期内,一国政府不设定某些商品进口的绝对上限,对于进口配额以内的商品,政府会提供优惠性的关税(免税、减税或者低税等),而对于配额以外的商品征收很高的关税、附加税或罚款。

Import quota refers to a certain period (such as a quarter, a year, etc.), the government of a country sets the quantity or amount of allowed imports for some goods, which can not be imported if it exceeds the quota, or it is allowed to import only after imposing high tariffs, surcharges, or fines.

(2) 非自动进口许可证是须经主管行政当局个案审批才能取得的进口许可证,主要适用于需要严格控制数量和质量的商品。部分国家为了加强对进口的管制,规定商品进口必须领取许可证,没有许可证,一律不准进口。根据进口许可证和进口配额的关系,进口许可证可分为有定额的进口许可证和无定额的进口许可证。有定额的进口许可证是指先规定有关商品的配额,然后在配额的限度内根据商人申请发放许可证。而无定额的进口许可证可以根据临时的政治或经济需要发放。

Non-automatic import licensing is an import license that can only be obtained after the approval of the competent administrative authority on a case-by-case basis. It is mainly applicable to commodities that have strict quantity and quality control.

(3) 自愿出口限制是出口国和进口国之间的特殊安排,出口国同意将特定商品的出口数量限制在一定水平以下,以避免进口国施加强制性限制,该安排可以在行业或政府层面达成。随着自愿出口限制的运作,国内竞争程度得以降低,从而使得进口国生产者的福祉提高,但这会导致更高的国内价格、利润和就业。然而,自愿出口限制通过造成负面的贸易影响、负面的消费扭曲和负面的生产扭曲来降低国民福利。

Voluntary export restraints (VER) are arrangements between exporting and importing countries in which the exporting country agrees to limit the number of specific exports below a certain level to avoid the imposition of mandatory restrictions by the importing country.

3. 价格管制措施(Price-Control Measures)

价格管制措施(price-control measures)是指进口国当局为控制或影响进口货物国内市场价格而采取的措施,特别是在某些产品的进口价格较低,以至于损害进口国本国产业正常发展时。除了直接规定商品价格外,这些措施能以类似进口关税的方式增加进口成本,即以固定百分比或固定金额增加进口成本,此时也被称为准关税措施(para-tariff measures)。

Price-control measures refer to the measures taken by the authorities of the importing country to control or affect the domestic market price of imported goods, especially when the import price of some products is so low that it damages the normal development of the domestic industry of the importing country.

4. 金融措施(Finance Measures)

金融措施(finance measures)旨在管理进口商外汇的获取途径与换汇成本,或是限定进口商的付款条件。无论具体形式如何,其根本目的是增加进口商成本,从而间接限制进口活动。常见的金融措施包括预付款要求(advance payment requirements)、多重汇率安排(multiple exchange rates)以及官方外汇分配条例(regulations on official foreign exchange allocation)等。

(1) 预付款要求。它是指进口国当局要求进口商在申请进口或许可证颁发时,按照进口商品价值的规定比例,在其指定银行无息存入一定数额的保证金,或是提前支付商品的进口关税。这种制度无疑增加了进口商的资金负担,影响了资金的正常周转。同时,由于是无息存款,利息的损失等于征收了附加税。所以,预付款要求能够起到限制进口的作用。有些国家还通过规定进口方必须获得出口方所提供的一定数量的出口信贷或提高开出信用证押金等方式限制进口。

Advance payment requirements refer to the authorities of the importing country requiring the importer to deposit a certain amount of deposit without interest in its designated bank according to the specified proportion of the value of the imported goods when applying for import or licensing or paying the import tariff of the goods in advance.

(2) 多重汇率安排。它是指进口国对不同种类进口商品规定两种以上的汇率。一般来说,官方汇率是为基本商品保留的,而其他商品必须以商业汇率进行结算,或者偶尔通过拍卖购买外汇。[①]

[①] 根据《国际货币基金协定》条款的规定,未经国际货币基金组织批准,成员不得参与任何歧视性安排或多种货币做法。

Multiple exchange rates refer to importing countries setting more than two exchange rates for different types of imported goods.

（3）官方外汇分配条例。它是指进口国当局限制官方外汇使用的一系列手段，如禁止使用官方外汇拨款支付进口商品，要求商品进口前从中央银行获得特别外汇使用授权，或是仅当非官方外汇用于进口付款时才授予其许可证。

Regulations on official foreign exchange allocation refer to a series of means by which the authorities of the importing country restrict the use of official foreign exchange.

5. 知识产权（Intellectual Property）

当知识产权（intellectual property）的排他性应用到跨国生产经营当中时，一国的知识产权保护政策就与进出口贸易联系起来了，于是成为各国重要的贸易政策之一，产生了知识产权贸易壁垒。

发达国家利用其强大的技术优势制定一系列技术标准，筑起由专利权构成的技术性贸易壁垒。高新技术的发明者都有着极强的知识产权保护意识，高新技术领域的技术成果几乎被专利技术所覆盖。而在高新技术领域制定技术标准时，没有成熟的公知技术可供使用，一些标准化组织为了制定法定标准，就要与知识产权人谈判，签订合同，当然在使权利人得到利益的同时，对权利也作出一定的限制，如专利权人应对使用者提供不可撤销的权利许可等。还有的高新技术发明者，有足够的垄断能力，不希望成为法定标准，而凭自己的技术优势形成事实标准。与专利技术相结合的技术标准比传统的技术标准更具有杀伤力，发展中国家发展高新技术产业，往往不可避免地要向权利人支付高额的使用费，极大地限制了高新技术产品的自由流通。

When the exclusivity of intellectual property is applied to transnational production and operation, a country's intellectual property protection policy is linked with import and export trade, so it has become one of the important trade policies of all countries, resulting in intellectual property trade barriers.

案例8-6 知识产权逐渐成为新的贸易壁垒

中国企业在发达国家被诉知识产权侵权案件频发。其中，2018—2019年，美国新立案的知识产权案件，涉及中国企业的数量增长了44%。2019年，有1600余家中国企业在美国涉诉，其中，92%的专利权诉讼中国企业为被告；93%的商标诉讼中国企业为被告。在这些诉讼中，广东、浙江、山东的企业数量排在前三位。据统计，2019年美国132起中国企业作为被告的知识产权案件，共涉及79家中国企业，其中广东企业44家、浙江企业10家、山东企业4家。可以看出，广东、浙江、山东已经成为海外知识产权纠纷重灾区。是什么企业在对中国企业发起知识产权诉讼？统计显示，美国NPE（非执业实体或非专利实施主体，拥有专利权的主体本身并不实施专利技术，即不将技术转化为用于生产流通的产品）企业对中国企业发起的诉讼量最大，达49起，占所有专利诉讼案件的37.1%。在专利诉讼中，以撤案方式结案为主。数据显示，专利诉讼结案类型共12种，其中以撤案为主，占比为75.8%。此外，在18起专利诉讼案中，中国企业被判处禁令。其中被判处永久禁令的17起。在商标诉讼案中，一个值得注意的问题是，中国企业因缺席应诉被判败诉的现象严重。在这类诉讼中,中国企业不应诉现象比较普遍,结案案件多数是中国企业因缺席而被判败诉。而败诉的后果很严重,数据显示,在13起中国企业败诉并被判赔偿的案件中,最高的一起判赔额为4 300万美元,平均判赔额为1 095.5万美元。

资料来源:https://baijiahao.baidu.com/s?id=1688939531107572137&wfr=spider&for=pc。

6. 原产地规则(Rules of Origin)

原产地规则(rules of origin)是指一国根据国家法令或国际协定确定的原则制定并实施的,以确定生产或制造货物的国家或地区的具体规定。为了实施关税优惠或差别待遇、数量限制或与贸易有关的其他措施,一国海关必须根据原产地规则的标准来确定进口货物的原产国,给予相应的海关待遇。货物的原产地被形象地称为商品的"经济国籍",在国际贸易中具有重要作用。一个国家的原产地规则是一个政府自己掌控的权力,它影响的仅仅是一个国家的产业结构、贸易结构,而一个区域的原产地规则是成员国之间政治、经济利益博弈的结果,它将对整个区域乃至区域外部的贸易结构、投资结构和政治激励产生重大的影响。对于贸易者,它是一种技术标准和行政管理手段;对于生产商,它是实现商业目标过程中的绊脚石;对于经济学家,它是影响贸易流动效率、扭曲资源配置的潜在的贸易工具;对于政治家,它是配置政治偏好、改变经济激励的有效工具。

Rules of origin refer to the specific provisions formulated and implemented by a country according to the principles determined by national laws and regulations or international agreements to determine the country or region producing or manufacturing goods. To implement preferential or differential treatment of tariffs, quantitative restrictions, or other trade-related measures, a country's customs must determine the country of origin of imported goods according to the standards of rules of origin and give corresponding customs treatment. The origin of goods is vividly known as the "economic rationality" of commodities, which plays an important role in international trade.

原产地规则已经对一个国家或一个区域的贸易结构、资源配置方式和政治激励产生了重大的影响。虽然它本身不是一种贸易政策,没有学者像分析传统的贸易政策那样来分析原产地规则的经济效应,但它在贸易的过程中,却发挥了贸易政策的职能作用,达到了贸易保护效果,甚至超越了贸易政策的静态效应,产生了对贸易结构的动态效果。原产地规则的作用主要有以下三个方面:鉴别商品享受关税待遇的依据、实施非关税措施的依据、国际机构及各国的国别贸易统计和分析的依据。随着国际贸易规模的不断扩大和科技水平的提高,原产地规则作为一种重要的非关税措施,在维护各个经济体的利益,实现国家贸易政策方面得到了广泛的应用。以自由贸易区为例,区外出口商为了保住其在自由贸易区成员国中的既有市场,减少原产地规则对其出口利益造成的损失,会被迫进行直接投资,实现生产当地化。在政府采购过程中,一些政府为了保护本国利益,增加就业机会,会根据产品的最终制造完成地或零部件在本土制造中的比例,决定采购的比例。

Rules of origin is the basis for identifying goods enjoying tariff treatment, the basis for implementing non-tariff measures, and the basis for international institutions and national trade statistics and analysis. With the expansion of international trade and the improvement of technology, rules of origin, as an important non-tariff measures, have been widely applied in safeguarding the national interests and implementation of national policies.

原产地证书(certificate of origin)是出口商应进口商要求而提供的、由公证机构或政府或出口商出具的证明货物原产地或制造地的一种证明文件。原产地证书是贸易关系人交接货物、结算货款、索赔理赔、进口国通关验收、征收关税时的有效凭证,它还是出口国享受配额待遇、进口国对不同出口国实行不同贸易政策的凭证。原产地规则主要包括制定原则、适用范围、原产地标准、程序规则、管理机构、罚则及争端解决等部分。

Certificates of origin are a kind of certification document issued by a notary public, the government, or the exporter to prove the origin or place of manufacture of goods, which the exporter provides at the importer's request.

原产地规则的核心是原产地判定标准,而原产地规则往往又是区域自由贸易协定的重要基础。2020年11月,中国、日本、韩国、澳大利亚、新西兰以及东盟10国共同签署了《区域全面经济伙伴关系协定》(RCEP)。在RCEP总共20章中,最重要的内容就是第三章的原产地规则部分,其货物原产地认定标准有三条:一是在一缔约方完全获得或生产的货物;二是在一缔约方仅使用RCEP缔约方原产材料生产的货物;三是在一缔约方使用非原产材料生产但符合产品特定原产地规则的货物。①

8.2.3 边境后壁垒(Behind-the-Border Barriers)

如前文所述,由于全球价值链的深化、国际公约的制约以及国内法规的相对独立性,"边境后壁垒"正逐步取代传统的"边际上"非关税壁垒,成为国际贸易壁垒领域讨论的焦点。边境后壁垒立足国内政策法规,不易受国际公约监管,分销限制、售后服务限制以及限制性政府采购等是其典型代表。

With the gradual reduction of traditional trade barriers, the discussion focus on international trade barriers has gradually shifted from "border barriers".

1. 影响市场竞争的相关措施(Measures Affecting Competition)

此类措施通常是指进口国当局向一个或多个有限的经营者群体授予具有排他性的特殊优惠或特权。常见的影响国内市场竞争的相关措施包括:授予国有贸易企业垄断经营某类商品进口销售的权力,或是强制要求进口商使用进口国提供的部分服务。

Such measures mean that the authorities of the importing country grant exclusive special preferences or privileges to one or more limited groups of operators.

(1)国有贸易企业(state-trading enterprises, mainly for importing)。一些国家通过国有贸易企业限制进口贸易活动,此类企业通常拥有其他实体不具备的特殊权利,进口国当局可以通过垄断购买和销售行为来影响特定产品的进口水平。

Some countries restrict import trade activities through state-owned trading enterprises, which usually have special rights that other entities do not have.

---

① 对RCEP原产地规则感兴趣的同学,可以进一步阅读协议第三章原文:http://fta.mofcom.gov.cn/rcep/rceppdf/d3z_en.pdf。

（2）强制使用进口国服务（compulsory use of national services）。进口国当局强制要求所有进口商在本国公司购买保险或办理货物运输服务。

The authorities of the importing country force all importers to purchase insurance or handle cargo transportation services in their own companies.

近年来，中国不断推动国有企业混合所有制改革和国有资本运营体制改革，取得了积极成效，但部分国有企业仍享受一定的隐性优惠政策或接受各类补贴。2021年9月，中国正式申请加入《全面与进步跨太平洋伙伴关系协定》。CPTPP强调竞争中立和非歧视待遇。在竞争政策、国有企业和指定垄断部分，分别从竞争立法和确保执法公正、透明度及国有企业、非商业援助、产业损害等方面作出规定，特别要求保证国有企业遵循竞争中立原则，防止其商业行为扭曲市场。① 对标CPTPP规则将加快推动我国制度型开放，推进高标准市场经济体制改革，强化竞争性政策的基础地位，完善国际化、法治化、市场化的营商环境，促进经济发展的质量变革、效率变革和动力变革，推动国家治理体系和治理能力现代化，为建设现代化强国营造有利的国际、国内环境。

The benchmarking CPTPP rules will accelerate China's institutional opening-up, promote the reform of the high-standard market economy system, and strengthen the fundamental position of competitive policies.

2. 贸易相关的投资措施（Trade-Related Investment Measures）

贸易相关的投资措施（trade-related investment measures）主要包括本地含量措施（local content measures）与贸易平衡措施（trade-balancing measures）。前者是指进口国当局要求进口商必须在一定程度上购买使用某些国内生产或来源的商品，或是根据当地产品出口的数量（价值）限制购买使用进口商品。后者是指对用于当地生产或与当地生产有关的产品进口进行限制，通常涉及与当地出口产品数量有关的限制，或根据有关企业的外汇流入对用于此类进口商品的外汇获取进行限制。

Trade-related domestic investment measures often require importers to purchase domestically produced goods to a certain extent or restrict the import of intermediate products.

3. 分销限制（Distribution Restrictions）

分销限制（distribution restrictions）是指进口国对部分进口货物的分销渠道或销售活动施加限制，包括限制某些类别商品销售、限制国内分销渠道以及要求进口商提供额外的许可证或证明。对货物销售的限制通常对货物在进口国境内的销售地区或消费者类别作出了明确规定，如仅允许进口饮料在设有完善塑料瓶回收设施的城市进行销售。与分销渠道有关的限制则通常会要求进口产品必须依赖特定的分销渠道（如进口产品的统一零售或批发点）。这一限制可能会给某些产品的进口商带来额外的成本和障碍，因为进口商本希望与国内分销商合作，而不是建立自己的分销渠道。

Distribution restrictions refer to the restrictions imposed by the importing country

---

① 对CPTPP感兴趣的同学可自行阅读文件 http://www.mofcom.gov.cn/article/zwgk/bnjg/202101/20210103030014.shtml。

on the distribution channels or sales activities of some imported goods.

4. 售后服务限制（Restrictions on Post-Sales Services）

售后服务限制（restrictions on post-sales services）是指进口国对进口商在本国境内开展售后服务提出的要求，通常会限制进口商为此类商品提供售后服务的能力，包括：①对使用国内售后渠道的限制。进口国禁止或限制进口商品获得国内售后服务，因此进口商品必须依赖单独的售后服务渠道（如安装和组装、维护和维修点）。这一限制可能会对某些产品的进口商产生严重的负面影响，这些产品的进口商本希望依赖国内售后服务渠道，而不是建立自己的渠道。②对进口商自建售后渠道的限制。进口国禁止或限制建立或使用进口商自有售后服务渠道，因此进口产品必须使用当地售后服务。根据使用当地售后服务渠道的条件或当地售后服务的充分性，这些措施可能会给某些本希望使用或建立自己的售后服务渠道的产品进口商带来额外的困难。

Restrictions on post-sales services refer to the requirements of importing countries for importers to carry out after-sales services in their own countries, which usually limits the ability of importers to provide after-sales services for such goods.

5. 限制性政府采购（Government Procurement Restrictions）

限制性政府采购（government procurement restrictions）也称歧视性政府采购政策（discriminatory government procurement policy）或"购买国货政策"（buy national policies），是指国家制定法令，规定政府机构在采购时要优先购买本国产品，或是虽无法令明文规定，但实际上要求本国政府机构在招标采购时必须优先购买本国产品，从而导致对国外产品歧视与限制的做法。

Government procurement restrictions, also known as discriminatory government procurement policy or "buy national policies", refer to the state stipulating that government agencies should prioritize purchasing domestic products.

政府优先采购本国货的政策，使进口商品大受歧视，从而限制了进口商品的销售。美国从1933年开始实行《购买美国货法》，并在1954年和1962年两次修改。根据该法的规定，凡是美国联邦政府要采购的货物，应当是美国制造的，或是用美国原料制造的。商品的成分有50%以上是在国外生产的，就作为外国货。该法还规定，只有在美国自己生产不足，或是国内价格过高，或是不买外国货有损美国利益的情况下，才可以购买外国货。优先购买的美国货，其价格往往要高出市场价格的6%～12%，有时所购买的美国货甚至高出国际市场价格的50%。英国限定通信设备和电子计算机向本国公司采购。日本规定政府机构用的办公设备、汽车、计算机、电缆、导线、机床等不得采购外国商品。

8.2.4 数字贸易非关税壁垒（Non-Tariff Barriers to Digital Trade）

1. 市场准入限制（Market Access Restrictions）

市场准入限制（market access restrictions）是指各国根据法律、政治、安全等需要制定相关的市场准入规定，限制国外部分数字产品及服务进入国内市场的措施。各政府部门按照法律所赋予的职权，以颁发行政许可证的方式，实施市场主体和交易对象的准入，其为现代法治国家监管市场发展的基本方式。在表现形式上，市场准入是通过政府有关部门对市场主体的登记、发放许可证、执照、资格证、资质证、批准文件或证明文件等形式来体现的。例如,中国政府明确禁止外资进入云服务行业,外资无法获得中国境内的 IDC(Internet Data Center,互联网数据中心)牌照；禁止非公有资本介入互联网新闻信息采编业务等。美国联邦通信委员会一直以"无线频谱的稀缺性"为由,对无线广播采取严格的准入制度。

Market access restrictions refer to the measures that countries formulate relevant market access regulations according to legal, political, security, and other needs to restrict the entry of some foreign digital products and services into the domestic market.

准入制度设定受到政治、文化等多方面的影响。一方面,一些发展中国家为保障本国传统文化和意识形态不受发达国家肆意入侵,对信息和文化产业实行符合自己国情需要的市场准入制度,具有一定程度的正当性。另一方面,市场准入必须在法律的框架下开展,以明确市场准入的基本原则以及具体界限,"国家安全"绝不是任意设置行政许可的"万金油"。过度的市场管制、过严的市场准入或者过高的市场门槛设置,都将严重限制市场的发展。因此,市场准入应当局限在合理的范围内,并符合公开、合法和必要的原则。近几年,中国对数字产品市场准入方面的规定也在不断优化,例如,2022 年 8 月 30 日,《深圳经济特区数字经济产业促进条例》通过,于 2022 年 11 月 1 日起实施,要求不断强化数字产品的应用保护,不仅要建立数字知识产权快速预审机制,同时还将放宽数字产品市场准入,在尚未有国家标准的数字产品领域,支持市场主体联合制定团体标准,允许符合团体标准的数字产品在本市销售、登记。

Some pilot cities in China are relaxing the market access restrictions on digital products and require continuous strengthening of the application and protection of digital products.

2. 跨境数据流通限制(Cross-Border Data-Flow Restrictions)

跨境数据流通限制(cross-border data-flow restrictions)是指各国对数据流出、流入的限制,包括数据本地化要求、禁止国内数据出口等。一方面,许多推动创新和提高生产率的新兴技术(如用于供应链跟踪的区块链或用于维护监测的物联网系统),都高度依赖跨境数据流。这些限制可能会对那些依靠互联网为海外客户提供服务的公司构成障碍,并有损其运营效率。此外,限制跨境数据流通的法规可能会迫使公司在一个国家建立本地服务器基础设施,这不仅会增加成本,缩小规模,而且还会造成"数据孤岛",使其更容易受到网络安全风险的影响。另一方面,数据贸易商品天生具备科技属性与流动隐蔽性,更容易带有严重政治色彩、意识形态等敏感元素,不仅涉及个人信息权益,也关系到国家安全和社会公共利益。维护核心数据和重要数据安全、确保国家经济金融安全是数据跨境流动的底线。利用各种监管措施建立数据安全障碍,有效维护网络主权和网络安全、数据主权和数据安全,对数字贸易的有序发展也具有积极意义。

Cross-borderdata-flow restrictions refer to countries' restrictions on data outflow and inflow, including data localization requirements, prohibition of domestic data export, etc.

3. 数字知识产权保护(Digital Intellectual Property Protection)

数字知识产权保护(digital intellectual property protection)是指各国为限制数字贸

易中的产权侵权行为作出的法律规定。现行WTO框架下的《与贸易有关的知识产权协议》(Agreement on Trade-Related Aspects of Intellectual Property Rights, TRIPs)仍是解决数字贸易中知识产权争端的有效方案。但值得注意的是,在数字时代,国际监管机构应对新兴知识产权问题的机制也发生了一些变化:如互联网名称与数字地址分配机构(ICANN)制定的统一域名争议解决政策(UDRP),为具体知识产权问题引入单独的、技术上明确的解决方案,这种国际非国家解决方案(international non-state solution)为数字贸易知识产权提供了新的优化路径。

The digital intellectual property protection system refers to the legal provisions made by various countries to restrict the infringement of property rights in digital trade.

8.3 非关税壁垒的影响(Impact of Non-Tariff Barriers)

本节将进口配额和出口补贴作为非关税壁垒的两种典型形式,分析其产生的诸方面影响。

8.3.1 非关税壁垒的福利效应(Welfare Effect of Non-Tariff Barriers)

1. 进口配额的福利效应(Welfare Effect of Import Quotas)

1) 完全竞争条件下的进口配额效应(Import Quota Effect Under Complete Competition Conditions)

假设进口国为小国,其需求变化对国际市场价格不产生影响。

Assuming that the importing country is a small country, its changes in demand will have no impact on international market prices.

如图8-1所示,该小国国内对某一产品的需求曲线为D,供给曲线为S。在自由贸易条件下,该产品国内市场价格与世界市场价格相等,均为P,此时,总需求量为Q_2,国内供应量为Q_1,需进口量为Q_1Q_2。现假定进口国对该产品实行进口配额制,最高限额为Q_3Q_4,则总供给小于总需求。其结果是,国内价格提高,从而总供给增加,总需求减少,直至供需重新达到均衡。若配额已满,该国消费者面临的总供给曲线为$S'=S+$配额(与S平行)。在新的均衡下,国内价格从P上升到P_1,国内供给量从Q_1上升到Q_3,总需求量从Q_2减少到Q_4,总需求量与国内供给量的差额正好为进口配额。在完全竞争条件下,若进口需求大于进口配额,进口价格就会上涨,直到进口需求刚好等于进口配额。

In a perfectly competitive market, if the import demand exceeds the import quota, the import price will rise until the import demand is equal to the import quota.

从图8-1可以看出,进口配额具有与关税相似的消费效应、生产效应、国际收支效应和再分配效应。进口国消费者由于价格上涨,损失了面积为$a+b+c+d$的消费者剩余,此为进口配额的消费效应。本国生产者的供给量从配额前的Q_1上升到Q_3,产生了相应的生产效应,即进口替代效应的保护效应。进口价格不变而进口数量受限,外汇支出减少,此即为进口配额的国际收支效应。倒梯形面积a为进口国生产者因生产扩大而获得的生产者剩余,面积b为国内生产者低效率地扩大生产而带来的国民损失,面积d为价

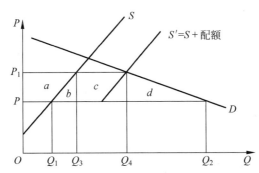

图 8-1　完全竞争条件下进口配额的经济效应（小国模型）

格提高导致消费量减少带来的国民损失,而长方形面积 c 为配额收益,即价格上涨后得到的收益。可见,进口配额制增加了生产者剩余 a 和配额收益 c,却使消费者损失了 $a+b+c+d$ 的经济福利,实现了收入的再分配,使国民经济福利遭受了净损失,数量为 $b+d$。

The import quotas of small trading countries cause a loss of domestic consumer surplus $a+b+c+d$, increased producer surplus by a, increased quota gains by c, and suffered a net loss of domestic welfare $b+d$.

在实施进口配额制的情况下,面积 c 的归属取决于进口国分配配额的方式及国际市场上该商品的出口状况。分配进口配额常常要与进口许可证相结合,限制某种商品的进口数量。进口国分配进口配额的方式一般有三种:竞争拍卖、按固定参数分配和按一定程序申请。分配方式不同,其带来的经济效应也不相同。

There are generally three ways to allocate import quotas: competitive auction, distribution according to fixed parameters, and applying for quotas according to certain procedures.

(1) 竞争拍卖。政府通过公开拍卖的方法分配许可证,它使进口权本身具有价格,并将进口一定数量商品的配额分配给出价最高的需要者。一般情况下,进口商购买许可证所付的成本要加到商品的销售价格上。许可证竞拍价格往往会近似于该商品国内外差价,拍卖收益成为政府的收入。如果政府公开拍卖配额,如图 8-1 所示,则配额的价格将在竞争中上升到 P_1。结果是,数量为 Q_3Q_4 的配额以 PP_1 的价格卖出,面积作为进口国公开拍卖配额的收入,归政府所有。此时,配额和关税的效果完全相同。

The government allocates the license by public auction, which gives the import right to have a price and allocates the quota for importing amount of goods to the highest bidder.

(2) 按固定参数分配。其指政府按照特定标准将固定的进口配额无偿分配给进口商的做法。通常的方式是,根据现有进口某种产品的企业上一年度在进口该商品总额中的比重来确定。如果政府免费发放配额或许可证,则许可证持有者就可以 P 的价格在世界市场上购买进口产品,然后以 P_1 的价格在国内市场出售,获得 c 的全部利益。这里有三种情况:若许可证持有者是进口国公民,则 c 只是一种国内福利转移,国家的净损失不变;若该国实行的是国别绝对配额,把配额分配给出口国,或出口国采取"自愿"出口配额,那么许可证的持有者为外国出口商,面积 c 的经济利益就会流失到国外,进口国的净损失就会增加 $b+c+d$;如果许可证的发放效率很低,手续繁复,那么面积 c 的利益将白白浪费掉,进口净损失也为 $b+c+d$。这种方法比较简便。其问题是政府不再有关税收入或拍卖许可证的收入。另外,这种方法带有垄断性,它意味着新增的企业难以获得此种商品进口的特权。因此这种分配方式不利于打破垄断。

Distribution by fixed parameters refers to the government's distribution of fixed import quotas to importers free of charge according to specific standards.

(3) 按一定程序申请。其指在一定时期内,政府根据进口商递交进口配额管制商品申请书的先后顺序分配进口商品配额的方法。这种方法形成了申请人获得所需进口品的自然顺序,即按照先来后到获取所需商品。其缺点是可能给管理部门留有利用职权获取贿赂的机会,相应地,可能使企业产生"寻租"行为,以期借助管理部门的不公正行为获取某种额外利润。

Application according to certain procedures refers to the method by which the government allocates the import commodity quota according to the order of the application form for import quota control goods within a certain period.

另外,如果实行进口配额的国家是一个贸易大国,配额使进口量减少,会导致进口价格下降,如图 8-2 所示。若自由贸易,国内与国外市场价格为 P,当进口国进口配额为 AB 时,国外的售价就会降至 P_0,国内供给曲线从 P_0 价格以上开始向右移动到 AB 的水平距离,国内价格变为 P_1,相当于征收了税率为 P_0P_1/OP_0 的进口关税。消费效应与保护效应也与征收关税相同,而面积为 $c+e$ 的经济利益的归属,也是像小国的配额情况一样,取决于配额的分配方法。

The import quota AB of major trading countries reduces foreign sales, and the domestic supply curve begins to move the horizontal distance of AB to the right, which is equivalent to the import tariff rate of P_0P_1/OP_0.

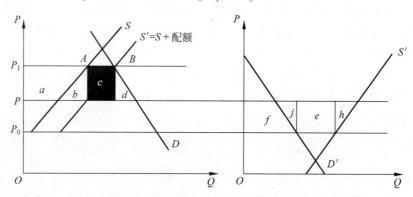

图 8-2 大国实行进口配额的经济效应

2) 垄断条件下的进口配额效应(Import Quota Effect Under the Monopoly Condition)

若进口国对某种商品的生产存在着垄断现象,那么当国内总需求大于国内生产数量和进口配额之和时，垄断厂商就可以操纵国内市场价格，并在不扩大生产数量的情况下，通过提高价格来获取垄断利润。同时，对该种商品实行进口配额，也会使垄断加强，造成比征收关税更大的损失。如图 8-3 所示，若政府将进口数量限定为 AB，则当国内价格在国际价格 P_0 以上时，国内垄断企业面临的是一个缩小了需求量 AB 的市场。此时，垄断企业可以通过减少产量，将价格提高到 P_2，从而获得超额利润。

Suppose the importing country has a monopoly on the production of a certain commodity. In that case, when the total domestic demand is greater than the sum of the domestic production quantity and the import quota, the monopoly manufacturer can manipulate the domestic market price and obtain the monopoly profits by increasing the price without expanding the production quantity.

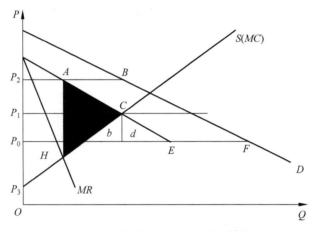

图 8-3 垄断条件下的进口配额效应

若该国采取公开拍卖进口许可证的方法发放配额，那么该国的经济效应为净损失三角形 AHC 和 $b+d$ 的面积之和。

If the country issues quotas by a public auction of import licenses, then the economic effect of the country is the sum of the area of the net loss triangle AHC and $b+d$.

由此可见，垄断条件下的进口配额效应只会减少消费需求数量和提高国内市场价格，而不会扩大国内生产供给数量。垄断生产厂家和进口配额持有人是最大的受益者，而消费者是最大的受害者。垄断条件下的进口配额政策比竞争条件下的进口配额政策效果更糟糕，而竞争条件下的进口配额政策又不如等价的进口关税效果好。

The import quota effect under monopoly conditions will only reduce consumer demand and raise domestic market prices and will not expand the quantity of domestic production and supply.

3）进口配额的贸易条件效应(Conditions of Trade Effect of Import Quotas)

如果实行进口配额的是大国，就会对贸易条件产生影响。如图 8-4 所示，设 B 为大国，其供给曲线为 OB，出口 Y，进口 X。现在如果 B 国实行进口配额，进口数量限制确定

为 OR,通过 R 点的 X 轴的垂线分别交 OA、OB 于 E_1、E_2 点,可见在 OR 的出口与进口量下,A、B 两国愿意接受的贸易条件分别为 OP_1 和 OP_2。当然,它们更乐于接受更为有利的贸易条件,如对 A 国来说,不是以 OP_1 的价格出口 X,而是以 OP、OP_2 甚至更高的价格出口。但是,超过 OP_2 的价格显然不可能被 B 国接受。所以,OP_1 和 OP_2 就构成了选择贸易条件的极限,实际贸易条件只能在 OP_1 与 OP_2 之间确定。至于最终确定的贸易条件是更有利于 A 国(OP_2)还是更有利于 B 国(OP_1),则要取决于两国在国际市场上对 X 产品和 Y 产品的垄断及需求程度了。如果 B 国进口需求强烈,则将以较高的价格进口,可能使贸易条件恶化;如果 A 国出口商具有一定垄断地位,也可能迫使 B 国接受较高的出口价格。反之,则可能改善贸易条件。

Import quotas for large countries can affect the terms of trade. The actual terms of trade are determined between OP_1 and OP_2, which ultimately depends on the monopoly and demand of both countries for X products and Y products in the international market.

2. 出口补贴的福利效应(The Welfare Effect of Export Subsidies)

虽然出口补贴在世界贸易组织框架下已禁止使用,但长期以来世界各国都将其作为鼓励商品出口、增强产品在国际市场上竞争力的重要手段。

1)小国模型下的出口补贴效应(Export Subsidy Effect under the Small Country Model)

小国模型下出口补贴的经济效应如图 8-5 所示。

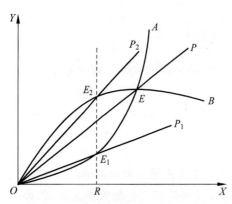

图 8-4 进口配额的贸易条件效应

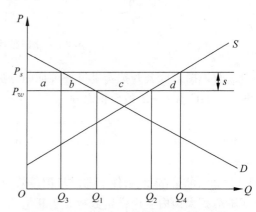

图 8-5 小国模型下出口补贴的经济效应

图中 S 为国内供给曲线,D 为国内需求曲线,P_w 是在市场开放并实行自由贸易的情况下的国际市场价格,同时也是出口国的国内市场价格。在此价格水平下,出口国的国内需求量为 OQ_1,出口量为 Q_1Q_2。出口国政府为扩大出口,对出口企业每出口 1 单位商品提供 s 的出口补贴。这样,出口企业的出口价格便增至 $P_s(P_w+s)$。由于出口价格增加,出口商不再愿意以 P_w 的价格在国内市场上销售商品,直至国内市场价格上升到与其出口价格相一致的 P_s。因此,政府提供出口补贴,必然迫使出口国的国内市场价格也上升到 P_s。这样,由于国内市场价格上升,国内需求由原来的 OQ_1 降到补贴以后的 OQ_3,

国内供给则由补贴前的 OQ_2 增加到 OQ_4。其中,OQ_3 用于满足国内需求,Q_3Q_4 用于出口。从而国内的生产者收入、消费者收益和政府支出出现如下变化:

(1) 生产者收入增加,表现为生产者剩余增加了 $a+b+c$;

(2) 消费者收益减少,表现为消费者剩余比补贴前减少了 $a+b$;

(3) 政府用于出口补贴的支出增加了 $b+c+d$。

政府提供补贴而导致出口国社会福利水平的变化为

$$(a+b+c)-(a+b)-(b+c+d)=-(b+d) \tag{8-1}$$

To expand export, the exporting country's government provides export subsidies to exporting enterprises, which will increase the producers' income, reduce the income of consumers, increase the government's expenditure for paying export subsidies, and eventually lead to the decline of the social welfare level of exporting countries.

其中,b 是消费扭曲,即由原来国内消费者的消费转移到国外消费者消费的部分;d 为生产者剩余,即由效率低的出口国的生产代替了效率高的国外产品而造成的效率的损失。由此可见,小国模型下,出口补贴的实施会导致出口国整体社会福利水平下降。

Under the small-country model, the implementation of export subsidies will lead to the decline of the overall social welfare level of the exporting countries.

2) 大国模型下的出口补贴效应(The Export Subsidy Effect under the Large Country Model)

大国模型与小国模型的差别在于大国实行出口补贴将导致出口供给增加,国际市场价格下降,因此会减少出口商的收益,弱化政府出口补贴的作用。大国模型下出口补贴的经济效应如图 8-6 所示。

The difference between the large country model and the small country model is that the export subsidy in the large country will lead to an increase in export supply and a decrease in international market price, reducing the income of exporters and weakening the role of government export subsidy.

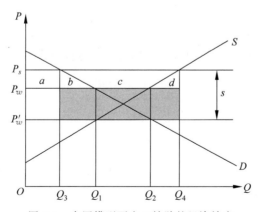

图 8-6 大国模型下出口补贴的经济效应

图 8-6 中，S 为国内供给曲线，D 为国内需求曲线，P_w 是在市场开放并实行自由贸易的情况下的国际市场价格，同时也是出口国的国内市场价格。在此价格水平下，出口国的国内需求量为 OQ_1，出口量为 Q_1Q_2。出口国政府为扩大出口，对出口企业每出口 1 单位商品提供 s 的出口补贴。这样，出口企业的出口总收入便增至 P_w+s。随着出口收入的提高，出口企业会不断增加出口的供给，同时减少其在国内市场的销售。但由于出口国是贸易大国，其出口量占国际市场供给的比重相当大，因此，该国在国际市场上供给不断增加，会引起国际市场的供过于求，从而导致国际市场价格由 P_w 降至 P'_w，即国际市场价格下降以后，出口企业的实际总收益只有 P'_w+s，所以，实行出口补贴后出口国的市场价格最终会上升至 $P_s=(P'_w+s)$。这一价格的上升幅度低于小国模型时出口国国内价格的上升幅度，原因是政府补贴导致出口供给增加，世界市场价格下降。因此出口国政府所提供的补贴，有一部分成为进口国消费者的福利。表 8-2 为大国模型和小国模型的出口补贴效应分析。

表 8-2 大国模型和小国模型的出口补贴效应分析

福 利	小国福利变化	大国福利变化
生产者剩余	$a+b+c$	$a+b+c$
消费者剩余	$-(a+b)$	$-(a+b)$
政府收入	$-(b+c+d)$	$-(b+c+d+\text{阴影部分})$
总福利变化	$-(b+d)$	$-(b+d+\text{阴影部分})$

大国模型下，出口补贴对出口国的生产者收入、消费者收益及政府支出的影响如下：
(1) 生产者收入增加，表现为生产者剩余增加了 $a+b+c$；
(2) 消费者收益减少，表现为消费者剩余比补贴前减少了 $a+b$；
(3) 政府支出增加，表现为政府必须向出口企业提供 $b+c+d+$ 阴影部分的出口补贴。
这样，大国模型下因政府补贴而导致出口国社会福利水平的变化为

$$(a+b+c)-(a+b)-(b+c+d+\text{阴影部分})=-(b+d+\text{阴影部分}) \quad (8-2)$$

In the large country model, export subsidies will also lead to an increase in producer income, a decrease in consumer income, an increase in government expenditure, and finally, a decline in social welfare level in exporting countries.

由此可见，在大国模型下，出口国政府向出口企业提供出口补贴所造成的损失大于小国模型下的损失。

It can be seen that under the large country model, the loss caused by export country governments providing export subsidies to export enterprises is greater than the loss caused under the small country model.

8.3.2 非关税壁垒与关税壁垒影响比较（Comparison of the Impact Between Non-Tariff Barriers and Tariff Barriers）

1. 进口配额与关税的影响比较（Comparison of the Impact of Import Quotas and Tariffs）

进口配额和关税都是作为贸易壁垒对本国经济以及产业进行保护，它们的作用有类

似之处,如果以公开拍卖的方式分配进口配额,那么进口配额与关税的福利影响是相同的。但是进口配额与关税仍然有许多不同之处。

1) 实施进口配额和实施关税的效应不一定相同(The Effect of Implementing Import Quotas and Implementing Tariffs May Not Be the Same)

这主要取决于进口配额的发放方式。这一点笔者在前面已做过介绍,进口配额以第一种方式发放,会产生与关税相同的效应。但以第二种或第三种方式发放,则效应不同,并且它的成本必然比实施关税高,因此后两种方式更加缺乏效率。

Import quotas are issued in the first way, with the same effect as the tariffs, but in the second or third way, the effect is different.

2) 对供给和需求的变化反应不同(Different Response to Changes in Supply and Demand)

以需求变动为例,图 8-7 中,P_0 为自由贸易下的价格,这时国内供给量为 OS_1,小于国内需求量 OD_1,则该国需进口该商品。若对该商品征收关税,国内价格将由 P_0 上升到 P_1,此时国内供给量为 OS_2,需求量为 OD_2,供求间的差额通过进口获得,即 S_2D_2。假设国内需求增加了,那么需求曲线则由 D 变为 D',这时国内的需求量增加到 OD_3,供求之间的差额扩大到 S_2D_3,这一部分也通过进口来获得。就是说,在征收关税的情况下,国内需求的增加使进口量增加到 S_2D_3,价格仍为 P_1;如果实施进口配额,其数量相当于图 8-7 中的 S_2D_2 部分。则进口配额实施以后,国内价格将由 P_0 上升到 P_1,因为在此价格下,供求之间的差额为 S_2D_2,满足进口配额的要求。同样,假设国内需求曲线由 D 变为 D',则在 P_1 价格水平上,国内的供给量为 OS_2,加上配额的数量 S_2D_2,总供给量为 OD_2,仍然小于国内需求量 OD_3。在供小于求的情况下,价格必然上升,直到 P_2,国内供给增加到 OS_3,加上配额,总供给量正好等于总需求量,于是重新达到均衡。也就是说,在实施配额的情况下,国内需求增加使国内价格上升到 P_2,高于征收关税条件下的价格,进口量仍然保持在 S_2D_2 的水平。

In the case of implementing quotas, the increase in domestic demand brings domestic prices up to P_2, higher than the price under the tariff condition, and imports remain at S_2D_2 levels.

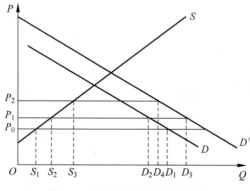

图 8-7 进口配额与关税的比较

因此,关税和进口配额对需求变化的反应是不同的。关税的反应在于更多的进口量和消费量,价格水平不变。进口配额的反应则在于更高的价格水平和更多的国内生产量。

The tariffs react with more imports and consumption while price levels remain unchanged. Import quotas react with higher price levels and more domestic production.

3) 对进口商品数量的限制不同(Restrictions on the Quantity of Imported Goods Vary)

进口配额对进口商品数量的限制是确定的,而关税要通过提高关税税率来限制确切的进口数量则比较困难。在限制进口数量方面,进口配额更易于操作,而关税主要通过提高进口商品的价格来削弱进口商品的竞争力。在这一点上,进口商可以通过降低生产成本、提高生产效率来降低商品销售价格,从而部分抵销关税的影响。进口配额则不然,无论进口商怎样降低成本,其进口数量都受到限制,因此,进口配额比关税更严厉,它基本切断了外国出口商进入国内市场的可能性。从管理有效性的角度衡量,进口配额比征收关税好。但从贸易自由化的角度看,关税更有利于外国竞争者的进入,从这一点来看,关税比进口配额好。

The restriction of import quotas on the quantity of imported goods is certain, while it is more difficult for tariffs to limit the exact amount of imports by raising the tariff rate.

综上所述,我们可以发现,进口配额与出口补贴都是有利于生产者而损害消费者利益的。非关税壁垒对本国社会福利似乎并不友好,而关税和进口配额也只能给有能力压低国际市场价格的大国带来某些潜在的利益,既然如此,政府为何还经常使用这些政策工具来限制进口或促进出口呢?一些学者从国内市场失灵、次优理论或是特定利益集团的政策私欲等角度来解释这个问题,感兴趣的同学可以自行阅读有关文献。[1]

案例 8-7 非关税措施都是不利于贸易的吗?

作为政策工具的非关税措施本身并不是好的或坏的。它们通常用于合法和必要的目的,如保护人类、动物和植物健康或保护环境。此外,尽管食品或技术标准等非关税措施通常会增加生产成本和贸易成本,但它们也可能在某些条件下促进贸易。例如,当出口国制定了较高的卫生和植物卫生标准时,进口国的消费者对这些食品的质量更有信心,需求可能会增加。更严格的国内食品安全标准可以让国内出口商更容易达到贸易伙伴的标准,从而进一步促进贸易发展。

资料来源:https://www.unescap.org/sites/default/d8files/APTIR2019_Introduction.pdf。

2. 非关税壁垒对国际贸易的影响(The Impact of Non-Tariff Barriers on International Trade)

1) 对国际贸易发展的影响(Influence on the Development of International Trade)

---

[1] 例如,GROFMAN B. Information, participation, and choice: an economic theory of democracy in perspective [M]. Ann Arbor, MI: University of Michigan Press, 1993; SURANOVIC S. International economics: theory and policy[M]. Washington: Saylor Foundation, 2010.

在非关税壁垒中,技术性贸易壁垒最普遍,严重影响世界自由贸易往来,对国际贸易发展起到很大的阻碍作用。一般来说,技术性贸易壁垒设置和实施的强度与国际贸易增长的速度呈反比关系。

The intensity of the establishment and implementation of technical trade barriers is inversely related to the growth rate of international trade.

2) 对国际贸易商品结构和贸易流向的影响(Impact on the Commodity Structure and Flow of International Trade and Trade)

技术性贸易壁垒改变了国际贸易商品结构和贸易流向,总的趋势是:初级产品、农副产品和原材料产品所受影响超过工业制成品;劳动密集型产品受影响的程度超过技术密集型产品。从受影响的国别来看,发展中国家受影响的程度要比发达国家严重,以中国为例,2009年以来,中国遭受的贸易壁垒达2 778件[1],也是遭受贸易壁垒最多的国家。这些现象都会使国际贸易商品结构和贸易格局发生变化。

Technical trade barrier has changed the commodity structure and trade flow of international trade. The general trend is: primary products, agricultural and sideline products, and raw materials are more affected than industrial manufactured products; labor-intensive products are affected more than technology-intensive products.

3) 对进出口数量和价格产生影响(Impact on the Import and Export Quantity and Price)

进口国实施的技术性贸易壁垒会使本国进口商品数量减少,从而使出口国的出口数量下降。从商品价格方面看,技术性贸易壁垒会使进口商品价格上升。因此,总的来说,技术性贸易壁垒使贸易数量与价格呈反方向变动,即会引起进出口数量下降、商品价格上升。

Technical barriers to trade make the quantity of trade and the price change in the opposite direction. That is, it will cause the decline of import and export quantity and the rise of commodity price.

4) 对进出口国相关产业的影响(Impact on Related Industries in the Import and Exporting Countries)

一国实施的技术性贸易壁垒很大程度上会对本国相关产业和市场起到直接或间接的保护作用;相反,会在短期内给出口国特别是发展中国家的相关产业带来负面影响。但是,从长期看,技术性贸易壁垒会迫使发展中国家的出口行业不断提升生产技术水平和产品质量,优化产品结构和资源配置,从而有利于其提高国际竞争力。表8-3为各行业2009年以来遭受的贸易壁垒数量。

Technical barriers to trade will force the export industries of developing countries to improve the level of production technology and product quality and optimize the product structure and resource allocation, thus conducive to improving international

---

[1] 资料来源:Global Trade Alert 网站,https://www.globaltradealert.org/global_dynamics/day-to_0813/flow_all。

competitiveness.

表 8-3　各行业 2009 年以来遭受的贸易壁垒数量

行　业	数　量	行　业	数　量
钢铁制品	565	粮食研磨设备	247
汽车及零部件	405	电动机、发电机、变压器	243
其他金属制品	387	玻璃及其制品	243
基础有机化学品	379	测量、导航使用的仪器	242
医药产品	350	蔬菜	239
谷物	340	基础钢铁	237
化工产品	272	采矿、建筑机械	236
其他通用机械及零件	264	服装	229
医疗器械	247	水果和坚果	228

重要术语（Key Terms）

非关税壁垒（non-tariff barriers）

技术性贸易壁垒（technology barriers to trade）

进口配额（import quota）

进口许可证（import license）

自愿出口限制（voluntary export restraint）

限制性政府采购（government procurement restrictions）

边境后壁垒（behind-the-border barriers）

市场准入限制（market access restrictions）

数字知识产权保护（digital intellectual property protection）

本章小结

1. 非关税壁垒是指关税以外的一切限制进口的各种措施，主要包括政策法规、原产地规则、进口配额等类别，它和关税壁垒一起充当政府干预贸易的政策工具。其具有灵活性、针对性、有效性、隐蔽性、歧视性等特征。

2. 按照联合国贸易和发展会议公布的非关税措施分类以及当今数字经济的时代背景，非关税壁垒可以分为技术性壁垒、传统商业政策壁垒、边境后壁垒、数字贸易非关税壁垒四大类。

3. 在完全市场竞争条件下，小国实施进口配额会导致消费者剩余和净福利的下降，如果实行进口配额的国家是一个贸易大国，进口配额使进口量减少，将导致进口价格下降；在垄断条件下的进口配额只会减少消费需求数量和提高国内市场价格，而不会扩大国内生产供给数量；实施出口补贴也会导致净福利的下降，并且在大国模型下，出口国政府向出口企业提供出口补贴所造成的损失大于小国模型下的损失。

Summary

1. Non-tariff barriers refer to all the measures to restrict imports other than tariffs, mainly including policies and regulations, rules of origin, import quotas, and other categories. It acts with the tariff barriers as a policy tool for the government to intervene in trade. It has the characteristics of flexibility, pertinacity, effectiveness, concealment, and discrimination.

2. According to the classification of non-tariff measures published by the United Nations Conference on Trade and Development and the historical background of today's digital economy, non-tariff barriers can be divided into four categories: technical barriers, import policy barriers, post-border barriers, and digital trade non-tariff barriers.

3. Under perfect market competition conditions, implementing import quotas in small countries decreases consumer surplus and net welfare. If the country imposing import quotas is a large trading country, the quotas will decrease import prices. When they reduce the volume of imports; the import quota effect under monopoly conditions will only reduce the quantity of consumer demand and increase domestic market prices without expanding the quantity of domestic production supply. The implementation of export subsidies will also lead to a decrease in net welfare, and the losses caused by export subsidies provided by the exporting country's government to exporters are greater under the large country model than the small country model.

延伸阅读（Further Readings）

除了对非关税壁垒的种类、福利效应进行研究外，国内外一些学者也开始关注非关税壁垒的测度，寻找到更加准确的测度方法有助于进一步对非关税壁垒带来的影响进行实证研究。目前关于非关税壁垒的测度主要有以下六种方法。

（1）案例调研方法：有针对性的调查可以缩小分析范围、关注特定的问题，为更加精细的研究提供数据基础。

（2）计量经济分析：计量经济学的模型可以衡量非关税壁垒对贸易的效果，有两种主要形式：其一是时间序列分析，其二是引力模型。时间序列分析的基本定理是：假定某种非关税壁垒的实施是在某个具体的时间点上，则可以通过观察措施实施时点进口价格和数量的变化来识别该壁垒的影响，如果数据可获得，就可以建立该壁垒实施期间的时间序列进行计量经济分析。引力模型普遍用来估计贸易的本国偏差或者边境效应，也用来反映一国国内法规对贸易的阻碍，分析中加入了语言、距离指标、文化差异、法规标准等解释变量。其中，通过引力模型来测量技术性贸易壁垒的影响是较为流行的一种方法。

（3）局部均衡分析：该方法从进口国和出口国的角度分析，关注的是措施对贸易流量、生产者和消费者的收入与福利的影响，该方法能够衡量技术法规和标准相当于多少的关税税率。

(4) 可计算的一般均衡模型(CGE)：CGE 研究了大范围标准和技术规章的变化在各种市场环境中是如何影响贸易和投资的。

(5) 关税等价法：关税等价法试图通过价格楔入法，将技术性贸易壁垒对贸易的影响转化为等同效应的关税，这也是非关税壁垒量化的一种通用方法。该方法的理论基础是，通过比较进口品价格与国内市场上同类商品的价格，可以计算出该商品面临的非关税壁垒相当于何种程度的关税壁垒，即非关税壁垒的"关税等价"。如果支付给供应商的价格保持不变，理论上应该比较没有壁垒时的价格和存在壁垒时的本国价格(Deardorff and Stern,1998)。但是，由于壁垒不存在情况下的价格是难以观测到的，实践中通常比较存在壁垒情形下的本国和外国价格，TBT(技术性贸易壁垒)关税等价要通过控制关税、运输成本和产品质量差异等其他可能导致价格差的影响因素之后的剩余项来表示(Beghin and Bureau,2001)。

(6) 存量指标法：存量指标法是美国国际贸易委员会提出来的一种非关税壁垒度量方法，可以用于罗列遭受进口国家贸易壁垒的产品目录清单，计算频数比率和进口覆盖率以及贸易限制指标，用来定性或者定量评估技术性贸易壁垒的重要性，估计贸易受到壁垒影响的范围和程度。具体指标设定又大致可以分为两类：用标准数量和水平作为量化指标，以及用频数比率和进口覆盖率作为量化指标。

尝试和你的学习小组的同学一起完成以下任务。

1. 思考以上六种测度方法的优缺点。

2. 参阅相关文献深入了解非关税壁垒的测度方法，并尝试用以上一种或几种方法对中国使用的非关税壁垒进行测度。

即测即练

Chapter 9
经济全球化与区域经济一体化
Economic Globalization and Regional Economic Integration

> **学习目标**
> - 了解经济全球化的含义和影响。
> - 认识世界贸易组织在推动贸易自由化进程中发挥的作用。
> - 理解区域经济一体化的主要形式。
> - 解释经济一体化的主要经济效应。
> - 熟悉世界上一些主要的区域经济一体化组织。
>
> **Learning Target**
> - Understand the implication and impact of economic globalization.
> - Understand the WTO's role in promoting free trade.
> - Understand the types of economic integration.
> - Describe the major effects of economic integration.
> - Familiar with some major regional economic integration organizations in the world.

第二次世界大战以后,面对被战争摧残得满目疮痍的世界经济,各国逐渐认识到相互合作的重要性,经济全球化浪潮迅速席卷世界,这个星球俨然变成了一个"地球村"。在国际贸易中,各国特别是发达国家都大幅地减少了各种贸易限制。这种贸易自由化的推进有两种主要措施:一是无歧视性的贸易壁垒减免措施,主要是在《关税及贸易总协定》和其继任者世界贸易组织的框架下按照最惠国待遇原则展开,其所有成员给予任一国家的关税减让都会自动给予其他成员。这一多边贸易体制的铺开带来了世界范围内的关税逐步减让。二是区域性的贸易自由化措施,即通过建立区域经济一体化组织来实现对非成员方有歧视性的贸易自由化。在这种制度安排下,成员方之间的贸易壁垒要大大低于成员方与非成员方之间的贸易壁垒。区域经济一体化组织成员间的特惠安排属于WTO最惠国待遇的例外,因此是一种歧视性的贸易自由化措施。

Lessons from the early 20th century pushed many countries, especially developed countries, to remove barriers to the free flow of goods, services, and capital between nations after World War II. This was achieved mainly through two efforts: one is under the multilateral trade system (GATT and then the WTO), removing trade barriers without discrimination; the other is regional economic integration.

本章将考察经济全球化下以上两种贸易自由化的推进情况,具体安排如下:9.1节归纳经济全球化的主要内容与影响;9.2节阐述世界贸易组织的基本原则和职能;9.3节讨论不同的区域经济一体化形式及其特点;9.4节介绍一个最基本的经济一体化组织对福利影响的分析框架;9.5节则介绍世界上各主要区域经济一体化组织的尝试和发展。延伸阅读简要介绍了丹尼·罗德里克(D. Rodrik)的《全球化的悖论》和托马斯·皮凯蒂(T. Piketty)的《21世纪资本论》中的相关观点,供大家思考与讨论。

9.1 经济全球化(Economic Globalization)

全球化这个词最早是由西奥多·莱维特(Theodore Levitt)于1983年在其《哈佛商业评论》的文章《市场的全球化》(*The Globalization of Markets*)中提出来的,在文中他描述了新技术的发展是如何让通信、交通和旅行飞速发展,并创造了一个让平民百姓都负担得起的销售价格标准化的消费品世界市场。莱维特坚信,未来属于一群全球化的企业,这些企业生产的产品将不再关注不同地区的口味和差异,它们的经营战略将整个世界看成一个单一市场,它们将在全世界销售同样的产品。在过去的半个多世纪里,世界经济发生了根本性的变化,各国经济体系不再各自为政,无论是语言、距离、时差、制度差别、文化,还是经济体制都无法再成为各国之间不可逾越的贸易壁垒和投资壁垒。交通和通信技术的发展让人们跨越了地理距离,世界各地的物质文化越来越类似,国别经济开始向相互依赖和整合的经济体制靠拢,这个过程就是全球化。正像莱维所说的,经济全球化是当代世界经济的重要特征之一,也是世界经济发展的重要趋势。

Theodore Levitt published *The Globalization of Markets* in the *Harvard Business Review* in 1983, in which he discussed a powerful force that has driven the world toward a converging commonality, and that force is technology. It has proletarianized communication, transport, and travel. Globalization has developed more and more within the business world as well as private life after World War II. It is one of the most important features and trends of the modern economy.

9.1.1 什么是经济全球化(What is Economic Globalization)

国际货币基金组织认为,经济全球化是指跨国商品与服务贸易及资本流动规模和形式的增加,以及技术的广泛迅速传播使世界各国经济的相互依赖性增强。而经济合作与发展组织认为,经济全球化可以被看作一个过程,在这个过程中,经济、市场、技术与通信形式都越来越具有全球特征,民族性和地方性在减少。各方对"经济全球化"的定义虽有差异,但总体而言其有三个方面的特点:一是世界各国经济联系加强和相互依赖程度日益提高;二是各国国内经济规则不断趋于一致;三是国际经济协调机制强化,即各种多边或区域组织对世界经济的协调和约束作用越来越强。本书对经济全球化的定义是:世界经济活动超越国界,通过对外贸易、资本流动、技术转移、提供服务、相互依存、相互联系而形成全球范围的有机经济整体的过程。经济全球化主要包括市场、生产和资本流动的全球化。

In this book, **globalization** refers to the shift toward a more internationally integrated and interdependent world economy. Globalization has several facets, including the globalization of markets, the globalization of production and the globalization of capital movement.

(1) 市场全球化。市场全球化是指在文化和地理上相互分割的各国市场被整合成了一个巨大的全球市场。市场全球化促进了世界多边贸易体制的形成,加快了全球货物贸易、服务贸易和技术贸易的增长,促进了全球贸易自由化的发展,也使得加入WTO的成员以统一的国际准则来规范自己的行为,各成员方市场的贸易壁垒大幅降低,从而形成了更为紧密的全球市场。目前发达国家的关税水平多在1%～3%,中国在加入WTO以后也积极履行承诺,平均进口关税总水平从2002年的15.3%下降到2021年的7.4%左右(中国商务部,2021)。

The **globalization of markets** refers to the merging of historically distinct and geographically separated national markets into one huge global market.

(2) 生产全球化。生产全球化是指利用生产要素在国家间成本和质量的差异从全球范围采购商品和服务。生产力的发展极大地推动着世界市场的扩大,同时以互联网为标志的科技革命,从时间和空间上缩短了各国之间的距离,促使世界贸易结构发生巨大变化,推动生产要素跨国流动。以苹果公司为例,2020年苹果公司最新供应商名单中,中国供应商有98家,占据总数的49%,包含中国内地42家、中国台湾46家、中国香港10家;美国公司35家,约占18%;日本公司33家,约占17%;韩国公司14家,约占7%;其他国家20家。生产力和科技的发展不仅对生产超越国界提出了内在要求,也为全球化生产准备了条件,是经济全球化的根本动力。

The **globalization of production** refers the sourcing of goods and services from locations around the globe to take advantage of national differences in the cost and quality of factors of production.

(3) 资本流动全球化。资本追逐报酬进行跨国流动,随着国际生产网络的建立,世界性的金融机构网络形成,大量的金融业务跨国界进行,跨国贷款、跨国证券发行和跨国并购体系也日益形成。20世纪80年代以来,全球国际资本流动迅猛发展,2007年次贷危机之前,全球国际资本流动的规模达到历史高点12.4万亿美元。但自2008年国际金融危机爆发以来,国际资本流动进入低谷期。新冠感染疫情减缓了全球各地投资项目的进程,随之而来的经济放缓也让跨国公司们重新评估要投资上马的新项目。《世界投资报告2022》(*World Investment Report 2022*)显示,全球对外直接投资在2020年下降到了2005年以来的最低水平1万亿美元左右,降幅达到近35%。随着疫情稳定和各国经济恢复开放,2021年全球对外直接投资增长到了1.58万亿美元,但全球国际资本流动复苏的过程在2022年又受到俄乌战争等国际环境因素的影响。

The **globalization of capital movement** occurs when a firm invests resources in business activities outside its home country.

知识拓展：感兴趣的同学可以进一步阅读美国著名经济学家巴里·埃森格林（B. Eichengreen）的《资本全球化》一书，从国际货币体系演进的角度来理解资本全球化的历史与未来。

经济全球化与跨国公司密切相关，世界银行发布的《世界发展报告2020》显示跨国公司控制着世界60%以上的国际货物贸易和服务贸易、70%以上的国际技术贸易，虽然跨国公司在贸易企业总数中占比不足15%，但几乎囊括了全球贸易总量的80%，它们从全球价值链的角度配置资源，或者说跨国公司就是经济全球化及其载体的推动者与担当者。

The growth and expansion of multinationals represent the significance of the fast development of economic globalization.

9.1.2 经济全球化的原因（Drivers of Economic Globalization）

形成经济全球化最主要的宏观因素有两个：一是第二次世界大战以后，商品、服务和资本自由流动壁垒的不断降低；二是技术的进步，特别是通信、信息处理和交通技术的迅猛发展。

Two macro factors underlie the trend of globalization. The first is the decline in barriers to the free flow of goods, services and capital that has occurred since the end of World War Ⅱ. The second factor is technological advance, particularly the dramatic developments in communication, information processing, and transportation technologies.

1929—1933年，世界经济陷入危机的同时，资本主义国家间爆发了关税战。美国国会通过"斯姆特-霍利关税法"将其关税提高到历史的最高水平，其他国家为保护本国利益也纷纷效仿，提高关税。高关税阻碍了商品的国际流通，造成国际贸易额大幅萎缩。第二次世界大战后期，美国、欧洲及其盟国就开始讨论如何在战后从金融、投资和贸易三个方面重建国际经济秩序，避免20世纪30年代在各国盛行的恶性贸易保护主义，促进全球经济的健康合作和发展。各国开始通过国际经济治理机制来降低商品、服务和资本自由流动的壁垒，先后达成各类国际条约和协定来履行与规范这些降低壁垒的措施，并自愿联合建立起国际组织，用以协调和保障国际条约的实施，开展国际经济治理活动。根据1944年7月布雷顿森林会议的协定，世界银行和国际货币基金组织应运而生，分别负责帮助战后重建和发展国际投资以及国际金融制度正常运作。GATT（及其继任者世界贸易组织）的主要职能在于推动世界贸易自由化，监督各国贸易政策，降低国际贸易的各类壁垒。有关世界贸易组织的内容，我们将在9.2节做详细介绍。国际货币基金组织的主要目标是通过经济政策协调，维护金融稳定和促进各成员方货币政策合作，促进世界贸易与经济增长与发展。而世界银行主要通过向发展中国家的政府和私营部门提供资金、政策咨询和技术援助，推动发展中国家的经济建设。其下设国际复兴开发银行、国际开发协会、国际金融公司、多边投资担保机构和国际投资争端解决中心五个机构。除上述三大国际组织以外，1945年成立的联合国，以及成立于1999年的二十国集团也都在国际经济治理中发挥着重要作用，通过政府间的协调合作，推动着经济全球化的进程。

In the 1920s and 1930s, many of the world's national states erected formidable barriers to international trade and foreign direct investment. These barriers had led to "beggar-thy-neighbor" retaliatory trade policies and contributed to the Great Depression of the 1930s. Lessons from this experience pushed many countries to remove barriers to the free flow of goods, services, and capital between nations after World War Ⅱ. A number of important global institutions have been created to help perform these functions, among which is the WTO (like the GATT before it) is primarily responsible for policing the world trading system. The IMF works to achieve sustainable growth and prosperity by supporting economic policies that promote financial stability and monetary cooperation. The World Bank provides financing, policy advice, and technical assistance to governments and the private sector in developing countries to reduce poverty and build shared prosperity.

如果说贸易和投资壁垒的降低使经济全球化在理论上成为可能,那么科学技术的进步就把这一可能变为现实。通信技术、信息技术和交通技术让世界成为"地球村"。在过去的半个多世纪中,卫星、光缆、无线技术和互联网等技术的发展给通信技术带来了前所未有的革新。随着互联网的诞生,信息技术更是成为全球经济的支撑之一,无数的创业企业也进入以前只有巨型跨国公司才能涉足的国际市场。虽然作为经济全球化标志的全球贸易额在GDP中的占比和对外直接投资在全球金融危机以后一直停滞不前,但是全球数据和技术的交换却一直在快速增长。第二次世界大战以后的运输技术也不断提升,其中推动经济全球化发展的重要创新包括商业飞机的发展、大型货轮的设计修建和集装箱技术的应用,这些技术创新使得运输效率迅速提升。随着上述技术的发展,在过去几十年里,沟通、数据处理和交通运输的成本大幅降低,企业在全球范围内进行生产和管理成为可能。因特网的发展让服务供应商们能够降低服务贸易成本,提升服务质量,印度的软件公司可以帮助地处美国的微软总部处理系统故障。除了助力生产的国际化,技术的发展也有效推动了市场的全球化:低成本的运输技术能够以更便宜的运费将货物运往世界各地;低成本的通信网络能够形成线上的全球市场;而低成本的旅行也让人们能够更深入地了解各地的文化差异,降低了消费品的本土化需求。发达的通信技术也让媒体能够创造和推广同质化的文化偏好,特别是经济发达地区的消费品偏好,全世界的消费者都追捧着苹果公司的产品和欧洲的时尚,当然也让更多的消费者看到了偏远欠发达地区的特色产品。

The lowering of trade and investment barriers made globalization a theoretical possibility, it is the technological advancement that has made it a reality. The world has witnessed major developments in communication, information processing, and transportation technology since the end of World War Ⅱ. Global communication has been significantly promoted by developments in satellite, optical fiber, wireless technology, and the Internet. The most important transportation technological innovation is probably the development of commercial jet aircraft, super freighters, and the introduction of containerization. These technological changes have dramatically saved transportation costs and improved efficiency.

9.1.3　经济全球化的影响(Impacts of Economic Globalization)

经济全球化到底是好还是坏呢？主流的经济学家、政治家和商界领袖大都认为经济全球化降低了国际贸易和国际投资的壁垒,这两大经济增长的引擎大大推动了世界经济的繁荣。世界市场的不断扩大和区域统一,使国际分工更加深化,各国可以充分发挥自身比较优势,扩大生产规模,实现规模效益。一国经济运行的效率总会受本国资源和市场的限制,经济全球化可以促进产业的转移和资本、技术等生产要素的加速流动,从而弥补各国资本、技术等生产要素的不足,使一国经济在目前条件下最大限度地摆脱资源和市场的束缚,实现以最有利的条件来进行生产,以最有利的市场来进行销售,迅速实现产业演进和制度创新,改进管理,提高劳动生产率,积极开发新产品,提高自身的国际竞争力。第二次世界大战以后的数十年里,全球贸易的爆炸式发展使生活水平得到了巨大改善,贫困人口减少,人民教育水平和身体健康水平提升。大量的实证研究表明全球化能够促进经济增长：Dreher(2006)通过瑞士苏黎世联邦理工学院经济研究中心(KOF)全球化综合指数,审查了123个国家的数据,总体结果表明全球化促进了经济增长；张中元(2014)利用全球128个经济体在1975—2012年的相关数据,采用动态面板模型得出经济全球化的提高会显著地促进其经济增长。经济全球化同时也使全球128个国家基尼系数下降,改善了全球收入分配状况(Darvas,2016)。中国改革开放40多年来的瞩目成就很大程度上受益于经济全球化的发展,使数亿中国人脱离了贫困。据世界银行估计,世界极端贫困人口从1981年的15亿,下降到了2019年的6.41亿(由于新冠感染疫情等原因,极端贫困人口在2020年又有所新增)。贸易和投资扩张的同时,也创造了更多的就业机会。全球价值链参与能够给当地劳动力市场带来显著的就业效应和工资效应(Feenstra & Hanson,1996；McMillan,2010)。确实,随着市场的开放,一国国内不具有国际竞争力的行业会丧失一些就业机会,但是贸易同时也会创造新的就业,关键在于政府和行业如何转换竞争轨道。

Is the trend toward a more interdependent and integrated global economy a good thing? That free trade and investment are the best strategy for advancing the world's economic development are one of the few propositions on which mainstream economists, politicians, and business leaders agree. Trade and investment are the twin engines driving the global economy toward greater prosperity. Expanded and integrated production and market enable nations to take full use of their comparative advantage to improve productivity, make technology innovations, evolve their industries, and become more internationally competitive. On a wide range of measures-poverty, education, health, and life expectancy-more people have become better off at a faster pace in the past decades. Expanded trade is also linked with the creation of more and better jobs.

当主流经济学家们为贸易自由化摇旗呐喊的同时,社会各方也不断出现对经济全球化质疑的声音。1999年12月,超过4万人聚集在西雅图世界贸易组织的会场外举行游行示威,反对经济全球化。示威人群抗议的内容、议题广泛,包括受到外国竞争冲击的行业的失业问题、低技能工人的收入降低、环境恶化、全球媒体和跨国公司带来的文化帝主义等问题。当时 WTO 正准备开始新一轮的谈判,继续降低贸易和投资壁垒,这无疑将进一步推动经济全球化,因此,WTO 也就成为抗议全球化的示威人群的目标。虽然理论和实践经验告诉我们,示威人群的担忧有点夸大其词,但是经济全球化带来的问题也确实不容小觑。

Despite the existence of a compelling body of theory and evidence shared by economists, globalization has its active and vocal critics.

发达国家的媒体和政客经常危言耸听的一个担忧就是,经济全球化会让发达国家的制造业丢失工作机会,他们认为降低了贸易壁垒会让跨国公司把生产环节搬到中国和印度这样的发展中国家,美国上一任总统特朗普甚至说中国"偷走"了美国的工作。但是经济全球化的支持者们也明确指出,这种论调混淆问题的重点,自由贸易带来的利益大于其成本,自由贸易经济效益的另一面是收入重新分配。在欧美更具有竞争优势的高技术产业的就业机会更多了,总劳动收入也增加了。工人经历的经济不安定感是重组的必然结果。他们当中很多人的工资永远也回不到原来的水平。我们也重温了这个道理:有人失去了,才有人得到了。①

One concern frequently voiced by the media and politicians from the wealthy advanced economies is that falling barriers to trade destroy manufacturing jobs in these economies. Supporters of globalization reply that these critics miss the essential points-the benefits of free trade outweigh the cost. Research shows that the share of national income enjoyed by skilled labor has increased in advanced countries.

经济全球化的反对者们经常提及的另一个担忧是:贸易和投资的自由化是否会带来劳工待遇和环境的持续恶化?Martin Rama(2003)发现短期工资会随着开放贸易和外国直接投资而下降。发达国家的跨国公司为了节约成本,会将生产环节转移到劳工标准较低和环境规制较宽松的国家和地区,也就是"污染天堂效应"。② 更为严重的情况是,发展中国家为了吸引外商投资,可能会放松劳工标准和环境规制,从而出现"竞次效应"。Chanda(2001)使用资本账户的开放度指标得出发展中国家从全球化中蒙受损失而不是受益。但是经济全球化的支持者们也用理论和经验检验证明,正如"环境库兹涅茨曲线"③所展示的,贸易和投资会带来经济的增长,而通常随着一国国民收入的增加,劳工标准和环境规制都会变得更加严格。

A second concern is that free trade encourages firms from advanced nations to move manufacturing facilities to less developed countries that lack adequate regulation to protect labor and the environment. In the environment's case, Pollution Haven Effect

---

① 罗德里克.全球化的悖论[M].廖丽华,译.北京:中国人民大学出版社,2011.

② 污染天堂效应是指污染密集产业的企业倾向于建立在环境标准相对较低的国家或地区。如果各个国家除了环境标准外,其他方面的条件都相同,那么污染企业就会选择在环境标准较低的国家进行生产,这些国家就成为污染的天堂。

③ 环境库兹涅茨曲线是指当一个国家经济发展水平较低的时候,环境污染的程度较轻,但是随着人均收入的增加,环境污染由低趋高,环境恶化程度随经济的增长而加剧;当经济发展达到一定水平后,也就是说,到达某个临界点或称"拐点"以后,随着人均收入的进一步增加,环境污染又由高趋低,其环境污染的程度逐渐降低,环境质量逐渐得到改善。

appears. Even worse, the less developed countries may race to the bottom to compete for investment. Yet supporters of globalization argue, in general, as countries get richer, they enact more stringent labor and environment regulations. Trade makes them richer.

经济全球化同时也使国际经济关系更加复杂,以往的国别关系、地区关系发展成为多极关系和全球关系,政府间国际组织成为全球性规则的制定者和监督实施者、全球性问题的管理者和全球性争端的解决者,促使一国的国内规则尽可能与国际规则协调与一致。各国政府不得不向 WTO 这类国际经济治理组织让渡一部分主权,如 WTO 在其《关于争端解决规则与程序的谅解》中,全面规定了 WTO 解决贸易争端的政治方法、法律方法、裁决执行与监督以及救济办法等,并专门设立了争端解决机构(Dispute Settlement Body,DSB)。中国为能够履行其入世承诺,在加入 WTO 以后对国内 19 万条法规进行了相应的修改。参与经济全球化进程的国家或多或少会出让或放弃部分主权,并向 WTO、IMF、世界银行和跨国公司转移经济权利。从这个意义来说,经济全球化是一个制度变迁的过程,是一个既相互竞争又相互融合渗透的过程。

Another concern voiced by critics of globalization is that the increasingly interdependent global economy shifts economic power away from national governments and toward supranational organizations such as the WTO. From this perspective, the process of becoming a more integrated globalized economy also leads to the evolution of a more interdependent governance institution.

经济全球化使得世界各国的经济联系在一起,这在促进各国经济合作的同时,也使得一个国家的经济波动可能殃及他国,甚至影响全世界,加剧全球经济的不稳定性,尤其对发展中国家的经济安全构成极大的威胁。从 20 世纪 60 年代的美元危机,70 年代初布雷顿森林体系的瓦解,80 年代初的拉丁美洲债务危机,90 年代初的欧洲货币体系危机,1994 年的墨西哥比索汇率危机,1997 年的东南亚金融危机,到 2007 年的美国次贷危机和衍生的欧债危机,以及 2020 年开始的疫情和 2022 年的俄乌战争,这些无一例外都是从区域性的经济问题引发全球的经济危机。经济全球化的代价之一就是全球经济的不稳定成为一种常态,一个国家的内部失衡会反映成为外部失衡,进而很快影响与其具有紧密贸易和投资关系的国家,最后极有可能将所有国家不同程度地引入失衡与危机的境地。

A more obvious effect of globalization is that the world economy would become more vulnerable to risks. Risks and crises in a single country or a regional problem would easily lead to a worldwide disaster. This has been proved by the Dollar Crisis in the 1960s, the collapse of the Breton Wood System in the 1970s, the Latin American Debt Crisis in the 1980s, the 1997 Asian financial crisis, the 2007 subprime crisis, the European Sovereign Debt Crisis, Covid-19 and the Ukraine War. Maybe, one of the costs of globalization is national economic stability.

请和你的学习小组一起思考和讨论:如何看待经济全球化影响及其未来?

知识拓展:感兴趣的同学可以进一步阅读托马斯·弗里德曼的《世界是平的》,该书利用社会观察方法,而非经济学家的方法描述了推动经济全球化的力量,以及经济全球化带来的利益分配问题。

9.2 世界贸易组织(World Trade Organization)

1945年12月,美国开始与其盟国商谈战后建立规范贸易秩序的多边贸易协定,1947年10月,参与GATT谈判的23个国家中的英国、美国、加拿大、澳大利亚、法国、比利时、荷兰和卢森堡8个国家签订了《关税及贸易总协定》。1947年,参与协商的各国通过了《哈瓦那宪章》(*Havana Charter*),决定成立国际贸易组织(International Trade Organization,ITO)来促进国际贸易合作,消除各国间阻碍公平竞争的措施。遗憾的是,由于美国国会认为ITO会干预美国国内经济,一直没有通过该宪章,导致ITO最终流产没能成立。但是截至1948年,最终有23个国家签约。由于未能达到规定的生效条件,作为多边国际协定的关贸总协定从未正式生效,而是一直通过《临时适用议定书》的形式产生临时适用的效力,而非正式的国际组织。直到1995年1月1日《马拉喀什建立世界贸易组织协定》生效,世界贸易组织正式成立。WTO的成立标志着第二次世界大战结束以来国际贸易最重要的改革。GATT主要关注的是商品贸易领域的问题,而WTO的一系列协议所涵盖的领域还包括服务贸易和知识产权问题。与此同时,WTO还创立了争端解决的新机制。WTO的首要目标是推动贸易开放,让全社会受益。该组织负责监管各国对国际贸易制定的规则和政策,并提供国家间磋商、改进多边贸易协定和争端解决的平台。WTO也积极响应发展中国家(地区)的经济发展需求。

The WTO's creation by Marrakesh Agreement Establishing the World Trade Organization (WTO Agreement) on 1 January 1995 marked the biggest reform of international trade since the end of the Second World War. Whereas the GATT mainly dealt with trade in goods, the WTO and its agreements also cover trade in services and intellectual property. The birth of the WTO also created new procedures for the settlement of disputes. The primary purpose of the WTO is to open trade for the benefit of all. It operates a global system of trade rules, acts as a forum for negotiating trade agreements, settles trade disputes between its members and it supports the needs of developing countries.

9.2.1 WTO的基本原则(WTO Principles)

WTO总部设在瑞士的日内瓦,截至2023年5月,共有164个成员方,涵盖了世界贸易98%的贸易量,另外还有25个国家正在就加入WTO事宜进行谈判。WTO及其前身GATT一直奉行以下主要原则。

(1) 非歧视性。非歧视性原则是WTO的基石,是指成员方不得区别对待其贸易伙伴,也不得区别对待本国(地区)与其他成员方的产品、服务或公民。非歧视性原则通常也被解读为最惠国待遇原则和国民待遇原则,"最惠国待遇"是指在货物贸易的关税、费用等方面,一成员方给予其他任一成员方的优惠和好处,都须立即无条件地给予所有成员。而"国民待遇"是指在征收国内税费和实施国内法规时,成员方对进口产品和本国(或地区)产品要一视同仁,不得歧视。

Trade without discrimination. This principle is also known as **most-favored-nation（MFN）treatment and National treatment.** MFN means, under the WTO agreements, countries can not normally discriminate between their trading partners. Grant someone a special favor (such as a lower customs duty rate for one of their products) and you have to do the same for all other WTO members. National treatment means treating foreigners and locals equally Imported and locally-produced goods should be treated equally — at least after the foreign goods have entered the market. The same should apply to foreign and domestic services, and foreign and local trademarks, copyrights, and patents.

（2）市场开放性。降低贸易壁垒是最可行的促进贸易的手段，WTO倡导其各成员方在权利与义务平衡的基础上，根据其自身的经济状况及竞争力开放市场。WTO已经完成八轮谈判，各轮谈判均不断降低关税和非关税壁垒，逐步开放市场，实行贸易自由化，第九轮谈判——多哈回合于2001年正式启动。开放的市场虽然益处良多，但各国（地区）也需要逐步适应，特别是发展中国家（地区），通常有更长的适应期。

Freer trade：gradually，through negotiation. Lowering trade barriers is one of the most obvious means of encouraging trade. There have been eight rounds of trade negotiations to cover lowering tariffs and non-tariff barriers on goods and new areas such as services and intellectual property. A ninth round, under the Doha Development Agenda, is now underway. Developing countries are usually given longer to fulfill their obligations.

（3）透明度。多边贸易体制实施的目标是让商务环境更加稳定和可预期。WTO各成员方作出开放商品和服务市场的承诺是有约束力的。WTO的多数协议都要求其成员方一切影响贸易活动的政策和措施，包括影响出口货物的销售、分配、运输、保险、仓储、检验、展览、加工、混合或者使用的法令和条例与一般援引的司法判决及行程决定，以及一成员方政府与另一成员方政府之间缔约的影响国际贸易政策的现行规定，都必须及时公开，以便各成员方政府和企业了解与熟悉。WTO的贸易政策审查机制也会定期对成员方的贸易政策进行审查，以保证成员方政府贸易政策在国内和多边层面上均能保持透明。

Predictability：through binding and transparency. The multilateral trading system is an attempt by governments to make the business environment stable and predictable. The regular surveillance of national trade policies through the Trade Policy Review Mechanism provides a further means of encouraging transparency both domestically and at the multilateral level.

（4）公平贸易。这一原则包括互惠贸易原则和公平竞争原则。其基本含义是各成员和出口经营者，都不得采取不公正的贸易手段进行国际贸易竞争或扭曲国际贸易市场竞争秩序。WTO的规则允许在有限的范围内实施关税等保护措施，但规则必须公平，并阐释各成员方政府在受到不公平贸易对待时可以作出何种反应。

Promoting fair competition. The WTO does allow tariffs and, in limited circumstances, other forms of protection. The rules try to establish what is fair or unfair, and how governments can respond to compensate for damage caused by unfair trade.

（5）发展中国家（地区）优惠。超过 3/4 的 WTO 成员方是发展中国家（地区）和转型经济国家（地区）。WTO 体系旨在促进社会发展，也即是说，这些发展中成员方在达到 WTO 各项协议要求时可以有更长的过渡期、更大的弹性和更多的特权。

Encouraging development and economic reform. Over three-quarters of WTO members are developing countries and countries in transition to market economies. Developing countries need flexibility in the time they take to implement the system's agreements. And the WTO agreements allow for special assistance and trade concessions for developing countries.

9.2.2　WTO 的主要职能（The WTO Functions）

世界贸易组织通过履行以下各项职能来实现其主要目标。

（1）管理 WTO 贸易协定。WTO 通过谈判制定和遵守各类贸易协定，并以此推动贸易开放和公平发展。目前的贸易协定主要是 1986—1994 年举行的乌拉圭回合谈判的成果，该回合除了对《关税及贸易总协定》进行了重要修改，其达成的 WTO 规则涵盖了三个新的领域：一是对农产品和工业品一视同仁，用关税取代了很多农产品进口配额和其他非关税壁垒。二是《与贸易有关的知识产权协议》提出了新的规则，要求对专利、版权和商标进行保护，以打击盗版。三是签订了《服务贸易总协定》，为推进服务贸易自由化提供了一个框架。乌拉圭回合也为争端处理设计了新的机制。通过这些贸易协定，WTO 各成员方能够在一个非歧视的多边贸易体系中享有权利和履行义务。WTO 同时也为发展中国家（地区）实施其承诺提供了更多的弹性空间。

Administering WTO trade agreements. The WTO ensures that trade is as fair and open as possible by negotiating rules-the agreements-and abiding by them. The current set is largely the outcome of the 1986—1994 Uruguay Round negotiations. Besides a major revision of the original General Agreement on Tariffs and Trade (GATT), the Uruguay Round created new rules for dealing with trade in services and intellectual property and new procedures for dispute settlement. Through these agreements, WTO members operate a non-discriminatory trading system that spells out their rights and their obligations.

（2）贸易谈判平台。GATT 和 WTO 为世界经济和贸易的增长作出了卓越的贡献，多边贸易体制的这些成就主要通过组织一系列的贸易谈判（也叫"回合"）来实现。如表 9-1 所示，GATT 时期，成员为了降低关税一共进行了八轮多边贸易谈判。前五轮主要致力于降低关税，采用逐项谈判方式，并首先在最大贸易国之间实现关税减让，然后在非歧视原则下，惠及所有成员方。从第六轮肯尼迪回合谈判开始，GATT 就开始推动非关税壁垒的减让，制定了反倾销程序。东京回合谈判达成了六项自律准则，涉及海关估值、进口许可证审批程序、政府采购、产品标准和类似的技术壁垒、补贴和反补贴措施，以及倾销和反倾销措施。到了乌拉圭回合谈判，非关税壁垒减让的成果就比较丰富了，签署了大量有关非关税壁垒的协议,修订和增加了自律准则,各成员方政府还同意取消针对纺织品和服装的自愿出口限制(VER),取消大多数其他类型的 VER,并限制使用"本地成分要求"条款。乌拉圭回合谈判后,工业化国家非农业产品关税平均降低了 38%。乌拉圭回合的重要成果之一是成立 WTO。在 WTO 时期,69 个成员方政府在 1997 年达成了电信服务开放的协议,比乌拉圭回合的成果更加深入了。同年,40 个成员方政府达成了信息技术产品的免税贸易协定,70 个成员方达成了包括银行、保险、证券和金融信息服务在内涵盖超过 95%的金融服务的市场开放协议。这些议题也在 2001 年 11 月的多哈 WTO 部长级会议上被纳入新的谈判回合议题。最近的一轮多哈回合谈判涵盖了 20 个左右贸易领域的主题,主要包括农业、非农产品市场准入、服务贸易、知识产权、贸易与发展、贸易与环境、贸易便利化、WTO 规则谈判和争端解决等议题。

Forum for trade negotiations. The GATT and the WTO have helped to create a strong and prosperous trading system that was developed through a series of trade negotiations, or rounds. The first rounds dealt mainly with tariff reductions but later negotiations included other areas such as anti-dumping and non-tariff measures. The 1986-1994 round-the Uruguay Round-led to the WTO's creation. The Doha Development Agenda was launched at the fourth WTO Ministerial Conference in Doha, Qatar, in November 2001. The Doha Round is the latest round of trade negotiations among the WTO membership. The work programme covers about 20 areas of trade. The main areas of negotiation include agriculture, non — agricultural market access, service, intellectual property, trade and development, trade and environment, trade facilitation, WTO rules and dispute settlement understanding.

表 9-1　GATT 历轮谈判

回合 Round	时间 Time	谈判成员方数/个	主要谈判内容 Topics
日内瓦回合 Geneva Round	1947 年 4 月— 1947 年 10 月	23	达成双边减税协议 123 项 占工业化国家进口值 54%的商品关税平均降低 35%
安纳西回合 Annecy Round	1949 年 4 月— 1949 年 10 月	13	达成双边协议 147 项 应征关税占进口值 56%的商品平均降低关税 35%
托基回合 Torquay Round	1950 年 9 月— 1951 年 4 月	38	共签订 150 项关税减让协议 占进口值 11.7%的商品关税平均降低 26%
日内瓦回合 Geneva Round	1956 年 1 月— 1956 年 5 月	26	占进口值 16%的商品关税平均降低 15%
狄龙回合 Dillon Round	1960 年 9 月— 1961 年 7 月	26	占进口值 20%的商品关税平均降低 20%
肯尼迪回合 Kennedy Round	1964 年 5 月— 1967 年 6 月	62	工业品进口税税率平均下降 35% 通过第一个《国际反倾销法》

续表

回合 Round	时间 Time	谈判成员方数/个	主要谈判内容 Topics
东京回合 Tokyo Round	1973年9月— 1979年11月	102	通过《东京宣言》 1980—1988年关税平均下降33%，其中美国下降30%~35%，欧洲各国下降25%，日本下降50% 达成降低非关税壁垒的自律准则
乌拉圭回合 Uruguay Round	1986年9月— 1993年12月	123	决定成立WTO 形成包括40个协议和决议的最后文件

（3）解决贸易争端。争端解决机制是WTO这个多边贸易体制的核心内容之一，也是WTO对全球经济稳定发展的重要贡献，在该机制下，WTO这一基于规则的体系才能有效运转。成员方政府在认为其受到WTO贸易协议保护的权益受到侵犯时，向WTO提起诉讼，并由WTO指定的独立专家组对案件进行判断和裁决。WTO体制鼓励成员方通过协商解决彼此的争端。WTO自成立以来共处理了500多起上诉案件，超过了GATT（1947—1994年）整合存续期间处理的300多起争端。

Handling trade disputes. Dispute settlement is the central pillar of the multilateral trading system, and the WTO's unique contribution to the stability of the global economy. Governments bring disputes to the WTO if they think their rights under the WTO agreements are being violated. Specially appointed independent expert panels are to make judgments based on interpretations of the agreements and individual members' commitments.

（4）审查国家贸易政策。WTO通过其贸易政策审查机制推动透明度原则，并深入了解各成员方政府的贸易政策，评估政策影响。WTO也通过审查机制为成员方政府提供建设性的政策反馈意见。另外，WTO在2008年金融危机期间开始监察贸易措施实施，目前检查职能已经成为WTO的常规职能之一，旨在关注成员方的贸易促进和贸易限制措施。

Monitoring trade policies. The WTO's Trade Policy Review Mechanism is designed to improve transparency, create a better understanding of the trade policies adopted by its members and assess their impact. In addition, the WTO undertakes regular monitoring of global trade measures to highlight WTO members' implementation of both trade-facilitating and trade-restricting measures.

（5）推动发展中国家（地区）贸易发展。WTO每年为发展中国家（地区）组织上百场技术合作活动。该组织每年在日内瓦为各国（地区）政府官员提供各类贸易政策课程，帮助他们加强对贸易协定和全球贸易规则的理解。世界各地区也经常定期举办区域性的研讨会和众多线上课程。

Technical assistance and training for developing economies. The WTO organizes hundreds of technical cooperation missions and trade policy courses for developing economies annually.

（6）与其他国际组织展开合作。WTO成员方政府通常都参与了比WTO体制更广泛的国际义务和权利体系。因此，WTO 与其他国际组织有着广泛的合作，比如 WTO 与国际货币基金组织和世界银行建立有专门且正式的合作协议。WTO 按照 1994 年 4 月马拉喀什部长会议上"关于世界贸易组织对实现全球经济决策更大一致性所做贡献的宣言"中确认的"一致性"原则与其他国际组织展开合作。在 WTO 的各个机构中有 140 多个国际组织的观察员，WTO 也与 200 多个国际组织在数据统计、研究、标准制定、技术原则和培训等活动中有着广泛的合作。

Cooperation with other international organizations. The WTO system is only one part of a much broader set of international rights and obligations that bind WTO Members. The WTO works with a number of other international governmental organizations under the banner of "coherence" as stated in the "Decision on achieving greater coherence in global economic policy-making", which ministers agreed on Marrakesh, April 1994.

请和你的学习小组一起思考和讨论：为什么多哈回合谈判会名存实亡，处境如此艰难？与前几个回合相比，多哈回合的谈判环境和内容有哪些变化？同学们还可以进一步阅读案例 9-1，全面了解当前以 WTO 为代表的多边贸易机制所面临的深刻危机。

知识拓展：感兴趣的同学可以进一步阅读中华人民共和国国务院新闻办公室 2018 年 6 月 28 日发表的《中国与世界贸易组织》白皮书。白皮书全面介绍了中国履行加入 WTO 承诺的实践，阐释了中国参与多边贸易体制建设的原则立场和政策主张，阐明了中国推进更高水平对外开放的愿景与行动。

案例 9-1　WTO 改革向何处去

2019 年 12 月，由于美国一直阻挠世界贸易组织上诉机构任命新的法官，WTO 上诉机构停摆，2020 年 11 月 30 日，最后一名来自中国的 WTO 上诉机构法官任期届满，这颗全球贸易系统"皇冠上的珍珠"黯然失色了。彼得森国际经济研究所的报告描述了阻挠任命会引发的一系列连锁反应：首先，争端解决机构的裁决会失去法律效力，提起上诉的成员将会失去维权的最后手段。其次，这会让大国、强国有机会重拾单边主义，用报复手段强制其他国家遵守自己订立的规则。最后，这会导致处于相对弱势地位的成员对于探讨、谈判贸易规则失去兴趣。而 WTO 最初建立的目的就是提供一个能依靠谈判解决国际贸易问题的平台，失去了这个支点，WTO 体系的最大价值将不复存在。

WTO 为多边贸易体制的核心，自成立以来在推动全球贸易发展、解决各国贸易争端、促进经济发展等方面作出了重要贡献，但随着国际形势的变化，现在的世界贸易组织正面临一系列的挑战：一是世界贸易组织自身部分机构运转效率欠佳。在贸易谈判上，多哈回合目前处于中止状态。在争端解决机制上，上诉机构停摆。在贸易监督上，贸易政策通告不充分的问题一直存在。二是多边贸易体制受到挑战与冲击。一些国家滥用国家安全例外的措施，采取不合规的单边保护措施以及滥用贸易救济措施，破坏了以规则为基础、自由、开放的国际贸易秩序。而且区域自由贸易协定近些年的发展十分迅速，世界贸易组织面临着被边缘化的风险。

WTO 成员都已经意识到了改革的紧迫性。2018 年二十国集团布宜诺斯艾利斯峰会支持对世界贸易组织进行必要改革，帮助其更好地发挥作用。中国、美国以及欧盟等都已经针对WTO改革提出了各自的设想。欧盟2018年9月发布的有关WTO改革的"概念文件"指出,就未来WTO规则制定方面的改革而言,应制定有利于系统再平衡和创造公平竞争环境的规则,建立新的规则以应对阻碍服务和投资的壁垒以及应对全球社会的可持续发展问题;就WTO日常工作和透明度方面而言,主张各国严格遵守透明度和通知义务要求,提高WTO有效性;就WTO争端解决机制而言,提出了两阶段方案,第一阶段全面修改有关上诉机构功能的条款,第二阶段解决规则落实的具体问题。2019年3月1日,美国贸易代表办公室发布的《2019年贸易政策议程及2018年度报告》指出,WTO必须应对所谓的"非市场经济"挑战,WTO争端解决必须充分尊重成员的主权政策选择,WTO成员必须遵守通知义务,必须改革WTO对发展中国家的待遇问题。中国在2018年6月,发表《中国与世界贸易组织》白皮书,全面阐述了中方对WTO和多边贸易体制的立场主张,介绍中国对世界经济贸易发展的积极贡献。2018年11月,中国发布关于世界贸易组织改革的立场文件,提出三项基本原则:①维护非歧视、开放等多边贸易体制的核心价值;②保障发展中成员的发展利益;③遵循协商一致的决策机制。2019年5月,中国向WTO提交建议文件,就四个重点行动领域和12个具体议题提出改革思路:解决危及WTO生存的关键和紧迫性问题;增加WTO在全球经济治理中的相关性;提高WTO运行效率;增强多边贸易体制的包容性。

理查德·鲍德温(Richard Baldwin)曾指出,WTO作为多边贸易体制仍具有其吸引力,只是随着世界经济的发展,国际分工发生了更深刻的变化,新一轮多边谈判的内容已经大大超出了原有多边贸易体制成立时设立的规则和政治经济学基础,WTO未来需要吸纳新的规则,实践中可能出现双轨制。不管怎么说,WTO的改革都应该立足于它自身的核心价值,从WTO基本原则出发,使得世界贸易组织更加适应现代化的国际贸易形势并更好地发挥它的作用。

资料来源:
陈建安.携手各方推动世界贸易组织改革[N].经济日报,2021-12-16.
孔庆江.美欧对世界贸易组织改革的设想与中国方案比较[J].欧洲研究,2019(3):38-56.
中华人民共和国商务部.中国关于世界贸易组织改革的建议文件[EB/OL].(2019-05-14).www.mofcom.gov.cn/article/jiguanzx/201905/20190502862614.shtml.
BALDWIN R. The World Trade Organization and the future of multilateralism[J]. Journal of economic perspectives,2016,30(1):95-116.
GONZÁLEZ A,JUNG E. Developing countries can help restore the WTO's dispute settlement system[Z]. Policy Briefs PB20-1,Peterson Institute for International Economics,2020.

9.3 区域经济一体化的基本组织形式
(Types of Regional Economic Integration)

在过去的几十年间,区域经济一体化进程中建立的各种贸易集团在数量上和范围上都增长迅速,这其中也包括了不少多边协议。区域经济一体化是指一定地理区域内的国家和地区减少和最终消除商品、服务与市场要素在成员间自由流动限制的过程。世界贸易组织要求其成员通报其参与的各类区域贸易协定的情况,根据WTO的统计,截至2022

年3月1日,全球生效的区域贸易协定共有354个,这些协议对应了WTO成员577条通报。

Regional economic integration through the establishment of trading blocs has risen in number and reach over the years, including a notable increase in large patrilateral agreements. By **regional economic integration** we mean agreements among countries in a geographic region to reduce, and ultimately remove, tariff and non-tariff barriers to the free flow of goods, services, and factors of production between each other. According to the WTO, as of 1 March 2022, 354 regional trade agreements were in force.

对于加入区域经济一体化组织的各成员而言,不同形式的组织要求成员让渡不同程度的国内经济控制权,区域内对商品、服务和生产要素跨国流动的限制越少,各成员就越容易丧失各自对国内经济特别是贸易政策的控制权。经济一体化进程的不同阶段,出现了不同形式的区域经济一体化组织形式。理论上来说,从一体化程度最低的组织形式到一体化程度最高的组织形式分别为:特惠贸易安排(preferential trade arrangement)、自由贸易区(free-trade area)、关税同盟(customs union)、共同市场(common market)、经济同盟(economic union)、完全经济一体化(complete economic integration)。表9-2总结了区域经济一体化的基本组织形式及其基本特点。

Several levels of economic integration are possible in theory, from the least integrated to the most integrated, they are a preferential trade arrangement, a free trade area, a customs union, a common market, an economic union, and complete economic integration.

表9-2 区域经济一体化的基本组织形式及其基本特点
Types and Features of Regional Economic Blocs

区域经济一体化的组织形式 Types of Economic Blocs	基本特点 Features of Bloc			
	成员间的自由贸易 Free Trade among the Members	统一对非成员的贸易政策 Common External Trade Policies	生产要素的自由流动 Free Movement of Factors of Production	经济政策(财政政策、货币政策等)的统一 Harmonization of All Economic Policies (Fiscal, Monetary, etc.)
特惠贸易安排 preferential trade arrangement	partial			
自由贸易区 free-trade area	√			
关税同盟 customs union	√	√		
共同市场 common market	√	√	√	
经济同盟 economic union	√	√	√	√
完全经济一体化 complete economic integration	√	√	√	√

特惠贸易安排是指签署特惠贸易协定的成员国或者地区之间的贸易障碍比非成员国或者地区要低，部分商品可能取消了所有的贸易壁垒，实行自由贸易。特惠贸易安排是一种松散的区域经济一体化组织形式。

A preferential trade arrangement is a formal arrangement of trade between countries that reduces the normal tariffs on some imported goods.

自由贸易区是最常见的区域经济一体化组织形式，指两个或者两个以上的国家或者地区，通过签订自由贸易协定，逐步取消相互进口关税和非关税壁垒措施而建立起来的区域经济一体化组织的一个阶段。其特点是一体化组织内部各成员相互取消对方产品的关税，同时各个成员方在同非成员方展开贸易时，保持政策的独立，即自由贸易区成员方对非成员方维持其各自的关税和其他贸易壁垒。在目前的区域经济一体化组织中，自由贸易区是最多的组织形式。如，1994年成立的北美自由贸易区，其成员国包括加拿大、美国和墨西哥，2018年变更为美墨加贸易协定。目前世界上最大的自由贸易区是2022年1月正式生效的，包括中国在内的15个国家签订的《区域全面经济伙伴关系协定》。截至2023年6月，已签署自贸协定20个，涉及27个国家和地区。①

In a **free-trade area**, all barriers to the trade of goods and services among members are removed, but their separate national barriers against trade with the outside world are kept.

在自由贸易区的基础上再进一步的区域经济一体化组织形式是关税同盟，因此关税同盟除具备自由贸易区的特点——成员方之间取消所有关税，成员方对非成员方采取共同的对外贸易政策，成员方放弃了独立制定其对外贸易政策的权利。共同的对外贸易措施让成员方在关税同盟内部享有自由贸易的同时也同等对待非成员方。比如，如果自由贸易区成员方不考虑原产地原则，非成员方可以采用转运战略来规避高关税水平成员方的贸易限制，将产品先出口到关税水平较低的成员方，再出口到高关税的成员方。但是在关税同盟中共同对外贸易政策的存在就可以消除这一转运的现象。比利时、卢森堡和荷兰在1948年建立了关税同盟，并于1958年加入当时的欧洲经济共同体（European Economic Community，EEC，其1967年与欧洲煤钢共同体、欧洲原子能共同体统称欧洲共同体），欧洲共同体1957—1992年的一系列协议就包括关税同盟协议。

The **customs union** is one step further along the road to full economic integration. A customs union eliminate barriers to trade among members and adopt a common set of external trade policy.

成员方之间的经济一体化程度比关税同盟更进一步，不仅成员方之间取消所有的关税，对非成员方统一对外贸易政策，还在成员方之间取消生产要素的流动壁垒，这种区域经济一体化组织形式就叫作共同市场。劳动和资本在成员间自由流动无疑表明成员间的经济一体化水平更高了，同时也意味着让渡的国内经济控制权更多了，成员方在金融政策、财政政策和福利政策等方面的经济政策都需要进行协调。欧洲联盟（European Union，EU）虽然名称从欧洲共同市场（European Common Market）演化到欧共体，后来

---

① 中华人民共和国商务部中国自由贸易区服务网，http://fta.mofcom.gov.cn/index.shtml。

变成欧盟,但实际上直到1992年年底以前,其内部市场对劳动力和资本自由流动的限制仍然颇多。

In the next level of economic integration, a **common market** allows full freedom of factor flows (migration of labor and capital) among members in addition to having a customs union. Establishing a common market requires a significant degree of cooperation on fiscal, monetary, and employment policies.

经济同盟不仅具备共同市场的所有特点,各成员内部实现自由贸易,对外统一贸易政策,生产要素能够自由流动,而且各成员在财政、货币政策等方面的经济政策上进行协调和统一。比利时和卢森堡在20世纪20年代就建立了经济同盟。各种经济政策的协调就要求经济同盟的成员让渡一部分主权,并且建立一些超国家的机构来协调各成员的政策。比如欧盟在朝经济同盟的方向发展,欧共体国家从1979年就成立了欧洲货币体系,在成员国之间实行固定汇率制度,1994年成立欧洲货币管理局,1998年成立欧洲中央银行,1999年欧盟正式启动欧元,2002年欧元开始流通。除了货币同盟以外,1993年生效的《马斯特里赫特条约》(简称《马约》)和1997年生效的《稳定与增长公约》(又称《阿姆斯特丹条约》,简称《公约》),规定了欧盟财政政策的基本规则。《马约》对成员国财政政策作出了原则性规定,即从1994年起,欧盟各成员国的财政赤字占GDP的比重(赤字率)不能超过3%,政府债务占GDP的比重(债务率)不能超过60%。

An **economic union** entails even closer economic integration and cooperation than a common market. In addition to the free flow of products and factors of production among member countries and the adoption of a common external trade policy, in an **economic union**, member countries harmonize all their economic policies, including monetary, fiscal, and welfare policies as well as policies toward trade and factor migration.

完全经济一体化比经济同盟更进一步,它除了具备经济同盟的特点外,还要求成员国和地区统一社会政策,并建立其共同体一级的中央机构和执行机构来控制所有事物。完全经济一体化事实上几乎等同于一个国家的运行,迄今尚未出现这种形式的区域经济一体化组织。

Complete economic integration is the final stage of economic integration. After complete economic integration, the integrated members have no or negligible control of economic policy and social policy.

9.4 区域经济一体化的经济效应
(Effects of Regional Economic Integration)

区域经济一体化本质上是一种贸易歧视(trade discrimination),因为它意味着区别对待成员国和非成员国,成员国之间的贸易更趋于自由化。因此相对于自由贸易而言,它被认为是一种次优选择。区域经济一体化会改变成员与非成员国之间的贸易模式,从而导致福利效应的变化。

A regional economic bloc is a trade discrimination policy and is considered a second best policy when free trade is not likely to be available. The welfare effects change when a trade bloc eliminates trade barriers between members.

9.4.1 区域经济一体化的静态效应(Static Effects of Regional Economic Integration)

雅各布·维纳(Jacob Viner)在其1950年出版的代表性著作《关税同盟问题》(*The Customs Union Issue*)中系统阐述了关税同盟的理论,首次提出了关税同盟的两大静态效应:贸易创造(trade creation)和贸易转移(trade diversion)。贸易创造是指在关税同盟形成以后成员国之间增加的贸易量,即一成员国国内产品供给由成本较高的国内供给转向由另一成本较低的成员国供给。如果在形成关税同盟以前所有要素是完全就业的,贸易创造意味着低效率的资源使用被高效率的资源使用取代,消费者也能够节省开支,因此福利会得到提高。而贸易转移是指关税同盟形成以后成员国与非成员国之间的贸易由成员国之间的贸易取代,即一成员国国内产品供给由成本较低的非成员国供给转向由另一成本较高的成员国供给。贸易转移意味着低成本的生产由高成本的生产所取代,消费者也要支付更高的价格来购买成员国的产品,福利水平降低了。贸易转移破坏了自由贸易下按照比较优势进行分工的贸易模式。

Jacob Viner discusses in his book, *The Customs Union Issue*, the theory of customs union, in which the static, partial equilibrium effects of forming a customs union are measured in terms of trade creation and trade diversion. **Trade creation** occurs when some domestic production in a member country is replaced by lower-cost imports from another member country. Assuming that all economic resources are fully employed before and after the formation of the customs union, this increases the welfare of member countries because it leads to greater specialization in production based on comparative advantage. **Trade diversion** occurs when lower-cost imports from non-member countries are replaced by higher cost imports from member countries because of the preferential trade treatment given to member countries. Trade diversion reduces welfare because it shifts production from more efficient non-member countries to less efficient member countries. Thus, trade diversion worsens the international allocation of resources and shifts production away from comparative advantage.

雅各布·维纳出生于加拿大蒙特利尔,是芝加哥学派的早期成员之一,曾任教于芝加哥大学、斯坦福大学、耶鲁大学和普林斯顿大学,并担任《政治经济学杂志》主编18年。他对成本理论的研究和成本曲线的图形表述作出了开创性的贡献。他在1950年出版的《关税同盟问题》中,提出了贸易创造与贸易转移的分析,这也成为后来讨论这个问题的理论基础。

Jacob Viner, (born May 3, 1892, Montreal—died Sept. 12, 1970, Princeton, N. J., U. S.), a Canadian-born American economist who made major contributions to the theory of cost and production, international economics, and the history of economics. He was a professor at the University of Chicago (1925—1946)—with which his name is particularly associated—and Princeton University (1946—1960), where he was emeritus after 1960. *The Customs Union Issue* (1950), containing the now-familiar trade-creation/trade-diversion distinction.

如图 9-1 所示，D_A 和 S_A 是 A 国对产品 X 的需求曲线和供给曲线，B 国和 C 国供应产品 X 的价格水平分别是 P_B 和 P_C，我们通过三种贸易模式情形来比较 A 国加入关税同盟前后的福利变化情况。第一种贸易模式，在自由贸易条件下，产品 X 世界市场价格是 P_C=3 美元，A 国对产品 X 的需求量是 40 个单位，本国供给量只有 5 个单位，所以 A 国会从价格最低的 C 国进口 40－5＝35 个单位，因为 B 国生产产品 X 的价格为 3.5 美元。第二种贸易模式中，A 国决定对 X 征收每单位 1 美元的关税，此时 A 国从 C 国进口产品 X 的价格变成了 4 美元，而如果从 B 国进口，价格是 4.5 美元，因此 A 国将从 C 国进口 30－15＝15 个单位来满足国内市场对产品 X 的需求，而不会选择价格更高的 B 国的产品。第三种贸易模式出现的情况是，A 国和 B 国结成关税同盟，A 国和 B 国之间取消了关税，但对 C 国仍收取每单位 1 美元的关税，此时 A 国从 B 国进口产品 X 的单位价格是 3.5 美元，而从 C 国进口价格则仍然需要 4 美元，因此 A 国会选择从进口成本更低的 B 国进口 35－10＝25 个单位。A 国和 B 国结成关税同盟使得 A 国从第二种贸易模式转变为第三种贸易模式，A 国从 B 国的进口量(25 个单位)相较于原来从 C 国的进口(15 个单位)增加了 10 个单位，这就是维纳说的贸易创造；原本从 C 国进口的 15 个单位也从 B 国进口了，这就是贸易转移。

Figure 9-1 assumes the supply and demand schedules of product X in country A to be D_A and S_A, and P_B and P_C show countries B and C's price levels of X. Trade flows of three sceneries are demonstrated here: (a) free trade, (b) when country A introduces a 1 USD tariff on X, and (c) when countries A and B form a customs union.

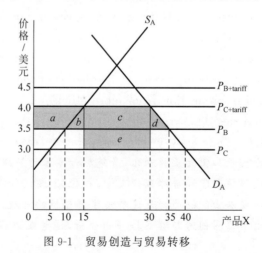

图 9-1　贸易创造与贸易转移

从福利变化来看，A 国国内市场产品 X 的价格从每单位 4 美元下降到了每单位 3.5 美元，A 国国内产品 X 的产量从 15 个单位下降到了 10 个单位，意味着资源配置从低效率的 A 国转移到了较高效率的 B 国,生产成本降低了,出现了生产效应(production effect)。同时,A 国产品 X 的消费量从 30 个单位增加到了 35 个单位,消费水平得到了提升,产生了消费效应(consumption effect),因此贸易创造通过生产效应和消费效应提升了 A 国的福利。但是原本从 C 国进口的 15 个单位由于现在从 B 国进口,意味着这 15 个单位的生产从资源配置高效率的 C 国转移到了资源配置效率较低的 B 国,低成本的非成员国生产被较高成本的成员国生产取代,社会生产成本增加了,造成了资源的浪费。从图 9-1 来看,消费者剩余增加了面积 $a+b+c+d$,其中,a 是由 A 国的供应商转移给消费者的生产者剩余,b 是生产效应,d 是消费效应。当 A 国与 B 国结成关税同盟时,A 国也损失了进口的关税收入,为面积 $c+e$,其中,c 转移给了国内的消费者,而 e 就是贸易转移的损失。

The formation of a customs union leads to a welfare increasing trade creation effect and a welfare decreasing trade diversion effect.

关税同盟的建立到底是会提升还是会损害成员国和整个社会的福利水平? 由于贸易创造和贸易转移对福利水平的影响截然相反,从我们目前的福利分析还很难回答这个问题,大部分的实证研究也没有定论(Clausing,2001)。如果 $b+d$ 大于 e,即贸易创造带来的福利水平的提升能够抵消贸易转移带来的福利水平的下降,那么关税同盟就提升成员国以及整个社会的福利水平。如果 $b+d$ 小于 e,即贸易创造带来的福利水平的提升小于贸易转移导致的福利水平的降低,那么关税同盟就会损害成员国以及整个社会的福利水平。图 9-1 中,生产效应 $b=1/2\times(15-10)\times(4-3.5)=1.25$(美元),消费效应 $d=1/2\times(35-30)\times(4-3.5)=1.25$(美元),$e$ 的面积为 B 国和 C 国的成本差额与贸易转移量的乘积,即 $e=(30-15)\times(3.5-3)=7.5$(美元),所以净福利为 -5 美元,A、B 两国结成关税同盟后成员国福利水平下降了。Christopher S. P. Magee (2008) 研究对比了 133 个 WTO 成员通报的它们在 1980—1998 年参与的包括北美自由贸易区在内等十种特惠贸易安排、自由贸易协定和关税同盟的贸易创造和贸易转移效应,结果表明在对单个国家贸易的影响上,贸易创造的总量大大超过贸易转移。

The net effect on well-being could be positive or negative since a customs union can increase or reduce the welfare of union members, depending on the relative strength of these two opposing forces-trade creation and trade diversion. The empirical work has failed to reach a firm conclusion on whether trade creation outweighs trade diversion. (Clausing,2001)

一般来说,在以下几个条件下区域经济一体化更能让总体福利水平得到提升。

一是贸易伙伴国的定价越接近低成本的世界市场价格,一体化效应越积极,贸易转移的损失越小。图 9-2(a)中 P_B 为每单位 3.2 美元时,e 的面积比图 9-1 中就要小很多,$e=(30-15)\times(3.2-3)=3$(美元),而此时的 $b+d$ 就增加到了 6.4 美元,整体福利增加了 3.4(6.4−3)美元。

二是初始关税税率越高,一体化效应越积极,$b+d$ 的面积越大,在极端情况下,如果一开始是禁止性关税,A 国的进口为零,就不会发生贸易转移带来的福利损失。图 9-2(b)中 A 国的关税水平是每单位 1.5 美元时,$e=(25-20)\times(3.5-3)=2.5$(美元),$b=$

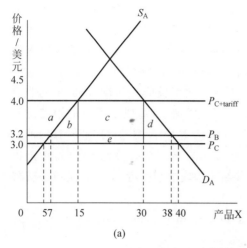
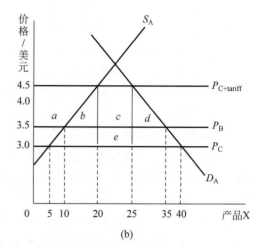

图 9-2 加入关税同盟后贸易创造与贸易转移效应对比
（a）伙伴国价格更接近世界市场价格；（b）初始关税税率更高

$1/2×(20-10)×(4.5-3.5)=5$（美元），$d=1/2×(35-25)×(4.5-3.5)=5$（美元），整体福利也增加了 7.5 美元。

三是进口产品的供给和需求曲线越有弹性，生产效应和消费效应（$b+d$ 的面积）越大，一体化效应越积极。

The following tendencies make for greater gains from a regional economic bloc：(a) the lower the trading partner costs relative to the outside world costs, the greater the gains. Any trade diversion will be less costly. (b) the higher the tariff rate before the customs union is, the greater the gains. (c) the more elastic the import demand, the greater the gains. The trade creation in response to any domestic price decline will be larger.

除了贸易创造和贸易转移这两种静态效应以外，区域经济一体化还有一些其他静态效应。比如经济一体化以后，成员国间的跨境贸易和服务，甚至是要素流动的监管减少，可以节约海关监管成本。另外，成员国通常作为一个整体参与贸易谈判，在与世界其他国家的贸易谈判中将会获得比单独各方谈判时更多的权利。

In addition to trade creation and trade diversion, regional economic integration leads to some other possible static effects, such as administrative cost reduction of customs and more bargaining power in trade negotiations by acting as a bloc.

9.4.2 区域经济一体化的动态效应（Dynamic Benefits of Regional Economic Integration）

除了静态效应，现有的研究也表明，长期而言，区域经济一体化还会带来一些影响成员国经济增长的动态效应。常见的动态效应是由于区域经济一体化为供应商创造了更大的没有贸易壁垒的市场，从而产生了更多的竞争、更大的规模经济和更多的投资行为。下面我们具体看看这三种动态效应。

Besides the static welfare effects discussed, in the long run, the member countries are likely to receive several dynamic benefits of economic development. These benefits are due to an expanded market with lower barriers, increased competition, economies of scale and stimulus to investment.

（1）规模经济效应。市场规模的扩大应该是区域经济一体化最显而易见的结果了，在区域经济一体化以前，企业的规模很大程度上受到其国内市场规模的限制，甚至有可能无法获取规模经济效益。加入区域经济一体化市场以后，企业能够自由进入其他成员国的市场，服务于更大的市场，这让特定的出口商品能够实现规模经济。那些无法获取规模经济效益，或者无法尽快获取规模经济效益的企业会被快速获取了规模经济效益的低成本企业挤出市场。这种优胜劣汰对整个区域经济一体化市场来说无疑是有益的，其使资源得到了更有效率的配置。除了由于成员国企业规模扩大所带来的内部规模经济效益，也存在外部规模经济效益的可能，如企业外部经济环境的变化会使得投入品成本降低。尼古拉斯·欧文(N. Owen)的研究就发现，原有的欧洲主要冰箱生产国德国、意大利和法国年产量只有 10 万台，而预估年产量需要达到 80 万台才能获得规模经济效益，在加入欧洲共同市场以后，20 世纪 60 年代后半期，意大利的主要冰箱厂家的年产量已经跃升到 85 万台，德国和法国的年产量也上升到了 57 万台和 29 万台。[①]

Economies of scale. The most obvious dynamic benefit of the integration is that economies of scale are likely to result from the enlarged market. Before the formation of an economic bloc, the size of a firm is largely limited by the size of its national market and scale economies may not be available due to small national markets. When joining the bloc, each firm now has a larger market to serve. This is good for the economic bloc as a whole as the resources are better allocated and utilized.

（2）市场竞争效应。区域经济一体化的市场降低了内部的贸易壁垒，使得内部市场环境更具有竞争力，更容易削弱垄断势力。贸易壁垒的存在很可能催生市场垄断行为，市场价格通常会更高。另外，贸易壁垒的保护也使得国内企业没有太大的动力去降低成本，或者实施新技术，生产成本通常也会更高。区域经济一体化以后，竞争会推动各成员国企业研发和使用新技术。这些措施都会削减成本和价格，最终惠及消费者。著名的福利经济学家提勃尔·西托夫斯基(T. Scitovsky)在其 1958 年的著作《经济理论与西欧一体化》(*Economic Theory and Western European Integration*)中阐述了竞争效应是欧洲经济一体化最重要的影响。他认为关税同盟的建立促进了商品的流通，竞争加强了，垄断被打破，经济福利由此提高。

Increased competition. When an economic bloc is formed and trade barriers among member countries are eliminated, producers in each country must become more efficient to meet the competition of other producers within the bloc and the monopoly power in each separate national market will be less likely. Increased competition will cut costs of

---

[①] OWEN N. Economies of scale, competitiveness and trade patterns within the European Community[J]. Journal of international economics, 1985, 19(3-4): 385-387.

production and reduce prices to the benefit of consumers.

（3）投资促进效应。区域经济一体化会吸引来自成员国内部以及外部非成员国的投资。跨国企业在进行海外生产选址时通常都需要考虑当地市场的规模，区域经济一体化无疑扩大了区域内的市场规模，对跨国公司更具吸引力。能够规避区域经济一体化市场的贸易壁垒这一特点，也会让非成员国企业愿意在成员国内部扩大其投资。比如 20 世纪 60 年代，就有大量的美国资本进入当时的欧共体。1950 年，美国对西欧的直接投资仅约 17 亿美元，1960 年即增加到约 67 亿美元，到 1970 年，进一步达到了 245 亿美元 (Hamrin,1988)。市场的一体化会减小市场的制度风险和不确定性，成员国相互之间的投资也会扩大。无论是成员国内部公司还是外部非成员国的跨国公司的投资，通常都会给当地带来更好的技术、管理和市场经验，这些无形资产扩散到本土企业也将带来正的外部性。

Stimulus to investment. The formation of an economic bloc is likely to spur both outsiders and insiders to invest more in the bloc. The enlarged market appears to be more attractive to multinationals to set up production facilities. Another possible benefit is the stimulus to investment to take advantage of the unified market and avoid the trade barriers imposed on outside products.

9.5　世界主要区域的经济一体化进程（The Process of Regional Economic Integration in Major Areas）

世界上 200 多个国家和地区中的绝大多数都加入了经济一体化组织，这些组织的一体化程度都不一样，但是对贸易产生了很大的影响。本节我们一起来了解一下世界上主要的区域经济一体化组织。

9.5.1　欧洲的区域经济一体化进程（The Process of Regional Economic Integration in Europe）

欧洲联盟是 27 个欧洲国家的经济和政治一体化组织，早在 1946 年 9 月，英国首相温斯顿·丘吉尔曾就提出建立"欧洲合众国"的思想。第二次世界大战后欧洲国家建立一体化组织的主要原因有二：一是在两次世界大战中西欧国家遭受重创，亟待恢复和平；二是战争削弱了欧洲国家的实力，它们需要在世界政治和经济舞台上保持自己的话语权。

The European Union (EU) is a unique economic and political union between 27 European countries. The predecessor of the EU was created after the Second World War based on two political considerations：(1) the devastation of Western Europe during two world wars and the desire for lasting peace, and (2) the European nations' desire to hold their own on the world's political and economic stage.

1950 年 5 月 9 日，法国外交部部长罗伯特·舒曼提出了欧洲煤钢共同体计划（又称舒曼计划），以期将欧洲煤钢工业整合为共同体来约束联邦德国。1951 年 4 月 18 日，意大利、比利时、法国、荷兰、卢森堡以及联邦德国签署了为期 50 年的《关于建立欧洲煤钢共同体的条约》(又称《巴黎条约》),1952年欧洲煤钢共同体成立,接手鲁尔区的管理权并取消部分德国工业生产的限制,同时推动煤与钢铁的生产销售。1957年3月25日,六国外长在罗马签署了建立欧洲经济共同体和欧洲原子能共同体的两个条约,即《罗马条约》,该条约于1958年1月1日生效。该条约规定:各成员国之间取消商品进出口的关税和定量限制,以及具有同等影响的其他一切措施;建立共同的农业政策以及运输政策等。1958年,欧洲经济共同体和欧洲原子能共同体正式成立,旨在创造共同市场,取消成员国间的关税以及促进成员国间劳动、商品、资金、服务的自由流通。

French foreign minister Robert Schuman began the process with the integration of the coal and steel industries into a common market in 1950 (the Shuman Plan). Six countries-Belgium, West Germany, France, Italy, Luxembourg, and the Netherlands-set up the European Coal and Steel Community (ECSC). The initial six members signed the Treaty of Rome in 1957, which established a common market among them in 1958.

1967年,根据六国签订的《布鲁塞尔条约》,联邦德国、法国、意大利、荷兰、比利时、卢森堡将欧洲煤钢共同体、欧洲原子能共同体以及欧洲经济共同体统一起来,统称欧洲共同体,简称欧共体。

By 1967, this core group had established the European Community (EC) by the merger of the EEC, the European Atomic Energy Community, and the European Coal and Steel Community.

1979年3月,欧洲货币体系正式成立。其主要内容为:在成员国之间实行固定汇率制度,而对非成员国实行浮动汇率制度;创设欧洲货币单位,并使之逐步发挥货币职能;准备建立欧洲货币基金以加强干预市场和提供信贷的力量;对经济情况较差的成员国提供各项资助。

In 1979, European Monetary System began to operate.

1990年4月,法国总统密特朗和联邦德国总理科尔共同倡议于当年年底召开关于政治联盟问题的政府间会议。同年12月,欧共体有关建立政治联盟问题的政府间会议开始举行。经过长达1年的谈判,12国(法国、意大利、荷兰、比利时、卢森堡、德国、爱尔兰、丹麦、英国、希腊、葡萄牙和西班牙)在1991年12月召开的马斯特里赫特首脑会议上通过了政治联盟条约,其主要内容是12国将实行共同的外交和安全政策,并将最终实行共同的防务政策。欧共体马斯特里赫特首脑会议通过了建立"欧洲经济货币联盟"和"欧洲政治联盟"的《欧洲联盟条约》(通称《马约》)。1992年2月7日,《马约》签订,设立理事会、委员会、议会,逐步由区域性经济共同开发转型为区域政治、经济整合发展。1992年12月31日,欧洲统一大市场建立,欧洲经济共同体内部没有经济边界,商品、人员、劳动、资本完全自由流动。

By the end of 1992, the Single European Act takes effect, integrating labor and capital markets throughout the EC.

1993年11月1日,《马约》正式生效,欧洲联盟正式成立,欧洲三大共同体纳入欧洲联盟,内容涉及经济、外交和国内政策的协调,这标志着欧共体从经济实体向经济和政治实体过渡。1994年1月1日,欧洲经济暨货币联盟进入第二阶段,成立欧洲货币管理局;

1996年12月14日,欧盟都柏林首脑会议通过了《稳定与增长公约》《欧元的法律地位》和《新的货币汇率机制》的欧元运行机制文件;1997年6月17日,欧盟首脑会议通过了对《马约》修改和补充的《阿姆斯特丹条约》,同年10月2日,欧盟外长签署了该条约;1998年1月欧洲中央银行成立;1999年1月1日,欧盟正式启动欧元;同年5月1日,《阿姆斯特丹条约》正式生效;2002年1月1日,欧元硬币与纸币开始流通,完全代替旧有货币;同年3月1日,欧元成为欧元区国家唯一法定货币。欧盟成员国之间的贸易增长是显而易见的,仅2017年,28个欧盟成员国出口总额为5.226万亿欧元,其中3.347万亿欧元(占比64%)出口到另一个欧盟成员国(欧盟内部贸易)。从单一的经济联盟到今天的欧盟,其管辖协调的成员国政策扩展到了广泛的领域,从气候、环境和健康,到外交关系与安全、司法、移民问题等。

Then in 1993, the EC members signed the Maastricht Treaty, which established the European Union (EU), with three areas of integration: the economic community, foreign policy and domestic affairs. Eleven EU countries established the euro as a common currency in 1999, and by 1 January 2002, the euro replaced the national currencies of the 12 countries. What began as a purely economic union has evolved into an organization spanning many different policy areas, from climate, environment and health to external relations and security, justice and migration.

2020年12月31日,英国脱欧的过渡期正式结束,这标志着几经延期、长达数年、历经三任英国首相的脱欧程序正式完成。由于历史和地理原因,英国对欧洲大陆长期实行"光荣孤立"政策。全球金融危机和欧债危机对英国经济产生了巨大影响,加快了其脱欧步伐。与此同时,其他欧盟国家也对英国渐生不满,认为英国不参加欧元区,不参加欧盟的危机救助方案,反对一切金融监管,双方互信大幅降低。当地时间2016年6月24日,英国脱欧公投最终结果出炉,脱欧派获得最终胜利。英国民众认为自由贸易的利益不敌移民和难民的威胁。英国首相特雷莎·梅于当地时间2017年3月29日启动《里斯本条约》第50条,正式启动"脱欧"程序,2018年6月26日,英女王批准英国脱欧法案,允许英国退出欧盟。7月12日,英国发布脱欧白皮书。11月25日,欧盟除英国外的27国领导人一致通过英国脱欧协议草案。2019年7月,时任英国首相鲍里斯·约翰逊与欧盟谈判的脱欧协议获得国会通过,并在2020年1月23日获得英女王批准。2020年1月30日,欧盟正式批准英国脱欧。英国于2020年1月31日终于脱离欧盟,进入过渡期。2020年3月2日,英国与欧盟开始贸易谈判,12月,经过多轮激烈谈判,欧盟与英国终于就包括贸易在内的一系列合作关系达成协议,为英国按照原计划在2020年结束脱欧过渡期扫清障碍。协议内容主要包括贸易、合作和治理问题,但不包括外交政策和防御问题。脱欧带来的不确定性是对英国经济增长的最大挑战,英国政府估计在脱欧后的15年间,英国经济将少增长6.7%。同时,英国脱欧也给世界留下了一个分裂的英国和欧盟。

On December 31, 2020, the transition period for the United Kingdom (U.K.) to withdraw from the EU officially came to an end. The U.K. had been an EU member since 1973. That changed on June 23, 2016, when the U.K. voted to leave the EU. The residents decided that the benefits of free trade weren't enough to offset the costs of the free movement of immigrants and refugees. Former U. K. Prime Minister Theresa May submitted the Article 50 withdrawal notification to the EU on March 29, 2017. In July 2019, the succeeded U. K. Prime Minister Boris Johnson get Parliament's approval of the withdrawal agreement he negotiated with the EU. On January 23, 2020, the Agreement Act received the necessary legislative Royal Assent. The U. K. formally left the EU on January 31, 2020. The EU-UK Trade and Cooperation Agreement was signed on December 30, 2020, and took effect on January 1, 2021. The agreement covers trade, cooperation and governance, but not foreign policy and defense. Brexit is a vote against globalization and left the U. K. and the EU divided.

9.5.2 北美的区域经济一体化(Regional Economic Integration in North America)

1979年,美国国会在关于贸易协定的法案提议中提出了建立北美自由贸易区的构想。1985年3月,加拿大总理马尔罗尼在与美国总统里根会晤时,首次正式提出美、加两国加强经济合作、实行自由贸易的主张。根据该主张,双方于1986年5月开始谈判,并于1987年10月成功达成协议。加美自由贸易协定(Canada-U. S. Free Trade Agreement)于1989年1月1日生效,两国协定在1998年以前取消双边关税。

The governments of the United States and Canada in 1986 began the negotiation led to a free trade agreement, which took effect on January 1, 1989. The goal of the agreement was to eliminate all tariffs on bilateral trade between the two countries by 1998.

1986年8月,墨西哥与美国政府共同提出双边的框架协定计划,并于1987年11月签订了一项有关磋商两国间贸易和投资的框架原则与程序的协议。在此基础上,两国进行多次谈判,于1990年7月正式达成了美墨贸易与投资协定。上述两个自由贸易协定签订后,北美区域自由贸易的步伐加快。1991年,加拿大根据美墨双方的谈判协议,宣布也将参与其中。

In 1990 the United States and the Mexican governments began negotiations a trade agreement, and Canada joined the talks in 1991.

1991年6月12日,美、加、墨三国在加拿大的多伦多举行首轮谈判,经过14个月的磋商,最终于1992年8月原则上达成了协议。1994年1月1日,《北美自由贸易协定》(North American Free Trade Agreement, NAFTA)正式生效,北美自由贸易区宣告成立。加拿大与墨西哥分别是美国的第一和第三大贸易伙伴。北美自由贸易区是第一个不同收入水平国家间的区域协定,也是当时世界上最大的自由贸易区,囊括了4.9亿人口,2019年GDP总和超过24.4万亿美元,进出口贸易总额为6.92万亿美元,占全球的17.6%。根据美国彼得森国际经济研究所的研究员克莱德·胡勃尔(Clyde Hufbauer)和加里·斯科特(Gary J. Schott)的研究,NAFTA成立后的10年间,美国和墨西哥的双边贸易增加了5%~50%,他们的研究表明NAFTA很难对双边贸易影响进行分解,但是有显著的积极影响。[①]

---

① HUFBAUER C, SCHOTT G J. NAFTA revisited: achievements and challenges[M]. Washington: Institute for International Economics, 2005: 517.

The negotiation concluded in August 1992 with an agreement in principle, and in the following years the agreement was ratified by the government of all three countries. *The North American Free Trade Agreement*（NAFTA）became effective on January 1,1994.

特朗普当选美国总统后,对外推行"美国优先"(America First)政策,要求重新谈判 NAFTA。2018 年,美国与墨西哥、加拿大达成新的《美墨加贸易协定》(*United States-Mexico-Canada Agreement*,USMCA),正式取代 NAFTA。根据美国贸易代表办公室发布的协定文本,USMCA 包括市场准入、原产地规则、农业、贸易救济、投资、数字贸易、争端解决、知识产权等 30 多个章节,以及部分附加的双边协议。

When Donald Trump became the President of the United States, the country reached a new free trade agreement with Canada and Mexico on the updated North American Free Trade Agreement, now called the *United States-Mexico-Canada Agreement*（USMCA）on September 30,2018.

值得注意的是,USMCA 的第 32.10 条款规定,协定中的任何一个成员国与非市场经济国家达成自由贸易协定,其他成员国可以在 6 个月通知期限后退出并建立其自己的双边贸易协定。这被称为"毒丸条款"(Poison Pill)。该条款是美国在中美贸易战正酣的时候提出来的,也被认为是针对中国。在该条款约束下,加拿大几乎无法与中国签订自由贸易协定。

The USMCA contains a highly unusual provision, referred to as the "Poison Pill". It is intended to deter the signatories from entering into a free trade agreement with any "non-market country".

请和你的学习小组一起思考和讨论:由于中国一直未被美国等部分发达国家承认为市场经济国家,意味着若加拿大和墨西哥与中国谈判贸易协定,它们必须提前 3 个月通知美国,如果任何一方与中国签署协定,USMCA 的成员国任何一方都可在 6 个月通知期限后退出 USMCA,这将增加北美国家与中国贸易所要承担的风险。那么,中国该如何应对呢?

9.5.3 亚太地区的经济一体化进程（The Process of Regional Economic Integration in Asia-Pacific）

东南亚地区最主要的经济一体化组织是东南亚国家联盟(Association of Southeast Asian Nations,ASEAN),简称东盟,其成员国有马来西亚、印度尼西亚、泰国、菲律宾、新加坡、文莱、越南、老挝、缅甸和柬埔寨,2022 年,东盟国家领导人通过了《关于东帝汶申请加入东盟的声明》,原则上同意接纳东帝汶为第 11 个成员国。其前身是 1961 年 7 月 31 日马来西亚、菲律宾和泰国于曼谷成立的东南亚联盟。1967 年 8 月 7—8 日,印度尼西亚、泰国、新加坡、菲律宾和马来西亚共同发表了《曼谷宣言》(《东南亚国家联盟成立宣言》),正式宣告东南亚国家联盟成立。1976 年 2 月,第一次东盟首脑会议在印度尼西亚巴厘岛举行,会议签署了《东南亚友好合作条约》以及强调东盟各国协调一致的《巴厘宣言》。文莱(1984 年)、越南(1995 年)、老挝(1997 年)、缅甸(1997 年)和柬埔寨(1999 年)5 国先后加入东盟,东盟自此开始涵盖整个东南亚地区。东盟在地区和国际外交、政治、安全、经济发展与贸易中都发挥着重要作用。2007年1月,第12届东盟峰会签署《宿务宣言》,决定提前于2015年实现三个共同体。2009年3月,第14届东盟峰会上发表了《东盟共同体2009—2015年路线图宣言》,并签署《东盟政治安全共同体蓝图》和《东盟社会文化共同体蓝图》,对2015年实现东盟共同体做了整体规划。2015年11月18日,在第27届东盟峰会后举行的发布会上,东盟领导人宣布将在2015年12月31日建成以政治安全共同体、经济共同体和社会文化共同体三大支柱为基础的东盟共同体。2015年12月31日,马来西亚外长阿尼法发表声明说,东盟共同体正式成立。东盟2015年一体化由于各种原因进展缓慢。

The Association of Southeast Asian Nations (ASEAN) was preceded by an organization formed on 31 July 1961 called the Association of Southeast Asian (ASA), a group consisting of Malaya, Thailand and the Philippines. ASEAN was established on 8 August 1967 in Bangkok, Thailand, with the signing of the ASEAN Declaration (Bangkok Declaration) by the founding countries, namely Indonesia, Malaysia, Philippines, Singapore and Thailand. Brunei Darussalam then joined on 7 January 1984, Viet Nam on 28 July 1995, Lao PDR and Myanmar on 23 July 1997, and Cambodia on 30 April 1999, making up what is today the ten Member States of ASEAN. The organization plays a prominent role in regional and international diplomacy, politics, security, economy and trade.

1992年1月28日,东盟自贸区成立,这是世界上最大和最重要的自由贸易区之一。随后东盟又与亚太地区国家签订了一系列的自贸协定,包括2008年12月1日生效的东盟-日本全面经济伙伴关系,2010年1月1日生效的东盟-澳大利亚-新西兰自由贸易区、东盟-中国自由贸易区、东盟-印度自由贸易区和东盟-韩国自由贸易区。2011年,中国与东盟的双边贸易额就达到3 629亿美元,较2010年增长24%,当年东盟首次超过日本,成为中国的第三大贸易伙伴。

The ASEAN Free Trade Area (AFTA) agreement was signed on 28 January 1992 in Singapore. AFTA also stands as one of the largest and most important free trade areas in the world.

2012年,东盟发起了《区域全面经济伙伴关系协定》谈判,历经8年,在2020年11月15日越南主持的线上东盟峰会上,东盟10国和中国、日本、韩国、澳大利亚、新西兰共15个亚太国家正式签署了《区域全面经济伙伴关系协定》,涵盖了世界30%的人口(22亿)、30%的GDP(29.7万亿美元)。印度开始参加了RCEP谈判,但后期退出了谈判。RCEP于2022年1月1日在最早批准协定的10个国家生效。该协定包括了不同发展水平的国家,其将在协定生效的20年内取消区域内90%的关税。

The Regional Comprehensive Economic Partnership (RCEP) was conceived at the 2011 ASEAN Summit in Bali, Indonesia, while negotiations were formally launched during the 2012 ASEAN Summit in Cambodia. The treaty was formally signed on 15 November 2020 at the virtual ASEAN Summit hosted by Vietnam. RCEP is the largest trade bloc in history. For the first ten ratifying countries, the trade pact took effect on 1

January 2022. The RCEP includes countries with a mix of income levels. It is expected to eliminate about 90% of the tariffs on imports between member countries within 20 years of coming into force.

从 20 世纪 80 年代末开始,特别是随着冷战的结束,经济全球化和区域经济一体化逐渐成为潮流,亚洲地区经济在世界经济中的比重也明显上升。1989 年 1 月,澳大利亚总理霍克访问韩国时建议召开部长级会议讨论加强亚太经济合作问题。首届部长会议于 1989 年 11 月 6 日在澳大利亚首都堪培拉举行,澳大利亚、美国、加拿大、日本、韩国、新西兰和东盟六国(马来西亚、泰国、新加坡、菲律宾、印度尼西亚、文莱)的外交部、经济部部长参加了会议。亚太经济合作组织(Asia-Pacific Economic Cooperation,APEC)正式成立。1991 年 11 月,第三届部长级会议在韩国汉城(今首尔)举行并通过《汉城宣言》,正式确定亚太经合组织的宗旨目标、工作范围、运作方式、参与形式、组织架构、亚太经合组织前景。亚太经合组织的目标是为本区域人民普遍福祉持续推动区域成长与发展;促进经济互补性,鼓励货物、服务、资本、技术的流通;发展并加快开放及多边的贸易体系;减少贸易与投资壁垒。这次会议也正式将中国内地、中国香港、中国台北三个经济体同时纳入亚太经济合作组织。从 1993 年开始,经美国总统克林顿提议,APEC 每年召开一次亚太经济合作组织领导人非正式会议,讨论区域内合作的战略和愿景问题。APEC 现有成员 21 个,贡献了世界约 60% 的 GDP 和 48% 的贸易量(APEC,2022)。

The idea of APEC was firstly publicly broached by the former prime minister of Australia Bob Hawke during a speech in Seoul, Korea, on 31 January 1989. Ten months later, 12 Asia-Pacific economies met in Canberra to establish APEC. In 1993, former US President Bill Clinton established the practice of an annual APEC Economic Leaders' Meeting to provide a greater strategic vision and direction for cooperation in the region. APEC has grown to become a dynamic engine of economic growth and one of the most important regional forums in the Asia-Pacific. Its 21 member economies are home to around 2.9 billion people and represent approximately 60 percent of world GDP and 48 percent of world trade in 2018.

2017 年 1 月 23 日,美国总统特朗普上任后签署行政令,正式宣布美国退出 TPP(跨太平洋伙伴关系协定)。2017 年 11 月 11 日,由启动 TPP 谈判的 11 个亚太国家共同发布了一份联合声明,宣布 TPP 改名为《全面与进步跨太平洋伙伴关系协定》(CPTPP)。2018 年 3 月 8 日,参与 CPTPP 谈判的 11 国[①]代表在智利首都圣地亚哥举行协定签字仪式,2018 年 12 月 30 日,《全面与进步跨太平洋伙伴关系协定》正式生效。2021 年 9 月 16 日,中国正式提交了申请加入 CPTPP 的书面信函。CPTPP 与 TPP 在市场准入、贸易便利化、电子商务和服务贸易等方面均无差异,最大区别在于新协定冻结了旧协定中关于知识产权等内容的 20 项条款。根据智利外交部的数据,CPTPP 覆盖 4.98 亿人口,国内生产总值之和占全球经济总量的 13%。

The Comprehensive and Progressive Agreement for Trans-Pacific Partnership

---

① 这 11 国包括日本、加拿大、澳大利亚、智利、新西兰、新加坡、文莱、马来西亚、越南、墨西哥和秘鲁。

(CPTPP) is a free trade agreement between Australia, Brunei Darussalam, Canada, Chile, Japan, Malaysia, Mexico, Peru, New Zealand, Singapore and Vietnam signed on 8 March 2018 in Chile. This Agreement is a separate treaty that incorporates, by reference, the provisions of the Trans-Pacific Partnership (TPP) Agreement (signed but not yet in force), except a limited set of provisions to be suspended. China formally requested accession to the CPTPP on 16 September 2021.

请和你的学习小组的同学一起思考和讨论：世界上还有哪些影响比较大的区域经济一体化组织？这些区域经济一体化组织交错纵横、相互叠加，形成了如著名经济学家贾格迪什·巴格沃蒂(Jagdish Bhagwati)所形象描绘的"意大利面碗"效应(spaghetti bowl effect)。请思考和理解"意大利面碗"效应，并想想如何应对该效应的负面影响。

案例9-2 中国与《区域全面经济伙伴关系协定》

2020年11月15日，《区域全面经济伙伴关系协定》第四次领导人会议通过视频方式举行，会后东盟10国和中国、日本、韩国、澳大利亚、新西兰共15个国家正式签署了《区域全面经济伙伴关系协定》，标志着当前世界上人口最多、经贸规模最大、最具发展潜力的自由贸易区正式启航。2022年1月1日，《区域全面经济伙伴关系协定》正式生效。

RCEP由序言、20个章节和4个市场准入承诺表附件组成，既包括货物贸易、服务贸易、投资等市场准入，也包括贸易便利化、知识产权、电子商务、竞争政策、政府采购等大量规则内容。RCEP是一个全面、现代、高质量和互惠的自贸协定，是东亚经济一体化建设近20年来最重要的成果。这也是我国在习近平新时代中国特色社会主义思想指引下实施自由贸易区战略取得的重大进展，将为我国在新时期构建开放型经济新体制，形成以国内大循环为主体、国内国际双循环相互促进的新发展格局提供巨大助力。

在农业方面，日本是我国最大的农产品单一国家出口市场，我国和日本首次达成关税减让安排，历史性地打开了日本农产品市场；RCEP项下高水平的贸易便利化安排、灵活的原产地规则有助于调剂型、紧缺型农产品进口；较高水平的开放承诺将使农业走出去的环境更加稳定、开放、透明、便利。在制造业方面，对石化行业来说，RCEP将助推我国石化产业高质量发展，推动外商投资，并促进传统石油和石化行业的升级。在电子行业，RCEP通过区域累积的原产地规则，强化区域内的电子信息产业链深度融合，扩大区域内产业投资合作。在纺织行业，关税减让安排有利于保持和提升中国纺织行业出口竞争力，深化国际产能合作，扩大区域内投资。在机械行业，RCEP将促进中国对成员方的机电产品出口，降低我国从日、韩进口中高端钢材的成本，满足部分中高端钢材的需求，充分发挥我国优势领域，推进全产业链"走出去"，建设基础设施精品工程。在汽车行业，RCEP将极大促进零部件贸易，促进中、日、韩之间的自由贸易关系，整合东亚地区汽车供应链和产业链，降低汽车整车生产成本。在轻工领域，原产地累计规则将推动箱包制鞋、家电等行业零部件扩大出口。服务贸易及投资协定会推动我国在东南亚地区的产业布局，但也使中国面临国内价值链低端及劳动密集型产业向外转移的挑战，同时国外企业加大在中国的投资，对国内企业形成更直接、更激烈的市场竞争。

为了更好地把握RCEP带来的机遇，促进经济高质量发展，商务部、国家发展和改革委员会与工业和信息化部等六个部门就高质量实施 RCEP 提出了指导意见。第一,要利用好协定市场开放承诺和规则,推动贸易投资的高质量发展。第二,应促进制造业升级,增强产业的核心竞争力,结合 RCEP 的实施,推进制造业补链强链。第三,应推进国际标准的合作和转化,提升其对产业发展的促进作用。第四,要完善金融支持和配套政策体系。第五,要因地制宜地用好 RCEP 规则,提升营商环境。各地方要严格实施与 RCEP 强制性义务对应的国内法律法规及规章。第六,要持续深入做好面向企业的配套服务。

资料来源:

中华人民共和国商务部.《区域全面经济伙伴关系协定》(RCEP)系列解读[EB/OL].(2020-11-18). http://www.mofcom.gov.cn/article/zwgk/zcjd/202011/20201103016897.shtml?ivk_sa=1024320u.

中华人民共和国商务部,等.商务部等6部门关于高质量实施《区域全面经济伙伴关系协定》(RCEP)的指导意见[EB/OL].(2022-01-26).http://www.mofcom.gov.cn/article/zwgk/gkzcfb/202201/20220103239468.shtml.

重要术语(Key Terms)

经济全球化(economic globalization)

区域经济一体化(regional economic integration)

世界贸易组织(World Trade Organization)

非歧视性原则(trade without discrimination)

关税同盟(customs union)

贸易创造(trade creation)

贸易转移(trade diversion)

自由贸易协定(free trade agreement)

多边主义(multilateralism)

本章小结

1. 经济全球化是世界经济活动超越国界,通过对外贸易、资本流动、技术转移、提供服务、相互依存、相互联系而形成全球范围的有机经济整体的过程。在跨国公司的主导下,经济全球化促进了市场全球化、生产全球化、资本全球化,在促进各国经济合作和增长的同时,也提高了对国内制度与国际制度协调的要求,加剧了全球经济的不稳定性。

2. WTO 的主要任务是推行贸易自由化,并使其惠及大众。其主要职责是监管各成员方的国际贸易规则和政策、提供成员间磋商的平台、协调贸易争端和帮助发展中国家(地区)实现发展。为践行这些职责,GATT 和 WTO 一直奉行非歧视性原则、市场开放性原则、公平贸易原则、透明度原则和发展中国家(地区)优惠原则。

3. 区域经济一体化的主要形式包括自由贸易区、关税同盟、共同市场和经济同盟。不同形式的组织要求成员国让渡不同程度的国内经济控制权,区域内对商品、服务和生产要素跨国流动的限制越少,各成员国就越容易丧失各自对国内经济,特别是贸易政策的控制权。

4. 区域经济一体化的主要静态效应包括贸易创造和贸易转移。贸易创造意味着低效率的资源使用被高效率的资源使用取代,福利会得到提高;贸易转移意味着低成本的生产被高成本的生产所取代,福利水平降低了。长期而言,区域经济一体化还会带来一些影响成员国经济增长的动态效应,区域经济一体化为供应商创造了更大的没有贸易壁垒的市场,从而产生了更多的竞争、规模经济和更多的投资行为,最终促进成员国经济增长。

5. 欧盟是世界上发展程度最高的区域经济和政治一体化组织。《北美自由贸易协定》于2018年更新为《美墨加贸易协定》。发展中国家也在积极地谈判和建设区域经济一体化组织,东盟是目前发展状况比较好的范例之一。RCEP的生效是亚太地区经济一体化的又一新进程。

Summary

1. Economic Globalization refers to the shift toward a more internationally integrated and interdependent world economy. With the expansion of multinationals, globalization has several facets, including the globalization of markets, the globalization of production and the globalization of capital movement. While promoting global integration and growth, globalization makes the global economy more vulnerable and interdependent.

2. The primary purpose of the WTO is to open trade for the benefit of all. The WTO operates a global system of trade rules, it acts as a forum for negotiating trade agreements, settles trade disputes between its members and it supports the needs of developing countries. A number of simple, fundamental principles form the foundation of the multilateral trading system.

3. Some major types of regional economic blocs include a free trade area, a customs union, a common market, and an economic union. The more integrated they are in areas of commodity, service, and factors of production movements, the less the members can control their domestic economy, trade policy especially.

4. Trade creation and trade diversion are the two most discussed static effects of an economic bloc. Trade creation increases welfare because some domestic production in a member country is replaced by lower-cost imports from another member country. Trade diversion occurs when lower-cost imports from non-member countries are replaced by higher cost imports from member countries and it reduces welfare. In the long run, the member countries are likely to receive several dynamic benefits of economic development. These benefits are due to an expanded market with lower barriers, increased competition, economies of scale and stimulus to investment.

5. The European Union (EU) is the most developed economic and political union on the planet. The United States reached a new free trade agreement with Canada and Mexico on the updated *North American Free Trade Agreement*, now called the *United States-Mexico-Canada Agreement* (USMCA) in 2018. Developing economies are also enthusiastic about economic integration. The Association of Southeast Asian Nations (ASEAN) is one of the best-established blocs among developing members. With the

Regional Comprehensive Economic Partnership（RCEP）taking effect，the economic integration in Asia-Pacific welcomed a new milestone。

延伸阅读（Further Readings）

第二次世界大战之后，西方国家力图建立一个体系，同时促进经济繁荣与各国的相互依赖，降低战争的可能性，扩张全球贸易，提升世界各国的收入。然而，英国脱欧，法国反对 TTIP（跨大西洋贸易与投资伙伴协议），美国在特朗普总统领导下更是退出了 TPP，建立 USMCA，对其主要贸易伙伴展开一系列的贸易保护措施，全球贸易战一触即发，经济全球化似乎在倒退。自 1776 年亚当·斯密发表《国富论》以来，积极要求全球开放大多数时候都是各国的共识，所以大多数经济学家对这些抵制全球化的现象措手不及，但是也有少数经济学家预见了这种情况。诺贝尔经济学奖获得者约瑟夫·斯蒂格利茨在其多本著作中对全球化进行了全面的攻击，丹尼·罗德里克的《全球化的悖论》和托马斯·皮凯蒂的《21 世纪资本论》则将症结指向了利益分配问题。自由贸易理论告诉我们，自由贸易会使有些人在短期内利益受损，但是长期来说通过贸易利益的再分配，所有人（或者是大多数人）都会更好。但罗德里克发现开放程度越高，重新分配和效益之比越大。以美国为例，若贸易完全自由化，每获得 1 美元的贸易"净"效益就要对 50 美元的收入进行重新分配。罗德里克认为经济全球化提出了一个"三难困境"：各国社会无法同时实现全球一体化、完全主权和完全民主，只能三者选其二。20 世纪 90 年代末，罗德里克推断各国社会将会选择放弃民族国家的主权。我们在前面讨论区域经济一体化的各种组织形式时，也提到加入这些一体化的组织都涉及一定程度的主权让渡问题。随着全球化程度的加深，重新分配难度日益增加，自由贸易受损人群的利益无法得到保障，他们自然成了反全球化的土壤，要求在"三难"选择中进行重新选择。罗德里克在 2008 年世界金融危机后出版的《全球化的悖论》中基于 20 世纪以来经济全球化的发展历史，以及中国和印度的发展经验，提出世界经济需要一个更稳固的基础，而这个基础有赖于两个基本原理：一是市场和政府是互补的，两者缺一不可；二是资本主义的模式并不是唯一的。罗德里克提出在面临经济全球化的"三难"选择时，我们要的是充满智慧的全球化，而不是最大限度的全球化。

尝试和你的学习小组的同学一起完成以下任务。

1. 经济一体化的理论是否能够解释罗德里克的"三难困境"？单边主义开始在众多全球经济治理领域挑战多边主义，说明一些主要的经济体在"三难困境"的选择中发生了什么变化？

2. 面对世界经济发展困境，习近平主席提出的"共同构建人类命运共同体"的倡议在当今的国际经济环境下对经济全球化和区域经济合作有什么样的作用？

即测即练

Chapter 10
贸易政策与经济发展
Trade Policy and Economic Development

> **学习目标**
> - 明确贸易政策、进口替代政策、出口导向政策的含义。
> - 掌握进口替代政策的理论基础和经济绩效。
> - 掌握出口导向政策的理论基础和经济绩效。
> - 理解新结构经济学的理论框架和政策主张。
>
> **Learning Target**
> - Understand the definition of trade policy, import-substitution policy, and export-oriented policy.
> - Explain the theoretical basis and economic performance of import-substitution policy.
> - Explain the theoretical basis and economic performance of export-oriented policy.
> - Understand the theoretical framework and policy of new structural economics.

本书此前所介绍的关税壁垒和非关税壁垒等措施,从宏观的角度来看,可以理解为各国所实施的贸易战略的具体表现,而贸易战略又可被视为更宏观的工业化战略的一部分,因为它直接影响了各国的外贸水平和经济增长。著名经济学家霍利斯·钱纳里(Hollis B. Chenery)等曾写道:

> 工业化过程是和结构转变联系在一起的,决不限于制造业在总产出中比重的简单增加。对于一个国家的发展来说,最终需求结构、国家贸易和中间投入使用等方面的变化都起作用。虽然一些基本的长期力量是所有国家共有的,但初始条件的差异和发展战略选择的不同,也影响这三个部分相互作用的方式及过程展开的速度。①

Trade policy is usually regarded as a component of industrialization strategy.

霍利斯·钱纳里(1918—1994),哈佛大学教授,经济学家,曾任世界银行副行长,1918年生于美国弗吉尼亚州,1950年获哈佛大学经济学博士学位,1968年获荷兰经济学院荣

---

① 钱纳里,鲁宾逊,赛尔奎因.工业化和经济增长的比较研究[M].吴奇,王松宝,等译.上海:上海三联书店,1989:303.

誉博士称号,1952年开始在斯坦福大学执教,1960—1965年任美国国际开发署助理署长,1965—1970年在哈佛大学国际事务中心任经济学教授,1970—1972年任世界银行行长麦克纳马拉的经济顾问,1972—1982年任世界银行负责发展政策的副行长。他还是世界经济计量学会会员、美国文理研究院研究员。

这说明,贸易战略与产业战略及工业化战略息息相关,深刻影响着各国的经济发展。本章将从宏观角度介绍两种主要的贸易政策——进口替代政策和出口导向政策,并结合世界各国,特别是中国的贸易实践阐明贸易政策对经济发展的影响。此外,本章还将介绍当前颇有影响的新结构经济学的主要内容。本章的内容安排如下:10.1 节阐述贸易政策的含义与类型;10.2 节介绍进口替代政策的理论基础、表现形式与优缺点,并以"进口鼓励"和"对进口竞争产业的价格支持"两种政策为例,说明进口替代政策的福利效应;10.3 节介绍出口导向政策的理论基础、表现形式与优缺点,并以"出口退税"和"对出口产业的生产补贴"两种政策为例,说明出口导向政策的福利效应;10.4 节介绍新结构经济学及其政策主张,并在延伸阅读部分提及了新结构经济学对中国不同产业发展的政策建议,供大家讨论。

Trade policy is highly related to industrialization strategy which influences countries' economic development significantly.

10.1 贸易政策的含义与类型(Definition and Type of Trade Policy)

10.1.1 贸易政策的含义(Definition of Trade Policy)

贸易政策一般又称贸易发展战略,是指一国或地区通过国际分工方式和程度的选择而影响国内资源配置和竞争效率的政策安排。贸易政策是造成各国经济增长方式和结构转变绩效差异的原因之一,制定一项正确的适合国情的贸易政策,将使一国通过对外贸易促进本国经济迅速增长,否则就会适得其反。

Trade policy, generally called trade development strategy, is a country or region's policy arrangement influencing domestic resource allocation and competitive efficiency by choosing international division involvement and degree.

贸易政策属于一种狭义的产业政策,是发展中国家实现工业化的重要手段。在发展经济学领域,贸易政策常被视为一种工业化战略。经济学家基思·格里芬(Keith B. Griffin)在《可供选择的经济发展战略》(1992)一书中,把发展中国家实现工业化的途径分为三条:第一,主要为国内市场生产消费制成品,对外通常实行高关税壁垒;第二,在国家计划指导下集中发展资本品工业;第三,精心指导制造业部门对外出口,通常在指导性计划和直接或间接补贴的结合下进行。① 第二次世界大战后,许多发展中国家面临着一系列经济、社会问题,如何实现经济的稳定增长和社会的全面进步,成为急需解决的问题。像西方国家一样实现现代化被认为是经济发展的重要标志,而工业化是现代化的核心内

---

① 格里芬.可供选择的经济发展战略[M].倪吉祥,郑文平,王利民,译.北京:经济科学出版社,1992.

容,制定合适的贸易政策又是实现工业化的主要手段,因而各发展中国家纷纷制定各自的贸易政策以促进工业化的早日实现。

As a narrow sense industrial policy, trade policy is used to achieve industrialization in developing countries. In the field of development economics, trade policy is often regarded as one kind of industrialization strategy.

贸易政策体现了一国参与国际分工的立场和方式,贸易政策的选择受到国际、国内各种因素的影响。20 世纪 50 年代,拉丁美洲一些国家从对初级产品贸易条件恶化的认识出发,纷纷实施贸易保护政策,发展进口替代产业,限制从国外进口,拒绝或有限参与国际分工。这种政策虽然在一定时期起到了积极作用,但由于其固有的局限性及其实施过程中遇到的各种问题,最终这些国家的工业化陷入困境。而韩国从 20 世纪 60 年代初开始,迅速从严格保护国内市场的政策转向依据自身的比较优势参与国际分工,实行适度保护和出口促进相结合的政策,取得了长期的高速增长。

Influencing by various international and domestic factors, the choice of trade policy reflects a country's attitude and pattern of participating in the international division.

10.1.2 贸易政策的类型(Type of Trade Policy)

西方经济学家在对贸易政策进行归类时,提出了贸易奖励制度是否中性的标准。奖励,是指政府为影响资源在各种经济活动之间的配置及其使用,所采取的诸如偏向国外市场或国内市场的种种措施。如果总体的贸易奖励制度偏向鼓励内销、歧视外销,就是内向型政策或进口替代政策;如果奖励制度对进口和出口、内销和外销没有歧视,或者各种政策作用的结果发生中和或抵消,则为外向型政策或出口导向政策。基于对内销和外销奖励制度是否为中性的共识,经济学家和国际组织依据各自不同的研究目的和研究方法,对发展中国家实行的贸易政策进行了归类和总结。其中,比较有影响的分类方法主要有以下三种。

There are many researches on trade policy of developing countries. The follows are three of influential ones.

(1) 钱纳里的分类。钱纳里等在《工业化和经济增长的比较研究》一书中,将贸易政策划分为三种类型:内向型、外向型和中间型,并对外向型贸易政策做了细分,分为外向型初级产品生产导向和外向型工业生产导向。书中列举了 20 世纪 60 年代中期到 70 年代中期实施不同发展战略的若干典型国家,如表 10-1 所示,并对它们的经济政策进行了具体描述。实施外向型初级产品生产导向的 8 个国家都具有明显的初级产品生产的比较优势,但它们对制造业的保护政策有所区别。其中,马来西亚保持外向型发展是通过对不同部门实行较中性的刺激政策,使马来西亚在初级产品出口保持高水平的同时,制成品的出口也有显著增长。实施内向型发展政策的国家信奉贸易保护政策,以利于为国内市场而生产,20 世纪 60 年代中期的墨西哥和土耳其是这类国家的典型代表。中间型国家实施中等程度的贸易保护,20 世纪 70 年代以后的哥伦比亚最接近典型的中间型经济。外向型工业生产导向的典型国家是韩国和新加坡。

Chenery(1989) believed that trade policies can be classified into inward-oriented, primary outward-oriented, manufacturing outward-oriented, and neutral.

表 10-1　1965—1975 年全球部分国家的贸易政策类型

贸易政策类型	国　　家
内向型	阿根廷、墨西哥、巴西、土耳其、中国、印度、乌拉圭、智利、秘鲁、多米尼加、叙利亚
外向型初级产品生产导向	伊朗、南非、委内瑞拉、马来西亚、伊拉克、阿尔及利亚、厄瓜多尔、科特迪瓦
外向型工业生产导向	日本、南斯拉夫、韩国、以色列、新加坡、葡萄牙、肯尼亚
中间型	西班牙、哥伦比亚、菲律宾、泰国、埃及、希腊、爱尔兰、哥斯达黎加、突尼斯、危地马拉、摩洛哥

资料来源：钱纳里，鲁宾逊，赛尔奎因.工业化和经济增长的比较研究[M].吴奇，王松宝，等译.上海：上海三联书店，1989：124-126.

（2）克鲁格的分类。安妮·克鲁格（Anne O. Krueger）在《发展中国家的贸易与就业》一书中，根据统计数据对第二次世界大战后 10 个发展中国家制造业的有效保护率进行了测算，并归纳出发展中国家实际执行的贸易政策的三种类型：出口促进政策、进口替代政策和温和的进口替代政策。[1] 克鲁格指出，在进口替代政策下，一般存在相当高的有效保护率，而较高的平均有效保护率通常又伴随着范围很大的单个部门有效保护率。与此相对应的是，实施出口促进政策的国家平均有效保护率较低，单个产业和部门中有效保护率的范围也较窄。在所考察的 10 个国家中，科特迪瓦(1973)和韩国(1968)总体上奉行出口促进政策，巴西(1967)和哥伦比亚(1969)处于向进口替代政策转型的过程中，克鲁格称之为温和的进口替代政策。

Krueger (1995) argued that there are three kinds of trade policies in developing countries such as export-oriented policy, import-substitution policy, and moderate import-substitution policy.

安妮·克鲁格是美国约翰·霍普金斯大学（Johns Hopkins University）Paul H. Nitze 高级国际研究学院国际经济学教授。她于 1934 年出生在美国纽约州，1953 年获奥伯林学院（经济学）文学学士学位，1958 年获麦迪逊威斯康星大学（经济学）哲学博士学位。安妮·克鲁格先后出版数十本经济学专著，获得众多经济学研究大奖。她于 1966 年至 1982 年出任明尼苏达州立大学经济学教授；1984 年获美国国家科学院 Robertson 奖；1982 年到 1986 年成为世界银行首席经济学家；1987 年至 1993 年就任杜克大学经济学教授；1995 年出任美国经济联盟总裁；2001 年，被任命为国际货币基金组织代理总裁、国际货币基金组织第一执行副主席；2004 年年初，代行国际货币基金组织总裁职务。

（3）世界银行的分类。世界银行在《1987 年世界发展报告》中认为，贸易政策大体上包括外向型和内向型两类。[2] 这种区分的主要依据是对于为内销生产和为外销生产所给予的实际保护的比较。世界银行根据有效保护率、运用诸如限额和进口许可证等直接控

---

[1] 克鲁格.发展中国家的贸易与就业[M].李实，刘小玄，译.上海：上海人民出版社，1995.
[2] 世界银行.1987 年世界发展报告[M].北京：中国财政经济出版社，1987.

制、采用对出口贸易奖励的办法和汇率定值过高的程度四项指标,对 41 个发展中国家和地区 1963—1985 年的数据资料进行了分析,将贸易政策细分为四种:坚定的外向型政策、一般的外向型政策、一般的内向型政策和坚定的内向型政策,如表 10-2 所示。

World Development Report 1987 pointed out that trade policy can be divided into four categories including strongly outward-oriented, moderately outward-oriented, strongly inward-oriented, and moderately inward-oriented.

表 10-2　1963—1985 年全球部分国家的贸易政策类型

贸易政策类型	国家(1963—1972 年)	国家(1973—1985 年)
坚定的外向型	韩国、新加坡	韩国、新加坡
一般的外向型	巴西、喀麦隆、哥伦比亚、哥斯达黎加、科特迪瓦、危地马拉、印度尼西亚、以色列、马来西亚、泰国	巴西、智利、以色列、马来西亚、泰国、突尼斯、土耳其、乌拉圭
一般的内向型	玻利维亚、萨尔瓦多、洪都拉斯、肯尼亚、马达加斯加、墨西哥、尼加拉瓜、尼日利亚、菲律宾、塞内加尔、突尼斯、南斯拉夫	喀麦隆、哥伦比亚、哥斯达黎加、科特迪瓦、萨尔瓦多、危地马拉、洪都拉斯、印度尼西亚、肯尼亚、墨西哥、尼加拉瓜、巴基斯坦、菲律宾、塞内加尔、斯里兰卡、南斯拉夫
坚定的内向型	阿根廷、孟加拉国、布隆迪、智利、多米尼加、埃塞俄比亚、加纳、印度、巴基斯坦、秘鲁、斯里兰卡、苏丹、坦桑尼亚、土耳其、乌拉圭、赞比亚	阿根廷、孟加拉国、玻利维亚、布隆迪、多米尼加、埃塞俄比亚、加纳、印度、马达加斯加、尼日利亚、秘鲁、苏丹、坦桑尼亚、赞比亚

资料来源:世界银行.1987 年世界发展报告[M].北京:中国财政经济出版社,1987:124-126.

坚定的外向型政策指对出口的奖励在不同程度上抵消了进口壁垒对出口的限制,在对外贸易政策上表现为中性的贸易政策,既不过分鼓励出口,也不严格限制进口,或者两种政策发生中和或抵消作用;不存在对贸易的控制,或者控制程度很轻微;不采用或很少采用直接控制和许可证办法;保持汇率的相对稳定,使之与进口和出口贸易的实际汇率大体相等,实行单一汇率。

Under this policy, trade controls are either nonexistent or very low in the sense that any disincentives to export resulting from import barriers are more or less counterbalanced by export incentives. There is little or no use of direct controls and licensing arrangements, and the exchange rate is maintained so that the effective exchange rates for importables and exportables are roughly equal.

一般的外向型政策指奖励制度总的结构偏向为内销生产,不重视为外销生产。采用该种贸易政策的国家偏重于进口替代,表现为对本国市场的实际平均保护率较低,对不同商品实际保护程度的差异较小,在某些商品上使用直接的贸易限制和许可证制度,但范围有限;虽然对出口贸易采取一些直接奖励措施,但不能抵消对进口的保护;进口贸易的实际汇率超过出口贸易的实际汇率,但差别不大。

Under this policy, the overall incentive structure is biased toward production for domestic rather than export markets. But the average rate of effective protection for the home markets is relatively low and the range of effective protection rates is relatively narrow. The use of direct controls and licensing arrangements is limited, and although some direct incentives to export may be provided, these do not offset protection against imports. The effective exchange rate is higher for imports than for exports, but only slightly.

一般的内向型政策指奖励制度总的结构明显偏向为内销生产，带有明显的进口替代倾向，表现为对本国市场的平均实际保护率较高，对不同商品实际保护程度的差异较大；广泛实行对进口的直接控制和许可证办法；虽然对出口给予一定的直接奖励，但具有明显的反进口倾向；本国货币的对外定值过高。

Under this policy, the overall incentive structure distinctly favors production for the domestic market. The average rate of effective protection for home markets is relatively high and the range of effective protection rates is relatively wide. The use of direct import controls and licensing is extensive, and although some direct incentives to export may be provided, there is a distinct bias against exports, and the exchange rate is clearly overvalued.

坚定的内向型政策指奖励制度总的结构强烈鼓励为内销生产；对本国市场的平均实际保护率很高，受保护的商品范围很广，对不同商品实际保护的程度有很大差异；普遍实行直接的贸易限制和许可证制度；汇率定值高出很多。

Under this policy, the overall incentive structure strongly favors production for the domestic market. The average rate of effective protection for home markets is high and the range of effective protection rates is relatively wide.

以上各种分类是从不同的研究目的出发，采用不同的研究方法得出的，但这些分类实际上并无本质区别。根据它们对各类贸易政策的界定，大致可将贸易政策分为进口替代政策和出口导向政策两种类型。其中，一般的内向型和坚定的内向型属于进口替代政策，一般的外向型和坚定的外向型属于出口导向政策，中间型政策与温和的进口替代政策相似。贸易政策的类型大体可用图10-1表示。

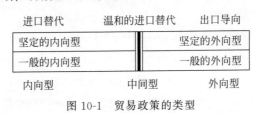

图 10-1　贸易政策的类型

10.2　进口替代政策与经济发展
（Import-Substitution Policy and Economic Development）

10.2.1　进口替代政策的理论基础与主要措施（Theoretical Basis and Main Measures of Import-Substitution Policy）

进口替代政策是指在保护本国工业的前提下，通过引进必需的技术和设备，在国内建立生产能力,发展本国的工业制成品以替代同类商品的进口,以期节约外汇,积累经济发展所需资金的政策。从 20 世纪 50 年代起,许多发展中国家都相继实施了进口替代政策,试图通过限制工业品进口来促进本国制造业生产,进而加速经济发展。

Import-substitution policy is an industrialization strategy of encouraging domestic industry by limiting imports of manufactured goods.

1. 理论基础

保护幼稚工业论。根据该理论,发展中国家具有制造业的潜在比较优势,但发展中国家新建的制造工业起初无法与发达国家已经成熟完善的制造业竞争,这时,如果对制造业不加以保护,任其参与国际竞争,就有被摧残的危险。为了使新成长的制造业具有竞争力,政府必须采取进口保护措施,支持新建产业的发展,直到它们足够强大,能够有效地参与竞争为止。根据这一理论,在发展中国家工业化起步阶段,运用关税或进口配额支持国内工业的建立是有现实意义的。该理论最早由美国第一任财政部部长亚历山大·汉密尔顿(Alexander Hamilton)于 1791 年提出,后经过德国经济学家弗里德里希·李斯特(Friedrich List)于 1841 年出版的著作《政治经济学的国民经济体系》发展成为最早、最重要的贸易保护理论。保护幼稚工业论影响了 19 世纪的德国和美国及 20 世纪的日本,使它们都能在保护主义的篱笆后面成长,强大之后又转而推行自由贸易。

According to the infant industry argument, developing countries have a potential comparative advantage in manufacturing, but new manufacturing industries in developing countries can not initially compete with well-established manufacturing in developed countries. To allow manufacturing to get a toehold, governments should temporarily support new industries, until they have grown strong enough to meet international competition. Thus, it makes sense to use tariffs or import quotas as temporary measures to get industrialization started.

中心-外围说。该学说的提出者是结构主义(structuralism)的代表——阿根廷经济学家劳尔·普雷维什(Raúl Prebisch)。普雷维什在其代表作《外围资本主义:危机与改造》(1990)一书中,将世界经济体系在结构上分为两部分:一部分是由发达工业国家构成的"中心"(center);另一部分是广大发展中国家构成的"外围"(periphery)。[①] "中心"和"外围"在经济上是不平等的。"中心"是技术的创新者和传播者,"外围"则是技术的模仿者和接受者;"中心"在整个国际经济体系中居于主导地位,"外围"则处于附属地位并受"中心"控制和剥削;"中心"向"外围"出售工业制成品,"外围"则向"中心"出售农产品和初级产品。由于"中心"的技术水平高,生产率高,制成品的价格高,需求的收入弹性也高;"外围"的技术水平低,生产率低,初级产品价格低,需求的收入弹性也低。因此,经济剩余从发展中国家流向发达国家,导致中心国家剥削外围国家。普雷维什对英国 1876—1938 年的进出口价格统计资料进行分析,推算出初级产品和制成品的价格指数之比,结果表明外围国家的贸易条件出现长期恶化的趋势。因此,普雷维什认为外围国家应改变过去将全部资源用于初级产品生产和出口的做法,充分利用本国资源,努力发展本国的工业部

---

① 普雷维什.外围资本主义:危机与改造[M].苏振兴,袁兴昌,译.北京:商务印书馆,1990.

门,逐步实现工业化。普雷维什在联合国拉丁美洲委员会任秘书长期间积极宣传他的观点,拉丁美洲许多发展中国家接受了他的学说,纷纷采用进口替代政策发展民族经济。

According to Prebisch, the spread of technical progress has been uneven, and this has contributed to the division of the world economy into industrial centers and peripheral countries engaged in primary production. The specific task that fell to the periphery of the world economic system was that of producing food and raw materials for the great industrial centers.

劳尔·普雷维什(1901—1986),阿根廷经济学家,是20世纪拉美历史上最有影响的经济学家,被公认为是发展中国家的理论代表。普雷维什是拉美发展主义理论的创始人,是世界经济新秩序的积极倡导者。他于1981年荣获第三世界社会和经济研究基金会颁发的"第三世界基金奖"。他既是政策制定者又是经济理论家,1923年获经济学博士学位后,他先是进入阿根廷统计局工作(1925年),然后任阿根廷财政部副部长(1930—1932年),阿根廷中央银行行长(1935—1943年),拉美经委会执行秘书(1949—1963年),联合国贸易和发展会议第一任秘书长(1964—1969年),联合国特别顾问及经济和社会事务副秘书长(1973—1976年),《拉美经委会评论》杂志主编(1976—1986年)。

二元经济结构论(dual economy structure)。该理论由英国经济学家威廉·阿瑟·刘易斯(William Arthur Lewis)在1954年提出。二元经济结构是指在一个发展中国家内相对现代的、资本密集的、高工资的工业部门与传统、落后的农业部门并存的经济结构。二元经济结构中存在两个发展水平显著不同的部门,即"现代化"部门与经济中的其他部门。这两个部门存在明显差别,主要表现在:第一,"现代化"部门工人的劳动生产率比其他部门高得多;第二,与工人的高效率对应的是更高的工资,"现代化"部门的工资率明显高于其他部门;第三,尽管"现代化"部门的工资比较高,但其资本回报率相对较低;第四,"现代化"部门的资本密集度高于其他部门,其工业设施与发达国家相近;第五,城市中的高工资与大量失业并存。正因为工业化过程中二元经济现象的存在,许多发展中国家都采取关税保护措施,避免制造业部门受进口竞争的影响,它们希望通过保护政策使制造业成长起来,并吸收、改造传统经济,从而实现国家的工业化。

A dual economy refers to the existence of two distinct types of economic segments within an economy. This involves a capitalist based manufacturing sector (geared towards global markets) and labour intensive agricultural sector (low productivity, geared towards subsistence farming or local markets). In 1954, Prof. William Arthur Lewis developed the dual sector model, commonly known as the Lewis model, in his article entitled *Economic Development with Unlimited Supplies of Labor*. His model explained how the transition from rural and subsistence agricultural economy to urban industrial modern economies should take place.

2. 主要措施

进口替代政策一般需要经历两个阶段:一是初级进口替代阶段,建立和发展非耐用消费品工业以替代这些工业制成品的进口。由于非耐用消费品的生产所需资金少,技术较为简单,且对劳动力的素质要求不高,易于发展中国家掌握并迅速发展壮大。此外,从比较优势来看，发展中国家劳动力相对丰富，因而可以以较低的成本生产这类产品以代替同类进口品。在这一阶段，发展中国家通过采取进口保护措施，一方面可以节约外汇，另一方面可以积累资金和经验，为工业化打下基础。属于这一类的工业有食品、纺织、服装、鞋帽等产业。二是高级进口替代阶段，建立和发展耐用消费品工业、资本品生产工业以代替进口品。当非耐用消费品工业发展到一定的阶段，可以基本满足国内市场需求时，进口替代就从一般消费品的生产转向国内需要的耐用消费品和资本品的生产。同第一阶段相比，第二阶段进口替代的难度增大了，它需要较多的资金投入、较专业的技术人才并形成必要的经济规模。这类工业一般有家用电器业、机器制造业、炼钢业、造船业等。

Import-substitution policy usually undergoes two phases: primary import-substitution phase and secondary import-substitution phase.

无论是初级进口替代阶段还是高级进口替代阶段，都需要实行保护政策以扶持进口替代工业。特别是在进口替代工业建立的初期，需要政府采取保护政策，具体措施主要包括：①实行保护关税。为确保进口替代消费品充分占有国内消费市场，采取高关税限制最终消费品从国外进口，同时，对国内生产所必需的资本品、中间产品的进口征收低关税或减免关税，以降低进口替代品的生产成本。②实行进口配额。对实施保护的商品，严格限制进口以排斥外国同类商品的竞争，达到保护进口替代工业的目的。③实行严格的外汇管制，高估本国货币对外价值。本国汇率高估，一方面抑制了出口部门生产的积极性，有利于国内资源流向进口替代部门；另一方面使进口替代部门能以较低的成本从国外进口资本品和生产资料，有利于进口替代工业的发展。④采取产业倾斜政策，实行优惠的投资政策。其主要指国家在技术、价格、税收等方面给予进口替代工业特殊优惠政策，包括：对进口替代部门实行税收减免、加速折旧；为进口替代部门提供低息贷款；完善进口替代部门发展所需的基础设施等。通过这些政策，进口替代工业能获得充分发展，避免被国外同类产品或国内其他产业排挤。

The main measures of import-substitution policy are protective tariff, import quota, foreign exchange regulation, and preferential investment.

案例 10-1 中国的进口替代政策

1949 年以来，中国的进口替代政策大体经历了两个阶段：第一阶段是改革开放以前，实行的是一种极端的进口替代政策。当时国家号召自力更生，实现工业化，力求自己生产一切可能生产的产品。对外贸易的方针是"互通有无、调剂余缺"，即自己不能生产的才进口，自己生产有余的才出口，而不是根据国际分工的原理，按照比较优势来安排生产的进出口贸易。因此，对外贸易只是一种辅助性的手段，主要表现为高度集中的计划经济体制以及较高的进口限制。这是由中国当时的国内国际环境、经济建设的指导思想和经济体制等主客观因素决定的。当时中华人民共和国成立不久，国内的工业经历了多年战争的摧残，国民经济极其脆弱。同时由于资本主义和社会主义两大阵营的对立，西方资本主义国家对中国实行经济封锁。面对国内外严峻的形势，中国不得不采取独立自主、自力更生的发展战略来建立和发展自己的工业体系，恢复国民经济发展。第二阶段是改革开放初期，即 1979—1986 年。在进口方面，为适应经济结构和产业结构调整的要求，本着有利于技术改造和技术进步、有利于增强出口创汇能力、有利于节约使用外汇的原则,合理调整进口结构,把有限的外汇集中用于引进先进技术、关键设备、国家重点建设所需要的物资、农用物资和"以进养出"的物资。因此,进口的主要是生产资料,消费资料则一般不进口或以较高关税限制进口。在出口方面,主要是为了增加外汇收入,满足进口用汇需要。1981年的政府工作报告指出:"要根据我国的情况和国际市场的需要,发挥我国资源丰富的优势,增加出口矿产品和农副土特产品;发挥我国传统技艺精湛的优势,发展工业品和传统的轻纺工业品出口;发挥我国劳动力众多的优势,发展来料加工;发挥我国现有工业的基础作用,发展多种机电产品和众多有色金属、稀有金属加工产品的出口。"由此可见,当时贸易政策的主旨是充分发挥要素禀赋优势,调整出口商品结构,以满足进口先进设备的用汇需求。

10.2.2 进口替代政策的经济绩效(Economic Performance of Import-Substitution Policy)

1. 积极作用

有利于培育幼稚产业。进口替代政策通过贸易保护,为本国幼稚产业提供了一个有利可图的市场,使其工业得以迅速成长,将潜在的比较优势转化为现实优势,有利于发展中国家建立独立的工业体系和国民经济体系。

The import-substitution policy is benefit to cultivate infant industries.

第一,有利于获得工业化的动态利益。一国的工业化可以促进管理、技术人才的培养,发明创新的增加,人民收入水平的提高等,因而可以不断为发展中国家带来动态发展利益。

The import-substitution policy is useful to achieve dynamic benefits of industralization.

第二,具有国际收支效应。进口替代可以从多方面影响国际收支及相关的经济活动:一是节约外汇支出。从国际收支角度看,它相当于扩大相同金额的出口,但在发达国家贸易保护壁垒加强的情况下,限制进口以节约外汇,比要求发达国家降低关税以扩大出口更加主动,也更有保证。二是促使发达国家向实行进口替代政策的发展中国家投资。进口替代政策的实施,使发达国家向发展中国家出口制成品时面临强大的贸易壁垒,为绕过贸易壁垒的障碍,发达国家会选择向发展中国家直接投资。这有利于解决发展中国家资金短缺、技术落后的问题。三是具有贸易条件效应。发达国家扩大出口的努力可能因主要进口国实行贸易保护受阻,而进口替代政策的实施则可以降低继续进口的外国产品的进口价格,并增强进口替代国家在国际贸易中讨价还价的能力。

The import-substitution policy has balance-of-payment effects such as saving foreign exchange, absorbing foreign investment, and improving terms of trade.

第三,有利于提高经济自给程度。其具体表现在:进口的制成品在国内总供给中的比重大大下降,一些国家的设备自给率大大提高。发展中国家的经济自给程度的提高有助于减少对外依赖,从而能够缓和他国经济危机与世界市场价格波动对本国经济的影响。经济自给程度的提升可从制造业或工业的快速增长方面窥见一斑。世界银行的统计数据显示,1956—1960年,亚、非、拉国家制造业年均增长率为6.9%,1960—1970年为8.1%。

这个速度不仅超过了发展中国家的历史纪录,也超过了同期西方发达国家制造业的增长速度。印度前三个五年计划期间(1951—1966 年)的工业年均增长率分别为 7.5%、6.6%、8.7%。巴西 1957—1961 年的工业年均增长率甚至高达 10.7%。[①]

The import-substitution policy can enhance economy self-sufficiency for developing countries.

案例 10-2 中国的加工贸易政策与绩效

加工贸易是指从境外保税进口全部或部分原辅材料、零部件、元器件、包装物料(或进口料件),经境内企业加工或装配后,将制成品复出口的经营活动,包括来料加工和进料加工。1979 年 9 月,国务院正式颁布《开展对外加工装配和中小型补偿贸易办法》,对加工贸易的发展提出了指导性意见。此后,外贸、海关、税务、外汇管理等相关部门也制定了相应的管理规定,其核心内容是通过对进口料件的保税监管和对国内中间投入品的出口退税,消除高关税、高增值税造成的价格扭曲,从而保证加工贸易企业和国外企业在平等的条件下参与国际竞争。改革开放初期,中国加工贸易发展速度很快,加工贸易在中国对外贸易中处于重要地位,如表 10-3 所示。

表 10-3　1981—1990 年中国外贸与加工贸易出口情况

年份	外贸出口总额/亿美元	增长率/%	加工贸易出口额/亿美元	增长率/%	加工贸易出口占总出口的比重/%
1981	220.1		10.6		4.82
1982	223.2	1.41	15.2	43.40	6.81
1983	222.2	−0.45	19.4	27.63	8.73
1984	261.4	17.64	28.6	47.42	10.94
1985	273.5	4.63	32.3	12.94	11.81
1986	309.4	13.13	56.2	73.99	18.16
1987	394.4	27.47	89.9	59.96	22.79
1988	475.2	20.49	140.5	56.28	29.57
1989	525.4	10.56	197.8	40.78	37.65
1990	620.9	18.18	254.2	28.51	40.94

资料来源:历年《中国统计年鉴》。

由表 10-3 可知,1981—1990 年,中国加工贸易出口额从约 10 亿美元增加到约 254 亿美元。与此同时,加工贸易出口额占中国出口总额的比重从不足 5% 跃升到 40% 以上,加工贸易成为中国最主要的贸易方式。此外,加工贸易出口在绝大部分年份都保持了 27% 以上的增长率,大大超过了同期外贸总出口的增长率。由此可见,加工贸易对中国出口具有非常明显的拉动作用,是中国外贸增长的重要推动因素。

得益于 1979 年实施的"三来一补"(来料加工、来样制作、来件装配、补偿贸易)贸易政策,中国加工贸易早期以来料加工为主,并在中国沿海地区快速发展,成为当时利用外资、扩大出口的主要贸易方式之一。20 世纪 80 年代后期,随着世界产业结构调整与转移的

[①] 根据世界银行官方网站发布的世界发展指数(World Development Indicator)数据整理得到。

加速,同时也为了更好地参与国际分工,中国制定了沿海地区外向型经济发展战略,实施了"大进大出""两头在外"的政策,中国的加工贸易随即进入迅猛发展时期。1989年,进料加工进出口额首次超过来料加工贸易额,占中国加工贸易总额的53.1%。此后,进料加工贸易总额不断增长,成为加工贸易的主要形式。

中国加工贸易的快速发展对增加中国外汇收入、改善国际收支状况、吸引外商投资、增加劳动力就业、提高劳动者素质、促进产业升级和技术进步及密切内地与港、澳、台的经贸关系等都起着不可或缺的作用,是中国改革开放的突破口,为21世纪初期中国快速跃升为世界第一大贸易国奠定了坚实基础,也为全球化时代发展中国家制定贸易政策进而实现工业化提供了经验借鉴。

2. 消极作用

从20世纪50年代开始,很多发展中国家相继采用了进口替代政策,在经济建设上取得了一定的成就,但随着工业化的进一步发展,进口替代在实施中面临一系列严重问题。

For the countries adopting import-substitution policy, the encouragement of manufacturing is not a goal in itself. Instead, it is a means to achieve the end goal of economic development.

第一,工业缺乏国际竞争力。进口替代工业是在贸易保护政策的庇护下,在没有国外竞争的环境中成长起来的,企业家满足于国内市场的丰厚利润,缺乏进一步创新和提高效率的刺激,使其国际竞争力难以提高。保护政策本身并不能使本国工业具有竞争性。保护国内市场对缺乏经验的发展中国家的企业家来说是最容易接受的,但如果本国企业家满足于保护下获得的高额利润,而不去创新和提高效率,那必定会妨碍经济的进一步发展。而且,出于政治、经济、社会安定等各方面的考虑,一旦有了过度保护,就难以在短期内撤掉。这一现象在巴西特别典型。为了扶持新兴的民族工业,巴西高筑贸易壁垒,对国内市场加以有效保护。20世纪60年代中期,其对非耐用消费品的实际保护率高达50%~60%。巴西对国内市场的保护不仅持续时间长,而且覆盖面广。为此,巴西付出了高昂的代价。据估计,20世纪60年代前,巴西为贸易保护付出的代价相当于GNP(国民生产总值)的9.5%。由于国内市场长期受到保护,无法调动企业创新的积极性,企业产品因缺乏竞争力难以打入国际市场。1960年,咖啡、可可、棉花、蔗糖四种农产品出口额占巴西出口总额的72.1%,而制成品仅占2.9%。在进口结构中,虽然减少了对消费品的进口,但却增加了中间品和资本品的进口。1960年,中间产品和机器设备的进口占总进口的60%以上。[1]

Domestic industries can grow accustomed to protection from foreign competition and have no incentive to become more efficient.

第二,遭遇国内市场狭小的限制。进口替代工业主要面向国内市场,而且由于效率低下、成本高,在国际上缺乏竞争力,扩大出口很难实现,无法利用规模经济优势。在简单的制成品被国内生产替代后,必须生产资本更密集、工艺更先进的进口替代品,其难度亦会随之增大。

---

[1] 根据世界银行官方网站发布的世界发展指数(World Development Indicator)数据整理得到。

Import-substitution policy can lead to inefficient industries because the smallness of the domestic market in many developing nations does not allow them to take advantage of economies of scale. Often, the whole domestic market is not large enough to allow an efficient-scale production facility. Yet when this small market is protected, say, by an import quota, if only a single firm were to enter the market, it could earn monopoly profits. The competition for these profits typically leads several firms to enter a market that does not really even have room enough for one, and production is carried out at a highly inefficient scale.

第三,强化二元经济结构。实行进口替代政策的发展中国家,着眼于进口替代工业的发展,造成资源配置不合理、非进口替代部门和农业基础设施等的发展被忽视,使农业生产下降,农业更加落后,二元经济结构得到强化,这将阻碍整体经济发展和工业化进程。

Heavy protection and subsidies to industry led to the excessive capital intensity and relatively little labor absorption. The effort to industrialize through import substitution also led to the neglect of agriculture and other primary sectors, with the result that many developing nations experienced a decline in their earnings from traditional exports, and some were even forced to import some food products that they had previously exported.

第四,消费者利益受损。这主要表现在两个方面:一是为了使国内替代工业得以发展,替代国采取高关税限制国外同类产品的进入,随着进口范围的扩大,关税保护的范围也相应扩大,国内消费者为此付出巨大代价。二是由于国内市场狭小,进口替代工业不能进行批量生产而取得规模经济效益,进口替代品成本高、价格贵,损害了消费者的利益。

The import-substitution policy may reduce consumer benefits.

第五,难以实现国际收支目标。这是由于:一方面,进口替代虽然在制成品方面节省了外汇,但建立进口替代工业,必须进口大量的机器设备、原材料和中间产品,这需要大量的外汇,所以进口替代政策的实施并未减少替代国的进口外汇支出,只是改变了进口商品的结构,从进口最终产品变为进口原材料和资本品。另一方面,进口替代过程中的进口限制、外汇高估和向进口替代部门的政策倾斜,都具有反出口倾向,这将使出口受阻,外汇短缺加剧。进口限制使出口产品所需进口投入要素的价格提高,从而可能引起国内投入要素的价格也趋于上升,最终导致进口竞争产品和非贸易品成本增加,出口产品价格则因受到国际市场的抑制而相对较低,这一影响相当于对出口产品征税,而对进口替代工业的政策优惠将进一步强化这种反出口倾向。进口替代政策的这一弊端曾在墨西哥发生。1977—1981年,墨西哥外贸赤字由13.6亿美元增加到49.7亿美元。出口产品结构中制成品的比重不断下降,而石油出口收入占出口总额的比重从1978年的29.3%猛增到1982年的74%。1981年,国际市场石油供过于求,油价下跌,而国际贷款利率大幅度上升,墨西哥经济陷入困境。

The policy of import-substitution often aggravated the balance-of-payments problems of developing nations by requiring more imports of machinery, raw materials, fuels, and even food. After the simpler manufactured imports are replaced by domestic production, import-substitution becomes more and more difficult and costly (in terms of higher protection and inefficiency) as more capital-intensive and technologically advanced imports have to be replaced by domestic production.

　　第六,经济效率低下。这种影响来自多方面:一是进口替代违背比较利益原则,发展本国不具有比较优势的产业,导致本国资本密集型工业膨胀,这将消耗发展中国家本来就缺乏的投资基金,并且仅能提供很少的就业机会,使失业问题更加严重。二是进口替代采用贸易保护政策,使国内支柱产业寻求内向型发展,与出口产业脱离,不能充分利用国际分工和贸易带来的利益。三是从非耐用品的替代过渡到耐用品及资本品的进口替代后,需要大量资本、技术和熟练劳动的投入,而发展中国家大多缺乏资金、技术和熟练劳动,这势必造成替代成本上升,形成替代工业的高成本。四是进口替代政策采用大量行政手段,造成经济的低效率。外汇管制、进口限制等不仅破坏公平竞争的环境,还需付出可观的管理费用。

A period of protection will not create a competitive manufacturing sector if there are fundamental reasons why a country lacks a comparative advantage in manufacturing. Knowing from passing experience, the reasons for failure to develop often run deeper than a simple lack of experience with manufacturing. Poor countries lack skilled labor, entrepreneurs, and managerial competence and have problems with social organization which make it difficult to maintain reliable supplies of everything from spare parts to electricity. Import quotas allow an inefficient manufacturing sector to survive, which can not directly make that sector more efficient. Many countries used elaborate and often overlapping import quotas, exchange controls, and domestic content rules instead of simple tariffs. It is often difficult to determine how much protection an administrative regulation is actually providing, and studies show that the degree of protection is often both higher and more variable across industries than the government intended.

　　第七,贫富差距扩大。这是因为:第一,发展中国家一般是落后的农业国,农业人口占全国人口的多数。农民是低收入阶层,要改善其收入状况,应当提高农产品的相对价格;进口替代下的保护措施有利于本国的资本所有者,不利于初级产品部门和农民收入的提高。第二,进口替代部门的投资者将享受政策优惠,增加盈利机会;配额、许可证的获得者也可以获得垄断利润;工薪收入者、失业者、小业主却不能分享进口替代的政策优惠,反而要承受进口替代下可能出现的通货膨胀给他们带来的经济损失。第三,进口替代政策所推行的行政措施可能造成官商勾结、营私舞弊,从而加剧社会分配不公。

Those who criticize import-substitution policy also argue that it has aggravated other problems, such as income inequality and unemployment. Because the resources employed in the protected industry would otherwise have been employed elsewhere, the protection of import-competing producers automatically discriminates against all other producers, including potential exporting ones. Import-substitution also breeds corruption. The more protected the economy, the greater the gains to be had from illicit activities such as smuggling.

案例 10-3　拉丁美洲国家的进口替代政策与中等收入陷阱

"中等收入陷阱"(middle-income trap)一词最早出现在世界银行的研究报告中,指一些发展中国家或地区在达到中等收入水平后,经济增速下降,从而长期停滞在中等收入阶段,无法晋升为高收入国家或地区的现象。与之类似的概念是"贫困陷阱"或"低收入陷阱"。目前没有界定"中等收入陷阱"的统一标准,一种可行的方法是基于一国或地区人均国民总收入与美国人均国民总收入的比率,判断该国或地区是否落入"相对收入陷阱",即把人均GDP达到美国的40%以上者称为高收入国家或地区,居于10%~40%者称为中等收入国家或地区,低于10%者称为低收入国家或地区。

数据显示,1960—2008年,在101个中等收入国家或地区中,只有包括韩国在内的13个国家或地区成功晋升为高收入国家或地区,而巴西、阿根廷、哥伦比亚、秘鲁等众多以实施进口替代贸易政策著称的拉丁美洲国家的人均GDP在过去60年内长期停滞在美国人均GDP的10%~40%范围内,落入"中等收入陷阱"。

在第二次世界大战以后,一些拉丁美洲国家采取全面进口替代政策,封闭和限制本国产品的世界市场,由国内生产取代消费品尤其是重化工业品进口。日用消费品的进口替代战略相对合理,因为这类产业投资少、技术设备简单、资本回收快,然而,即便这样也需要依靠国际大市场。另外,大多拉丁美洲国家还同时采取了对耐用消费品、中间产品、机器设备等资本密集产品的进口替代。而这些产品需要的市场规模更大、资金和技术门槛更高。由此,在劳动密集型轻工业没有得到充分发展的情况下,拉丁美洲国家过早进入重工业化阶段。

重工业往往需要巨大的固定资产投资,因而只有大规模生产才能降低成本、有利可图。然而,在工业化初期,有限的市场需求与资本积累并不足以支持重工业的规模化生产。首先,重工业品并不是最终消费品,而大多是中间产品或生产工具。只有当消费品生产达到一定的规模后,才能产生对重工业品的巨大需求,使其盈利。其次,资本密集型的重工业与一国工业化初期资本稀缺、劳动力丰富的要素禀赋不符。为了支持重工业的发展,政府可能利用行政手段将资源分配到大型重工企业,造成资源错配,极大地降低了经济效率。最后,重工业产品比轻工业品更加需要国际大市场的支撑才能够盈利,而这对产品质量和技术竞争能力的要求十分苛刻,这种竞争能力对于连轻工业都没有做好的拉丁美洲国家来说是不可能具备的。例如,墨西哥在1962—1970年制造品总出口的年均增长率为11.8%,但非耐用消费品出口的年均增长率仅为5.8%。

20世纪30—80年代,巴西长期实行进口替代政策。自上而下的重工业建设,带来了短暂的经济繁荣,但缺乏持久的动力。20世纪50—70年代,巴西取得了较快的经济增长,发展成为中等收入国家。咖啡、茶、可可、香料及其制品一直是巴西的主要出口品,1970年以前,其出口份额在40%以上,但巴西轻工业制品(不含食品)的出口份额一直低于20%。由于忽视轻工业,尤其是出口导向的轻工业,巴西无法靠轻工业补贴扶持重工业,这使得其自上而下建立的重工业产品缺乏全球市场、自生能力与比较优势。例如,巴西的重工业品以出口拉丁美洲国家为主,而这些拉丁美洲国家是受《安第斯条约》保护的市场,不是自由竞争的市场。因此,巴西的出口品并不具备国际竞争力。自20世纪80年代债务危机起,巴西经济增长缓慢。经过40年之久的挣扎,包括各种政治制度改革,巴西仍然是一个中等收入国家。

作为练习，试说明中国能否跨越"中等收入陷阱"。

资料来源：王丽莉，文一. 中国能跨越中等收入陷阱吗？——基于工业化路径的跨国比较[J]. 经济评论，2017(3)：31-69.

10.2.3 进口替代政策的福利效应（Welfare Effect of Import-Substitution Policy）

1. 进口鼓励

在进口替代政策下，鼓励进口的多是国内不能生产，而对国内相关产业的发展十分重要的零部件、中间产品或原材料，目的是促进国内这些需要支持或保护的产业的发展。鼓励进口政策包括进口补贴、进口产品的消费补贴和对进口竞争产业的生产税。进口补贴包括对每单位进口商品的直接补贴和优惠贷款等方式的间接补贴。进口补贴会影响国内市场价格。在没有补贴时，国内市场价格等于国际市场价格，有了进口补贴后，国内市场价格等于国际市场价格减去补贴，从而比没有补贴时要低。国内市场价格的下降一方面增加了消费量，另一方面减少了国内同类产品的生产量，使进口量增加。进口补贴对国内生产者、消费者和社会经济利益的影响与进口税收正好相反：消费者得益，生产者受损，政府财政支出增加，整个社会福利水平下降。如果是进口大国，进口增加还会引起进口产品的国际价格上涨，贸易条件恶化，整个社会的福利损失更大。

One import-substitution policy is import promotion. The measures taken involve import subsidies, consumption subsidies on imported products and production tax on the import-competing industries. The objectives of import promotion are as follows. Firstly, benefit home consumers. When domestic supply is insufficient while the import price is on the high side, the import of life necessities like food, meat, salt, etc. is encouraged. Secondly, protect domestic scarce natural resources, especially those non-reproductive resources with strategic significance such as petroleum. Thirdly, promote the development of particular home industries. For this purpose, the import of parts, components, and raw materials which are vital to these industries but not available at home is encouraged. The effect of an import subsidy is domestic price decreases, producer surplus decreases, consumer surplus increases, government expenditure increases, and social welfare as a whole decreases.

对进口产品的消费补贴主要通过支持消费来间接扩大进口。对消费者的支持包括对该种产品直接发放消费补贴或减免消费税。下面用图 10-2 来说明进口产业消费补贴的福利效应。假定图中显示的是越南的手机触摸屏市场。在没有任何政策时，越南手机触摸屏的市场价格等于世界市场价格，均为 $P_W = 600$ 元，生产量为 S_1，消费量为 D_1，进口为 S_1D_1。如果政府为了促进越南手机制造产业的发展而对手机触摸屏消费提供每单位 100 元的补贴，对于消费者来说，这就相当于每单位手机触摸屏消费现在可以少付 100 元。在图 10-2 中表现为手机触摸屏需求曲线向上平移 100 元，变成 D'。在新的需求曲线 D' 上，越南手机触摸屏消费量增加到 D_2。但从生产方面来说，消费补贴并没有对越南手机触摸屏的生产价格产生影响,因而越南手机触摸屏的生产量没有增加。增加的消费量就不得不从国外进口,进口量增加到 S_1D_2。

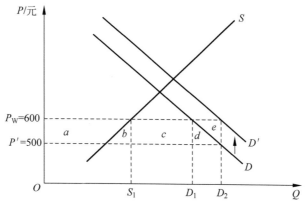

图 10-2 进口小国消费补贴的福利效应

由图 10-2 可知,消费补贴没有影响本国生产者的福利水平,但使消费者的福利增加了 $a+b+c+d$。不过,消费者的福利增加来自政府的补贴,政府为此共支付了($100 \times D_2$)元,相当于 $a+b+c+d+e$。如果将消费者的福利变动减去政府的补贴支出,社会的利益净损失为 e。从以上分析可知,鼓励进口虽然可能使消费者受益,但代价是整个社会福利水平的下降。

作为练习,试作图分析进口大国消费补贴的福利效应。

2. 对进口竞争产业的价格支持

价格支持是政府通过稳定价格来支持生产者的一种手段。为了稳定生产和保证生产者的收入,政府设立一个不由市场供求变动决定的"支持价格"或"保证价格"。如果市场价格高于保证价格,生产者可以根据市场需求卖出高价。如果市场均衡价格下跌到低于这一保证价格,生产者则从政府手中得到两种价格的差额,产品产量和生产者的收入都不会因价格的下跌而受太大影响。当价格支持政策用于国内进口竞争产业时,就成为进口替代政策了。在进口市场上制定保证价格的目的是保护国内生产者的利益不受国际市场价格波动的影响。进口市场上的价格支持对贸易的影响会由于保证价格的高低而不同。如果政府的保证价格低于封闭经济中的市场均衡价格,国内生产仍然满足不了需求,需进口一部分产品,对贸易的影响类似关税或配额。但是,如果保证价格超出了封闭经济中的市场均衡价格,整个贸易结构会因此而改变。在自由贸易下应该进口的商品,在价格支持下变成了出口商品。

Another import-substitution policy is price support for the import-competition industry, which is a means used by the government to support producers via price.

在现实中,通过价格支持改变贸易模式的情况也的确存在,日本的农产品政策就是一个典型例子。图 10-3 显示的是日本农产品价格支持的福利效应。日本土地资源相对缺乏,农民生产成本高,没有比较优势。在自由贸易的情况下,日本只能生产 S_1,消费则达到 D_1,不足部分从世界市场进口。政府为了保护农民利益,提高农产品价格,将保证价格提高到超出国内供求平衡时的价格水平 P_0 之上。有了价格保证,农民就不用为生产过多引起价格下跌而操心。只要成本不超过保证价格的水平,农民就会扩大生产。当保证价格等于 P_d 时,生产量达到 S_2。政府的名义补贴则等于保证价格与世界市场价格之差 $(P_d - P_w)$ 乘上总产量 S_2。

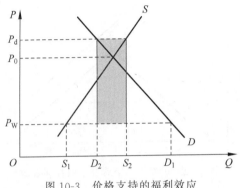

图 10-3 价格支持的福利效应

当然,价格支持的目的是保护生产者而不是保护消费者。政府会通过限制进口和减少国内市场农产品供给的手段提高消费者价格,将实行价格支持的一部分代价转嫁到消费者身上,具体的做法可以是:第一,让农民直接在国内市场按保证价格出售,剩余部分 D_2S_2 按国际市场价格出口,农民出口收入的不足部分由政府补贴。第二,全部由政府按保证价格收购,然后在国内按保证价格出售,在国外按国际市场价格出售。两种做法的结果是一样的。政府的实际支出为图 10-3 中阴影部分的面积,即 P_wP_d 乘以出口量 D_2S_2。整个社会的净损失为:消费者剩余的损失+政府实际支出-农民生产者剩余的增加。净损失大于零,并随着保证价格与国际市场价格之间差距的扩大而增加。

10.3 出口导向政策与经济发展
（Export-Oriented Policy and Economic Development）

10.3.1 出口导向政策的理论基础与主要措施（Theoretical Basis and Main Measures of Export-Oriented Policy）

出口导向政策是指一国或地区采取各种鼓励措施促进制成品出口工业的发展,用工业制成品的出口代替传统初级产品的出口,以增加外汇收入,带动工业体系的建立和国民经济持续发展的政策。由于它是以制成品出口替代了初级产品出口,所以又称出口替代政策。20世纪60年代中期,韩国和新加坡等相继采用这一政策,后来拉丁美洲的部分国家如秘鲁、智利、巴西等也纷纷转向采用出口替代政策。出口替代政策的普遍实施与当时历史条件的改变是分不开的。20世纪60年代中期,一些采用进口替代政策的发展中国家或地区已经初步建立起现代工业,具备了一定的发展出口加工工业的物质基础和技术、人才条件。与此同时,发达资本主义国家经过重大经济关系调整进入相对稳定的发展时期,贸易保护主义相对减弱,自由贸易有所加强;第三次科技革命的兴起推动了一批新兴产业的建立，带动了发达国家产业结构的升级，许多发达国家将已经丧失比较优势的劳动密集型产业逐步向发展中国家转移。正是在这种国际国内环境下，以韩国为代表的东亚地区，抓住了这一历史机遇，发挥自身劳动力资源丰富的优势，发展劳动密集型产业，通过鼓励出口积极参与国际竞争，实现了经济快速增长。

Export-oriented policy, sometimes called export substitution industrialization, export-led industrialization or export-led growth, is outward-oriented because it links the domestic economy with the world economy. By the late 1980s, the critique of import-substitution industrialization had been widely accepted, not only by economists but by international organizations like the World Bank and even by policymakers in the developing countries themselves. Statistical evidence appeared to suggest that developing countries that followed relatively free trade policies had on average grown more rapidly than those that followed protectionist policies. Beginning in the mid-1980s, a number of developing countries moved to lower tariff rates and removed import quotas and other restrictions on trade.

根据出口对发展中国家经济增长的重要性不同，又可将出口导向政策大致分为两种类型：一种是出口鼓励与国内生产并举型的出口导向政策，即一方面鼓励出口，另一方面大力发展与出口导向有关的工业，以形成规模经济并满足国内市场的需要。巴西、墨西哥等拉丁美洲国家属于这一类型。另一种是坚持出口扩张的出口导向政策，即一切以扩大出口为主，出口贸易在该国或地区的国民生产总值中占很大比例，甚至超过GDP。日本和韩国属于这一类型。1990年，日本、韩国、新加坡的出口占国民收入的比例分别为11%、32%、190%，其中中国香港和新加坡的出口额超过了地区生产总值。① 不同的国家或地区具体应采取何种类型的出口导向政策，要依据各国或地区的具体情况而定，并主要以经济体的大小、资源多少、生产与技术条件、人力资源状况、地理位置等为依据。一般而言，一些自然资源匮乏、内部市场狭小的国家或地区，比较倾向于第二种出口导向政策。

Instead of pursuing growth through the protection of domestic industries suffering comparative disadvantage, this strategy involves promoting growth through the export of manufactured goods. Trade controls are either nonexistent or very low, in the sense that any disincentives to export resulting from import barriers are counterbalanced by export subsidies. Industrialization is viewed as a natural outcome of development instead of being an objective pursued at the expense of the economy's efficiency.

1. 理论基础

出口导向政策的主要理论基础是要素禀赋论和自由贸易理论等。这些理论要求各国根据各自生产要素的丰裕程度发挥比较优势，积极参与国际分工，并通过自由贸易实现贸易利益，推动本国经济增长。

The theoretical basis of export-oriented policy is factor endowment theory and free

---

① 根据世界银行官方网站发布的世界发展指数（World Development Indicator）数据整理得到。

trade theory.

2. 主要措施

出口导向政策一般也要经历两个阶段：一是初级阶段，以发展非耐用消费品出口加工工业为主，如食品、服装、纺织品、小家电、玩具等。这些工业技术相对简单，资本投入相对较小，多属于劳动密集型产业，既可以发挥发展中国家劳动力方面的比较优势，又可以与初级进口替代工业衔接，比较容易适应国际市场的竞争，风险也相对较小。二是高级阶段，发展耐用消费品和资本品加工工业的出口，如家用电器、电子产品、机器设备等。当初级出口替代产品发展到一定的阶段，尤其是其中某些产品的市场容量日趋饱和或生产与外贸条件已变得不利时，就应及时转向高级阶段。

Export-oriented policy usually undergoes two phases: primary export-oriented phase and secondary export-oriented phase.

出口导向工业的发展也需要政府实施保护政策，但这一贸易政策与进口替代时期不同，需要实行双向保护措施，具体包括：①鼓励出口。例如：放松出口限制，一般取消出口税，并尽可能取消出口配额、许可证等数量限制；建立保税制度，对出口生产所需中间投入要素的进口暂时免征进口税；政府提供出口保险，对出口可能遭受的各种风险予以承保，以增强企业的出口信心；政府为出口企业提供信息服务；设立自由贸易区、出口加工区等有利于扩大出口的经济特区；设立和完善商会等出口协调机构；通过国际协商，为本国商品出口疏通渠道等。②放松对进口的限制。其包括：缩小进口配额、许可证管理范围，以便利出口生产过程中所需进口投入要素的获得；降低保护关税，适当减免必需原材料、半成品或资本品进口的关税等。③给予出口企业政策倾斜。出口替代工业在起步阶段生产规模较小、风险大、竞争力不强，政府应予以扶持，可能的措施包括：对出口企业实行减免所得税、加速折旧、建立风险基金、免除印花税等财政优惠；提供低利率出口信贷，向出口企业提供政府贷款、外汇贷款等。④放宽外汇管制。实行合理的汇率政策，使出口的实际汇率不低于进口的实际汇率，以鼓励出口。在存在较高通货膨胀率的情况下，发展中国家应实行适当的货币贬值或推动本币汇率下浮的措施。

The main measures of export-oriented policy are promoting export, canceling export tariff, quota and license, providing export subsidy, decreasing protective tariff, and lessening foreign exchange regulation. The range of export promotion programs offered by different governments reflects the imagination of the operatives designing and delivering these programs. Activities include organizing trade exhibitions, arranging group visits overseas, delivering market information to firms, providing contact details of foreign customers, agents or distributors, conducting "how to export" workshops, preparing publications on exporting and markets, allocating operatives to assist particular firms develop export plans. Devaluation of home currency is an official lowering of the value of country's currency. For a currency to be devalued means that the issuing government has mandated that the price of the currency (in foreign dollars) is lower than it was before.

案例 10-4 中国的出口导向政策

随着中国改革开放的不断推进,中国的进口替代政策逐渐被出口导向政策取代,这大体上也经历了两个阶段。

第一阶段是加入 WTO 以前,实行政府干预下的出口导向政策。这种干预主要体现在对进口的保护措施和对出口的推动措施上。在进口方面,实施高关税、非关税壁垒保护国内市场和幼稚工业的政策。仅以许可证为例,据估计,在 20 世纪 80 年代初受许可证管理的进口商品有 21 种,但到 20 世纪 80 年代末受许可证管理的进口商品增加到 53 种,占进口总额的 46%,到 1992 年受许可证管理的进口商品仍占进口总额的 25%。在出口方面,尽管出口创汇仍然是首要目标,但对于出口的战略意义已有了新的认识,即出口对经济结构和产业结构的积极影响。为此,中国政府出台了包括提高出口商品质量、改善出口商品结构和生产布局、开拓国际市场等多种政策,采取了贸易补贴、外汇留存、出口退税等鼓励出口的措施。以外汇留存为例,当时中国在实施官方汇率和调剂市场汇率两种汇率的同时,允许各地、各行业外贸出口企业在完成出口承包计划的情况下,留存一定比例的外汇额度,超出承包计划的部分以更高的比例留存,并允许外汇留存部分在调剂市场以市场汇率转让,从而达到鼓励出口的目的。为了加入 WTO,从 1994 年开始,中国实施了以汇率并轨为标志的对外贸易体制全面配套改革及"大经贸"政策,主要思想是以进出口贸易为基础,商品、资金、技术、劳务合作与交流相互渗透、协调发展,外贸、生产、科技、金融等部门共同参与,基本措施包括扩大开放、加快融合、转变功能等。

第二阶段是 2001—2018 年,这一时期的中国出口导向政策更加全面、成熟。在加入 WTO 的初期,中国政府充分利用"发展中国家"的身份和"入世"的过渡期,不断熟悉并践行 WTO 规则,全面履行"入世"承诺,大幅削减进口关税总水平,大量取消进口许可证、配额等非关税壁垒。自 2004 年 7 月起,中国对企业的外贸经营权由审批制改为备案登记制。截至 2005 年 1 月,中国已全部取消进口配额、进口许可证和特定招标等非关税措施,涉及汽车、机电产品、天然橡胶等 424 个税号产品。截至 2010 年,中国货物降税承诺全部履行完毕,关税总水平由 2001 年的 15.3% 降至 9.8%。2015 年,中国的贸易加权平均关税已降至 4.4%,与美国、欧盟等发达经济体仅相差 1.5~2 个百分点。与此同时,中国通过出口退税等符合 WTO 规则的措施竭力扩大出口。2013 年,中国首次超过美国,成为全球第一货物贸易大国。2018 年,中国货物贸易进出口总额约为 4.623 万亿美元,同比增长 12.6%,再次成为世界第一贸易大国,中国在全球货物贸易进口和出口总额中所占比重分别达到 10.8% 和 12.8%,中国已经与全球 231 个国家和地区有着贸易往来,是超过 60 个国家和地区的最大贸易伙伴。

2019 年 10 月 31 日,中共十九届四中全会发布公报,提出加快完善社会主义市场经济体制,完善科技创新体制机制,建设更高水平开放型经济新体制。中国正在由过去的商品和要素流动型开放转向制度型开放。

10.3.2 出口导向政策的经济绩效(Economic Performance of Export-Oriented Policy)

1. 积极作用

第一,提高经济效率。出口替代工业是面向国际市场的,必然会给企业带来竞争的压力和提高效率的刺激。同时,由于进口限制放松,国内企业也面临进口商品的激烈竞争,这种竞争的环境有助于企业改进技术,提高管理水平,促进资源的优化配置,进而从整体上提高工业经济的效率。

By maintaining low restrictions on imported goods, export-oriented policy imposes competitive discipline on domestic firms that force them to increase efficiency.

第二,发挥比较优势。出口导向政策突破了单一的国内市场的局限性,使发展中国家能够根据比较利益原则,把资源集中投入更有利的产业,并通过参与国际分工和国际贸易,提高要素生产率,改善经济结构和工业结构。例如,韩国在 1965—1975 年,出口保持了年均 40% 的增长率,远高于进口 23% 的增速。出口中,制成品所占比重从 1962 年的 27% 升至 1985 年的 93.8%。韩国在实行出口导向政策的过程中,其产业政策也起了非常重要的作用,支持了工业品出口的持续、快速增长。1967—1979 年,韩国实现了重化工业化,重化工业部门在全部工业产量中所占比重从 37.7% 上升为 56.7%。① 1982 年,韩国的出口产品也发生了重要的结构变化,重工业品首次超过了轻工业品,国民经济结构进一步优化。

Export-oriented policy encourages industries in which developing nations are likely to have a comparative advantage, such as labor-intensive manufactured goods.

第三,实现规模经济。企业面向国际市场进行生产,其规模不再受国内市场相对狭小的限制,因而可以按照不同行业生产的要求使企业的规模达到最优,获取规模经济效益,提高出口产品竞争力,促进出口替代工业进一步发展壮大。

By providing a larger market in which to sell, export-oriented policy allows domestic manufacturers greater scope for exploiting economies of scale.

第四,改善国际收支。尽管从理论来讲,由进口替代节约的单位外汇和由出口导向所赚取的单位外汇在量上是相等的,但由于出口的是优势产品,因此,赚取每单位外汇所消耗的国内资源成本将少于节约单位外汇所耗费的成本。如果将用于进口替代的资源转移到用于扩大出口,则可以赚取更多的外汇。而且对初级产品进行加工后再出口,可以提高这些产品的附加值,创造更多的外汇。此外,出口导向下的本币贬值政策,有利于扩大出口、抑制进口。

Export-oriented policy can improve balance-of-payments.

第五,缓解就业压力。发展中国家一般有着众多的非熟练劳动力,在外向型经济中,劳动密集型产品就是其优势产品,有首先获得出口的机会。生产这些产品的行业会比其他行业发展更快,比在进口替代情况下吸收更多非熟练劳动力就业。这有助于发展中国家就业结构的改善及劳动力素质的提高。

Export-oriented policy may relieve employment pressure.

第六,促进经济发展。其主要表现在:制造业迅速发展,产业结构趋向合理,外贸增长快速且制成品占出口的比重提高,人均国民生产总值迅速增加,外汇储备不断增多,在世界经济和贸易中的地位日益提高。新加坡是实行出口导向政策成功发展经济的典型。

---

① 根据世界银行官方网站发布的世界发展指数(World Development Indicator)数据整理得到。

20世纪60年代初,新加坡迅速从转口贸易向制造业特别是劳动密集型产业发展,随后,又将重点转向高附加值的工业、面向出口的技术密集型产业及服务业。1965年,新加坡的制造业占国内生产总值的比重为15.1%;1980年,制造业的比重提高到30%,服装制造、电子产品、石油加工业等迅速扩展。其服务业特别是商业、旅游业、运输业和通信、金融服务等在国内生产总值中的比重也大大提高。1990年,新加坡金融和商业服务业占国内生产总值的比重已达32.4%。①

Export-oriented policy is conducive to promote economic development.

案例10-5 广交会与中国的出口

1957年4月25日,首届中国出口商品交易会(The China Export Fair)即"广交会"在广州正式开幕。首届广交会展出面积9 600平方米,分设工业品、纺织品、食品、手工艺品、土特产品5个展馆,13个专业外贸总公司组织交易团参展,展示商品1万多种,包括自行研制的解放牌载重汽车、普通车床等,也有各种日用轻工业品、农副土特产品以及传统工艺品。19个国家和地区的1 200多位采购商到会。广交会第一年即成交8 686万美元,占当年全国创收现汇总额的20%。第一届广交会的成功创办,使之迅速成为中国出口创汇的主渠道,开辟了一条中国与世界交往的通道。从1965年开始,广交会年出口成交额占全国外贸年出口总额30%以上,1972年、1973年占比均超过50%。

广交会每年春秋两季在广州举办,由商务部和广东省人民政府联合主办,中国对外贸易中心承办。几十年来,广交会会址几经迁移,展馆面积扩大了几十倍,规模逐步扩大、影响力日益提升。为促进贸易平衡,自2007年春季第101届开始,广交会开始设立进口展区,正式更名为"中国进出口商品交易会"。广交会以出口贸易为主,也做进口贸易,还可以开展多种形式的经济技术合作与交流,以及商检、保险、运输、广告、咨询等业务活动。广交会展馆目前坐落于广州琶洲岛,总建筑面积110万平方米,室内展厅总面积33.8万平方米,室外展场面积4.36万平方米。

2021年4月15日至24日,第129届广交会在网上举办,展期10天,2.6万家境内外参展企业通过广交会线上平台展示产品、直播营销、在线洽谈,吸引了来自227个国家和地区的采购商注册观展,采购商来源地分布创历史纪录。2021年10月15—19日,第130届广交会在线上、线下同步举行。其中,线下展览面积40万平方米,展位总数19 181个,参展企业7 795家;线上展约6万个展位,约2.6万家中外企业参展,共有来自228个国家和地区的采购商注册观展。广交会在线上线下同步开展的模式,更好地发挥了全方位对外开放平台的作用,为稳住外贸外资基本盘作出了积极贡献,也向国际社会彰显了中国扩大开放、努力维护国际产业链供应链安全的坚定决心。

广交会历经60多年改革创新发展,经受住了各种严峻考验,从未中断。广交会加强了中国与世界的贸易往来,展示了中国形象和发展成就,是中国企业开拓国际市场的优质平台,是贯彻实施中国外贸发展战略的引导示范基地。广交会已成为中国外贸第一促进平台,是中国外贸的晴雨表和风向标,是中国对外开放的窗口、缩影和标志。广交会是中

---

① 根据世界银行官方网站发布的世界发展指数(World Development Indicator)数据整理得到。

国历史最长、层次最高、规模最大、商品种类最全、到会采购商最多且分布国别和地区最广、成交效果最好的综合性国际贸易盛会,被誉为"中国第一展"。

资料来源:编者根据广交会官网及相关资料整理所得。

2. 局限性

第一,实施条件较多。一是必须具备一定的工业基础。出口是国内产业向外扩张的结果,因而实施出口导向政策一般要求有进口替代的基础。二是要求国内有一定数量和质量的生产要素,包括管理人员、技术人员和熟练工人。三是需要比较有利的国际环境。出口在较大程度上取决于进口国的经济状况和经济环境,即依赖快速增长的世界经济和稳定扩大的国际市场。在世界经济处于萧条和衰退时,出口导向政策将面临较大困难。四是需要一个富有成效的政府。发展中国家实施出口导向政策的最终目的是促进国民经济发展,实现国家的工业化。这就要求发展中国家政府能够实施正确的产业政策,使国内经济遵循产业演进规律而发展,促进产业结构的升级。

Export-oriented policy presupposes that a government contains the relevant market knowledge to judge whether or not an industry to be given development subsidies that will prove a good investment in the future. The ability of any government to do this is limited as it will not have occurred through the natural interaction of market forces of supply and demand. Also, to exploit a potential comparative advantage requires a significant amount of investment which governments can only supply a limited amount of. In many developing countries, multinational corporations must provide the foreign direct investment, knowledge, skills and training needed to develop industry and exploit the future comparative advantage.

第二,依赖国际市场。出口替代工业主要面向国际市场,受国际市场需求和世界经济状况的影响较大。当发达国家发生经济危机,世界市场价格大幅度波动时,其影响会迅速波及国内,使出口受阻。如在两次石油危机中,韩国 GNP 增长率下降,外贸额减少,物价上涨,国际收支出现逆差。

Export-oriented policy increases market sensitivity to exogenous factors and is partially responsible for the damage done by the economic crisis to the economies that used export-oriented industrialization.

第三,导致发展失衡。出口导向政策倾向于促进出口部门的快速发展,而一些面向国内市场的中小型工业和农业部门发展缓慢,处于落后的状态,这不利于整体国民经济的发展和产业结构的优化。例如,韩国的粮食自给率从 20 世纪 60 年代的 90% 降至 20 世纪 90 年代的 60%,大批劳动力从农村流向城市,造成农业生产萎缩。[①]

Export-oriented policy may result in the development imbalance of the domestic economy.

第四,加重债务负担。为了发展工业,实施出口导向政策的国家倾向于大量引进外资。外资的流入在给发展中国家带来资金和技术的同时,使一些重要工业部门受到不同

---

① 根据世界银行官方网站发布的世界发展指数(World Development Indicator)数据整理得到。

程度的外资控制,造成大量资金外流,外债急剧增长。

Export-oriented policy may lead to a growing debt burden.

第五,削弱企业实力。出口导向政策的实施使出口产业在国家扶持和保护下成长。如果保护时间过长、保护程度过高,不仅增加政府财政负担,影响其他产业的发展,而且会增强出口企业的依赖意识,阻碍其提高劳动生产率和降低产品成本,从而削弱出口企业的竞争力。

Export-oriented policy will reach low competitiveness of export firms.

案例 10-6　中国自由贸易试验区的设立与成效

自由贸易试验区(Pilot Free Trade Zone)是指在主权国家或地区的关境以外划出的特定区域,该区域在贸易和投资等方面实施比 WTO 有关规定更加优惠的贸易安排,准许外国商品豁免关税自由进出。狭义的自由贸易试验区仅指提供区内加工出口所需原料等货物的进口豁免关税地区,类似出口加工区。广义的自由贸易试验区还包括自由港和转口贸易区。中国自由贸易试验区(China Pilot Free Trade Zone)是指在中国境内关外设立的,以优惠税收和海关特殊监管政策为主要手段,以贸易自由化便利化为主要目的的多功能经济性特区。

2013 年 9 月 27 日,国务院批复成立中国(上海)自由贸易试验区。2015 年 4 月 20 日,扩展中国(上海)自由贸易试验区实施范围。2015 年 4 月 20 日,国务院批复成立中国广东、天津、福建 3 个自由贸易试验区。2017 年 3 月 31 日,国务院批复成立中国辽宁、浙江、河南、湖北、重庆、四川、陕西 7 个自由贸易试验区。2018 年 10 月 16 日,国务院批复设立中国(海南)自由贸易试验区。2019 年 8 月 2 日,国务院批复设立中国山东、江苏、广西、河北、云南、黑龙江 6 个自由贸易试验区。2020 年 6 月 1 日,国务院批复设立海南自由贸易港。2020 年 9 月 21 日,国务院批复设立中国北京、湖南、安徽 3 个自由贸易试验区,并扩展中国(浙江)自由贸易试验区。至此,中国各地已设立 21 个自由贸易实验区(港),形成了东西南北中协调、陆海统筹的开放态势,推动形成了我国新一轮全面开放格局。

中国自由贸易试验区的初衷是鼓励各地进行制度创新,通过"大胆试、大胆闯、自主改",形成一批可复制、可推广的实践经验并迅速在全国推行,被誉为中国改革开放的升级版。截至 2020 年 9 月,中国自由贸易试验区已形成的可复制、可推广的经验达 260 项,涉及贸易自由化便利化、投资自由化便利化等,有效促进了政府治理理念转变,推动了全国营商环境改善,激发了市场主体活力。中国自由贸易试验区外商投资准入负面清单特别管理措施由最初的 190 项压减至"十三五"初期的 122 项,到 2021 年又压减至 27 项,投资领域开放稳步推进。经过多年探索,中国自由贸易试验区逐步承担起促进各地产业集聚和经济发展的功能。"为国家试制度,为地方谋发展"成为中国自由贸易试验区的最新定位。2021 年 7 月 9 日,中央全面深化改革委员会第二十次会议审议通过了《关于推进自由贸易试验区贸易投资便利化改革创新的若干措施》。中国商务部统计显示,2021 年,全国 21 个自由贸易试验区利用外资增长 19%,比全国高出 4.1 个百分点;外贸进出口增长 29.5%,比全国高出 8.1 个百分点;自由贸易试验区占全国不到千分之四的面积,却占到全国利用外资总额的 18.5%、全国进出口总额的 17.3%。2022 年 7 月,"2021—2022 年度中国自由贸易试验区制度创新指数"正式发布。制度创新指数主要围绕"投资自由化""贸易便利化""金融改革创新""政府职能转变""法治化环境"五个维度开展系统性评估,这五个维度又细分为 19 个二级指标和 57 个三级指标。全国 54 个自由贸易试验(片)区制度创新的总体得分平均值为 76.70 分,其中,前海、南沙、上海(浦东)、上海(临港)、厦门、天津、成都、北京、武汉、重庆位居前十。商务部表示,将持续推动向自由贸易试验区下放更多省级经济管理权限,实施更大范围、更宽领域、更深层次对外开放。

作为练习,试说明中国自由贸易试验区与出口加工区、综合保税区的异同。

10.3.3 出口导向政策的福利效应(Welfare Effect of Export-Oriented Policy)

1. 出口退税

出口退税是指一个国家或地区对已报送离境的商品退还或免征其在出口前生产或流通环节已经缴纳的间接税。作为一项出口激励措施,出口退税被各国广泛使用,WTO 也允许其成员采用出口退税来促进出口,目前已成为国际社会通行的惯例。我国的出口退税一般是指在国际贸易业务中,对我国报关出口的货物实行退还或免征生产流转环节的增值税和消费税,采取出口退税与免税相结合的政策。

Export tax rebate refers to the return or exemption of value-added tax and consumption tax paid by the tax law in all domestic production and circulation links in the international trade business. It is worth noting that the tax refund of export tax rebates is different from other types of tax rebates. For the export tax rebate, the input tax is refunded. For other tax rebates, the tax payable is refunded. Therefore, in the declaration form, the amount of tax payable for goods exempted from credit and refunded is the same as that of input transfer out, which is a negative amount of deductible tax.

出口退税对生产、消费、价格和贸易量的影响因其在国际市场上的份额大小而不同。对于出口量不大、在国际市场影响甚微的小国,作为价格的接受者,出口退税不会影响国际市场价格。下面用图 10-4 说明贸易小国的出口退税效应。在没有退税时,生产为 S_1,国内需求量是 D_1,出口量为 D_1S_1。现在假设政府对每单位的商品出口退税 100 元,商品出口的实际所得变成 (P_W+100) 元。在这一价格下,生产者愿意扩大生产增加出口,新的生产量为 S_2,国内的需求量则因为国内市场价格的上升而下降至 D_2,新的出口量为 D_2S_2。

如图 10-4 所示,出口退税的结果是:国内价格上涨,出口工业生产增加,国内消费减少,出口量增加。出口退税为什么会引起国内市场价格上涨和消费下降呢?因为出口退税使得出口比在国内销售更加有利可图,而且政府没有限制出口数量。在这种情况下,企业当然要尽量出口,除非在国内市场销售也能获得同样的收入。由于只是给出口的商品退税,要想在国内市场获得同样的收入,除了提价,别无他法。在涨价之后,消费自然减少。从另一个角度说,国内消费者也必须付出与生产者出口所能得到的一样的价格,以确

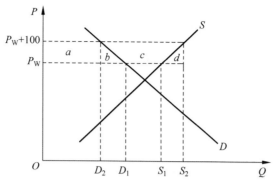

图 10-4　贸易小国出口退税效应

保一部分商品留在国内市场而不是全部出口。

国内价格上涨自然使消费者利益受损,损失量为 $a+b$。消费者的损失变成了生产者剩余,生产者还从政府得到一部分补贴,总收益增加了 $a+b+c$。除去消费者损失,还有净收益 c。但政府的出口补贴总量为 $b+c+d$,减去生产者所得,仍有净损失 $b+d$。

作为练习,试作图分析贸易大国出口退税的福利效应。

2. 对出口产业的生产补贴

根据 WTO 的规定,"除出口补贴以外的补贴"都是生产补贴。生产补贴与出口补贴的区别在于,生产补贴是对所有生产的产品进行补贴,不管该产品是在国内市场销售,还是向国外出口。这些补贴包括政府对商业企业的资助、税收减免、低息贷款等直接方式,也包括对某些出口工业生产集中的地方给予区域性支持、资助研究与开发项目等间接做法。所有这些政策手段虽然看上去只是对具体企业或行业的支持,但实际上降低了这些出口企业的生产成本,提高了其出口竞争能力,从而起到促进出口的作用。

A production subsidy is a payment made by a government to firms in a particular industry based on output or production. The subsidy can be specified either as an ad Valorem subsidy (% of the value or production) or as a specific subsidy (dollar payment per unit of output). Production subsidy is different from export subsidy in that it provides a payment based on all products regardless of where it is sold. The export subsidy, on the other hand, only offers a payment to the quantity or value that is actually exported. Production subsidies include direct modes such as direct payment to a firm, tax rebates, and indirect modes like offering land or office at favorable rates or even free, discounts for electricity and communication fees and favorable conditions for bank loans, etc.

图 10-5 显示了对出口产业提供生产补贴的福利效应。假设图 10-5 中的 S 曲线和 D 曲线分别代表孟加拉国服装的供给和需求。在自由贸易的情况下,孟加拉国的服装生产量为 S_1,本国消费量为 D_1,出口量为 D_1S_1。如果孟加拉国对本国服装进行生产补贴,并且生产者每生产 1 单位服装平均可以得到 100 元。每单位 100 元的生产补贴,相当于每单位服装的生产成本下降 100 元,供给曲线向下平移 100 元。在国际市场价格不变的情况下,生产者会在新的供给曲线上将生产量扩大到 S_2。生产者仍然会按原来的市场价

格 P_W 出售，但实际收益则是每单位 (P_W+100) 元。由于生产者没有提高国内价格，也没有降低国内价格，国内的需求量也就没有变动，新增的产量就成了新增的出口量。生产补贴使出口量从原来的 D_1S_1 增加到 D_1S_2。

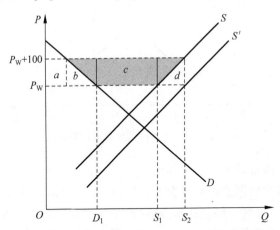

图 10-5　对出口产业提供生产补贴的福利效应

与出口补贴不同的是，生产补贴没有影响国内市场价格，从而也没有在增加出口的同时牺牲本国消费者的利益。其主要原因是产业政策是按产量而不是按在哪个市场销售进行补贴。对生产者来说，在服装进入市场以前就已得到了补贴，因此在哪里销售也就不是主要问题了，即在国内销售也可得到与国外销售一样的报酬，生产者也就没有必要在本国提高价格了。这一点对于分析社会经济利益的变动很重要。由于消费价格不变，消费者也就没有损失。与政府进行每单位 100 元的出口补贴相比，整个社会的净损失要小。如图 10-5 所示，生产补贴的结果是企业增加了利益 $a+b+c$，政府的补贴支出是 $a+b+c+d$，社会净损失为 d。但在出口补贴的情况下，社会的净损失是 $b+d$。因此，从整个社会的利益来说，生产补贴要好于出口补贴，但对政府来说，生产补贴则要比出口补贴多支出不少。

由于生产补贴的形式多种多样，不像出口补贴那么明显，所以，在出口补贴受到限制的情况下，不少政府通过生产补贴等产业政策来支持本国的出口产业。出口产业的国有企业通常直接得到政府的生产补贴。不过，发达国家对其农业的补贴是最明显和最普遍的生产补贴。

10.4　新结构经济学与经济发展
（New Structural Economics and Economic Development）

10.4.1　新结构经济学的提出背景（Background of New Structural Economics）

第二次世界大战以后，发展中国家纷纷获得了民族解放和政治独立，开始追求国家的现代化，希望尽快摆脱贫穷落后的面貌，与发达国家一道屹立于世界强国之林。应发展中国家的需要，发展经济学从现代经济学中逐渐独立出来，成为现代经济学的一个分支。半个多世纪以来,很多发展经济学家提出了各种理论,其中一部分甚至成为世界银行等国际组织指导落后国家发展经济和发展中国家制定发展政策的依据。

After World War Ⅱ, a large number of colonial or semi-colonial countries won political independence. Compared with developed countries, these developing countries lagged far behind economically. It was high on every developing country's government's agenda to develop the economy as quickly as possible to achieve rapid economic take-off and eliminate poverty. Development economics first became an independent subdiscipline of modern economics after World War Ⅱ.

发展经济学的第一波理论思潮被称为结构主义,或称结构经济学,流行于20世纪50年代。结构经济学认为,发展中国家贫穷落后的原因是,缺乏发达国家先进的、现代化的资本密集型产业,其根本原因则是市场失灵,单纯依靠市场的力量无法将资源配置到高端产业。因此,结构经济学主张采用进口替代战略,让政府直接配置资源来发展现代化的资本密集型和技术密集型产业,特别是重化工业。结构经济学的政策主张被很多拉丁美洲国家所采纳,结果却令人失望,很多拉美国家至今仍落入中等收入陷阱而无法自拔。

The first-wave development thinking, popular in the 1950s, emphasized the importance of structural change and saw structural differences as a result of market failures. Not surprisingly, they proposed to use government interventions to facilitate structural change through import-substitution and gave priority to modern advanced industries. It was a period when new protective devices such as quantitative restrictions on imports and exchange controls to manage the balance of payments were first used on a large scale by most countries.

20世纪80年代初,学术界对结构经济学所提出的失败政策进行了反思,逐渐形成了发展经济学的第二波思潮——新自由主义(neo-liberalism)。新自由主义认为,发展中国家之所以经济发展缓慢,是因为没有像发达国家那样建立完善的市场经济体制,政府对市场干预过多,这导致资源错配、腐败横行。因此,新自由主义主张以"休克疗法"推行包括私有化、市场化、自由化等激进改革措施在内的"华盛顿共识"来建立完善的市场经济体制。遗憾的是,推行新自由主义政策的发展中国家仍然举步维艰,经济发展停滞不前,其经济增长率甚至低于20世纪六七十年代,危机发生的频率也更高。学术界把实施"华盛顿共识"改革的20世纪八九十年代称为发展中国家"遗失的二十年"。[①]

The second-wave development thinking, which began in the 1980s, highlighted government failures and adopted a structural approach toward economic development that emphasized the essential function of markets in allocating resources and providing incentives for economic development, ignored the structural differences among countries at different levels of development in their policy recommendations, and expected the structural change to happen spontaneously in a country's development process. It was

---

① 林毅夫.《新结构经济学》评论回应[J]. 经济学(季刊),2013,12(2):1095-1108.

so-called "Washington consensus" featured by "shock therapy".

根据世界银行的研究,从 1950 年到 2008 年,在 200 多个发展中经济体中,只有两个经济体从低收入变成高收入;1960 年的 110 个中等收入经济体,到 2008 年也只有 13 个变成高收入经济体,其中,8 个是西欧周边的欧洲国家或石油生产国,另外 5 个是日本、韩国、新加坡等亚洲经济体;其他发展中经济体长期陷于低收入或中等收入陷阱,没有真正缩小与发达国家的差距。① 这 13 个经济发展成功的追赶经济体有五个共同特征:第一,都是开放经济,在技术创新和产业升级时利用了世界上已有的知识进行创新;第二,都维持了稳定的宏观经济环境;第三,都是高储蓄率和高投资;第四,都是市场经济体,坚持以市场配置资源;第五,都有一个高效、积极的政府,在经济发展过程中扮演重要角色。世界银行增长委员会前主席、诺贝尔经济学奖获得者迈克尔·斯宾塞(Michael Spencer)认为,以上五个特征是一国成功发展经济的要素,或称药材,但尚无成功发展经济可以遵循的药方。有趣的是,现在看来经济发展非常成功的东亚经济体,在第二次世界大战后的发展水平普遍低于拉丁美洲和非洲国家,这些经济体自然资源匮乏、人口众多,在当时被认为是最没有发展希望的地区。东亚经济体在 20 世纪五六十年代采取了出口导向战略,从发展传统的劳动密集型产业入手来推动经济发展,以当时主流的发展理论来看,是错误的战略选择。无独有偶,当 20 世纪 80 年代众多发展中国家纷纷开始改革时,中国、越南、柬埔寨和 20 世纪 70 年代就开始进行改革的毛里求斯采取的是被主流理论认为比原先政府干预的计划经济体制更糟糕的渐进的双轨制改革。结果却是,推行在理论上被认为最佳选择的"休克疗法"的国家,经济停滞不前,社会危机重生,而推行在理论上被认为最糟改革路径的国家却达到了政治稳定和快速发展的双重目标。诚然,推行双轨制的国家在快速发展过程中也积累了许多问题和矛盾,如收入分配不均、腐败问题恶化等,但是,同样的问题在推行"休克疗法"的国家也普遍存在,甚至有过之而无不及。

In the past, developing thinking advised the governments in developing countries to use high-income countries as references and develop what they did not have but high-income had (advanced industries in development economics 1.0) or improve what they could not do well but high-income countries could do relatively well (Washington consensus in development economics 2.0). The new development thinking (development economics 3.0) proposes the governments in developing countries develop what the developing countries can do well now (that is, their comparative advantages) based on what they have (that is their endowments).

在此背景下,曾在 2008—2012 年担任世界银行副行长及首席经济学家的北京大学教授林毅夫于 2009 年从要素禀赋视角正式提出了经济发展的药方——新结构经济学(new structural economics),被誉为发展经济学的第三波思潮。

The third-wave of development thinking, advanced by Prof. Justin Lin Yifu, aims at bringing structural change back to the core of development studies, and it emphasizes the

---

① 林毅夫.新结构经济学的理论基础和发展方向[J].经济评论,2017(3):4-16.

important roles of the market and the state in the process of promoting economic development.

10.4.2 新结构经济学的含义与理论框架(Concept and Theoretical Framework of New Structural Economics)

新结构经济学是应用新古典分析方法,研究一个国家经济结构的决定因素及其变迁的原因,以说明发展过程中经济结构为什么不同,为什么发展过程本身是一个经济结构不断调整与变动的过程的理论。① 新结构经济学的主要理论框架是研究结构的决定因素是什么,发达国家与发展中国家经济结构为什么不同,以及在发展过程中经济结构为什么要不断变动。这一理论分析有一个基本前提,即结构是内生的,一国的产业结构由其要素禀赋结构决定。在任一给定时点上,要素禀赋都是既定的,包括劳动力、资本及自然资源等。但这些要素又是可变的,如:劳动力会随人口增减变化,资本可通过积累增加,自然资源相对固定,但随着技术开发,也会有所改变。

New structural economics advances a neoclassical approach to study the determinants and dynamics of economic structure. It postulates that the economic structure of an economy is endogenous to its factor endowment structure and that sustained economic development is driven by changes in factor endowment and continuous technological innovation.

新结构经济学认为,国家的产业结构和经济结构均由其要素禀赋结构决定,要素禀赋及要素禀赋结构是结构经济学中最重要的变量。在任一给定时点上,要素禀赋及其相对价格决定着一个国家在这一时点的比较优势。发达国家资本相对较多,因此在资本和技术密集型产业上有比较优势。发展中国家的自然资源或劳动力相对较多,因此在劳动密集型和资源密集型产业上有比较优势。根据哈佛大学教授迈克尔·波特(Michael Porter)提出的国家竞争优势理论,如果一国按比较优势发展就会形成竞争优势,其最有竞争优势的产业一定是这个国家的最优产业,而其决定要素是内生的。

New structural economics argues that the factor endowments in a country are given at any specific time and changeable over time. A country's comparative advantages and thus its optimal industrial structure is determined by its factor endowments.

新结构经济学认为,发展中国家要想拥有发达国家的高收入,就必须拥有高收入国家的产业结构,如资本、技术相对密集的产业。由于产业结构内生于要素禀赋结构,因此,发展中国家实现高收入的前提条件是要素禀赋结构与发达国家一致。发展中国家劳动力相对丰富,资本相对稀缺,就应该想方设法增加资本,提高资本在要素禀赋结构中的比例。在此过程中,产业结构不断变化,从交通、电力、港口等硬件基础设施到法制、金融等软环境都逐步完善。新结构经济学认为,经济发展的本质是结构升级。所有国家最初都是农业经济,生产力水平低下。想要从农业经济升级为工业经济,需要有良好的交通基础设施满足全国甚至全球市场需求。在投资规模扩大以后,需要购进现代化生产设备,以及金融和法律支持,并要求进一步改善交通基础设施,这都需要政府发挥因势利导的作用来直接

---

① 林毅夫.新结构经济学的理论框架研究[J].现代产业经济,2013(2):18-23.

提供或协调不同经济主体合力提供。发展中国家要赶上发达国家,表面上是要增加收入,实质是要升级产业结构,最根本的是要调整要素禀赋及其结构。很多发展中国家长期落入低收入陷阱或中等收入陷阱,其共同特点是经济结构没有调整与升级。经济结构调整与升级的决定因素是要素禀赋、比较优势、市场和政府。

Upgrading the industrial structure in a given country requires the upgrading of the factor endowment structure from one that is relatively abundant in labor and natural resources to one that is relatively abundant in the capital, the introduction of new technologies, and the corresponding improvement in infrastructure to facilitate economic operations.

1. 要素禀赋与比较优势

产业结构内生取决于要素禀赋结构。发展中国家的收入和劳动生产率要赶上发达国家,就必须有发达国家的产业结构,这必须先拥有发达国家的要素禀赋结构。要缩小与发达国家在要素禀赋结构方面的差距,必须充分利用现有要素禀赋结构所决定的比较优势。按照比较优势发展,可以创造最多的剩余和积累。资本积累越快,要素禀赋结构提升也越快。随着要素禀赋结构的提升,新的优势产业会逐渐形成,产业升级就成为可能。在产业升级过程中,为了将比较优势转变成竞争优势,还需要完善各种基础设施,包括软的和硬的基础设施,以降低交易费用。如果基础设施落后,交易成本就降不下来,这时,某产业即使从要素禀赋所决定的要素生产价格来看符合比较优势,在市场上也会缺乏竞争力。完善各种基础设施,产业结构的升级和收入增长就会加快,弥补与发达国家差距所需的时间就会缩短。

New structural economics argues that the best way to upgrade a country's endowment structure is to develop its industries at any specific time according to the comparative advantages determined by its given endowment structure at that time. The economy will be most competitive, the economic surplus will be the largest, and the capital accumulation and the upgrading of factor endowment structure will be the fastest possible.

2. 市场

由于企业最关心的往往是利润,好的经济发展理论必须提出某些政策使企业追求利润成为自发选择,其关键是让各种要素的价格在经济中能充分反映相应要素的相对稀缺性。如果资本相对短缺,劳动力相对丰富,资本的价格就会相对较高,劳动力价格就会相对较低。在这种价格机制下,企业家为了实现利润最大化,必然会用相对廉价的劳动力替代昂贵的资本,即发展劳动密集型产业。反过来,如果资本相对丰富,企业家在追求利润最大化时就会用资本替代劳动力,想方设法进入资本密集型产业。这样的价格体系只有通过市场竞争才能形成,因此,按比较优势发展经济,其前提是有较为完善的市场制度,使价格信号可以反映要素的相对稀缺性。

For the private enterprises in a country to enter industries according to the country's comparative advantages, relative factor prices must fully reflect the relative abundance of those factors, and those prices can be determined only through competition in a well-functioning market. Therefore, the market should be the basic institution of the economy.

3. 政府

市场固然重要,但在产业结构转型升级过程中,各种基础设施的完善,包括电力、港口等硬基础设施,以及金融、法制等软基础设施(或称营商环境)都离不开政府的协调与支持。缺少政府的协调作用,比较优势将难以发挥。很多发展中国家的劳动力相对丰富,但真正能将比较优势发挥出来的国家较少。这是因为,在国际竞争中,仅有要素禀赋所决定的生产要素价格较低是不够的,交易成本也必须很低。而交易成本下降取决于各种基础设施的改善,这必须由政府来牵头处理。此外,产业升级及技术变迁等都有一定的风险。例如,在产业升级过程中,新的比较优势产业难以准确判断。即使判断准确、要素生产价格也低,但交易成本能否降下来,不是产业自身能决定的,这是产业结构升级先行者面临的巨大风险。企业如果失败,作为先行者,就必须承担产业升级投资的所有成本,这一失败会给社会传递一个信号:政府协调不足,或者此产业并不真正具有比较优势。企业如果成功,就代表这个新产业有比较优势。这会导致大量跟风者涌入,先行者并不能获得垄断利润,而发展中国家不同于发达国家,其产业、技术与产品在本国虽是新的,但在全球来看并不新,无法申请知识产权保护。因此,理性的企业家不会做先行者,而是等着他人付出先行成本,自己从中得益。这无疑会打击先行者,也就难以推动结构变迁。所以,政府要给先行者一定的补偿,这被称为"外部性补偿",以鼓励先行者的开拓精神,而补偿必须由政府提供。

Upgrading the industrial structure as well as the corresponding improvement in infrastructure, however, entails coordination of investments and compensation for externalities generated by first movers that can not be internalized by private enterprises. Without this coordination and compensation, the process of economic development will slow. The government should therefore play an active role in facilitating structural change through mitigating the coordination and externality problem.

10.4.3 新结构经济学的政策制定与主张(Policy Formulation and Arguments of New Structural Economics)

新结构经济学认为,将理论付诸实践的关键是增长识别与因势利导,这从总体上要求发展中国家政府首先遴选出具有潜在比较优势的新产业,在此基础上,消除那些可能阻止产业兴起的制约因素,创造条件使这些产业成为该国的实际比较优势产业。增长识别与因势利导可通过以下六步来实现。①

第一步,发展中国家可以确定一份可贸易商品和服务清单。这些商品和服务应满足如下条件:在具有与本国相似的要素禀赋结构且人均收入是本国人均收入约2倍的高速增长的国家中,这些商品和服务的生产已超过20年。

---

① 林毅夫.新结构经济学的理论框架研究[J].现代产业经济,2013(2):18-23.

Step one, formulate a list of tradeable commodity and service.

第二步,在该清单所涉及的产业中,政府可以优先考虑那些国内民营企业已自发进入的产业,并设法厘清这些企业提升其产品质量的障碍,或者阻止其他民营企业进入该产业的障碍,然后实施相关政策消除这些障碍,并运用随机对照试验测试这一过程的影响,以确保把这些政策推广到全国后的有效性。

Step two, remove barriers of market entry.

第三步,对国内企业来说,清单所涉及的某些产业可能是全新的产业。在这种情况下,政府可采取特定措施,鼓励高收入国家的企业到本国来投资这些产业,以利用本国劳动力成本低的优势。政府还可以设立孵化计划,便利国内民营企业进入这些行业。

Step three, encourage domestic and foreign firms to invest in focus industry.

第四步,除了在第一步确定的可贸易商品和服务清单所涉及的产业外,发展中国家还应密切关注本国成功实现自我增长的其他产业,并为这些产业的扩张提供相应条件。

Step four, promote expansion of industry already self-developed.

第五步,在基础设施落后、商业环境欠佳的发展中国家,政府可投资于工业园区或出口加工区,并采取措施吸引可能愿意投资于目标产业的国内民营企业或者外国企业。对基础设施和营商环境的改善可以降低交易成本,便利产业发展。然而,由于预算约束和能力的限制,大多数政府无法在合理时间内为整个经济作出理想的改进。在这种情形下,侧重改善工业园区或出口加工区的基础设施和商业环境就是一个相对容易实现的选择。

Step five, establish industrial zone or export processing zone and improve infrastructure.

第六步,政府也可以为第一步确定的清单所涉及产业的国内先驱企业或国外投资者提供激励,补偿它们的投资所创造的非竞争性公共知识。该类措施应有时间限制和财务成本限制,如:一段时间内的企业所得税豁免,或是对合作投资的直接优惠,或是获取外汇的优先权,以进口关键设备。激励不应该也不需要以垄断租金、高关税或者其他扭曲的形式出现,寻租和政治捕获的风险可因此避免。

Step six, subsidize pioneering firms to compensate their investment on non-competitive public knowledge.

通过上述过程确定的产业应符合本国的潜在比较优势。先行企业一旦成功,其他企业也将进入该产业,政府的作用主要限于提供信息、协调、改善软硬性基础设施以及补偿外部性。新结构经济学的政策主张主要包括以下几方面。①

1. 财政政策

新结构经济学认为,反周期的财政政策对于发展中国家是合适的。这些国家的政府需要提供至关重要的基础设施,以便在产业结构升级中发挥重要作用,于是衰退将成为进行基础设施投资的绝佳机遇。其原因是:投资成本较低;未来经济增长率的提升和税收的扩张将有效弥补当下的投资成本;这些投资不仅增加了短期需求,也提高了长期经济增长率。如果发展中国家能够遵循本国比较优势对产业发展因势利导,将极有可能获得强劲的经济增长、良好的贸易表现,需要政府保护的缺乏自生能力的企业较少,因而经济

---

① 林毅夫.新结构经济学——重构发展经济学的框架[J].经济学(季刊),2010(4):1-32.

将更有竞争力,并有坚实的财政状况和对外账户。

Physical infrastructure in general is a binding constraint for growth in developing countries, and governments need to play a critical role in providing essential infrastructure to facilitate economic development. In such contexts, recessions are typically good times for making infrastructure investments.

2. 公共管理

新结构经济学提倡从资源商品收入中拿出一部分用于人力资本、基础设施和社会资本的投资,以对产业多样化和产业升级提供因势利导的支持。为使这种投资效应最大化,投资应更多集中于增长瓶颈,特别是基础设施和教育。即使发展中国家的工厂有相当低的生产成本,无效的基础设施也将导致这些国家难以参与世界市场的竞争。有效的财政政策不再是将资源租金以外汇储备的形式投资于外国资本市场或外国工程,而是用于那些能够协助本国、本地区经济发展和结构变迁的工程,如刺激新制造业发展、产业多样化、提供就业和带来产业持续升级潜力的项目。

In resource-abundant countries, it would be recommended that an appropriate share of revenues from commodities should be used to invest in human capital, infrastructure, social capital, and compensation for first movers in new non-resource sectors to facilitate the structural transformation. To accomplish this with the greatest effect, these resources should finance investment opportunities that remove binding constraints on industrial diversification and upgrading, especially in the infrastructure and education sectors.

3. 货币政策

新结构经济学认为,利率政策完全有可能作为反周期的调控工具,通过鼓励在萧条时期进行基础设施和产业升级投资,提升未来的经济增速。对于发达国家,在衰退和产能过剩时期以货币政策来促进投资和消费经常是无效的,尤其是当名义利率已接近零、有利的投资机会很少、对未来的预期普遍悲观、很有可能已陷入流动性陷阱的时候。而对于发展中国家,基于以下原因,陷入流动性陷阱是不太可能的:即使国内现有产业出现产能过剩,产业升级的空间仍然很大;只要利率足够低,这些国家的企业就会有动机投资,提升生产率,促进产业升级;这些国家通常有很多基础设施瓶颈,在萧条时期降低利率将促进对这些基础设施的投资。

New structural economics visions the possibility of using interest rate policy in developing countries as a counter-cyclical tool and as an instrument to encourage infrastructure and industrial upgrading investments during recessions. It should be noted, however, that developing countries are less likely to encounter such liquidity traps. Even when faced with excess capacity in existing domestic industries, their scope for industrial upgrading and diversification is large. Their firms have incentives to undertake productivity-enhancing, industrial-upgrading investments during recessions if interest rates are sufficiently low. Furthermore, they tend to have many infrastructure bottlenecks.

4. 金融发展

新结构经济学认为，每个给定发展水平的最优金融结构可能取决于当时的主流产业结构、平均企业规模和典型风险种类，而这些因素又进一步内生于当时经济体的要素禀赋结构。鉴于发展中国家经常不顾自身经济结构而偏重大型银行和资本市场，新结构经济学建议，这些收入较低的国家不应复制发达国家的金融结构，而应将地区性中小银行作为金融系统的基础，以便农业、工业和服务业中的中小企业获得足够的金融服务。随着产业结构的升级，这些国家的经济会越来越转向资本密集型产业，大型银行和复杂的资本市场也将在这些国家的金融体系中占据越来越重要的地位。

New structural economics posits that the optimal financial structure at a given level of development may be determined by the prevailing industrial structure, the average size of firms, and the usual type of risk they face, all factors that are in turn endogenous to the economy factor endowments at that level. Observing that national policies frequently favor large banks and the equity market regardless of the structure of the economy, it would be suggested that low-income countries choose small, local banks as the backbone of their financial systems, instead of trying to replicate the financial structure of advanced industrialized countries. This would allow small-scale firms in agriculture, industry, and the service sector to gain adequate financial services. As industrial upgrading takes place and the economy relies increasingly on more capital-intensive industries, the financial structure will change to give greater weight to large banks and sophisticated equity markets.

5. 外国资本

新结构经济学认为，外商直接投资是对发展中国家最有利的外国资本流动形式，因为它的目标就是通过发展与这些国家比较优势相一致的产业而获利。相较银行贷款、债务融资以及投机资本而言，外商直接投资较少受到突发危机的影响，而且也不会像债务和投机资本那样突然进出而导致金融危机。此外，外商直接投资一般会带来技术、管理、市场渠道和社会网络，这些正是发展中国家所缺乏的，也是其产业升级所必需的。因此，允许外商直接投资应成为发展战略的重要组成部分。相反，在股市和房地产中套利的投机资本总是突然进出，容易引发经济泡沫和经济波动，在发展中国家不应受到鼓励。

New structural economics considers the foreign direct investment to be a more favorable source of foreign capital for developing countries than other capital flows, because it is usually targeted toward industries consistent with a country's comparative advantage. It is less prone to sudden reversals during panics than bank loans, debt financing, and portfolio investment, and does not generate the same acute problems of financial crises as those resulting from sharp reversals of debt and portfolio flows. In addition, direct investment generally brings technology, management, access to markets, and social networking, which are often lacking in developing countries and are yet crucial for industrial upgrading. Thus, liberalizing inward direct investment should generally be an attractive component of a broader development strategy.

6. 贸易政策

新结构经济学认为,一国贸易取决于其要素禀赋结构所决定的比较优势。参与全球化有利于发展中国家利用后发优势,取得比技术领先国家更快的技术进步速度。这会显著缩小发展中国家与发达国家之间的差距。尽管如此,许多发展中国家在参与全球分工、提升全球分工地位的过程中,采取了多项典型的进口替代政策,导致资源配置扭曲。因此,新结构经济学建议发展中国家采用渐进的、有区别的贸易自由化政策,即对那些不符合比较优势的产业,政府可以提供临时保护;对那些在过去被严格管制和抑制但却符合比较优势的产业,则应大胆开放。

Exports and imports are endogenous to the comparative advantage determined by a country's endowment structure. Globalization offers a way for developing countries to exploit the advantages of backwardness and achieve a faster rate of innovation and structural transformation than is possible for countries already on the global technology frontier. Openness is an essential channel for convergence. During the transition, the state may consider providing some temporary protection to industries that are not consistent with a country's comparative advantage, while liberalizing at the same time entry to other more competitive sectors that were controlled and repressed in the past. The dynamic growth in the newly liberalized sectors creates the conditions for reforming the old priority sectors.

7. 人力资本

新结构经济学认为,人力资本是国家禀赋的组成部分。对经济中的个体而言,其在产业升级和技术创新过程中,不可避免地面临风险和不确定性。当企业沿着产业阶梯攀登至新的、资本更密集的产业时,它就更接近世界产业前沿,因而也面临着更高的风险。人力资本可以帮助劳动者应付风险和不确定性,但其形成需要很长时间。个体若在年轻时失去接受教育的机会,即使能在以后接受教育,其损失也是很难弥补的。在动态增长的经济体中,在经济因新产业、新技术而要求新的劳动技能以前,做好规划进行人力资本投资是十分重要的。另外,人力资本的提升必须与物质资本的积累和产业升级齐头并进,否则,要么因为投资不足而使人力资本成为经济发展的瓶颈,要么因为教育训练投资过快而使一批高学历的劳动者无法找到相应工作。

New structural economics considers human capital to be one component of a country's endowment. For economic agents, risks and uncertainty arise during the process of industrial upgrading and technological innovation that accompanies economic development. As various firms move up the industrial ladder to new, higher capital-intensity industries and get closer to the global industrial frontier, they face higher levels of risk. A person who loses the opportunity to receive education at a young age may not be able to compensate for that loss at a later age. In a dynamic growing economy, it is important to plan and make human capital investments before the economy requires the set of skills associated with new industries and technologies.

重要术语(Key Terms)

贸易政策(trade policy)
进口替代政策(import-substitution policy)
出口导向政策(export-oriented policy)
进口鼓励(import encourage)
出口退税(export tax rebate)
生产补贴(production subsidy)
自由贸易试验区(pilot free trade zone)
新结构经济学(new structural economics)

本章小结

1. 贸易政策一般又称贸易发展战略,是指一国或地区通过国际分工方式和程度的选择而影响国内资源配置和竞争效率的政策安排。贸易政策属于一种狭义的产业政策,是发展中国家实现工业化的重要手段。在发展经济学领域,贸易政策常被视为一种工业化战略。

2. 进口替代政策是指在保护本国工业的前提下,通过引进必需的技术和设备,在国内建立生产能力,发展本国的工业制成品以替代同类商品的进口,以期节约外汇,积累经济发展所需资金的政策。其理论依据有保护幼稚工业论、中心-外围说以及二元经济结构论,主要措施包括保护关税、进口配额、外汇管制、投资优惠等。进口替代政策有利于培育幼稚产业、节约外汇支出、吸引国外投资、加强经济自给、促进工业化,但可能导致工业竞争力不高、国内市场狭小、二元经济结构固化、消费者利益受损、国际收支恶化、经济效率低下、贫富差距扩大等。

3. 出口导向政策是指一国或地区采取各种鼓励措施促进制成品出口工业的发展,用工业制成品的出口代替传统初级产品的出口,以增加外汇收入,带动工业体系的建立和国民经济持续发展的政策。出口导向政策的理论基础是要素禀赋论和自由贸易理论,主要措施包括取消出口税、出口配额、许可证等,提供出口补贴,降低保护关税,放宽外汇管制等。出口导向政策有利于提高经济效率、发挥比较优势、实现规模经济、改善国际收支、缓解就业压力、促进经济发展,但可能导致对国际市场的依赖加强、国内经济发展不平衡、债务负担加重、出口企业竞争力下降等。

4. 新结构经济学由中国学者林毅夫提出。新结构经济学认为,国家的产业结构和经济结构均由其要素禀赋结构决定。在任一给定时点上,要素禀赋及其相对价格决定着一个国家在这一时点的比较优势。按比较优势发展经济,其前提是有较为完善的市场制度,使价格信号可以反映要素的相对稀缺性。市场固然重要,但缺少政府的协调作用,比较优势将难以发挥。

Summary

1. Trade policy, generally called trade development strategy, is a country or region's policy arrangement influencing domestic resource allocation and competitive efficiency by choosing international division involvement and degree. As a narrow sense industrial policy, trade policy is used to achieve industrialization by developing countries. In the field of development economics, trade policy is often regarded as one kind of industrialization strategy.

2. Import-substitution policy is an industrialization strategy of encouraging domestic industry by limiting imports of manufactured goods. It accompanies with an increase in the proportion of goods that is supplied from domestic sources and not necessarily as a reduction in the ratio of imports to total income. The theoretical basis of import-substitution policy includes infant industry argument, center-periphery argument, and dual economy structure theory. The main measures of import-substitution policy are protective tariff, import quota, foreign exchange regulation, and preferential investment. The advantages of import-substitution policy are cultivating infant industries, saving foreign exchange, absorbing foreign investment, enhancing economy self-sufficiency, and promoting industrialization, while its disadvantages include weak competitiveness of industry, small domestic market, solidification of dual economy structure, reducing consumer benefit, deterioration of balance-of-payments, inefficient economy, widening gap between the rich and poor.

3. Export-oriented policy involves promoting growth through the export of manufactured goods. Trade controls are either nonexistent or very low, in the sense that any disincentives to export resulting from import barriers are counterbalanced by export subsidies. The theoretical basis of export-oriented policy are factor endowment theory and free trade theory. The main measures of export-oriented policy are promoting export, canceling export tariff, quota and license, providing export subsidy, decreasing protective tariff, lessening foreign exchange regulation. The advantages of export-oriented policy are increasing economy efficiency, exploiting comparative advantage, achieving scale economy, improving balance-of-payments, relieving employment pressure, and promoting economy development, while its disadvantages may include more dependency on international market, development imbalance of domestic economy, growing debt burden, and low competitiveness of export firms.

4. Developed by Chinese scholar, Justin Yifu Lin, new structural economics argues that the best way to upgrade a country's endowment structure is to develop its industries at any specific time according to the comparative advantages determined by its given

endowment structure at that time. Therefore, the market should be the basic institution of the economy. The government should play an active role in facilitating structural change through mitigating the coordination and externality problem.

延伸阅读(Further Readings)

新结构经济学提出者林毅夫教授针对中国经济进入"新常态"的现状,围绕如何推动产业从中低端向中高端,以及进一步向高端升级,实现可持续增长等问题,将中国目前的产业分为五种,并针对这些产业分别提出了政府所应发挥的因势利导作用。

第一种是追赶型产业。其代表性产业包括汽车、高端装备业、高端材料等。在这类产业上,中国现有技术、附加值都明显低于发达国家同类产业水平,处于追赶阶段。对于追赶型产业,林毅夫给出的建议是:各地政府和金融机构可以在资金融通和外汇获取上对所在地的合适企业予以支持,并鼓励优质企业到海外并购同类产业中拥有先进技术的企业,作为技术创新、产业升级的来源。即使没有合适的并购机会,各地政府也可以在其他方面提供便利,如设立海外研发中心,直接利用海外高端人才资源推动技术创新。

第二种是领先型产业。其代表性产业包括白色家电、高铁、造船等。这类产业的特点是产品、技术已经接近国际前沿,下一步发展必须依靠自主研发。而自主研发又可以分为两类:一是新产品、新技术的开发;二是相应基础科研的突破。对于前者,企业可以通过申请专利自己负责,无须政府过多干预。但后者基础科研的投入、风险都很大,并且产品多属于公共品范畴,对于这类自主研发,中央和地方政府可以用财政拨款设立科研基金,支持所在地领先型产业的企业与科研院校的协作,支持企业开发新产品、新技术。中央和地方政府也可以以资金支持相关行业的企业组成共用技术研发平台,攻关突破共用技术瓶颈,在此突破的基础上再各自开发新产品、新技术,以实现规模效应。

第三种是退出型产业。这类产业又可以分为两类:一类是丧失比较优势的产业;另一类是在中国还有比较优势,但是产能有富余的产业。前者的代表产业是劳动密集型的出口加工业,对于此类产业,林毅夫建议其中一部分企业可以通过品牌、研发,升级到微笑曲线两端。后者包括钢筋、水泥、平板玻璃、电解铝等建材行业,这些行业技术、设备都处于领先水平,但是,目前存在明显产能过剩。对于这些产业,政府可以做的是鼓励相关企业以直接投资的方式将产能转移到"一带一路"沿线、基建投资需求大的发展中国家,以消化中国过剩产能,也满足其他发展中国家消费需求,实现双赢局面。

第四种是弯道超车型产业。其代表性产业是通信、信息类产业。此类产业的特征是人力资本要求高、研发周期短。中国在这类产业上拥有国内市场规模大、科技人才储备多等优势,因此,政府可以在提供创新孵化基地、完善产权保护、制定优惠的人才和税收政策等方面助推弯道超车型产业的发展。

第五种是战略型产业。其代表性产业包括大飞机、航天、超级计算机等。这类产业通常是资本密集型产业,研发周期长、投入要求大。从要素禀赋条件来看,中国在此类产业中不具备比较优势,因此,在没有政府补贴的情况下,这些产业完全依靠市场很难发展起来。但考虑到这些产业事关国防安全,且为了避免要素价格的扭曲,林毅夫认为,应让市场在资源配置中发挥决定性作用,由财政直接拨款来补贴这类企业。

尝试和你的学习小组的同学一起完成以下任务。

1. 厘清新结构经济学与结构经济学和新自由主义的主要区别。
2. 理解新结构经济学关于政府作用的论断,尝试提出符合新结构经济学的具体贸易政策。
3. 分析新结构经济学对中国未来发展的意义。
4. 结合中国经济的发展现状,指出新结构经济学存在的主要不足。

即测即练

第 11 章
Chapter 11

国际贸易新发展
New Developments in International Trade

学习目标
- 知悉当前国际贸易有哪些新发展。
- 理解全球价值链与跨国公司、国际分工及世界格局的关系。
- 解释贸易与环境的双向影响。
- 理解国际贸易对创新产生了怎样的影响。
- 认识数字经济与数字贸易。

Learning Target
- Know the new developments in international trade.
- Understand the relationship between global value chain and transnational corporations, the international division of labor and world pattern.
- Explain the two-way impact of trade and the environment.
- Understand the impact of international trade on innovation.
- Understand the digital economy and digital trade.

国际贸易的发展经历了从国家层面的李嘉图模型、要素禀赋模型,到中观的产业内贸易模型,再到微观的异质性企业模型的发展过程。当前,随着国际环境的日新月异,国际贸易格局和新技术的发展,国际贸易相关研究与时俱进,不断涌现出新观点、发展出新理论。在学完国际贸易学已有的发展成果之后,我们还应该继续了解当前国际贸易的最新发展及其理论解释。

首先,随着全球化生产和贸易的不断深入,世界价值创造体系在全球出现了前所未有的垂直分离和再构。在全球价值链分工体系中,企业处于核心地位,以跨国公司为主体实行垂直分工正逐渐成为当前国际分工的主流。此外,全球价值链对国际贸易模式以及国家贸易利益同样具有显著的影响。其次,随着近几十年来全球化程度的逐渐加深,环境与贸易的相互作用也愈加明显,不仅贸易对环境产生了影响,环境问题自身的严重性也让人们不得不更加关注国际贸易的规范性,同时,关于环境与贸易二者关系的研究热度也居高不下。再次,全球化和创新是影响世界各国经济的重要力量,现有大量的证据表明企业各种创新措施如研发、专利、技术采用、产品质量投资等,都与其参与国际市场有关。最后,当下社会正在经历新一轮的信息革命,数字经济被视为推动经济增长的"新引擎",目前数字经济对一国经济发展起着至关重要的作用,各国也纷纷出台相关政策促进数字经济发展。数字贸易是数字经济的重要组成部分,也是数字经济国际化的最主要体现。数字贸易也将继成品贸易、中间品贸易、服务贸易成为国际贸易的主体。

With global production and trade deepening, the world value creation system has undergone unprecedented vertical separation and reconstruction. Today, global attention to environmental issues remains high, and the research on the relationship between the environment and trade is becoming more and more complete. Globalization and innovation are important forces that affect the economies of all countries worldwide. The digital economy is currently regarded as a "new engine" to promote economic growth. Digital trade will also become the main international trade after the trade of finished and intermediate products.

本章的内容安排如下:11.1 节介绍全球价值链与全球生产网络;11.2 节讨论贸易与环境的相互影响;11.3 节探究贸易对创新的影响渠道;11.4 节学习数字经济和数字贸易的相关概念及其经济影响。

11.1 全球价值链及全球生产网络
（Global Value Chains and Global Production Networks）

11.1.1 全球价值链的概念及测度(Concept and Measurement of Global Value Chains)

1. 全球价值链的概念(The Concept of Global Value Chains)

全球价值链(global value chains,GVCs)是指为实现商品或服务价值而连接生产、分销、回收处理等过程的全球性跨企业网络组织,涉及从原料采集和运输、半成品和成品的生产与分销,直至最终消费和回收处理的整个过程。它包括所有参与者和生产、分销等活动的组织及其价值、利润分配。当前散布于全球的、处于 GVCs 的企业进行着从设计、产品开发、生产制造、分销、消费、售后服务到最后循环利用等过程的各种增值活动。

Global value chains refer to a global cross-enterprise network organization that connects R&D, production, distribution, recycling, and other processes to realize the value of goods or services.

GVCs 可以分为三大环节,具体包括上游的研发环节、中游的生产环节和下游的分销环节。就价值增加值而言,以上三个环节呈现由高到低再到高的"U"形趋势,也被称为"微笑曲线",如图 11-1 所示。越靠近曲线两端,创造的附加值越高;相反,越靠近曲线中间,创造的附加值越低。

The global value chains can be divided into three stages: upstream R&D, midstream production, and downstream distribution. The above three stages show a "U"-shaped trend from high to low to high, also known as the "smile curve", as shown in Figure 11-1.

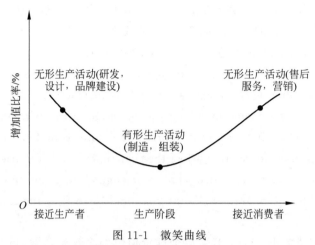

图 11-1 微笑曲线

资料来源：对外经贸大学全球价值链研究院：《全球价值链发展报告 2021：超越制造》（*Global Value Chain Development Report 2021：Beyond Production*）2021 年。

值得注意的是，GVCs 概念演进与价值链（value chain）、价值增加链（value added chain）等概念关系密切却又有所差异。企业的价值创造是一系列活动构成的，这些活动包括生产、分销和服务，也包括人力资源管理和基础设施建设。所有这些活动的总成本和总产出要从一个"价值链"的完整过程去考虑，这些活动所构成的一系列相互关联的价值创造，也就是所谓的"价值链"，这一概念是"GVCs"概念的基础。价值增加是指由技术、原料和劳动力的融合而形成的各种投入环节，结合起来形成最终商品，并通过市场交易、消费等最终完成价值循环的过程。"价值增加链"的概念，是由"价值链"到"GVCs"的关键环节，因为它强调了全球产品生产过程的垂直分工和再次配置。

An enterprise's value creation is constituted by a series of activities, including production, distribution and service, human resource management, and infrastructure construction. These activities constitute a series of interrelated value creations, the so-called "value chain". Value added refers to various input links that integrate technology, raw materials, and labor. The concept of "value added chain" is the key link from "value chain" to "global value chains".

案例 11-1　iPhone X 贸易与获利的不匹配

以 iPhone X 的出口为例，图 11-2 显示了中国、美国和世界其他地区制造和销售 iPhone X 的贸易和收入流。假设一部 iPhone X 零售价为 1 000 美元。拆解分析显示，生产成本（所有零部件和装配服务的成本）总计为 409.3 美元，其中苹果增加了 590.8 美元的无形资产：iOS 操作系统、品牌、产品设计以及营销和零售网络。为了制造 iPhone X，中国的富士康从美国进口了价值 76.5 美元的零部件，从世界其他地区进口了价值 228.8 美元的零部件。因此，售价 1 000 美元的 iPhone X 对世界经济的总出口额为 714.6 美元（出口到中国的零部件为 305.3 美元加上中国出口的 iPhone X 为 409.3 美元）。但是，贸易统计数据仅报告了作为美国出口从美国直接运到中国的 76.5 美元零部件，约为在海外销售 1 000 美元的 iPhone X 所产生的总出口价值的 1/10。显然,贸易统计数据大大低估了 iPhone X 销售对美国的实际出口价值。这正是因为在生产 iPhone X 的整个过程中,美国占据着微笑曲线的两端,尤其是研发部分,故为其带来了巨大的无形资产价值,创造了更大的附加值。

Taking the export of the iPhone X as an example, trade statistics greatly underestimate the actual export value of iPhone X sales to the United States. In the whole process of iPhone production, the United States occupies the start and the end of the smile curve, especially the R&D part, which brings enormous intangible asset value and creates greater added value.

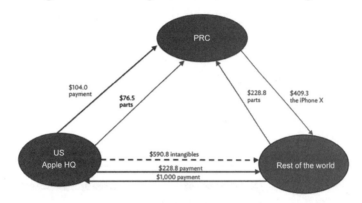

图 11-2 iPhone X 贸易与获利的不匹配

资料来源:对外经贸大学全球价值链研究院:《全球价值链发展报告 2021:超越制造》(*Global Value Chain Development Report 2021: Beyond Production*)2021 年。

2. 全球价值链测度方法(The Measurement of GVCs)

一国及其部门在 GVCs 中的地位会影响其在价值链中的协调和控制能力,进而决定一国在价值链中获取资源的能力。Antràs 和 Chor(2018)总结了已有的关于如何确定一个经济体 GVCs 地位的各种方法。[①] 最简单的方法是计算经济体的总产出中最终需求占有的份额,称为 F/GO,这个比例越大,经济体就越接近最终消费者。也就是说,它位于 GVCs 的相对下游。或者是计算经济体的总交易量中的增值份额,称为 VA/GO,用于衡量该经济体与初级投入的接近程度,VA/GO 的比率越高说明经济体越靠近上游。虽然计算 F/GO 和 VA/GO 相对简单,但是使用它们存在一个前提条件,即不考虑产品流通中使用和交易的异质性。例如,两个经济体都向最终消费者销售了 40% 的产出,但如果根据其向谁销售剩余 60% 的产出的情况,下游度结果可能会有所不同。

Although it is relatively simple to calculate F/GO and VA/GO, there is a prerequisite for using them, that is, the heterogeneity of use and transaction in product circulation is not considered.

---

① ANTRÀS P, CHOR D. On the measurement of upstreamness and downstreamness in global value chains[M]//YU M J, et al. World trade evolution: growth, productivity and employment. London: Routledge, 2018: 126-194.

此外，Antràs 和 Chor(2013)还提出了一种更为复杂的方法①，使用投入产出法计算将经济体和最终消费者分开的各个阶段的加权平均值，将初级投入分开，得出上游度(U)和下游度(D)指数。例如，上游度指数为 2.5 的经济体，表示其产出与最终消费者平均相差 2.5 个阶段。高 U 和低 D 表示经济体处于相对上游，反之则表示经济体处于相对下游。高 U 和高 D 表明一个经济体处于长而复杂的价值链中。Wang 等(2017)进一步完善了这一方法②，他们只提取生产链的 GVCs 部分，也就是说，在国内和传统贸易价值链中发生的 U 和 D 阶段被排除在外。在图 11-3 中，由于正向 GVCs 长度明显大于反向 GVCs 长度，因此该经济体就处于相对上游的 GVCs 中。

Wang et al. (2017) further improved this method by extracting only the global value chain part of the production chain. The U and D stages occurring in the domestic and traditional trade value chains are excluded. In Figure 11-3, since the length of forward GVCs is significantly longer than that of reverse GVCs, the economy is in the relatively upstream GVCs.

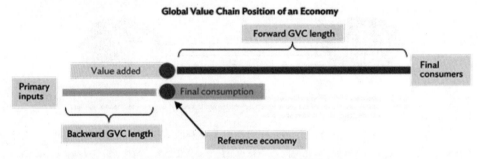

图 11-3　一个经济体的全球价值链地位

资料来源：对外经贸大学全球价值链研究院，《全球价值链发展报告 2021：超越制造》(*Global Value Chain Development Report 2021: Beyond Production*)2021 年。

目前，关于如何测度一国及其部门在 GVCs 中的位置的研究主要聚焦于表 11-1 所示的几种方法。值得注意的是，平均传递步长法仅能用来比较产业之间的联系，而不能在不同国家和产业之间进行比较。基于平均传递步长的测算方法都是考察产品产出的传递过程，随着研究的深入，产品的增加值传递过程也逐渐被学者们关注，于是出现了增加值传递步长法。从平均传递步长法到上游度和下游度法，从增加值传递步长法再到生产长度法，测算方法不断精确、适用范围也不断扩大。总之，无论从哪个角度定义，GVCs 位置测度方法的核心思想都是对生产过程阶段数的加权加总。

At present, the research on how to measure the position of a country and its sectors in GVCs mainly focuses on the following methods. In short, no matter the definition, the core idea of the global value chain position measurement method is the weighted

---

① ANTRÀS P, CHOR D. Organizing the global value chain[J]. Econometrica, 2013, 81(6): 2127-2204.
② WANG Z, WEI S J, YU X D, et al. Characterizing global value chains: production length and upstreamness: No. 23261[R]. NBER Working Paper, 2017.

summation of the stages of the production process.

表 11-1 全球价值链位置测度方法梳理

方　　法	内　　容
平均传递步长法	Dietzenbacher 等(2005)提出用平均传递步长(APL)来衡量生产网络体系中的产业部门之间的长度①
上游度和下游度法	Fally(2012)用递归的形式定义了生产阶段数,从生产到最终需求的距离角度定义了上游度(upstream)②
增加值传递步长法	Ye 等(2015)基于增加值传递经历的生产阶段数定义了增加值平均传递步长,提供了统一的框架测度生产网络中生产者和消费者之间的距离③
生产长度法	Wang 等(2017)定义的平均生产长度为在序贯生产过程中生产要素创造的增加值被计算为总产出的平均次数,即增加值引致的总产出④

资料来源：倪红福.全球价值链位置测度理论的回顾和展望[J].中南财经政法大学学报,2019(3)：105-117.

在梳理了目前 GVCs 位置的测度方法后,那么中国在 GVCs 中的地位如何呢？图 11-4 展示了 2000—2014 年中国整体上游度及其结构变化。总体来说,2000—2014 年,中国的整体上游度和生产复杂度显著提高,产业链向上游延伸。中国产业整体上游度、中间上游度、中间国内上游度以及中间国外上游度均在 2000—2014 年实现了不同程度的跃升。

From 2000 to 2014, China's overall upstream degree and production complexity have significantly improved, and the industrial chain has extended to the upstream.

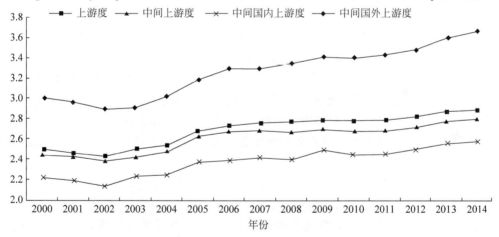

图 11-4　2000—2014 年中国整体上游度及其结构变化

资料来源：倪红福,王海成.企业在全球价值链中的位置及其结构变化[J].经济研究,2022(2)：107-124.

---

① DIETZENBACHER E, ROMERO I R, BOSMA N S. Using average propagation lengths to identify production chains in the andalusian economy[J]. Estudios de economia aplicada, 2005(23)：405-422.

② FALLY T. Production staging：measurement and facts[R]. University of Colorado, 2012.

③ YE M, MENG B, WEI S J. Measuring smile curves in global value chains：No. 530[R]. Institute of Developing Economies Discussion Paper, JETRO, 2015.

④ WANG Z, WEI S J, YU X D, et al. Characterizing global value chains：production length and upstreamness：No. 23261[R]. NBER Working Paper, 2017.

3. 全球价值链的微观影响(The Micro Impacts of GVCs)

随着 GVCs 理论的不断丰富和完善,国内外学者打破传统思维框架,将 GVCs 前沿理论与重要的实践问题相结合。将企业的相关价值与利益在 GVCs 的框架中加以体现是全球价值链问题的重要研究方向。GVCs 对企业的影响主要集中在以下两个方面:企业技术创新与企业成本加成。

The impact of GVCs on enterprises is mainly concentrated on the following two aspects: enterprise technological innovation and enterprise cost markup.

GVCs 主要从三个机制来影响企业技术创新:中间品效应、竞争效应和大市场效应。① 中间品效应是指企业参与 GVCs 后,可供选择的中间品更多,从而降低了企业的生产成本,使企业能够拥有更多的创新资本;同时,企业参与 GVCs 后不得不面对与更多实力强劲的跨国公司竞争的局面,这会倒逼企业进行创新和改进,这就是竞争效应;大市场效应是指由于企业进入国际市场,市场规模的扩大给企业带来了规模经济,从而有利于企业提高生产效率。但是,对于不同类型的企业,GVCs 的嵌入对企业技术创新的影响也可能存在差异。嵌入 GVCs 尤其是对加工贸易企业和高技术企业的研发创新行为具有显著的抑制作用,由于加工贸易本身处于低附加值环节,在深入价值链分工中,"低端锁定"愈加明显;而高技术企业由于研发强度大,一定程度上反而阻碍了技术进步。

The GVCs mainly impacts the technological innovation of enterprises from three mechanisms: intermediate goods effect, competition effect and big market effect.

以中国为例,中国长期凭借劳动力优势,成为全球生产分工网络中的"世界工厂",这种分工一方面促进了中国制造业的发展,使发达国家得以更有效利用资源降低成本,另一方面也使发达国家牢牢掌握价值链高端,中国所承担的很多生产性加工流程都处于低附加值环节,经济活动报酬实际上在不断降低。推广到众多发展中国家,很多经济体在嵌入 GVCs 的过程中,被长期锁定在 GVCs 的低端,形成所谓"低端锁定"。② 当发展中经济体积累到一定程度从低附加值向高附加值价值链攀升时,可能会被国际大购买商或跨国公司等阻击和控制,形成所谓"掳获"现象。

In embedding GVCs, many developing countries have been locked in the low end of GVCs for a long time, forming the so-called "low-end locking".

成本加成是近年来产业组织理论和国际贸易理论所共同关注的话题,而在 GVCs 视角下考察企业成本加成对于企业如何更好地融入 GVCs 具有较强的理论意义和现实意义。研发创新被认为是影响加成率的重要因素,研发创新通过降低产品需求弹性获得更多定价权力,同时创新通过生产率提升促进边际成本的降低。研究发现,GVCs 嵌入与企业成本加成存在"倒 U 形"关系,以中国企业为例,随着中国企业 GVCs 嵌入程度不断加深,技术水平得到不断提升,成本加成上升,但当与发达国家技术距离缩短时,会出现"掳

---

① 吕越,黄艳希,陈勇兵.全球价值链嵌入的生产率效应:影响与机制分析[J].世界经济,2017,40(7):28-51.

② 吕越,黄艳希,陈勇兵.全球价值链嵌入的生产率效应:影响与机制分析[J].世界经济,2017,40(7):28-51.

获"现象,进而抑制成本加成。① 盛斌等(2017)的研究亦发现企业嵌入 GVCs 生产对提高成本加成有正向影响,并且资本和技术密集型企业能够从参与 GVCs 中获得更显著的成本加成提高。②

In recent years, the theory of industrial organization and the theory of international trade have paid more attention to the topic of markup. It is of great theoretical and practical significance for enterprises to better integrate into GVCs to investigate the enterprise markup from the perspective of GVCs.

4. 全球价值链的宏观影响(The Macro Impact of GVCs)

GVCs 除了会对企业产生微观影响,它对国际贸易模式以及国家贸易利益等宏观层面同样具有显著的影响。

GVCs not only have a micro impact on enterprises but also have a significant impact on international trade patterns and international trade interests at the macro level.

GVCs 改变了国际生产体系与模式,各国可以根据比较优势和要素禀赋开展国际生产。同时,GVCs 还为发展中国家提供了新机遇,发展中国家可以通过 GVCs 获得知识与技术扩散效应,从而实现产业升级和地位跃升。但是,GVCs 还可能给国际贸易带来各种风险,具体包括:经济风险(如需求冲击、大宗商品价格剧烈波动、全球能源短缺、关税波动、劳动力短缺、边境延误、所有权或投资限制、汇率波动);环境风险(如自然灾害、极端天气和疾病传染);地缘政治风险(如冲突与政治紧张、进出口限制、恐怖主义、腐败、非法贸易与有组织犯罪、海盗);技术风险(如信息通信阻断、交通基础设施故障)等。

GVCs have changed the international production system and mode. The countries can carry out international production according to their comparative advantages and factor endowments. However, GVCs may also bring various risks to international trade.

综上所述,GVCs 理论是一个融合微观和宏观两个视角来重新全面审视全球化下经济组织和发展的新兴理论。GVCs 的研究提供了一个重新审视产业竞争能力和改善之路的系统平台,是企业分析和产业分析之外的一种新的竞争力评估方法。

The GVCs theory is an emerging theory that integrates both micro and macro perspectives to re-examine the economic organization and development under globalization.

11.1.2 全球价值链与国际分工(Global Value Chains and International Division of Labor)

随着世界范围内经济的融合,各个国家也开始了国际分工(international division of labor)之路,其中技术进步是推动国际分工深化发展的重要动力。18 世纪的第一次工业革命使英法两国发展成为工业国,其他国家仍处于农业国和原料出口国的发展阶段,此时

---

① 刘磊,谢申祥,步晓宁.全球价值链嵌入能提高企业的成本加成吗?:基于中国微观数据的实证检验[J].世界经济研究,2019(11):122-133.
② 盛斌,陈帅.全球价值链、企业异质性与企业的成本加成[J].产业经济研究,2017(4):1-16.

的国际分工格局是工业国和农业国、原料国之间分工。19世纪的第二次工业革命推动了英、美、德等国的工业化发展，其他国家通过引进技术和设备在一定程度上发展了轻工业和基础设施，此时的国际分工体系在原有基础上出现了工业部门之间的贸易往来。20世纪的第三次工业革命催生了一系列新兴产业，如高分子合成工业、电子工业等，同时推动了工业化分工体系大的专业化发展，即表现为不同型号和规格产品专业化、零配件和部件专业化以及工业过程的专业化等。因此形成了以发达国家工业部门之间的分工为主导的国际分工形态和格局。[①] 随着信息技术和全球经济的不断发展，GVCs分工体系逐渐形成。

With worldwide economic integration, each country has also started the road to the international division of labor, among which technological progress is an important driving force for the deepening development of the international division of labor.

在GVCs分工模式下，跨国公司将产品价值链分割为研发、设计、原材料与零部件生产、成品组装、物流配送、市场营销、售后服务等若干个独立环节，各国就同一产品的不同生产阶段进行分工合作，根据各自所处的价值链环节分享国际分工的利益。在该分工模式下，各国通过进口他国生产的半成品、零部件等中间投入品来生产本国的出口品，这种生产过程在全球范围内的分解和重新配置也使中间品贸易逐渐取代最终消费品贸易成为国际贸易的主要形式。表11-2展示的是国际分工格局发展演变情况，国际分工经历了产业间分工、产业内分工和产品内分工三个阶段。

In the global value chains division of labor model, multinational companies divide the product value chain into several independent stages, such as research and development, design, production of raw materials and components, assembly of final products, logistics, and distribution, marketing, after-sales service, etc. Countries cooperate in different production stages of the same product, and share the benefits of the international division of labor according to their value chain stage.

表11-2 国际分工模式的多层次化格局

国际分工	基本类型	产业间分工 水平型产业内分工	产业内分工 垂直型产品/产业内分工	产品内分工 水平型产品内国际分工
基于价值链视角的界定	不同产业价值链的国际分工	同一产业中不同产品价值链的国际分工	同一产品价值链中上下游价值环节（或工序）的国际分工	同一产品价值链中技术水平和密集度相似环节（或工序）的国际分工
基本分工结构	垂直型	水平型	垂直型	水平型
分工的国别区位结构	发达国家与众多发展中国家之间	发达国家之间，发达国家和新兴工业化国家（地区）之间，发达国家与部分发展中国家之间	发达国家和新兴工业化国家（地区）之间，发达国家与部分发展中国家之间	发达国家之间，发达国家和新兴工业化国家（地区）之间，发达国家与部分发展中国家之间

---

① 戴翔，张雨，刘星翰. 数字技术重构全球价值链的新逻辑与中国对策[J]. 华南师范大学学报（社会科学版），2022(1)：116-129.

续表

国际分工	基本类型	产业间分工 水平型产业内分工	产业内分工 垂直型产品/产业内分工	产品内分工 水平型产品内国际分工
分工的主要方式和手段	产业间一般国际贸易	产业间一般国际贸易,公司内贸易,国际直接投资等	一般国际贸易,加工贸易,全球外包,OEM(原始设备生产),ODM(原始设计制造商),国际直接投资,公司内贸易等	一般国际贸易,全球合同外包,国际直接投资,公司内贸易,战略联盟等
分工的基本理论依据	比较优势理论,要素禀赋理论	比较优势理论等	规模经济理论,内部化理论等	比较优势理论,要素禀赋理论,产业组织理论

资料来源:毛蕴诗,王婕,郑奇志.重构全球价值链:中国管理研究的前沿领域——基于 SSCI 和 CSSCI(2002—2015 年)的文献研究[J].学术研究,2015(11):85-93.

随着经济和技术的发展,GVCs 分工格局也在经历调整和重构。在纵向上,GVCs 分工呈现收缩趋势。一方面,黑天鹅、灰犀牛事件①频发促使发达国家开始反思供应链的空间距离过长和生产环节过多所带来的风险,推动制造业回流;另一方面,工业智能技术的发展使得机器或机器人以更低的成本替代劳动力,抵消了低技能、低工资国家和地区的比较优势,进一步减弱了发达国家制造业离岸外包的动机。在横向上,GVCs 的区域化趋势进一步加强。一方面,逆全球化主义、贸易保护主义的抬头引发了世界各国对全球产业链脆弱性和安全性的担忧与关注,增强了区域间的合作。另一方面,数字技术通过网络效应和产业集聚对传统产业进行数字化改造,大大增强了区域价值链的向心力,进一步推进了 GVCs 分工的区域化发展。2020 年 11 月 15 日,由中国、日本、韩国等 15 个成员方制定的《区域全面经济伙伴关系协定》(RCEP)正式签署,意味着世界上最大的自贸区诞生,该协定于 2022 年 1 月 1 日生效。

With the development of the economy and technology, the pattern of global value chain division of labor is also undergoing adjustment and reorganization. Vertically, the division of labor in global value chains shows a trend of contraction. Horizontally, the trend of regionalization of global value chain is further strengthened.

11.1.3 全球生产网络与世界格局(Global Production Network and World Pattern)

全球生产网络(global production network,GPN)是指跨国公司将产品价值链分割为若干个独立的模块,每个模块都置于全球范围内能够以最低成本完成生产的国家和地区,进而形成的多个国家参与产品价值链的不同阶段的国际分工体系。2013 年的《世界投资

---

① 黑天鹅事件是指非常难以预测,且不寻常的事件,通常会引起市场连锁负面反应,如 2020 年初暴发的疫情;灰犀牛事件是指明显的、高概率的却又屡屡被人忽视,最终有可能酿成大危机的事件,如美国次贷危机就是典型的灰犀牛事件。

报告》中，UNCTAD 估计世界贸易的 80% 在 GPN 中进行。伴随着全球化的不断深入和国际分工体系的发展，GPN 几乎包含全球各个国家。与此同时，GPN 也在不断改变不同水平国家的发展地位，塑造全新的世界格局。

With the deepening of globalization and the development of the international division of labor system, the global production network includes almost every country. The global production network is also changing the development status of countries at different levels and shaping a new world pattern.

GPN 对参与国贸易竞争力有着显著影响，现有研究主要关注 GPN 中一国或地区技术进步、产业升级、地位提升等。Gereffi(1999)就曾针对中国香港纺织业在 GPN 中的地位跃升事实进行分析，发现一个从装配加工到"OEM-ODM-OBM"[①]的升级路径规范模式。[②] 此外，还有研究基于垂直专业化和外包的视角，发现垂直专业化会通过技术转移等手段提高参与国的技术水平，以及外包同样可以通过提高一国对熟练劳动力和专业技术人员的需求，从而加速高素质劳动力的积累，最终促进一国产业升级。由此可见，发达国家与发展中国家互相联结而成的 GPN 为发展中国家提供了某些技术转移、升级产业、提高劳动力素质的机会，这意味着 GPN 的存在缩小了"南北"国家之间的某些差距，使得贸易格局更趋向于公平。

The global production network significantly impacts the trade competitiveness of participating countries.

以中国参与"一带一路"生产网络为例，中国从"一带一路"国家和地区生产的最终品中获得的增加值和中间品增加值比重始终处于较高地位并保持增长态势，如图 11-5 所示，中国加入 WTO 后，2001—2011 年整体上为快速增长阶段，对外贸易高速增长，劳动密集型产品在全球市场上占据价格优势，中国成为"世界工厂"，从 GPN 中获取的增加值总量也快速提升。2008—2009 年受全球金融危机影响，出现了短暂下降而后又迅速上升。2013 年"一带一路"倡议提出后，中国在"一带一路"沿线国家和地区通过生产网络捕获的增加值大幅提升。中国在"一带一路"生产网络价值流动中参与程度最高，处于核心和首要地位，并且地位优势不断加强。由此可见，作为互利共赢的合作网络，"一带一路"生产网络能进一步整合地区资源，带动沿线包括中国在内的发展中国家和地区经济增长，打造更公平的贸易格局。

As a mutually beneficial and win-win cooperation network, "the Belt and Road" production network can further integrate regional resources, drive economic growth of developing countries along "the Belt and Road", including China, and create a fairer trade pattern.

针对当前的全球形势，关于如何让 GPN 更好地发挥作用，Yeung(2020)指出，几十年

---

① OEM(original equipment manufacture)即原始设备生产，ODM(original design manufacture)即原始设计制造商，OBM(original brand manufacture)即原始品牌制造商。从 OEM 到 ODM 到 OBM，是企业的一种发展模式，是伴随着企业不同发展阶段的不同经营方式和不同的利润模式，也是企业追求持续发展的必然选择。

② GEREFFI G. International trade and industrial upgrading in the apparel commodity chains[J]. Journal of international economics,1999,48：37-70.

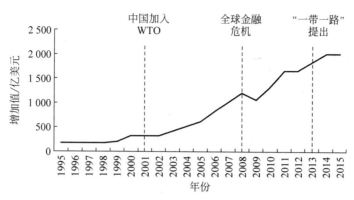

图 11-5　中国在"一带一路"沿线国家和地区通过生产网络捕获增加值能力演变

资料来源：郑智,刘卫东,宋周莺,等."一带一路"生产网络及中国参与程度[J].地理科学进展,2019(7)：951-962.

不受限制的生产全球化导致了一个以广泛的跨国界生产网络为特征的更加相互依赖的世界经济[1],但是疫情暴露了这些 GPN 固有的脆弱性和弱恢复力,此后 GPN 可能会重组转型,趋向于风险更低、更加稳定的弹性化网络。

Making the global production network work better requires us to rethink the COVID-19 epidemic. Global production networks may be restructured and transformed into less risky, more stable, and resilient networks.

11.2　贸易与环境(Trade and Environment)

11.2.1　贸易与环境的"互动"(The Interaction of Trade and Environment)

国际贸易与环境之间的关系一直存在争议性。从 20 世纪 70 年代对于环境领域的研究开始存在,到 20 世纪 90 年代关于《北美自由贸易协定》的环境效应争议,学界对该领域的关注不断上升。1991 年,Grossman 和 Krueger 对 NAFTA 的环境效应进行评估[2],该评估对当今环境效应研究产生非常重要的影响,掀起了将环境问题纳入实证研究范围的热潮。时至今日,全球对于环境问题的关注度居高不下,环境与贸易之间的研究也越发深入和完善。

近几十年来,全球化程度逐渐加深,贸易与环境之间具备微妙的关系。一方面,国际贸易对于环境产生复杂的结果；另一方面,环境问题的严重性与人们对环境关注度的提高对国际贸易提出了更高的规范和要求。尽管贸易与环境问题很复杂,两者之间仍然具备如表 11-3 所示的九个特征事实。

The relationship between international trade and the environment has remained

---

[1]　YEUNG H W. The trouble with global production networks[J]. Environment and planning A: economy and space,2020,53(2)：428-438.

[2]　GROSSMAN G M,KRUEGER A B. Environmental impacts of a North American Free Trade Agreement: No. 3914[R]. NBER Working Paper,1991.

controversial. But research in the environmental field exists and is gradually gaining attention. Today, global interest in environmental issues remains high and research on the relationship between the environment and trade is becoming more sophisticated. Despite the complexity of trade and environmental issues, nine stylized facts exist between them.

表 11-3　贸易与环境的九个特征事实

特征事实	事实描述
污染性强的行业更易受到贸易的影响	制造业相比服务业而言，投入更多污染较大的能源，且由于污染性更强的行业，更倾向于拥有较低的关税和非关税壁垒，这鼓励了其交易，所以污染性强的行业具有更大的贸易风险
不同类型的污染相互关联	一系列投入，特别是化石燃料投入的增加，往往造成大多数温室气体以及很大一部分空气污染物的同时排放增加。对一种污染物进行严格监管的行业往往对其他污染物也会严格监管
污染性强的行业更多处在上游	污染排放与行业在价值链中所处的位置密切相关，下游产业主要服务于最终需求，最上游的行业主要将它们的产出销售给其他行业。污染性最强的行业，如冶炼、石油化工等都属于上游产业
生产力更强的工厂更清洁	如果生产力强的企业以更少的投入来生产给定的产出，且污染与化石燃料及其他投入密切相关，那么更具生产力的工厂单位产出的污染会更少
各国之间污染排放差异大	各国之间污染排放差异性较大，国家之间的差异有多大程度是由燃料选择、工业组成、环境监管等原因造成的是有待研究的，但可以看出，将污染行业进行跨国外包会产生重要环境后果
全球污染增加主要来自发展中国家	最迅速的环境变化发生在中低收入国家。发展中国家削减关税，或加入WTO，使得它们的贸易环境变化很大。对于贸易环境变化对发展中国家的环境产生的影响的研究是稀缺且具有价值的
国际贸易贡献了全球污染排放的 1/4~1/3	以 2009 年为例，在包含交易商品整个价值链的排放量后，全球有 29% 的 CO_2 排放和 27% 的 NO_x 排放是由国际贸易带来的
富裕国家越来越多将污染通过外包转移	高收入国家显示出碳排放的进口量和出口量稳定增长的特征，且高收入国家具有净进口污染增加的趋势，这与高收入国家的贸易及生产模式相关，即将生产外包给中低收入国家
技术相比结构对于排放量变化影响程度更大	贸易和宏观经济变化对于环境的影响渠道主要是规模效应、结构效应和技术效应，在绝大部分国家，相对于结构效应和规模效应，技术效应对环境的影响程度更大

资料来源：COPELAND B R, et al. Globalization and the environment[M]//GOPINATH G, et al. Handbook of international economics: international trade. Amsterdam: North-Holland, 2022: 66-79.

综上，国际贸易与环境存在着密切的互动，贸易参与者的规模增长、技术改善以及产业结构转变都能在一定程度上对环境产生影响。基于九大特征事实，后文继续讨论国际贸易对环境的影响渠道以及贸易政策对环境的影响。

There is a close interaction between international trade and the environment. Guided by the nine characteristic facts, we will continue to discuss the channels through which international trade affects the environment and the impact of trade policy on the environment.

11.2.2 国际贸易对环境的影响渠道(The Impact Channels of International Trade on Environment)

在 11.2.1 节我们讨论了国际贸易对环境造成的影响,但并未深究国际贸易如何影响环境。在前面的论述中,事实表明全球污染排放的 1/4~1/3 用来生产贸易商品。那么贸易是通过何种渠道影响环境的呢?

How does trade affect the environment?

对于贸易对环境的影响,美国经济学家 Grossman 和 Krueger 进行了开创性研究,实证研究了环境质量与人均收入之间的关系,提出了环境库兹涅茨曲线。本书将通过图 11-6 阐明贸易对环境的影响。图 11-6 为确定污染物排放量的方式,其中纵轴是排放价格,横轴表示排放量。需求曲线 D 表示对排放权的需求,在环境经济学中,这被视为污染的边际效益。曲线 MD 是排放的边际损害,其与曲线 D 的交点是社会有效的排放水平。曲线 R 表示监管水平,代表监管者允许排放的意愿。在这里,当没有监管存在时,R 就只是横轴;当存在一个有约束力的排放配额时,R 是垂直横轴的;当监管是社会有效的,那么 R 将与 MD 重合。

Figure 11-6 shows how emissions of pollutants are determined. Changes in this figure can illustrate the impact of trade on the environment.

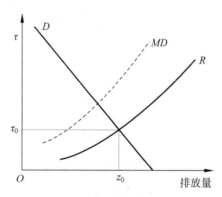

图 11-6 污染物排放量的平衡确定

资料来源:COPELAND B R, et al. Globalization and the environment[M]//GOPINATH G, et al. Handbook of international economics: international trade. Arnsterdam: North-Holland,2022: 62-79.

结构效应(composition effect)。如果一个国家在污染密集型产业具有比较优势,根据分工理论,该国的生产结构会更偏向于污染严重的行业。结构效应的存在使需求曲线 D 向右移动,污染会增加。相反,一国在相对清洁的产业具有比较优势,贸易引起的结构效应会使需求曲线向左移动,污染减轻。同时,污染避难所假说将需求曲线的移动和监管联系起来,一国对环境监管较弱,监管水平曲线 R 向右移动。因为环境监管力度小,该国生产污染型产品的成本就会相对较低,出口量增加。有利可图的情况下会吸引外商直接投资,种种原因使得污染产业进一步扩大,推动需求曲线向右移动。相反,环境监管力度较大的国家,曲线 R 左移,高生产成本会降低净出口,结构效应也会促使需求曲线左移,污染进一步降低。现有研究证明了污染避难所假说,但其强度和存在性因行业、国家而异。

If a country has a comparative advantage in pollution-intensive industries, according to the division of labor theory, the country's production will be more inclined to polluting industries due to the composition effect.

再分配效应(reallocation effect)。如果行业的生产转移到生产力更高的公司,并且该公司更加清洁,那么对于部门内的任何特定生产水平,需求曲线 D 会向左移动,因而该部门的平均生产会更加清洁,污染会减少。在自由贸易中,国内生产率较低的企业会被进口竞争挤压,生产会被重新分配给更高生产力的企业。面对环境监管费用,生产力更强的企业在减排技术方面投资更多,因此会更加清洁。需求曲线的左移使得整个部门污染降低。

In free trade, less productive domestic firms are squeezed by import competition, and production is reallocated to more productive firms. In the face of environmental regulatory costs, more productive firms invest more in abatement technologies and will be cleaner.

离岸外包效应(offshoring effect)。全球化带来贸易生产成本的降低,鼓励生产的分散化,因而企业会选择将内部污染最严重的生产环节从环境监管较强的国家转移到环境监管较弱的国家,以降低本国的污染,在环境监管较弱的国家需求曲线右移,在环境监管较强的国家需求曲线左移。Schenker 等(2018)建立了一个南北贸易的模型,允许生产有两个环节,上下游的商品都会产生污染,而且北方的污染监管比南方要更加严格。从自给自足到自由贸易,最终产品的生产者将生产转移到环境监管较弱的南方地区,没有转移生产的下游厂商将污染的上游生产部分离岸外包给南方地区。①

Globalization reduces the cost of production and encourages the decentralization of production; thus, companies will choose to reduce their pollution by moving the most polluting internal production from countries with stronger environmental regulations to countries with weaker environmental regulations.

11.2.3 贸易政策、环境与气候变化(Trade Policy, Environment and Climate Change)

案例 11-2 中国稀土出口限制

稀土元素由于可以广泛应用于光学材料、磁性材料、化学材料等,被人们誉为 21 世纪高科技及功能材料的宝库。中国是世界上稀土资源最丰富的国家,稀土资源储量、稀土产量、稀土销量和用量均为第一。随着中国逐渐意识到稀土资源的重要性及保护的必要性,且由于中国稀土管理的两个主要政策目标即为保护资源和保护环境,故中国政府从 1998 年以来陆续出台多项政策措施以保护稀土资源和保护环境。

---

① SCHENKER O, KOESLER S, LÖSCHEL A. On the effects of unilateral environmental policy on offshoring in multi-stage production processes[J]. Canadian journal of economics (Revue canadienne d'économique), 2018, 51(4): 1221-1256.

1998年,中国对稀土产品出口实施出口配额许可证制度,但保留了出口退税政策。从2003年10月至2005年,中国逐步降低并最终取消稀土产品的出口退税。2006年10月起,中国开始对部分稀土产品征收出口关税,并在随后扩大应税产品范围以及提高税率。2021年1月,中国工业和信息化部发布了《稀土管理条例(征求意见稿)》,公开征求意见,这意味着中国在稀土管理方面逐渐成熟并形成体系。

中国对稀土产品的出口限制政策以及开采总量控制政策等,虽然招致了西方国家的诟病,但在一定程度上促进了中国稀土资源保护,尤其是开采总量控制政策有效防止了资源的过度消耗,针对性强。

资料来源:李建武,徐海申.后出口限制时代的中国稀土政策分析[J].中国矿业,2014(9):17-19,57.

中国对稀土出口限制的案例启发我们去探究贸易政策对环境的影响效应,并且从贸易政策角度去探究贸易对环境的影响是否有益,这在一定程度上为政策制定者在制定相关贸易政策时将环境后果考虑进去提供了参考。

关于贸易政策影响环境结果的早期研究中一个比较有用的基准是"目标原则",该原则认为通过使用环境政策处理环境问题和贸易政策处理贸易问题可以实现有效的结果。在现实中,贸易政策往往会对环境产生波及,这就要求我们有适当的政策工具来处理这种无意的"波及",即政策扭曲。然而在实践中很难提供全面的政策工具,且目标原则假定效率是一个政策目标,但在现实中政策的执行是由政治驱动的。因此,本节所讨论的内容基本建立在可用的政策工具范围之内,且该范围内的政策有可能产生扭曲,对环境产生影响。

One of the more useful benchmarks in earlier research on the impact of trade policy on environmental outcomes is the "targeting principle". But it requires us to have the appropriate policy tools. It is difficult to provide comprehensive policy tools in practice. So the content discussed in this section is based on the range of available policy tools.

1. 贸易政策与环境效应(Trade Policy and Environmental Effects)

现有的贸易政策及其随时间的演变受到诸如政治因素、国家实力、经济因素、地理因素等的影响。直到近几年,环境后果仍然没有在贸易政策的制定中发挥重要作用。但是,讨论贸易政策的制定是否有积极或消极的环境偏好是有益的。

It is useful to discuss whether there are positive or negative environmental preferences in the formulation of trade policy.

第一个特征事实中提到,污染性更强的行业,更倾向于拥有较低的关税和非关税壁垒,这种模式在全球几乎所有国家都适用。[①] Shapiro(2021)曾分析贸易保护的结构,发现了碳密集型产业的关税以及非关税壁垒都低于清洁产业,这在一定程度上表明整个贸易政策结构偏向于促进碳密集型产品的贸易。Shapiro(2021)考虑了几种可能的解释,其中最有可能的解释便是上游产品的贸易壁垒往往低于下游产品,这与我们的第三个特征事

---

① SHAPIRO J S. The environmental bias of trade policy[J]. Quarterly journal of economics,2021,136(2):831-886.

实相一致，上游产业往往污染性更强，拥有更高的碳密集度；从另一个角度看，企业向政府施压，要求对进口投入征收低关税，对最终产品进口征收高关税以保护国内最终产品的生产，这便与贸易保护的结构对应上了。综合起来我们便可以看到贸易政策对于环境的偏向性。

Dirty industries tend to have lower tariff and non-tariff barriers, a pattern that applies in almost every country in the world. We can see the bias of trade policy towards the environment through this stylized fact.

通常，贸易政策改革对环境是否有好处取决于贸易政策改革是增加了还是减少了污染密集型生产部门的产出。① 目前讨论的贸易政策对环境的影响都是出自政策扭曲。有时贸易政策也被称作次优的环境政策，这意味着如果贸易政策是针对环境问题而制定的，该类贸易政策往往也能对环境产生很大的影响。当前以环境保护为目的的贸易政策包括关税政策和非关税政策两类。

Since trade protection has a negative bias towards the environment, there is room for improvement in trade policy reforms. Whether trade policy reforms benefit the environment depends on whether they increase or decrease the output in pollution-intensive production sectors. Trade policy is sometimes referred to as the second-best environmental policy, which means that if it is designed to address environmental issues, it can often have a large impact on the environment. Current trade policies for environmental protection include tariff policies and non-tariff policies.

关税政策可以分为以限制国内资源出口而征收的出口税和以"碳关税"为代表的进口税。出口税可以看作销项税和消费补贴，征收此类关税往往通过提高出口成本达到减少产出，进而减少污染的目标。关于以环境保护为目标的进口税在近年来讨论较多的是碳关税问题，碳关税也称作边境调节税，它是指主权国家或地区对没有征收碳税或能源税、存在实质性能源补贴的出口国的进口产品征收的二氧化碳排放税。碳关税自提出以来便饱受争议，中国是处于工业化进程中的发展中大国，也是高碳排放国家，碳关税对于来自发展中国家出口的制造业产品影响巨大，且发展中国家在保持经济增长的同时不太可能在短时间内实现根本性改观。但随着欧盟、美国等发达经济体在碳关税问题上态度逐渐软化，国际社会在碳关税立场上取得一致的可能性大大增加。② 对此，做好必要的防范措施应对碳关税冲击很有必要。非关税政策主要是指除征收关税外的其他贸易政策措施，常见的以保护环境为名义的非关税措施包括绿色包装与环境标志、产品加工标准、环境贸易制裁、环境成本和绿色补贴制度等。

Tariff policies can be divided into export taxes levied to restrict the export of domestic resources and import taxes represented by "carbon tariffs". Non-tariff policies mainly refer to other trade policy measures other than the imposition of tariffs.

---

① COPELAND B R. International trade and the environment: policy reform in a polluted small open economy [J]. Journal of Environmental economics and management, 1994, 26: 44-65.

② 蓝庆新, 段云鹏. 碳关税的实质、影响及我国应对之策[J]. 行政管理改革, 2022, 1(1): 37-44.

2. 国际贸易与气候变化(International Trade and Climate Change)

气候变化是近几年来人们越来越关注的环境方面热点问题,其与国际贸易、投资和政策问题都有着重要联系。从经济角度出发,气候变化带来的极端天气事件对工人的影响以及对自然资本尤其是农业生产率的影响很大。当然,这可能在不同国家或地区产生异质性的影响,因此气候变化很有可能导致比较优势的变化,如 Nath(2020)在考察气候变化对制造业和农业生产率的影响时发现,如果一个国家本身气候较为炎热,气候变化会将其比较优势从食品生产转向制造业。①

Climate change is an environmental hotspot that has recently received increasing attention. Climate change is particularly important, with potential linkages to international trade, investment, and policy issues. From an economic perspective, extreme weather events brought about by climate change will have a large impact on workers and natural capital, especially agricultural productivity. Of course, this may have heterogeneous effects across countries, so climate change will likely lead to comparative advantage changes.

应对气候变化带来的影响,并非一朝一夕或一个国家努力就能够完成,这是一个全球性问题,且全球需要一个新的气候治理框架来携手应对气候变化问题。截至目前,国际对于气候变化问题作出了哪些努力呢? 1992 年,联合国环境与发展会议通过了《联合国气候变化框架公约》,奠定了全球气候治理的法律基础,形成了以主权国家为主体、以多边国际谈判为主导的全球气候治理的基本模式。在这种模式下,气候谈判是各国在气候变化领域开展政治协商和权力博弈的主阵地。② 2005 年《京都议定书》正式生效,标志着国际社会在应对全球气候变暖挑战而采取的具体行动上迈出了第一步。通过国际谈判进行国际的协调是缓解全球气候变化问题的最佳办法。同时,在气候变化不可逆的情况下,各国提高适应能力和抗风险能力也是一个必经的过程。2015 年,在《联合国气候变化框架公约》第 21 次缔约方大会上,发生了一件重大的事情:每个国家都愿意共同努力,将全球变暖限制在远低于 2 摄氏度,目标为 1.5 摄氏度,以适应气候变化的影响。《巴黎协定》就此诞生。《巴黎协定》规定,每 5 年各国必须着手采取更严格的气候行动。这对 2020 年后全球应对气候变化的行动作出统一安排。2021 年 11 月,《联合国气候变化框架公约》第 26 次缔约方大会上签订了《格拉斯哥气候公约》。该公约保持 1.5 摄氏度目标不变,并从科学角度制定了行动框架,以加强国家适应行动的规划和实施,使各方更好地沟通其适应优先事项、需求、计划和行动等。

Addressing the impact of climate change is a global issue, and the world needs a new climate governance framework to address climate change jointly. Both the *United Nations Framework Convention on Climate Change* (1992) and the *Kyoto Protocol* (2005) are based on multilateral climate negotiations to promote international

---

① NATH I B. The food problem and the aggregate productivity consequences of climate change: No. 27297[R]. NBER Working Paper,2020.

② 许琳,陈迎.全球气候治理与中国的战略选择[J].世界经济与政治,2013(1):116-134,159.

consultation and mitigation of climate change issues. At the 21st Conference of the Parties to the *United Nations Framework Convention on Climate Change*, *The Paris Agreement* was born, requiring countries to embark on more stringent climate action every five years. In 2021, *The Glasgow Climate Convention* was signed at the 26th Conference of the Parties to the *United Nations Framework Convention on Climate Change*. The agreement keeps the 1.5 degrees Celsius target unchanged and sets out a framework for action from a scientific perspective to enhance the planning and implementation of national adaptation actions, among other things.

11.3 贸易与创新(Trade and Innovation)

11.3.1 国际贸易的技术扩散和知识溢出效应(Technology Diffusion and Knowledge Spillover Effects of International Trade)

自亚当·斯密以来,国际贸易与经济增长之间的关系一直是经济学家们研究的重点。新贸易理论指出,一国的经济增长来源于资本、技术和劳动等要素的增加,但资本、劳动要素的边际收益是递减的,故仅靠资本、劳动要素无法实现经济的长期增长。而技术要素却是边际收益递增的,因此,实现经济的长期增长要靠技术要素的增加。在封闭经济条件下,一国的技术进步依靠国内已有的对技术研发的资本存量和不断投入实现。但是,在开放经济条件下,一国的技术进步是国内和国外已有的对技术研发的资本存量和不断投入共同作用的结果。在国际经济活动中,这种技术研发的外部性被称为国际技术溢出,能够带来技术溢出的国际经济活动主要是国际贸易和外商直接投资。并且研究表明,在OECD国家,导致生产率增长的主要来源不是国内对技术的研发活动而是国外对技术的研发活动。由此可见,国际贸易的技术扩散效应对一国技术研发具有重要的作用。

In international economic activities, this externality of technology research and development is called international technology spillovers. International economic activities that can bring about technological spillovers are mainly international trade and foreign direct investment.

基于封闭经济中的内生增长理论,Grossman 和 Helpman(1991)[1]展示了贸易中体现的技术溢出如何影响贸易与增长之间的关系。Peretto(2003)[2]将这种建模方法扩展到寡头垄断市场结构。Baldwin 和 Robert-Nicoud(2008)[3]考虑了开放经济环境下具有异质性生产者的内生性增长拓展模型。在这种情况下,与贸易相关的知识溢出降低了新品种的

---

[1] GROSSMAN G M, HELPMAN E. Trade, knowledge spillovers, and growth[J]. European economic review, 1991, 35(2-3): 517-526.

[2] PERETTO P F. Endogenous market structure and the growth and welfare effects of economic integration[J]. Journal of international economics, 2003, 60(1): 177-201.

[3] BALDWIN R E, ROBERT-NICOUD F. Trade and growth with heterogeneous firms[J]. Journal of international economics, 2008, 74(1): 21-34.

成本,这产生了从贸易到增长的另一个潜在联系。然而,他们指出,如果贸易减少了无意识生产者的数量,贸易也会对增长产生负面影响,这将打破不断扩大的品种增长引擎。

In this case, trade-related knowledge spillovers reduce the cost of new varieties. This creates another potential link from trade to growth.

相比进口贸易的技术溢出效应研究,出口贸易的技术溢出效应研究更少。但是,与单纯地通过进口高技术产品和引入先进中间产品的进口贸易溢出模式相比,出口贸易却能够通过国际市场竞争对国内产业结构、技术调整产生更加深远的影响。此外,干中学效应、竞争效应、产业关联效应等使得出口贸易比进口贸易的技术溢出效应更加明显。

Compared with the spillover model of import trade purely through the import of high-tech products and the introduction of advanced intermediate products, export trade can profoundly impact domestic industrial structure and technological adjustment through international market competition. Moreover, the learning-by-doing effect, the competition effect, and the industrial correlation effect give the export trade more technology spillover effect than the import trade.

在新古典贸易理论和新贸易理论中,学者们认为国际贸易重点研究的是按照亚当·斯密、大卫·李嘉图和赫克歇尔-俄林等提出的国际分工对各国既有资源在国家间的合理配置所带来的静态利益。但是一旦国家间出现了贸易,这些静态利益同国际贸易产生的动态利益相比就微乎其微了。其中,出口贸易通过技术外溢效应促进国内技术进步、提高全要素生产率,从而提升和优化国内产业结构,才是出口促进经济增长的更重要渠道。

Export trade can promote domestic technology progress and improve total factor productivity through the technology spillover effect. Improving and optimizing domestic industrial structure is a more important channel for export to promote economic growth.

11.3.2 贸易对创新的影响渠道(The Impact Channels of Trade on Innovation)

贸易和创新影响了世界各国的经济成果,现有大量的经验研究认为各种创新措施,如研发、专利、技术引进等都与参与国际贸易有关。无论是参与出口市场,还是参与进口竞争,都会对企业创新产生影响,那么贸易如何影响创新呢?本书将从市场规模和竞争两种影响机制分析贸易对创新的影响。

How does trade affect innovation? The book will analyze the impact of trade on innovation from two mechanisms: market size and competition.

1. 市场规模与创新(Market Size and Innovation)

全球化和创新是影响世界各国经济的重要力量,现有大量的证据表明企业各种创新措施如研发、专利、技术采用、产品质量投资等与参与国际市场有关。首先探讨贸易通过市场规模对企业创新产生影响。市场规模已被证明是创新和增长的关键驱动力,当企业通过出口进入更大、更开放的市场时,贸易成本会下降,商品需求增加,企业会扩大生产规模以便销售更多商品。而公司规模的扩大对创新至关重要,创新使公司可以获得更多利润,同时较大的公司规模可以使研发成本平摊到商品中去。Aghion 等(2018)研究表明,出口市场需求的增加会导致(几年后)大多数出口到这些市场的出口商的新专利增加。①创新反应出现在需求冲击的几年后,突出了创新所需的时间。

The market size has been shown to be a key driver of innovation and growth. When firms access larger and more open markets through exports, trade costs fall, and demand for goods increases. Thus firms will earn greater profits through innovation.

我们可以通过图 11-7 分析市场规模对创新的影响。MC 曲线是投资的边际成本,MB 曲线代表企业创新的边际收益,当创新的边际收益大于投资的边际成本时,企业就会对创新进行投资。λ 代表竞争水平,在我们分析市场规模的影响时,竞争水平不变。$\tilde{c}$ 表示产品的基础成本,k 代表企业的创新选择。以 MB_1 曲线为例,当企业通过出口进入更大的市场时,企业的产出会增加,企业的创新边际收益曲线向上移动,斜率和截距都会发生变化,企业的创新选择会从 k_1 移动到 k'_1,企业创新扩大。

We can analyze the impact of market size on innovation in Figure 11-7. When a firm enters a larger market through exports, the firm's output increases, and the firm's innovation gain curve shifts upward, with a change in slope and intercept, thus improving innovation.

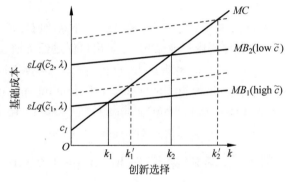

图 11-7 市场规模对创新的影响

资料来源：AGHION P, BERGEAUD A, LEQUIEN M, et al. The impact of exports on innovation: theory and evidence: No. 24600[R]. NBER Working Paper, 2018.

目前,市场规模渠道对创新的影响可以通过降低出口市场自由化程度,提高原有的和新的出口厂商的市场准入条件来衡量。Shu 和 Steinwender(2019)将提高出口市场准入的影响和增强进口竞争的影响分离出来,对于前者而言,提高出口市场准入对创新是显著的积极影响②,而且影响程度很高,Coelli 等(2022)在对 60 多个国家和地区的研究中发现

---

① AGHION P, BERGEAUD A, LEQUIEN M, et al. The impact of exports on innovation: theory and evidence: No. 24600[R]. NBER Working Paper, 2018.
② SHU P, STEINWENDER C. The impact of trade liberalization on firm productivity and innovation[J]. Innovation policy and the economy, 2019, 19(1): 39-68.

20世纪90年代全球关税下降引起的创新增加占了当时全球创新的7%。① 考虑到企业异质性,Aghion等(2019)发现对于法国出口公司而言,提高市场准入产生的创新更加集中于生产力水平较高的出口商中。② 另一种衡量市场准入的影响的方法是结构性动态估计,这种方法适应了出口市场规模、企业研发和出口市场参与决策的动态反馈回路。Peters等(2018)使用德国的数据进行研究,发现相对于国内市场规模的变化,出口市场规模的变化对创新的影响要更大。③

The impact of the market size channel can be measured by isolating cases where export market liberalization leads to increased market access for existing and new exporters in the domestic market.

2. 竞争与创新(Competition and Innovation)

国际贸易对创新影响的另一个渠道是通过竞争效应来发挥作用。随着近年来贸易自由化的迅速发展,贸易全球化程度逐渐提升,竞争也在不断加剧。在本小节以竞争这一渠道为中心,探讨全球化如何通过竞争来对创新起作用,有助于深入探析全球化与创新之间的关系。

Another existing channel for the impact of international trade on innovation is through competition effects. This section focuses on the competition channel and discusses how globalization affects innovation through competition. It is helpful to explore the relationship between globalization and innovation deeply.

出口贸易开放加快了企业的"优胜劣汰"。Melitz(2003)年提出的"异质性企业贸易理论"认为:当贸易自由化时,高生产率企业更容易进入出口市场,生产率次之的企业固守当前市场,生产率最低的企业迫于竞争压力最终退出市场。进口贸易自由化同样也会加大国内同类产品生产部门的市场竞争压力,从而提高企业退出概率。

The opening of export trade has accelerated the "survival of the fittest" for enterprises. Melitz (2003) argues that when trade liberalization is achieved, high-productivity firms are more likely to enter export markets, mid-productivity firms stay in their current markets, and low-productivity firms eventually exit the market subject to competitive pressures. Liberalization of import trade will also increase the competitive pressure on the domestic production sector of similar products, thus increasing the probability of exit.

国际贸易通过提高市场可竞争性给创新带来影响是多重效应共同作用的结果。

首先,竞争对创新具有促进效应。如果某产品市场上存在多个并驾齐驱的领导者,那么这些公司之间的竞争会将利润压降至零,仅有一个领导者获得正利润。对于多个领导

---

① COELLI F, MOXNES A, ULLTVEIT-MOE K H. Better, faster, stronger: global innovation and trade liberalization[J]. Review of economics and statistics, 2022, 104(2): 205-216.

② AGHION P, BERGEAUD A, LEQUIEN M, et al. The heterogeneous impact of market size on innovation: evidence from french firm-level exports[J]. The review of economics and statistics, 2018: 1-56.

③ PETERS B, ROBERTS M J, VUONG V A. Firm R&D investment and export market exposure[J]. Research policy, 2022, 51(10): 104601.

者而言，为了追求更高利润，通常就会促使其通过创新来暂时领先对手，从而至少在短时间内获得一定的高额利润，这种效应可以称为"逃避竞争效应"。① 简言之，多个并驾齐驱的企业之间竞争越强，利润就越低，企业越希望通过创新来逃离竞争从而获得高额利润，即竞争对创新具备促进作用。

The impact of international trade on innovation by improving market competitiveness is the result of multiple effects. If there are multiple neck-in-neck leaders in a product market, competition among these companies will reduce profits to zero, with only one leader earning positive profits. For multiple leaders, to pursue higher profits, they usually temporarily lead their opponents through innovation to obtain certain high profits at least in a short period. This effect can be called the "escape competition effect".

其次，竞争对创新具有阻碍效应。如果一个企业进入某个行业市场，那么企业为了打入市场需要进行创新，从而获得一个区别于当前行业产品的新产品。如果进入的这个市场本身已经是"红海"，利润低下，企业可能就会停止创新，因为在红海市场创新所带来的创新风险很高，越是竞争激烈的市场，创新风险就越高，创新潜在收益可能更微薄②，这种效应被称为"熊彼特效应"。

If an enterprise enters a certain industry market, the enterprise needs to innovate to obtain a new product that is different from the current industry product to enter the market. If the market itenters is already a "Red Sea" and profits are low, companies may stop innovating because the innovation risk brought by innovation in the Red Sea market is very high. The more competitive the market it enters, the higher the innovation risk is. Potential gains can be even slimmer. This effect is known as the "Schumpeter effect".

在现实市场中，"逃避竞争效应"和"熊彼特效应"是同时存在的，故竞争和创新不会是简单的线性关系。Aghion(2005)在研究产品市场竞争与创新之间的关系时，发现了二者之间的"倒 U 形"关系，如图 11-8 所示，横轴是对竞争程度的测量，纵轴是对创新的测度。在竞争程度较低时，并驾齐驱的行业中的企业创新动力很低，因为本身就拥有较高的利润。而不平衡的行业中的企业，即一个领导者企业及多个追随者企业，便会有较大动力创新，因为一旦创新成功，便可能使这个行业变成并驾齐驱的行业，从而获得更高利润。因此，在竞争不激烈时，一个行业从并驾齐驱变成不平衡的机会较少；反之，机会更多。随着市场上并驾齐驱的行业占大多数，当竞争程度逐渐提高时，"逃避竞争效应"占优，竞争增加总体的创新速率；在竞争激烈时，并驾齐驱的企业会趋向于通过逃避竞争获得高额利润，而不平衡行业的企业对于创新没有太大动力，故市场上行业从并驾齐驱变为不平衡的概率较高；反之较低。随着不平衡行业占大多数，当竞争程度逐渐提高时，"熊彼特效应"占优，整体创新速率降低，所以竞争与创新强度呈现出"倒 U 形"关系。

---

① 请参阅 AGHION P, BLOOM N, BLUNDELL R, et al. Competition and innovation: an inverted-U relationship[J]. Quarterly journal of economics, 2005, 120(2): 701-728; AKCIGIT U, ATES S T, IMPULLITTI G. Innovation and trade policy in a globalized world[R]. NBER Working Paper, No. 24543, 2018.

② SCHUMPETER J. Capitalism, socialism and democracy[M]. London: Allen Un-win, 1943.

In the real market, the "escape from competition effect" and the "Schumpeter effect" coexist, so competition and innovation will not be a simple linear relationship. Aghion et al. (2005) found an "inverted U-shaped" relationship between product market competition and innovation.

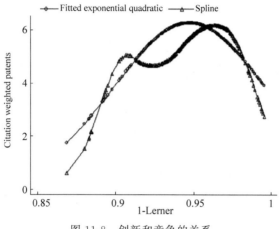

图 11-8　创新和竞争的关系

资料来源：AGHION P,BLOOM N,BLUNDELL R,et al. Competition and innovation: an inverted-U relationship[J]. Quarterly journal of economics,2005,120(2): 701-728.

注：1-Lerner 为竞争程度；Citationweighted patents 为引文加权的专利数量；Fitted exponential quadratic 为拟合指数二次方；Spline 为样条。

11.4　数字经济与数字贸易（Digital Economy and Digital Trade）

11.4.1　数字经济及数字贸易的概念（The Concept of Digital Economy and Digital Trade）

1. 数字经济（Digital Economy）

人类历史上经历了农业革命、工业革命，此刻正在经历信息革命，每一次革命都是对社会生产力的极大推动。在当下，数字经济被视为推动经济增长的"新引擎"，各国纷纷出台相应数字经济发展战略，推动数字经济和实体经济的深度融合。数字经济一词最初由美国的 Tapscott 于 1996 年在专著《数字经济：网络智能时代的希望和危险》中提出。[①] 随后学界从不同角度对其概念进行界定，有研究从产出角度定义数字经济，将数字经济看作数字技术、数字软硬件、数字产品与服务等数字化投入所引起的经济产出[②]；也有学者从数字经济测量角度定义数字经济。但学界在数字经济概念方面一直未能达成共识，随后 G20 杭州峰会发

---

① TAPSCOTT D. The digital economy: promise and peril in the age of networked intelligence[M]. New York: McGraw-Hill,1996.
② BUKHT R,HEEKS R. Defining, conceptualising and measuring the digital economy: No. 68[R]. Development Informatics Working Paper,2017.

布的《二十国集团数字经济发展与合作倡议》给出了一个权威的定义,指出数字经济(digital economy)是以数字化的知识和信息为关键生产要素、以现代信息网络为重要载体、以信息通信技术的有效使用为效率提升和经济结构优化的重要推动力的一系列经济活动。进一步,中国信息通信研究院在《中国数字经济发展白皮书(2020年)》中提出了数字经济的"四化框架":一是数字产业化,即信息通信产业,具体包括电子信息制造业、电信业、软件和信息技术服务业、互联网行业等;二是产业数字化,即传统产业应用数字技术所带来的产出增加和效率提升部分,包括但不限于工业互联网、两化融合、智能制造、车联网、平台经济等融合型新产业、新模式、新业态;三是数字化治理,包括但不限于多元治理,以"数字技术+治理"为典型特征的技管结合,以及数字化公共服务等;四是数据价值化,包括但不限于数据采集、数据标准、数据确权、数据标注、数据定价、数据交易、数据流转、数据保护等。

The digital economy is a series of economic activities that use digital knowledge and information as key factors of production, modern information networks as important carriers, and the effective use of information and communication technology as an important driving force for efficiency improvement and economic structure optimization. The digital economy includes digital industrialization, industrial digitization, digital governance, and data valorization.

随着数字经济的发展,全球数字经济规模不断扩大。根据中国信息通信研究院数据,2020年测算的47个国家数字经济增加值规模达到32.6万亿美元,占全球GDP比重为43.7%。其中,美、中、德、日、英数字经济规模占全球的79%。美国数字经济蝉联世界第一,规模达到13.6万亿美元,占全球的41.7%;中国数字经济位居世界第二,规模为5.4万亿美元;德国、日本、英国位居第三至五,规模分别为2.54万亿美元、2.48万亿美元和1.79万亿美元。表11-4展示的是2020年部分国家数字经济规模。

With the development of the digital economy, the scale of the global digital economy continues to expand.

表11-4 2020年部分国家数字经济规模

国 别	数字经济规模/万亿美元	国 别	数字经济规模/万亿美元
美国	13.6	法国	1.19
中国	5.4	韩国	0.85
德国	2.54	印度	0.54
日本	2.48	加拿大	0.44
英国	1.79	意大利	0.37

资料来源:中国信息通信研究院.全球数字经济白皮书——疫情冲击下的复苏新曙光[R].2021.

在产业渗透方面,德国、英国、美国3国的数字经济在三次产业渗透水平上均高于其他国家和地区。在第一产业数字化方面,2020年,英国、德国、韩国3国第一产业数字经济占比位列前三,分别达到29.9%、24.8%和17.4%;另有新西兰、法国、芬兰、美国、日本、新加坡、爱尔兰、丹麦、俄罗斯、中国、挪威11个国家一产数字经济占比超过全球平均水平。在第二产业数字化方面,2020年,德国、韩国、美国3国二产数字经济占比领先全球,分别达到43.9%、43.6%和36.0%,此外,英国、爱尔兰、日本、新加坡、法国5国二产数字经济占比超过全球平均水平。在第三产业数字化方面,2020年,德国、英国、美国3国三产数字经济占比超过60%,分别达到67.9%、66.1%和61.0%,日本、法国、中国等国三产数字经济占比均超40%。表11-5展示了该情况。

In terms of industry penetration, Germany, the UK and the US have higher levels of digital economy penetration than other countries in all three major industries.

表11-5 三次产业数字经济渗透水平前三的国家   %

第一产业	数字经济占比	第二产业	数字经济占比	第三产业	数字经济占比
英国	29.9	德国	43.9	德国	67.9
德国	24.8	韩国	43.6	英国	66.1
韩国	17.4	美国	36.0	美国	61.0

资料来源:中国信息通信研究院.全球数字经济白皮书——疫情冲击下的复苏新曙光[R].2021.

图11-9展示了2005—2020年中国数字经济发展状况,中国数字经济发展规模从2005年的2.6万亿元人民币扩张到2020年的39.2万亿元人民币,数字经济占GDP比重逐年提升,在国民经济中的地位进一步凸显。另外,中国数字经济结构持续优化升级,数字经济内部结构中产业数字化的主导地位进一步巩固。图11-10展示了2015—2020年中国数字经济内部结构变化情况,2020年产业数字化规模达到31.7万亿元,占数字经济比重从2015年的74.3%提升至80.9%,为数字经济健康发展输出强劲动力。

The scale of China's digital economy continues to grow, and the structure of the digitaleconomy is optimized and upgraded.

图11-9 中国数字经济发展情况

资料来源:中国信息通信研究院.中国数字经济发展白皮书(2021年)[R].2021.

在多种因素的影响之下,不同经济体依托各自国情及优势形成了不同的数字经济发展模式。表11-6主要介绍和比较了中国、美国、欧盟的数字经济发展模式,以启发大家对于数字贸易发展模式的思考。

Below mainly introduces and compares the digital economic development models of China, the United States, and the European Union to inspire readers to think about the development model of digital trade.

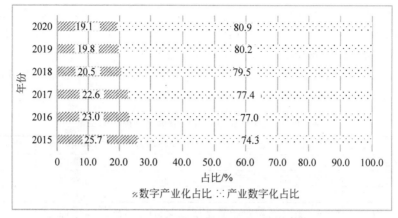

图 11-10　中国数字经济内部结构变化情况

资料来源：中国信息通信研究院.中国数字经济发展白皮书(2021 年)[R].2021.

表 11-6　中国、美国与欧盟的数字经济发展模式

	发展模式	发展情况
中国模式	立足产业和市场优势，有效市场和有为政府相互促进	① 工业体系完整，坚实工业基础，工业互联网蓬勃发展，融合赋能效应凸显，生产领域数字经济深入推进。 ② 国内市场庞大，数字化需求大，在消费领域，新技术、新产业、新模式、新业态充分挖掘市场潜力，生活领域数字经济蓬勃发展。 ③ 各级政策部署，党中央将数字经济上升为国家战略，各地政府立足本地优势，为数字经济发展和数字贸易开展创造良好环境
美国模式	依托持续领先的技术创新，巩固数字经济全球竞争力	① 前瞻部署顶层战略，率先布局数字经济关键领域，如布局云计算、大数据、量子通信等前沿领域，且不断更新发展重点领域。 ② 重视先进技术研发，巩固数字技术创新优势。通过资金投入、项目计划、战略合作、机构设置等方式，推进技术研发。 ③ 发展先进制造，推动实体经济数字化转型。建设一批先进制造创新中心，开展数字化转型探索
欧盟模式	强化数字治理规则领先探索，打造统一的数字化生态	① 持续健全数字经济规则，不断完善隐私保护规则，促进数字经济企业公平竞争，建立全面数据跨境流动规则等。 ② 推动建立数字单一市场，消除国家间的管制壁垒，并在数字文化水平、数字生活能力、数字信任水平、数字连接网络等方面取得明显成效

资料来源：中国信息通信研究院.全球数字经济白皮书——疫情冲击下的复苏新曙光[R].2021.

2. 数字贸易（Digital Trade）

数字贸易是数字经济的重要组成部分，也是数字经济国际化的最主要体现。数字贸易也将继成品贸易、中间品贸易成为国际贸易的主体。关于数字贸易的内涵，经济合作与发展组织、世界贸易组织和国际货币基金组织联合发布的《数字贸易测度手册》（*Handbook on Measuring Digital Trade*）中指出，数字贸易（digital trade）由"以数字方式订购"和"以数字方式交付"两大模式组成，包括数字并购贸易、跨境电商、数字交付、大型互联网平台提供的在线交易和服务等。数字贸易的突出特征是贸易方式的数字化和贸易对象的数字化。其中，贸易方式的数字化是指信息通信技术与传统贸易各个环节的融合渗透，带来贸易效率提升和贸易成本降低；贸易对象的数字化是指数据和以数据形式存在的产品和服务贸易。

Digital trade comprises two modes: "digital ordering" and "digital delivery", including digital merger and acquisition trade, cross-border e-commerce, digital delivery, online transactions, and services provided by large internet platforms etc.

数字贸易推动全球贸易向数字服务化方向发展。根据联合国贸易和发展会议报告相关数据，全球数字服务贸易占服务贸易的比重由 2011 年的 48% 增长至 2020 年的 63.6%。预计到 2030 年，全球贸易年平均增长将提高 2 个百分点，服务贸易出口占全球贸易比重将超过 1/4。图 11-11 展示了全球数字服务贸易占服务贸易的比重变化情况，数字服务贸易比重的上升确立了数字服务贸易在服务贸易中的核心地位。其中数字服务贸易排名前五的国家分别是美国、爱尔兰、英国、德国和中国。中国的数字服务贸易规模总体也呈上升趋势，由 2011 年的 1 648.4 亿美元增长至 2020 年的 2 939.9 亿美元，年均复合增长率达到 6.6%，数字服务贸易的比重由 36.7% 提升至 44.4%。其中，信息通信服务在数字服务出口中的占比最大，为 38.2%。2011—2020 年，中国知识产权、金融服务、信息通信服务等细分数字服务发展平均增速分别为 31.7%、19.6% 和 17.4%，高于世界平均水平，图 11-12 展示了 2020 年中国各细分数字服务贸易占比情况。

Digital trade promotes the development of global trade towards digital service.

图 11-11　全球数字服务贸易占服务贸易的比重变化情况
资料来源：前瞻产业研究院.2022 年中国及全球数字贸易发展趋势研究报告[R].2022.

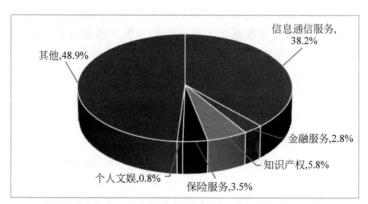

图 11-12　2020 年中国各细分数字服务贸易占比情况
资料来源：前瞻产业研究院.2022 年中国及全球数字贸易发展趋势研究报告[R].2022.

11.4.2 数字贸易发展的影响因素(The Influence Factors in the Development of Digital Trade)

随着全球数字经济如火如荼地发展,数字贸易作为一种新兴贸易方式,正在成为拉动全球贸易增长的"新引擎"。本小节主要介绍数字贸易发展的影响因素。

This section mainly introduces the factors that affect the development of digital trade in the process of digital trade development.

数字贸易的崛起并非偶然,数字贸易通常是以信息技术发展为技术条件,依托国内市场发展起来的新型贸易方式。以中国为例,中国的数字贸易发展壮大以国内的大规模经济体量为发展的土壤,新基建为数字贸易开展创造了重大机遇,同时国内长期稳定向好的经济增长为数字贸易开展的主体提供了良好的预期,消费升级也为数字贸易发展提供了新动能。因此,国内数字经济发展与数字贸易开展需要以一定的市场规模与经济实力为支撑。相比发展中经济体,发达经济体发展数字贸易更具优势。发达经济体资本和技术占优,而数字服务贸易作为具有资本、技术密集型特征的产业,发达经济体在培育其发展壮大的过程中具有比较明显的优势,且优势一旦建立,马太效应就开始不断发挥作用,发展中经济体与转型经济体很难逾越,故在数字贸易发展中,市场规模、经济发展水平的影响很突出。①

The rise of digital trade is not accidental. Digital trade is usually a new type of trade developed under a good domestic economic situation and information technology development as a technical condition. Compared with developing economies, developed economies have an advantage in developing digital trade. Capital and technology dominate in developed economies, and digital service trade is just an industry with capital and technology-intensive characteristics.

一国内部的规则与制度、国际规则同样在一定程度上影响数字贸易在一国及多国之间开展。当前一国内部存在较多地影响数字贸易开展的是"数据本土化"和"数据民族主义"制度。数据本土化是指出于本国公民隐私保护、国家数据安全或执法便利等目的,在国家内部收集、处理和存储有关国家公民或居民的数据;而数据民族主义尽管当前没有准确的界定,但大多将其视为与数据本土化相关的政策实践或理念,具有较强的政治回应性,如世界银行《2016年世界发展报告》将数据民族主义定义为一国数据应该储存在国界之内的"理念"。作为规则的制定者,政府对数字贸易的态度往往在很大程度上决定数字贸易能否顺利开展。政府支持对于国内发展数字经济至关重要,政府资金投入与给予办事便利化优待等都能够为数字贸易的发展注入新的生命力。贸易对象国政府对于数字贸易的支持力度同样会影响两个国家之间的贸易量。

The rules and systems within a country and international rule also affect the development of digital trade between a country and multiple countries to a certain extent. From a country's internal system and rules for digital trade development, "data

---

① 中国信息通信研究院.数字贸易发展白皮书(2020年)——驱动变革的数字服务贸易[R].2020.

localization" and "data nationalism" are more reflected. Government support is crucial to developing the digital economy, and government capital investment and preferential treatment for facilitation can inject new vitality into the development of digital trade. The level of government support for digital trade in the target country also affects trade between the two countries.

一些关键基础性的数字服务或数字技术在数字贸易开展中起着重要作用，它们的发展程度在某种意义上会对数字贸易开展起决定作用。如云储存计算服务使用户可以灵活通过网络调用各种 IT 资源，且随着服务的可编程化和软件的云端化，"云端经济"生态逐步形成，催生出众包、云外包、平台分包等新模式，推动数字服务贸易的开展。再如近年来 5G 的普及使数字贸易的应用场景得以拓展，由于 5G 的高速度、低时延、广覆盖等特征，数字贸易应用场景逐渐能够满足人们在居住、工作等方面的多样化业务需求，同时与工业、设施、医疗仪器等深度融合，实现真正的"万物互联"，激发数字贸易开展潜能。但在涉及数字技术发展时，往往不可忽略的一个问题便是数据安全。中国互联网络信息中心(CNNIC)2021 年对网民遭遇各类网络安全问题的统计显示，个人信息泄露占各类网络安全问题的比例为 22%。① 而区块链技术的发展将会降低人们对数据安全问题的担忧。因为区块链具备去中心化、信息不可篡改、信息可追溯等特点，所以其在"缺乏信任"的国际贸易中的价值逐步显现。

With the development of digital trade, some key basic digital services or digital technologies play an important role in the development of digital trade, such as cloud storage computing services and the popularization of 5G technology. However, when it comes to the development of digital technology, a problem that can not be ignored is data security. The development of blockchain technology will reduce concerns about data security issues.

企业是开展数字贸易的主力军，作为消费者与产品及服务的桥梁，在数字贸易的开展中发挥着不可替代的作用。企业的数字化发展以及数字化转型将从整体上推动社会数字经济的发展，进而促进数字贸易的发展。当前国家在政策方面会更倾向于重视中小企业数字化转型，相比大型企业，中小企业在人才、资金、技术和管理方面都较为落后。因此在数字化浪潮之下，如何帮助中小企业运用数字技术来革新生产方式、管理理念，成为中小企业自身和政府需要考量的核心问题。尤其是在疫情冲击之下，中小企业对疫情带来的市场环境变化尤为敏感，各国也将数字经济政策焦点转向中小企业数字化，从而推动数字经济和数字贸易的发展。②

Enterprises are the main force in the development of digital trade. As a bridge between consumers and products and services, they play an irreplaceable role in developing digital trade. The digital development of enterprises and digital transformation will promote the development of the digital economy in society and then promote the development of digital trade. At

---

① 中国互联网络信息中心.第 49 次中国互联网络发展状况统计报告[R].2022.
② 中国信息通信研究院.全球数字经济白皮书——疫情冲击下的复苏新曙光[R].2021.

present, the country is more inclined to pay more attention to the digital transformation of small and medium enterprises in terms of policy.

数字中介平台及其服务是企业开展数字贸易、实现高效有序运转的重要保障，当前企业开展数字贸易需要借助一定的平台来进行，从而实现将相关当事人聚集在一起进行在线互动，为数据、商品和服务实现供需对接。埃森哲的《2016年技术展望》报告显示，超过50%的跨境服务贸易和超过12%的实物贸易均通过数字化平台完成，当前平台产业化的趋势也进一步凸显。主要的数字交易平台，如亚马逊、阿里巴巴、eBay等为数字贸易开展提供了较为稳定的生态。同时，中国制定的数字贸易方面的规则在国际上影响较为广泛的是2016年3月博鳌论坛上由中国企业家提出的 eWTP(Electronic World Trade Platform，世界电子商务贸易平台)倡议，如何将 eWTP 理念向全球推广，以此为中国开展数字贸易提供便利，并逐渐形成国际贸易新规则的框架体系，是中国今后需要探索的一个重要方向。

The digital intermediary platform and its services are an important guarantee for enterprises to carry out digital trade and achieve efficient and orderly operations. Currently, enterprises need to rely on a certain platform to carry out digital trade, and to bring relevant parties together for online interaction.

11.4.3　数字贸易的经济影响（The Economic Impact of Digital Trade）

数字贸易是以数字化平台为载体，进而推动消费互联网向产业互联网转型并最终实现制造业智能化的新型贸易活动，是传统贸易在数字经济时代的拓展、延伸和迭代。在11.4.2节中，我们已经讨论了数字贸易发展的影响因素，接下来我们将探讨数字贸易的经济影响。

In the above section, we have discussed the factors that influence the development of digital trade, and we will examine the economic impact of digital trade, in the follow section.

第一，数字贸易显著降低了贸易参与主体的成本，降低了企业进入市场的门槛，使贸易参与主体呈现出多元化和普惠性特征，并为 GVCs 发展提供新动力。互联网市场的出现和数字技术的应用大幅降低了跨境商品展示、获取海外订单的成本，电子化政务改革简化了跨境沟通、结算的流程，大大促进了中小企业进入国际贸易市场。因此，国际贸易市场的竞争加剧，由此倒逼大型跨国公司改革，使得国际贸易市场垄断程度降低。同时，数字技术和数字贸易还可以有效降低 GVCs 的组织和协调成本，使全球贸易网络更加公平高效。

Digital trade has significantly reduced the cost of trade participants and lowered the threshold for companies to enter the market, making trade participants more diversified and inclusive and providing new impetus for developing global value chains.

第二，数字贸易转型有效提升了企业的贸易效率、竞争力和抗风险能力，同时赋能企业创新。一方面，数字化转型和信息化管理有利于促进企业提高资源配置效率和企业管理水平。另一方面，数字贸易可以显著减少区域市场分割和地方垄断等因素造成的资源错配问题。由于数字贸易建立在"生产要素线上市场"之上，而线上要素市场具有全国统一大市场的特征，从而需要营造良好的营商环境、提高资源配置效率，助推企业着眼于自主创新的发展模式。

The digital trade transformation has effectively improved trade efficiency, competitiveness, and anti-risk capabilities of enterprises while empowering enterprises to innovate.

第三,数字贸易可以增加贸易品种类、改善消费者福利。由于贸易参与主体增加,更加多元化的产品随之出现。多元化的产品不仅能满足消费者的需求,赋予消费者更多的选择权,更能促进产品之间的良性竞争,由"卖方市场"向"买方市场"偏移,显著提高消费者福利。除此之外,由于数字贸易应用中互联网市场的出现,建立了消费者和生产者之间的沟通桥梁,市场信息能够以最快的速度由需求端反馈给供给端。因此,小众产品也能够具有规模经济和范围经济,刺激个性化、定制化的产品不断涌现。

Digital trade can increase the variety of trade goods and improve consumer welfare. Due to the increase in trade participants, more diversified products also appear. Diversified products can meet consumers' needs, give consumers more choices, and promote healthy competition between products.

第四,数字贸易助推全球服务贸易快速发展。数字贸易极大地丰富了服务贸易的种类,为服务贸易发展和变革提供了新动力。由于数字贸易时代,贸易双方交互方式得到大大创新,传统的服务标的面对面交付的商业模式被打破,时空对于服务贸易的限制越来越小,由此商务咨询、远程服务等跨境交付更加可行。除此之外,由于数字贸易可以更好地做到数据沉淀,深度挖掘客户需求,制订个性化服务方案,由此带来了新一轮的服务贸易专业化发展。

Digital trade boosts the rapid development of the global service industry. Digital trade has greatly enriched the types of trade in services and provided new impetus for developing and reforming trade in services.

总体来看,数字贸易的发展引发了国际贸易市场的深刻变革。在未来的全球市场,加快贸易全链条数字化赋能、推进服务贸易数字化进程、推动贸易主体数字化转型、营造贸易数字化良好政策环境,是一国把握数字化新机遇、提高出口竞争力的重点举措。

Overall, the development of digital trade has triggered profound changes in the international trade market. In the future global market, accelerating the digital empowerment of the whole trade chain, promoting the digital process of trade in services, promoting the digital transformation of trade subjects, and creating a good policy environment for trade digitization are the key initiatives for a country to grasp the new opportunities of digitization and improve the competitiveness of exports.

重要术语(Key Terms)

全球价值链(global value chains)
全球生产网络(global production network)
国际分工(international division of labor)
微笑曲线(smile curve)
结构效应(composition effect)
再分配效应(reallocation effect)
离岸外包效应(offshoring effect)
技术溢出(technology spillover)

数字经济(digital economy)

数字贸易(digital trade)

本章小结

1. 全球价值链可以分为三个环节：上游的技术环节；中游的生产环节；下游的营销环节。就价值增加值而言，以上三个环节呈现由高到低再到高的"U"形趋势，也称"微笑曲线"。越靠近曲线两端，创造的附加值越高；相反，越靠近曲线中间，创造的附加值越低。

2. 近几十年来，全球化程度逐渐加深，贸易与环境之间具备微妙的关系，一方面，国际贸易对环境产生复杂的结果；另一方面，环境问题的严重性与人们对环境关注度的提高对国际贸易提出了更高的规范和要求。

3. 全球化和创新是影响世界各国经济的重要力量，现有大量的证据表明企业的各种创新措施如研发、专利、技术采用、产品质量投资等均与参与国际市场有关。

4. 人类历史上经历了农业革命、工业革命，正在经历信息革命，每一次革命都是对社会生产力的极大推动。在当下，数字经济被视为推动经济增长的"新引擎"。数字贸易是数字经济的重要组成部分，也是数字经济国际化的最主要体现，数字贸易也将继成品贸易、中间品贸易成为国际贸易的主体。市场规模、经济发展水平等因素均会影响数字贸易的发展；数字贸易还会对企业贸易成本、贸易效率等产生显著影响。

Summary

1. The global value chains can be divided into three major links: the upstream technology link, Midstream production links, Downstream marketing links. In terms of value added, the above three links show a "U" shaped trend from high to low and then to high, also known as the "smile curve". The closer to the two ends of the curve, the higher the added value created; On the contrary, the closer to the middle of the curve, the lower the added value created.

2. In recent decades, the degree of globalization has gradually increased, and there is a delicate relationship between trade and the environment. On the one hand, international trade produces complex results for the environment; On the other hand, the seriousness of environmental problems and the improvement of people's attention to the environment have put forward higher standards and requirements for international trade.

3. Globalization and innovation are important forces that affect the economies of all countries in the world. There is a large amount of evidence that various innovation measures of enterprises, such as R&D, patents, technology adoption, and product quality investment, are related to participation in the international market.

4. In human history, we have experienced the agricultural revolution, the industrial revolution, and the information revolution. Each revolution has greatly promoted social productivity. Currently, digital economy is regarded as a "new engine" to promote economic growth. Digital trade is an important part of the digital economy and the most

important embodiment of the internationalization of the digital economy. Digital trade will also become the main international trade after the trade of finished goods and intermediate goods. Market scale, economic development level, and other factors will affect the development of digital trade; Digital trade will also significantly impact enterprises' trade costs, trade efficiency, etc.

延伸阅读（Further Readings）

随着全球价值链的发展和延伸，与各制造环节相关的资源投入与环境排放也不断被分割并在全球范围内分配，环境责任分配问题逐渐凸显。由于各地区资源使用效率和环境排放损失的异质性，全球价值链对全球问题产生了复杂的影响。在全球环保意识大幅提高的背景之下，对全球价值链背后的环境成本或环境影响的讨论也在不断升温，学界出现了大量关于全球价值链中"生态足迹"的研究。"生态足迹"指的是对各类生产、消费活动对资源消耗或环境排放的贡献进行量化。随着对"生态足迹"的研究不断完善，学界发现，全球价值链在促使"生产者"和"消费者"角色从自给自足模式下的同一地区向生产链条分割模式下的不同地区分离的同时，"生产者"所产生的资源消耗与排放不一定是为了满足自身的需求，而可能是被其他多个"消费者"所驱动。这使得在全球价值链背景下的环境影响责任分配问题复杂化。

关于这一问题的讨论主要集中在两类：第一类是完全"生产者"责任制；第二类是完全"消费者"责任制。前者主张"生产者"承担全部责任，谁污染谁治理，这一责任分配被广泛应用于《联合国气候变化框架公约》和《京都议定书》等中。后者主张最终产品的"消费者"承担该产品生产链上的所有环境影响责任，谁需求谁治理。

完全"生产者"责任制和完全"消费者"责任制都无法有效解决全球价值链中环境影响的责任分配问题。相反，"生产者"和"消费者"既然都受益于全球价值链的发展，应该共同承担环境责任。如何量化责任分配，建立共享责任分配体系，仍然有待进一步分析。

尝试和你的学习小组的同学一起完成以下任务。

1. 查阅相关文献了解影响国际环境责任分配的因素有哪些。
2. 你认为完全"生产者"责任制与完全"消费者"责任制各有哪些不足之处？
3. 中国在数字贸易领域相对于主要贸易伙伴存在哪些优势和劣势？我们该如何"扬长避短"？

即测即练

教师服务

感谢您选用清华大学出版社的教材！为了更好地服务教学，我们为授课教师提供本书的教学辅助资源，以及本学科重点教材信息。请您扫码获取。

▶▶ 教辅获取

本书教辅资源，授课教师扫码获取

▶▶ 样书赠送

国际经济与贸易类重点教材，教师扫码获取样书

清华大学出版社

E-mail：tupfuwu@163.com
电话：010-83470332 / 83470142
地址：北京市海淀区双清路学研大厦B座509

网址：http://www.tup.com.cn/
传真：8610-83470107
邮编：100084